Rüdiger Safranski

Goethe und Schiller

Geschichte einer Freundschaft

Carl Hanser Verlag

4 5 13 12 11 10 09

ISBN 978-3-446-23326-3

Satz: Gaby Michel, Hamburg
Druck und Bindung: Friedrich Pustet, Regensburg
Printed in Germany

Inhaltsübersicht

Prolog

Freundschaft im eminenten Sinne ist selten. Von Aristoteles wird der Ausspruch überliefert, »meine lieben Freunde, es gibt keinen Freund!« Kant, der sich auf Aristoteles beruft, bemerkt: Freundschaft in ihrer »Reinheit« und »Vollständigkeit« gedacht, sei wohl doch nur ein »Steckenpferd der Romanschreiber«. Wirkliche Freundschaft ist jedenfalls seltener, als es der inflationäre Wortgebrauch vermuten läßt. Goethe und Schiller haben ihre Freundschaft als ein rares, wunderliches Gewächs angesehen, als ein Glück, als ein Geschenk. Es kam ihnen unglaublich vor, was ihnen da gelungen oder zugestoßen war, und sie gerieten in dankbares Staunen darüber. Im Rückblick nannte Goethe die Freundschaft ein *glückliches Ereignis.* Ein solches bleibt es für uns auch heute noch, denn man wird in der Geschichte des Geistes lange suchen müssen, um etwas Vergleichbares zu finden – daß zwei schöpferische Menschen höchsten Ranges sich über Gegensätze hinweg verbinden zu wechselseitiger Anregung und sogar zu gemeinsamem Werk.

Die Freundschaft der beiden wurde schon damals zur Heldenlegende verklärt. Man machte die Freunde zu Dichterfürsten auf dem literarischen Olymp und nannte sie die »Dioskuren«. Auch Neid und Widerwille regten sich. Wenn man ihnen nicht am Zeug flicken konnte, wollte man wenigstens den einen gegen den anderen ausspielen, eine Hierarchie zwischen ihnen festsetzen. Wer ist der Bedeutendere, oder werden nicht vielleicht sogar beide überschätzt? Offiziell wurden sie bald schon als marmorne Klassiker verehrt, aber in jeder Generation regten sich rebellische Anwandlungen. Als Goethe 1829 den Briefwechsel mit Schiller herausgab, nannte ihn Grabbe eine »Sammlung billetmäßiger Lappalien«, und

Börne schrieb, »daß unsere zwei größten Geister in ihrem Hause ... so nichts sind ... das ist ein Wunder, ... eine Verwandlung des Goldes in Blei«.

Goethe und Schiller waren darauf gefaßt, daß man ihrer überdrüssig werden könnte, und übten sich beizeiten in der Kunst der Publikumsbeschimpfung. Ihren Freundschaftsbund verstanden sie auch als Trutzburg, von wo aus sie wohlgelaunt ihre Blitze gegen das zeitgenössische literarische Leben schleuderten.

Goethe und Schiller waren Konkurrenten, ehe sie zu Freunden wurden. Goethe fühlte sich vom Ruhm des Jüngeren bedrängt. Für ihn war Schiller zunächst nichts anderes als eine ungute Erinnerung an den eigenen, inzwischen überwundenen Sturm und Drang. Und Schiller sah in Goethe eine *stolze Prüde, der man ein Kind machen muß, um sie vor der Welt zu demütigen.* Es mußte einiges geschehen, ehe Schiller an Goethe schreiben konnte: *Wie lebhaft habe ich ... erfahren ..., daß es dem Vortrefflichen gegenüber keine Freiheit gibt als die Liebe* und Goethe Schiller gegenüber erklärte: *Sie haben mir eine zweite Jugend verschafft und mich wieder zum Dichter gemacht, welches zu sein ich so gut als aufgehört hatte.*

Was hier im einzelnen geschehen war, davon erzählt dieses Buch. Wie der junge Schiller den bewunderten Goethe bei der Preisverleihung an der Karlsschule als Gast des Herzogs zum ersten Mal erblickte. Wie es in den nächsten Jahren zu einer eigenartigen Parallelität der Lebensläufe kam: Zweimal Flucht und Verwandlung. Schiller flieht aus Stuttgart und dem Machtbereich des Herzogs. Goethe flieht nach Italien. Für beide ist es eine Befreiung zu neuem Künstlertum. Zweimal auch ein neuer Liebesbund. Schiller und Charlotte, Goethe und Christiane. Goethe verliebt und bindet sich sozial nach unten, Schiller nach oben. Dann die mühsame Annäherung, Schiller tastet sich zu Goethe vor, der aber hält auf Abstand. Im Sommer 1794 in Jena schließlich das glückliche Ereignis der gelungenen Begegnung. Von da an beginnt der Briefwechsel, wohl das bedeutendste gemeinsame Werk der beiden und die wichtigste

Quelle dieses Buches. Von 1794 bis zum Tode Schillers im Mai 1805 währt die Freundschaft. Die Polarität der Temperamente und Charaktere bewirkt bei jedem eine Steigerung der schöpferischen Kräfte, bei Goethe vor allem in den ersten, bei Schiller in den letzten Jahren der Freundschaft.

Montaigne sieht in der gelungenen Freundschaft einen Vorgang, wie »zwei Seelen miteinander verschmelzen«. So aber verhielt es sich bei der Freundschaft zwischen Goethe und Schiller nicht. Sie waren nicht ein Herz und eine Seele, und zu ihrem Glück strebten sie das auch nicht an. Es hätte bei ihren so verschiedenen Naturen notwendig zu Enttäuschungen geführt. Goethe hielt sich an jene Maxime, die er im Dezember 1798 in einem Brief an August Herder so formulierte: *Wenn wir immer vorsichtig genug wären und uns mit Freunden nur von Einer Seite verbänden, von der sie wirklich mit uns harmonieren, und ihr übriges Wesen weiter nicht in Anspruch nähmen, so würden die Freundschaften weit dauerhafter und ununterbrochner sein. Gewöhnlich aber ist es ein Jugendfehler, den wir selbst im Alter nicht ablegen, daß wir verlangen, der Freund solle gleichsam ein anderes Ich sein, solle mit uns nur ein Ganzes ausmachen, worüber wir uns denn eine Zeit lang täuschen, das aber nicht lange dauern kann.*

Goethe hatte sich mit Schiller tatsächlich zunächst nur *von einer Seite* verbunden, und auch Schiller war vorsichtig genug, die Verbindung nicht zu sehr zu belasten. Was sie aber verband, war bedeutend genug. Es war das für sie Wichtigste: die Arbeit am eigenen Werk, die in der Freundschaft zu einer gemeinsamen Arbeit wurde. Die beglückende Erfahrung, daß dies zwischen ihnen überhaupt möglich war, ließ diese Verbindung über eine nur partielle Berührung weit hinausgehen. Und doch blieb der Werkbezug das Zentrum und die Basis: Sich wechselseitig zu helfen und zu befördern, im intensiven Austausch von Gedanken und Empfindung, das war der erklärte Zweck der Freundschaft. *Neigung, ja sogar Liebe hilft alles nichts zur Freundschaft,* schreibt Goethe, *die wahre, die tätige, produktive besteht darin, daß wir gleichen Schritt im Leben halten, daß er meine*

Zwecke billigt, ich die seinigen, und daß wir so unverrückt zusammen fortgehen. Schiller nennt eine solche Freundschaft ein *auf wechselseitige Perfektibilität gebautes Verhältnis.* und Goethe, wenn er den Ertrag der Freundschaft mit einem Wort bezeichnen wollte, erklärte, sie habe ihn *gefördert.* Es handelte sich also um einen Bund zur wechselseitigen Hilfe bei der Arbeit an sich selbst, ein gemeinsames Unternehmen der Selbststeigerung. Die Geschichte der Freundschaft von Goethe und Schiller ist eine praktische Probe aufs Exempel der Bildungsidee im Zeitalter der deutschen Klassik.

Goethe bekannte einmal, daß die so bedeutend klingende und kanonische Anweisung ›Erkenne dich selbst‹ ihm stets verdächtig vorgekommen sei, weil man beim Blick in sich selbst niemals genau unterscheiden könne zwischen dem Gefundenen und dem Erfundenen. Er empfiehlt den Umweg über die Welt, denn der Mensch kennt nur sich selbst, sofern er die Welt kennt und von ihr erkannt wird. Deshalb, erklärt Goethe, habe er in reiferen Jahren, statt sich im inneren Spiegelkabinett zu verirren, die Aufmerksamkeit darauf gerichtet, *in wiefern andere mich wohl erkennen möchten, damit ich in und an ihnen, wie an so viel Spiegeln, über mich selbst und über mein Inneres deutlicher werden könnte.* In dieser Hinsicht mußte Schiller für ihn ein Glücksfall sein. Einen besseren Bewußtseinsspiegel konnte er kaum finden als bei Schiller, diesem Reflexionsgenie. Goethe nahm Schiller in Anspruch, um einiges Licht in sein überreiches Innenleben zu bringen. Warum war es überreich? Ganz einfach: Weil er so viel Welt in sich aufgenommen hatte. *Jeder neue Gegenstand, wohl beschaut, schließt ein neues Organ in uns auf.*

Anders Schiller. Er klagt über seinen Mangel an Welterfahrung. An Goethe schreibt er 1795: *Es kommt mir oft wunderlich vor, mir Sie so in die Welt hinein geworfen zu denken, indem ich zwischen meinen Papiernen Fensterscheiben sitze, und auch nur Papier vor mir habe.* Schiller, zwischen seinen papiernen Fensterscheiben, hatte überschüssige Reflexionskraft. Seine geistige Potenz wurde von seinem Erlebnisstoff nicht vollständig aufgebraucht. Er konnte sie dem Freund zur Verfügung stellen, um diesem als Spiegel zu dienen und sich selbst mit Welt anzureichern. Mit Goethe bot sich ihm ein ganzer Kontinent, wenn nicht zur Besitzergreifung, so doch zur Erkundung an. Außerdem ließ ihn Goethe, dieses Genie der Intuition, Zutrauen fassen in die eigenen Kräfte des Unbewußten. Erst in der Freundschaft mit Goethe lernte Schiller, daß die schöpferischen Antriebe in einem Bereich wurzeln, der *seiner Natur nach nicht begriffen werden kann.* Die beiden ergänzten sich auf wunderbare Weise: der eine sorgte für Helligkeit und Bewußtheit, der andere für schöpferische Verbindung mit dem Dunklen und Unbewußten. Die beiden Regionen – Idee und Erfahrung, Freiheit und Natur, Begriff und Vieldeutigkeit – zusammenzuführen, war ihr gemeinsames Ideal. Sie selbst und noch mehr die Nachwelt nannten es – das Klassische.

So hatten die Freunde Freude aneinander und nahmen sich wechselseitig in Gebrauch. *Fahren Sie fort,* schreibt Goethe, *mich mit meinem eigenen Werke bekannt zu machen*, und Schiller antwortet: *Der reiche Wechsel Ihrer Phantasie erstaunt und entzückt mich, und wenn ich Ihnen auch nicht folgen kann, so ist es schon ein Genuß und Gewinn für mich, Ihnen nachzusehen.*

Als Schiller starb, wußte Goethe, daß für ihn damit eine Epoche seines Lebens zu Ende ging. So innig war inzwischen das Verhältnis der beiden geworden, daß Goethe Zelter gegenüber, dem Freund der späteren Jahre, bekannte: *Ich dachte mich selbst zu verlieren, und verliere nun einen Freund und in demselben die Hälfte meines Daseins.*

Schiller starb, ohne die Epoche dieser Freundschaft abschließend resümieren zu können. Er steckte noch mitten in der Arbeit, in der gemeinsamen Arbeit. Er überprüfte gerade Goethes Anmerkungen zu Diderot. In seinem letzten Brief schreibt er: *Indessen seh ich mich gerade bei diesem … Artikel in einiger Controvers mit Ihnen.*

Diese Freundschaft, die reich ist an Aspekten und Geschichten, war doch vor allem dies – ein kontroverses Gespräch bis zum Ende. Eben deshalb läßt sich so viel damit anfangen.

Erstes Kapitel

Erste Begegnung 1779. Preisverleihung an der Hohen Karlsschule. Der Student und der berühmte Dichter auf Besuch. Zeitgeist Sturm und Drang. Goethes und Schillers Natur. Der eine entdeckt den Zwischenkieferknochen, der andere die Freiheit. Die Räuber überhüpfen den Menschen, Iphigenie stellt ihn ruhig. Wirkungswille mit und ohne Maß.

Am 11. Dezember 1779 machen der Weimarer Herzog Karl August und der Geheime Legationsrat Goethe, auf der Rückreise von Bern Station in Stuttgart, wo sie Gäste des württembergischen Herzogs sind. Karl Eugen persönlich führt die Gäste durch die Hohe Karlsschule, die er stolz seine »Pflanzstätte« nannte. Die Studenten drängen sich, den berühmten Autor des »Götz« und des »Werther« leibhaftig sehen und vielleicht einen Blick von ihm erhaschen zu können. Dazu gibt es Gelegenheit. Am 14. Dezember wird das Stiftungsfest der Karlsschule im Neuen Schloß gefeiert, mit Musik, Reden und Chorgesang. Im blumengeschmückten Festsaal zeigen sie sich: vorne in der Mitte steht Karl Eugen, zu seiner Rechten der Weimarer Herzog, zur Linken Goethe, würdevoll steif. Er ist nur zehn Jahre älter als Schiller, aber er steht dort vor ihm, über ihm, wie eine alte Macht aus einer höheren Welt. Iffland erlebte ihn damals auch zum ersten Mal: »Goethe hat einen Adlerblick, der nicht zu ertragen ist. Wenn er die Augenbrauen in die Höhe zieht, so ist, als ginge der Hirnknochen mit«. Die Jahrgangspreise werden verteilt. Die Ausgezeichneten treten vor, knien nieder und küssen zum Dank den Rockzipfel des Herzogs. Schiller erhält drei Silbermedaillen und Diplome in medizinischen Fächern. Auch er muß knien und küssen. Er bedauert es, sich nicht bemerklich machen zu können, und wagt es nicht, den Blick seitlich schräg nach oben zu lenken, wo Goethe über ihn hinwegblickt.

Goethe stand zu diesem Zeitpunkt zwar immer noch in dem Ruf, ein »Stürmer und Dränger« zu sein, aber er war es nicht mehr. Kurz vor Antritt dieser Reise hatte er im Tagebuch notiert: *Andre Zeiten andre Sorgen. Stiller Rückblick aufs Leben, auf die Verworrenheit, Betriebsamkeit ... Wie ich besonders in Geheimnissen, dunklen imaginativen Verhältnissen eine Wollust gefunden habe ... Wie kurzsinnig in menschlichen und göttlichen Dingen ich mich umgedreht habe ... wie nun kein Weg zurückgelegt sondern vielmehr ich nur dastehe wie einer der sich aus dem Wasser rettet und den die Sonne anfängt wohltätig abzutrocknen ...*

Seine Haltung ist neuerdings bemüht würdevoll. Eine Veränderung, die von seiner näheren Umgebung, die ihn anders kennen und schätzen gelernt hatte, mit Befremden aufgenommen wurde – »statt der allbelebenden Wärme«, schreibt Wieland, »ist politischer Frost um ihn her. Er ist immer gut und harmlos, aber – er teilt sich nicht mehr mit«. Das Befremden, das er bewirkte, hat Goethe gespürt. In einem Brief an Charlotte von Stein vergleicht er sich am 13. September 1780 mit einem *Vogel der sich aus einem guten Entzweck ins Wasser gestürzt hat, und dem, da er am Ersaufen ist, die Götter seine Flügel in Flossfedern nach und nach verwandeln. Die Fische die sich um ihn bemühen begreifen nicht, warum es ihm in ihrem Elemente nicht sogleich wohl wird.* Warum sollen die anderen mit ihm ihr Behagen haben, wenn es ihm selbst daran fehlt? Warum sollten sie nicht von ihm befremdet sein, da er doch selbst auch von sich und seiner neuen Rolle befremdet ist?

Da stand nun also dieser »frostige« Goethe steif und Ehrfurcht gebietend auf der Empore des Neuen Schlosses in Stuttgart, womöglich hat er sich gelangweilt. *So ziehen wir an Höfen herum,* schreibt er zwei Wochen später an Frau von Stein, *frieren und langeweilen, essen schlecht und trinken noch schlechter. Hier jammern einen die Leute, sie fühlen wie es bei ihnen aussieht und ein fremder macht ihnen bang. Sie sind schlecht eingerichtet, und haben meist Schöpse und Lumpen um sich.*

In Stuttgart hatten diese *Schöpse und Lumpen* Goethe davor gewarnt, beim württembergischen Herzog den Fall Schubart zur Sprache zu bringen. Die Geschichte um den Publizisten und ehemaligen Organisten Christian Friedrich Daniel Schubart war damals in aller Munde. Schubart hatte sich vom reichsstädtischen Ulm aus mit dem Herzog angelegt, indem er den Verkauf von württembergischen Landeskindern für Englands Kolonialkriege anprangerte und Karl Eugens Mätresse Franziska von Hohenheim als »Lichtputze, die glimmt und stinkt« verspottete. Man lockte Schubart mit falschen Versprechungen auf württembergischen Boden und verhaftete ihn. Als Schubart im Februar 1777 auf dem Hohen Asperg in den Kerker geworfen wurde, war der Herzog mit seiner Franziska zugegen – diese Genugtuung wollten sich die beiden Gekränkten nicht entgehen lassen.

Die Ereignisse waren noch in frischer Erinnerung, und Schubart saß immer noch als persönlicher Gefangener des Herzogs in dem feuchten Turmverlies, durfte nicht lesen und schreiben und keinen Besuch empfangen; es wuchs aber in ganz Deutschland sein Ruhm als Märtyrer des freien Wortes. Man setzte Petitionen auf, verfaßte Gedichte auf den gefangenen Freiheitsfreund. Im fernen Weimar setzte sich Herder für Schubart ein und gab ihm in den »Briefen zur Beförderung der Humanität« einen Ehrenplatz in der Heldengalerie von Kämpfern für Freiheit und Menschlichkeit.

Schubarts Frau erhoffte sich von Goethe Beistand. »Gott, dachte ich, vielleicht ist auch dieser ein göttliches Werkzeug, uns Freunde zu erwerben«. Über einen Mittelsmann trat sie an Goethe heran, der seine Bereitschaft bekundete, mit der Frau Verbindung aufzunehmen. Dazu kam es nicht. Karl Eugen ließ Goethe abschirmen. Helene Schubart war verzweifelt, »laut spricht mein Herz mit ihm, und doch darf ich es bei denen Umständen nicht wagen, ihn zu suchen …«. Unter den Studenten, die fast alle für Schubart »glühten«, versprach man sich viel von Goethes Hilfe. Tatsächlich wurden Schubarts Haftbedingungen wenig später erleichtert. Das hatte aber gewiß nichts mit Goethe zu tun, dessen politisches Gewicht seine Bewunderer überschätzt haben mochten.

»Goethe war überhaupt unser Gott«, erinnert sich Georg Friedrich Scharffenstein, Schillers Kommilitone. Goethe war mit dem Erscheinen des Schauspiels »Götz von Berlichingen« 1773 und dem Roman »Die Leiden des jungen Werther« 1774 für die ehrgeizigen und literaturbesessenen jungen Leute in kurzer Zeit zum Inbegriff des »Genies« geworden. Seine Person trat deutlich faßbar hinter seinem Werk hervor und man spekulierte, wie sonst nur noch bei Jean Jacques Rousseau, über die biographischen Hintergründe des Werkes. Goethes Ruhm war Symptom eines Wandels im literarischen Leben. Schreiben, Lesen und Leben rückten näher zusammen. Man wollte das eigene Leben in der Literatur wiedererkennen und aufgewertet finden, man wollte sich selbst finden, aber auch den Autor, der plötzlich mit seiner Biographie interessant wird, und wenn er es noch nicht ist, sich interessant zu machen versucht. Diese Aufwertung des Persönlichen, auf Seiten des Lesers und des Autors, gehörte zum Geniekult jener Jahre. Es hatte zum Beispiel mächtiges Aufsehen in der literarischen Öffentlichkeit erregt, als Goethe, wenige Wochen vor seinem Besuch in Stuttgart, im Park von Ettersburg einen Roman seines Freundes Fritz Jacobi, »Woldemar«, an eine Eiche nagelte und hernach, vom Baumwipfel herab, Spottverse deklamierte. Das war einer der Rückfälle Goethes in den Sturm und Drang gewesen. Auch in Stuttgart hatte man davon gehört. Schiller hatte es gefallen.

Skandale gehörten zum Personenkult der Geniezeit. Ein Künstler legt ein Werk vor. Gut. Das genügt aber nicht. Besser, man macht das eigene Leben zum Kunstwerk, das die Neugier und Deutungslust des Publikums anregt. Goethe hatte es vorgemacht. Man redete schon damals über sein Leben, über die Jahre in Frankfurt, über seine Geliebten, über die Frage, wieviel Goethe steckt im »Werther«, über das tolle Treiben mit dem jungen Herzog in den ersten Weimarer Jahren. Angefangen hatte Goethes Ruhm mit dem »Götz von Berlichingen«. Der Erfolg des »Götz« beruhte auf der Umkehrung traditioneller Vorstellungen von Rang und Ansehen: Mitglieder alter Familien fragten beim berühmten Autor an, ob er denn nicht auch ihr Geschlecht verewigen wollte. Weil Goethe sich nicht dazu bereit fand, setzte ein Baron von Riedesel, Freiherr zu Eisenbach, Erbmarschall in Hessen, einen Preis von 20 Dukaten aus für ein Schauspiel, welches seine Familie so berühmt machen sollte wie die der Berlichingen. Der Preis sollte bei der Leipziger Messe 1777 vergeben werden, und der Freiherr war kühn genug, sich Lessing als Preisrichter zu wünschen. Es fand sich aber keiner, der sich der Riedesels annahm. Der »Götz« stellte eben alles in den Schatten, ausführlich wurde sogar die Frage erörtert, ob wirklich, wie bei Goethe, die rechte Hand des Ritters aus Eisen war oder doch die linke. Ein Göttinger Rezensent entschied sich für die rechte mit dem Argument, daß die rechte Hand »in der Tat einem Ritter so unentbehrlich« war, »als sie manchem Edierer, Kompilierer, Rezensierer ist, nur im Unterschiede, daß der Ritter doch noch mehr im Kopfe bei ihr brauchte«.

Der »Götz« war ein nationaler, der »Werther« wurde ein europäischer Erfolg. Die Wertherkleidung – gelbe Weste und Hose, blauer Frack und braune Stulpenstiefel – ist bis zum heutigen Tage der seltene Fall, daß eine Modewelle in Deutschland von der Literatur ihren Ausgang nahm und ihren Ursprung nicht, wie gewöhnlich, in Frankreich, England oder Amerika hatte. Auch soll es da und dort zu nachahmenden Selbstmorden gekommen sein. Der »Werther« wurde zum Kultbuch einer ganzen Generation. Der junge Bonaparte hatte ihn siebenmal gelesen. Er fand die unglückliche Liebe ergreifend, die Gesellschaft aber zu schlecht dargestellt, was er später bei der berühmten Erfurter Begegnung von 1808 Goethe gegenüber tadelnd anmerkte. Auch bei Bonaparte hatte die Begeisterung für den Roman die Neugier auf die Persönlichkeit des Autors gelenkt. Der skeptische Lessing, der schon den »Götz« kritisiert hatte, nahm auch den »Werther« ungnädig auf, doch konnte er sich dem

Bann des biographischen Interesses nicht entziehen: er veröffentlichte die philosophischen Schriften jenes K. W. Jerusalem, der als Modell für das Schicksal Werthers galt. Lessing wollte zeigen, daß jener Jerusalem ein ganz anderer »Kerl« gewesen sei als »Werther« und sein Autor.

Als Goethe Ende 1775 der Einladung von Karl August an den Hof nach Weimar Folge leistete, verfolgte man gespannt die weitere Entwicklung dieses »Kerls«. Würde der Dichter, der die höfische Gesellschaft kritisiert hatte, auf den Fürsten abfärben oder umgekehrt der Fürst auf den Dichter? Würde der Dichter höfisch oder der Fürst genialisch werden? Zunächst sah es so aus, als sei es der junge Herzog, der seinem Mentor nacheiferte. Man erzählte sich, wie schlimm es Goethe mit seinem jungen Herzog trieb, auf der Jagd, bei Zechgelagen und Landpartien mit dörflichen Schönheiten. Goethe habe, hieß es, den beschaulichen Musensitz zum Hauptquartier des Geniewesens gemacht. Wirklich zog Goethe andere Autoren des Sturm und Drang, Lenz, Klinger, Kaufmann, die Brüder Stolberg, die damals noch nicht fromm waren, wie ein Kometenschweif hinter sich her. Es gab Feste, über die sich die Weimarer Philister noch Jahrzehnte später erregten. »Unter andern wurde damals«, schreibt Böttiger, »ein Geniegelag gehalten, das sich gleich damit anfing, daß alle Trinkgläser zum Fenster hinausgeworfen, und ein paar schmutzige Aschenkrüge, die in der Nachbarschaft aus einem alten Grabhügel genommen worden waren, zu Pokalen gemacht wurden.« Man überbot sich in Gesten und Auftritten, die ungebührlich wirken sollten. Lenz spielte den Narren, Klinger verzehrte ein Stück rohes Pferdefleisch, Kaufmann fand sich bei der herzoglichen Tafel ein, die Brust bis auf den Nabel nackt, offenes, flatterndes Haar und mit einem gewaltigen Knotenstock. Der Frau von Stein war dieses Geniewesen sehr zuwider, sie klagte in einem Brief an ihren Freund Zimmermann über Goethes »unanständiges Betragen mit Fluchen mit pöbelhaften niedern Ausdrücken«, er verderbe damit sogar den Herzog, der auch in diese »Manieren« falle und neuerdings behaupte, »daß alle Leute mit Anstand ... nicht den Namen eines ehrlichen Mannes tragen könnten«.

Die Kunde vom tollen Treiben in Weimar drang auch zu Klopstock in Hamburg. Er glaubte, die Ehre der »Gelehrtenrepublik« verteidigen zu müssen und schrieb dem 25 Jahre Jüngeren, den er als seinen begabtesten Schüler ansah, einen Ermahnungsbrief: »Der Herzog wird, wenn er sich ferner bis zum Krankwerden betrinkt, anstatt, wie er sagt, seinen Körper dadurch zu stärken, erliegen und nicht lange leben ...«, worauf Goethe schneidend antwortete: *Verschonen Sie uns ins Künftige mit solchen Briefen, lieber Klopstock! Sie helfen nichts, und machen uns immer ein paar böse Stunden.*

In der zweiten Hälfte der siebziger Jahre wurden die Nachrichten vom Genietreiben in Weimar spärlicher, aber der Geniebegriff, den Goethe so überzeugend verkörperte, verlor bei jungen Leuten wie Schiller und seinen Freunden an der Karlsschule nichts von seiner Strahlkraft. Genie – das war für sie eine Angelegenheit des Herzens, ein Schlachtruf fast in den geistigen Kämpfen ihrer Gegenwart, an denen sie teilnahmen, wenn auch einstweilen noch aus der Ferne. Goethes Genie stellte alle in den Schatten. Klopstock zum Beispiel. Den aber hatte Schiller zunächst sehr verehrt, nicht anders als Goethe selbst, der sich auch erst frei machen mußte von Klopstock. Schiller durchlebte die Klopstock-Phase, als Goethe sie schon überwunden hatte. Schiller hatte in Klopstocks Oden und im »Messias« die *Liebe und Lust* gefunden, sich *in den endlosen Räumen* zu ergehen und doch das Riesige mit dem Winzigen zu verbinden. Klopstock, das war für Schillers Generation der erhabene Sound der Väter: »Nicht in den Ozean / Der Welten alle / Will ich mich stürzen! / ... / Nur um den Tropfen am Eimer, / Um die Erde nur, will ich schweben ...« Auch Schiller hatte sich hineingefühlt in die Pose des Weltenempörers, des gefallenen Engels Abbadona, dem der Himmelsraum zur Wüste und die Welt zu einem Nichts wird.

Für Schiller war Klopstock, wie einst auch für Goethe, ein *Abgott der Jugend* gewesen. In diesem Alter bevorzugt man das Gigantische, weil man das Leben noch nicht kennt. Im Unterschied dazu lernte Schiller bei Goethe etwas Erhabenes, das nicht, wie bei Klopstock, nach den Sternen, sondern ins volle Leben greift. Als er noch ein *Sklave von Klopstock* war, schwelgte Schiller im Überirdischen ohne Bodenberührung, bei Goethe aber fand er das Irdische mit überirdischem Glanz. Was Goethe einige Jahre früher gelernt hat, lernt nun auch Schiller: daß das Erhabene hohl bleibt, wenn es sich nicht in des *Lebens Fremde* hineinbildet.

Goethe wird in »Dichtung und Wahrheit« über Klopstock schreiben: *Die Würde des Gegenstandes erhöhte dem Dichter das Gefühl eigner Persönlichkeit.* An Goethe begreift Schiller, daß das Gefühl der eigenen Persönlichkeit aus ihr selbst, ihrem schöpferischen Grund, entspringen muß und nicht auf die Würde des Gegenstandes angewiesen ist. Das Genie benötigt nicht den Höhenkamm großer Themen, um groß zu erscheinen. Der geniale Dichter gilt als der »Prometheus« einer zweiten Schöpfung, *Hier sitz ich forme Menschen / Nach meinem Bilde* ... heißt es in Goethes Prometheus-Ode.

War von Genie die Rede, dachte man in den siebziger Jahren zunächst an Shakespeare. Noch dreißig Jahre zuvor war er in Deutschland fast unbekannt, jetzt gilt er als der Menschenschöpfer schlechthin. *Er wetteiferte,* schreibt Goethe in seiner Rede auf Shakespeare, *mit dem Prometheus, bildete ihm Zug vor Zug seine Menschen nach, nur in Kolossalischer Größe.* Shakespeare erhebt sich nicht, wie Klopstock, über die Natur, er ahmt sie auch nicht idyllisch nach, wie die Anakreontiker, er schafft sie aus seiner inneren Natur und trifft eben darum die Wahrheit der äußeren Natur und des Menschengewimmels.

›Natur‹ ist neben ›Genie‹ das andere Zauberwort der Epoche. Beide Begriffe gehören zusammen und stehen in Opposition zu Künstlichkeit und Zwang. Das Genie hält sich nicht an Regeln, sondern gibt sich selber welche, die der eigenen schöpferischen Natur entstammen. Für diesen Gedanken wird später Kant die bündige Formel finden, daß Genie jene Naturgabe ist, welche »der Kunst die Regel gibt«.

Durch seinen Lehrer Jakob Friedrich Abel, der sich mit einer mitreißenden Rede über das »Genie« in der Karlsschule eingeführt hatte, lernte Schiller Shakespeare kennen. »Das Genie«, erklärte Abel in seiner Rede vom 14. Dezember 1776, auf den Tag genau drei Jahre vor Goethes Besuch in der Karlsschule, »das Genie spielt mit kühnen, großen Gedanken wie Herkules mit Löwen. Was hat nicht Shakespeare gelitten? Da schreien und quaken sie zu seinen Füßen, aber noch steht er unerschüttert, sein Haupt in den Wolken des Himmels«. Mit diesem »Löwen« hatte Abel den jungen Schiller in den folgenden Jahren im Unterricht bekannt gemacht. Um psychologischen Begriffen Anschaulichkeit zu geben, pflegte er Stellen aus der Dichtung heranzuziehen. So erläuterte er einmal das Problem der Eifersucht am Beispiel des »Othello«, aus dem er einiges in der Wielandschen Übersetzung vorlas. Abel schildert die Szene so: »Schiller war ganz Ohr, alle Züge seines Gesichts drückten die Gefühle aus, von denen er durchdrungen war, und kaum war die Vorlesung vollendet, so begehrte er das Buch von mir und von nun an las und studierte er dasselbe mit ununterbrochenem Eifer«. Mit Mitschülern tauschte er Mahlzeiten gegen einige Bände Shakespeare. Die Shakespeare-Lektüre überwältigte ihn. Aber zwischen Goethes und Schillers früher Shakespeare-Begeisterung gibt es einen charakteristischen Unterschied. Schiller hat darüber später selbst Auskunft gegeben in dem Aufsatz »Über naive und sentimentalische Dichtung«. Der *naive* Autor – und dafür steht Goethe – kann sich ohne Beängstigung auf die Natur einlassen, er wird von ihr getragen und er drückt sie aus. Anders der *sentimentalische* Autor, für den er sich selbst hält – er reflektiert und legt sich die Dinge zurecht, ehe er sie an sich herankommen läßt. Der Wucht der unmittelbaren Natur will er sich nicht aussetzen. Shakespeare aber, schreibt Schiller, wirkte auf ihn damals als unmittelbare Natur. Er bewunderte ihn, hatte aber auch Angst vor ihm. *Ich war noch nicht fähig, die Natur aus der ersten Hand zu verstehen,* schreibt Schiller im späteren Rückblick auf seine erste Shakespeare-Eindrücke, *nur ihr durch den Verstand reflektiertes und durch die Regel zurechtgelegtes Bild konnte ich ertragen.* Shakespeare war also für den jungen Schiller noch zuviel reine *Natur.* Anders der junge Goethe, der von reiner Natur nicht genug haben kann und bei seiner ersten Bekanntschaft mit Shakespeare ausgerufen hatte: *Natur! Natur! nichts so Natur als Schäkespears Menschen.*

Was galt nun aber dem Sturm und Drang und denen, die in Goethe ihren Abgott sahen, als ›Natur‹ und als ›natürlich‹? Natur ist, was von innen her organisch wächst und sich entfaltet. Was von Natur aus geschieht, kann von außen gehemmt, abgedrängt, verstümmelt werden. Das bewirken künstliche Ordnungen, mechanische Denkweisen, Regeln, die nicht das Gedeihen begünstigen, sondern einschränken. Es war Rousseau, der dem Jahrhundert die entscheidenden Stichworte für das Unbehagen an der Kultur geliefert hatte. Ist der Mensch, so fragt man seit Rousseau, nicht eigentlich ein mitfühlendes Wesen, wird aber im gesellschaftlichen Mechanismus zum Egoismus gezwungen? Ist er nicht eigentlich schöpferisch und muß doch seine Kräfte in beschränkten und geisttötenden Aufgaben vergeuden? Wird ihm durch die herrschende Erziehung und Bildung nicht die ursprüngliche Einheit von Gefühl und Verstand zerstört? Verleitet ihn das Streben nach Eigentum und Besitz nicht dazu, herrschen zu wollen oder sich ängstlich abzugrenzen? Haben ihn die gesellschaftlichen Regeln nicht seiner natürlichen Rechte beraubt?

Diese Fragen kommen aus dem großen Verdacht gegen die herrschenden Verhältnisse. Doch man begnügt sich nicht mit abstrakten Forderungen, es gilt nicht nur das Sollen, sondern man fühlt sich im Bunde mit dem eigentlichen Sein, das auf den Namen ›Natur‹ getauft wird. Auf den Spuren Rousseaus sucht man in der Natur nach der verborgenen Wahrheit, die man den unwahren Verhältnissen selbstbewußt und trotzig entgegenschleudern kann. Drastisch hatte Lenz, der Freund des jungen Goethe, das Problem in seinem Stück »Hofmeister« dargestellt. Da kastriert sich ein Hauslehrer, um sein Fortkommen in einer adligen Familie zu befördern. Die Naturbehinderung am eigenen Leibe ist in letzter Konsequenz die Selbstverstümmelung und Selbstzerstörung. So grell haben es andere nicht dargestellt, aber gemeint war etwas ähnliches, wenn Goethe seinen »Werther« ausrufen läßt: *Man kann zum Vorteile der Regeln viel sagen, ohngefähr was man zum Lobe der bürgerlichen Gesellschaft sagen kann ... dagegen wird aber auch alle Regel, man rede was man wolle, das wahre Gefühl von Natur und den wahren Ausdruck derselben zerstören ... O meine Freunde! warum der Strom des Genies so selten ausbricht, so selten in hohen Fluten hereinbraust, und eure staunenden Seelen erschüttert.*

Die Natur ist stark, voller Energie, aber ist sie auch immer gut? In Augenblicken beseligten Naturempfindens mag es so scheinen. *Wenn ich das Wimmeln der kleinen Welt zwischen Halmen, die unzähligen, unergründlichen Gestalten, all der Würmgen, den Mückgen, näher an meinem Herzen fühle ...* dann, so Werther, ist ihm, als würde der Spiegel seiner Seele *der Spiegel des unendlichen Gottes* werden. Aber bei anderer Gelegenheit, es ist fast dieselbe Szenerie, verwandelt sich ihm der *Schauplatz des unendlichen Lebens* in den *Abgrund des ewig offnen Grabs.* Aus dem *Stirb und Werde* wird das Fressen und Gefressenwerden, die Natur ein *ewig wiederkäuendes Ungeheur.* Wenn die äußere Natur dieses zwiespältige Bild bietet, sollte dann die innere, die subjektive Natur sich nicht auch widersprüchlich, abgründig zeigen? Werther endet bekanntlich in der Selbstzerstörung, und es bleiben Zweifel, ob es nur die gesellschaftlichen Beschränkungen sind, die ihn zugrunde richten.

Es ist genau diese Ambivalenz des Goetheschen Naturbegriffs, von der sich der junge Schiller angezogen fühlt, und es ist interessant zu beobachten, was er daraus macht.

Nur wenige Wochen vor Goethes Besuch der Karlsschule war es geschehen, daß Schillers erste medizinische Dissertation über das Thema »Philosophie der Physiologie« abgelehnt worden war, und zwar vom Herzog selbst, der Schiller einst zum Medizinstudium gedrängt hatte, weil er Mediziner brauchte, jetzt aber seine Zöglinge nicht in Berufsstellen unterbringen konnte und deshalb, gestützt auf

Gutachten der von ihm abhängigen Professoren, die Dissertation zurückwies: »Dahero glaube ich, wird es auch noch recht gut vor ihm sein, wenn er noch Ein Jahr in der Akademie bleibt, wo inmittelst sein Feuer noch ein wenig gedämpft werden kann...« Schillers »Feuer« war die Leidenschaft, mit der er auf dem Felde der Physiologie jene Ambivalenz der »Natur« ergründen wollte, die er bei dem bewunderten Goethe gefunden hatte. Schiller will sich als *durchdringender Geistererkenner* bewähren, der es unternimmt, anders als Shakespeare oder Goethe, nämlich als philosophierender Mediziner, *die Seele gleichsam bei ihren geheimsten Operationen zu ertappen,* wie er 1781 in der Vorrede zur ersten Auflage der »Räuber« schreibt. Es könnte ja sein – und dieser Schluß drängt sich dem Mediziner auf –, daß die *geheimsten Operationen* tiefer hinunterreichen in das Schattenreich des Körpers, als es einer stolzen Seele lieb sein kann, die auf ihre Unabhängigkeit pocht und Natur nur als Naturgefühl, nicht aber am eigenen Leibe erleben will. Daß Natur alles ist und daß wir sie ausleben sollten und in ihr unsere Wahrheit finden würden, dieses Dogma des Sturm und Drang, so Schillers Überzeugung, muß sich erst noch bewähren in der konkreten Untersuchung des Zusammenhangs von Geist und Natur, Leib und Seele. Wieviel Freiheit läßt uns die eigene Natur, unser Leib, und wieviel Gestaltungskraft haben wir ihm gegenüber? Das ist eine Frage, die sich Goethe so nie gestellt hätte. Für Goethe war ›Natur‹ das Umhüllende, Tragende, Bewirkende schlechthin. Für Schiller aber war sie ein Widerpart, ein Gegenspieler der Freiheit. Ungefähr zur Zeit von Goethes Besuch hatte er das Protokoll einer Leichenöffnung abzufassen. Darin heißt es: *Als man die Brust öffnete, floß eine große Menge gelblichten Blutwassers heraus... Das Gekrös enthielt eine gelblichte Zähigkeit... An der obern Hälfte der linken Lunge war etwas Eiterartiges.* Das Protokoll endet mit dem Satz: *Das Haupt ist nicht geöffnet worden.* In seinen Dissertationen – er mußte bis zur endlichen Anerkennung drei verfassen, die alle das Leib-Seele-Problem erörtern – versucht Schiller, mit analytischem Besteck das *Haupt* zu öffnen, um zu erkunden, ob dort tatsächlich der Sitz der Souveränität auszumachen ist. Dabei spürt man in seinen subtilen Begriffskonstruktionen die hintergründige Wirksamkeit des Goetheschen ambivalenten Naturbildes – liebevoll-lebendiges Gewimmel und sinnverschlingender Abgrund.

Das einzig erhaltene erste Kapitel der ersten Dissertation beschäftigt sich mit der Frage: wie entstehen aus körperlichen Reizen, also aus ›Natur‹, die Phänomene der Bewußtseinswirklichkeit? Angestrebt wird eine in der dritten Dissertation dann vertiefte Analyse der Vorgänge bei der Umwandlung des Physiologischen ins Psychische. Doch die spezielle Untersuchung, die an die zeitgenössische Neurophysiologie anknüpft, wird vorbereitet durch eine große Theorie-Inszenierung. Schiller entwickelt in kühnen Strichen und mit enthusiastischem Schwung eine ganze Philosophie der Liebe als natürliches, kosmisches Prinzip, das den allseitigen Zusammenhang des Lebens bildet, die große Kette der Wesen – dieser Gedanke entspricht Goethes *Wehen des Alliebenden, der uns in ewiger Wonne schwebend trägt und erhält.* Bei Schiller gleicht diese Beschwörung der Liebesphilosophie zu Beginn der physiologischen Untersuchungen der Anrufung einer Muse, die ihn leiten soll, auf daß er nicht, von allen guten Geistern verlassen, in materialistische Anfechtung gerate: *Ein kühner Angriff des Materialismus stürzt meine Schöpfung ein.* Wenn der Materialismus siegt, dann kann man mit Franz Moor über den Menschen nur noch sagen: *der Mensch entstehet aus Morast, und watet eine Weile im Morast, und macht Morast, und gärt wieder zusammen in Morast, bis er zuletzt an den Schuhsohlen seines Urenkels unflätig anklebt.* Diese Sichtweise entspricht Goethes Entsetzen vor einer Natur als *Abgrund des ewig offenen Grabs.*

Das Prinzip der Liebe, das er in die Natur eingeführt sehen möchte, ist für Schiller eine Art Abwehrzauber gegen die Versuchung, die Natur als *Abgrund* oder als *Morast* ansehen zu müssen. Solche Liebe ist zunächst wirklich nur ein Prinzip, eine spekulative Größe. Goethes *Wehen des Alliebenden* ist empfunden, Schillers Liebe ist grandios gedacht, aber eben nur ausgedacht. Sie soll in die *Maschine* der Körperwelt ein beseelendes Prinzip einführen, sie überbrückt den *Riß* zwischen Seele und Körper, Geist und Natur und überwindet den Dualismus zwischen Erkenntnis und Wirklichkeit. Es muß Geist in der Natur sein, sonst könnten wir sie gar nicht erkennen: Gleiches nur erkennt Gleiches. Mehrfach und leitmotivisch verwendet Schiller in seiner Liebesphilosophie das Bild von der großen *Kette von Kräften*, eine Metapher, die ihm eine ehrwürdige Tradition in die Hände spielt und die auch Goethe gerne benutzt. Sie hat seit Platon das abendländische Denken beherrscht. Die große Kette gleitet von oben nach unten herab, als göttliche Emanation, und steigt von unten nach oben auf – *gegen den Geist immerwärts fort.* Vor allem aber sind die Glieder der Kette nicht einsinnig verbunden wie Ursache und Wirkung. Daraus zieht Schiller den außerordentlich kühnen Schluß: Also kann es nicht sein, daß das Physiologische, zum Beispiel das Nervengeflecht im Gehirn, nur einseitig auf die Geistestätigkeit wirkt, es muß auch eine umgekehrte Kausalität geben, vom Geist auf die Physis. Jedes Glied der großen Kette müßte zugleich Ursache und Wirkung sein. Auf das Nervensystem angewandt, bedeutet das: Es gibt physiologische Vorgänge, die ohne oder gar gegen unseren Willen ablaufen, und solche, die vom Willen veranlaßt werden, die also nichts anderes sind als eine Ursache aus Freiheit. *Die Seele hat einen tätigen Einfluß auf das Denkorgan,* schreibt Schiller. Wie aber kann Psychisches sich in Physisches umsetzen? Das kann Schiller nicht erklären, er spekuliert über eine sogenannte *Mittelkraft.* Weiter kommt er damit auch nicht, denn erstens kann er sie nicht nachweisen und zweitens weiß er auch gar nicht genau, wonach er suchen soll – nach etwas Materiellem oder nach etwas Geistigem? Die ominöse *Mittelkraft* ist wirklich nur eine Idee.

Da sind die Naturforschungen, die Goethe ungefähr zur selben Zeit unternimmt, um einiges handfester, und doch kontemplativer, beseelt vom *Schauen, Beobachten und Entdecken*; ganz anders als Schiller, der vom Ehrgeiz angetrieben wird, die Natur bei ihren *geheim-*

sten Operationen zu ertappen. Auch für Goethe ist, wie für Schiller, die Idee von der großen Kette maßgeblich, näher hin beschäftigt ihn die Frage: wie hat sich der Mensch aus dem Tierreich entwickelt? Um die Kette zu schließen, fehlt ihm noch das »os intermaxillare«, der Zwischenkieferknochen, der sich beim Affen zeigt, aber offenbar nicht beim Menschen. Goethe ahnt: vielleicht bildet er sich beim Menschen im vorgeburtlichen Stadium zurück. Dann bekommt er eines Tages den Schädel eines Embryos in die Hand. An ihm entdeckt er die feine Nahtstelle, die kaum sichtbaren Spuren des Zwischenkieferknochens waren gefunden. *Ich habe eine solche Freude, daß sich mir alle Eingeweide bewegen,* schreibt er an Frau von Stein, und an Herder am gleichen Tag, am 27. März 1784: *Ich habe gefunden – weder Gold noch Silber, aber was mir eine unsägliche Freude macht – das os intermaxillare ... Es soll dich auch recht herzlich freuen, denn es ist wie ein Schlußstein zum Menschen.* Das Echo der Fachwelt fiel eher bescheiden aus, worüber sich Goethe selbstverständlich ärgerte: *Einem Gelehrten von Profession traue ich zu daß er seine fünf Sinne ableugnet. Es ist ihnen selten um den lebendigen Begriff der Sache zu tun, sondern um das was man davon gesagt hat.* Immerhin nahm Professor Justus Christian Loder von der Universität Jena die Entdeckung in sein »Handbuch der Anatomie« auf. Goethe ließ sich nicht beirren, die Knochenlehre hatte es ihm angetan. Er beschäftigte sich anschließend mit dem Horn des Rhinozeros und ließ sich sogar einen Elefantenschädel schicken, den er in seinem Zimmer versteckte, damit man ihn nicht für toll hielt. Schiller spekulierte über eine ominöse *Mittelkraft,* Goethe aber hatte sein »os intermaxillare«, Mittelglied in der Gestaltenreihe des Lebens.

Zwischenkieferknochen, Rhinozeroshörner und Elefantenschädel lassen sich irgendwie auftreiben, wie aber soll man Freiheit im Gehirn finden, womit sich Schiller abplagt? Er versucht es mit einer Theorie der *Aufmerksamkeit.* Ist es nicht erstaunlich, daß wir sie nach *freier Willkür* lenken können, wie einen Lichtstrahl? Ist damit nicht bewiesen, daß wir nicht nur von Reizen abhängen, sondern uns selbst aussuchen können, worauf wir reagieren wollen? Gewährt die vom Willen gelenkte Aufmerksamkeit nicht Einblick in das Wesen der Entscheidungsfreiheit? Beschwingt von einer Entdeckerfreude, die allerdings nichts Knochenhartes in die Hand bekommt – Schiller wird später Goethe zum Vorwurf machen, er *betaste* ihm zuviel – beschwingt also und stolz präsentiert Schiller sein Fundstück, die Freiheit betreffend: *Die Aufmerksamkeit also ist es, durch die wir phantasieren, durch die wir uns besinnen, durch die wir sondern und dichten, durch die wir wollen. Es ist der tätige Einfluß der Seele auf das Denkorgan, der dies alles vollbringt.*

Freiheit ist von nun an Schillers großes Thema. Er hat ihr einen Platz zu schaffen gesucht im Physiologischen. Man spürt sie in der intentionalen Bewegung der Aufmerksamkeit, also muß es sie geben oder wie er in der Dissertation schreibt: *Die Erfahrung beweist sie. Wie kann die Theorie sie verwerfen.* Schiller hatte wie der Sturm und Drang und wie der junge Goethe mit der Heiligsprechung der Natur begonnen, aber er geht nun andere Weg, mit der Freiheit reißt er sich los, überfliegt die Natur, setzt sich ihr sogar entgegen. Das ist nicht ganz ungefährlich. Die Freiheit, sagt Karl Moor, *brütet Kolosse und Extremitäten aus.*

Zum Zeitpunkt von Goethes Besuch in Stuttgart hat Schiller nicht nur seine erste Dissertation abgeschlossen, sondern er ist auch fast fertig mit den »Räubern«, jenem Stück, das ihn über Nacht berühmt machen wird, womit er einen Erfolg wiederholt, den Goethe zehn Jahre zuvor mit seinem »Götz« erzielt hatte. Es geht um zwei verfeindete Brüder, zwei Extremisten der Freiheit.

Karl ist extremer Idealist, insofern er mit dem Enthusiasmus seines Herzens an eine gute, väterliche Weltordnung glaubt, an eine *natürliche* Ordnung der Dinge, doch es genügt ein Mißverständnis, eine Schwäche des Vaters und eine Bosheit des Bruders, um Karl unter die Räuber zu treiben, mit denen er dann, als edler Wilder, sich der Raserei einer Rache an der zerrütteten Weltordnung hingibt.

Franz ist extremer Materialist, die Natur hat ihn schlecht behandelt: er ist als zweiter aus dem *Mutterleib gekrochen*, ein Schicksal, das ihn vom Erbe ausschließt. Die Natur hat ihm eine *Bürde von Häßlichkeit* aufgeladen: *Warum gerade mir die Lappländernase? Gerade mir dieses Mohrenmaul? Diese Hottentottenaugen?* Die Natur ist grausam, sie ist nicht gerecht, warum sollte er es sein. Er ist von ihr geschlagen, also schlägt er zurück.

Das ist wieder das Bild der ambivalenten Natur: die *Alliebende* und der *Abgrund.*

Für Karl ist sie die Alliebende, die schöne und gute Ordnung; für Franz ist sie der *Abgrund.* Beide handeln entsprechend der Art, wie sie Natur erleben und deuten. Der eine, indem er als Rächer der zeitweilig zerrütteten Weltordnung auftritt, der andere, indem er den *räsonierenden* Bösewicht gibt. *Ich will alles um mich her ausrotten, was mich einschränkt, daß ich nicht Herr bin.* Beide, und das ist für Schiller entscheidend, handeln frei, doch in Reaktion auf ihr Naturerleben. Der Mensch, das soll das Stück zeigen, ist nicht nur, was die Natur, sondern was seine Freiheit aus ihm macht. Franz nimmt sich die Freiheit, böse zu sein und begeht dann Selbstmord. Karl, bereit für seine Taten zu büßen, überantwortet sich dem Gericht.

In einer Selbstrezension von 1782, verfaßt kurz nach der Uraufführung, kritisiert Schiller die mangelnde Wirklichkeitsnähe seiner Figuren. Sie seien nicht nach der Natur gebildet, der Verfasser habe, schreibt Schiller, die *Menschen überhüpft.* Das empfand man auch im fernen Weimar so, jedenfalls verständigten sich Goethe und Wieland darauf. Der junge Mann aus Schwaben habe nun wirklich übertrieben mit seinen Kopfgeburten.

Tatsächlich, die Menschen wie sie üblicherweise und im Durchschnitt sind, werden *überhüpft*, einem Experiment mit Extremen zuliebe. Das Stück ist eine solche Experimentalanordnung für extreme Charaktere, die monströs aber folgerichtig das Prinzip ihrer Existenz – die Freiheit - zur Entfaltung bringen bis hin zur Katastrophe. Schiller wird beim Thema Freiheit bleiben, aber er weiß, daß er mehr nach der Natur arbeiten muß. Als Mediziner hat er für mehr Freiheit in der Natur plädiert, als Dichter aber wird er noch lernen müssen, mehr Natur bei der Freiheit gelten zu lassen.

Einerseits widerstrebt ihm das, denn Schiller ist vom Bewußtsein des Machens und nicht des Geschehenlassens erfüllt. Er empfindet die Natur nicht als etwas, das ihn gnädig trägt und gedeihen läßt. Andererseits wird er von der Idee der Selbstvervollkommnung angetrieben, und die macht ihn lernbegierig. Nun will er auch noch das Natürliche lernen. Deshalb seine Selbstrezensionen. Auch bei späteren Werken, insbesondere beim »Don Karlos«, wird Schiller auf das Mittel der öffentlichen Selbstbeurteilung zurückgreifen. Dabei scheut er sich nicht, eigene Fehler deutlicher zu benennen, als es die Rezensenten tun. Er will seine Entwicklung als Autor vor den Augen des Publikums absolvieren. Das fällt ihm nicht schwer, weil für ihn die poetische Arbeit weniger ein intimer, expressiver Vorgang ist, der am besten im Dunkeln bleibt, sondern ein bewußtes Machen und Experimentieren. Der öffentliche Raum, die Wirkungsstätte seiner Werke, ist bei Schiller immer im Blick. Das war bereits in den früheren Jahren so. Die Mitschüler berichten, daß Schiller gerne die eigenen Gedichte vortrug und Kritik nicht scheute. Auffällig ist auch sein rhetorischer Stil. Die Wirkungsabsichten sind immer dominant. Schon der kleine ›Fritz‹ predigte seinen Spielgefährten in der schwarzen Küchenschürze vom Stuhl herab. Berühmt ist auch jene Szene in einem Wald bei Stuttgart, wo Schiller auf einer verborgenen Lichtung seinen Freunden mit Pathos und Empörergeste einiges aus den entstehenden »Räubern« zum besten gibt. Scharffenstein gegenüber soll er geäußert haben: »Wir wollen ein Buch machen, das aber durch den Schinder absolut verbrannt werden muß«, ein Satz, der dann fast gleichlautend einem Räuber in den Mund gelegt wird. Schiller wollte das *tintenklecksende Säkulum* provozieren, und er stellte sich genüßlich vor, wie seine räuberischen Kraftgenies in die hausväterliche Welt der grassierenden Rührstücke einbrechen würden. Zunächst hat er nicht zu hoffen gewagt, daß solches geschehen könnte, aber als es dann geschah, war es wie die Erfüllung eines Traumes.

Zwei Jahre nach den »Räubern« spricht Schiller im Anschluß an eine Aufführung des »Fiesko« zum ersten Mal über jenen Willen zur Macht, der ihn antreibt und den nur ein Theaterautor kennt, der sein Publikum in der Gewalt hat. *Heilig und feierlich war immer der stille, der große Augenblick in dem Schauspielhaus, wo die Herzen so vieler Hunderte, wie auf den allmächtigen Schlag einer magischen Rute, nach der Phantasie eines Dichters beben ... wo ich des Zuschauers Seele am Zügel führe und nach meinem Gefallen einem Ball gleich dem Himmel oder der Hölle zuwerfen kann – und es ist Hochverrat an dem Genius – Hochverrat an der Menschheit, diesen glücklichen Augenblick zu versäumen, wo so vieles für das Herz kann verloren oder gewonnen werden.*

Schiller gehört zur neuen Generation, die anders über literarische Wirksamkeit denkt als noch Goethe, der seine Werke schuf, als ob er sich nur an Liebhaber wendete; er übergab sie der Öffentlichkeit und wartete gelassen ab, was daraus wird. Auch nachdem er mit seinen ersten beiden großen Werken, dem »Götz« und dem »Werther«, eine solche gewaltige Wirkung beim Publikum erzielt hatte, schrieb Goethe immer noch im Kammerton des überschaubaren Freundeskreises. Er verstand sich durchaus nicht als Berufsschriftsteller. Obwohl er später, zusammen mit Schiller, eine harsche Kritik am Dilettantismus formulieren wird, fährt er damit fort, sein Schreiben als eine Liebhaberei im höheren Sinn anzusehen. Er stellte sich so, als sei er von seinen Wirkungen geradezu überrascht. Anders Schiller. Nach der Flucht aus Stuttgart mußte er sich als Berufsschriftsteller verstehen. Das entsprach auch seinem Wirkungswillen. Er operierte stets an der Front der möglichen Wirkungen. Von dorther, vom Effekt, war seine Arbeit am Werk bestimmt. Schiller war kein Autor, der nur von innen kommt, Intimität war nicht seine Sache. Das Drama ist für Schiller eine streng kalkulierte Affekterregungskunst, eine Maschine zur Herstellung großer Gefühle.

Goethe bevorzugt, seitdem er in Weimar ist, das Gedämpfte, Zurückgenommene. Ein Beispiel dafür ist die erste Fassung der »Iphigenie« von 1779, die für die Liebhaber-Bühne in Weimar gedacht war. Sie wurde gut aufgenommen, vor allem der schönen Kostüme wegen, auch Goethe selbst, der den Orest spielte, machte eine gute Figur, aber eine Affekterregungskunst war das nicht. Sollte es auch nicht sein, die Herzogin hatte sich noch zu erholen von einer schwierigen Geburt. Moderates war gefragt. Dazu paßt Iphigenie, sie ist eine reine Seele, freilich auch nichts anderes. Keine lauten Töne, keine Kontraste, alle sind edel, auch die Nebenfiguren, sogar der Barbarenkönig verzeiht, und im heiligen Hain weht laue Luft. Goethe an Frau von Stein am 23. Mai 1779: *Es ist wie mit der Liebe die ist auch monoton.* Als Schiller später, aus Freundschaft, das Stück für die Bühne bearbeiten wollte, hatte er seine liebe Not damit. Für ihn war es ein Organismus, der sein reiches Leben nicht nach außen dringen läßt, eine verschlossene Auster.

Goethe selbst, wenn er spielte oder vorlas, gab sich zurückhaltend, mied das große Pathos, den groben Effekt, die schrillen Töne. Seine Stimme war sonor, modulationsreich, sein Mienenspiel sparsam. Ganz anders der junge Schiller. Seine Wirkungsbesessenheit kannte noch kein Maß.

Es war wenige Wochen nach Goethes Besuch in Stuttgart, daß der Geburtstag des Herzogs feierlich begangen wurde. Die Studenten durften ein Schauspiel aufführen und Schiller wurde mit der Auswahl und Einstudierung beauftragt. Er wählte Goethes »Clavigo« und für sich selbst die Hauptrolle. Es muß eine denkwürdige Aufführung gewesen sein. Ein Augenzeuge berichtet: »Wie spielte er? Ohne alle Übertreibung darf man sagen – abscheulich. Was rührend und feierlich sein sollte, war kreischend, strotzend und pochend; Innigkeit und Leidenschaft drückte er durch Brüllen, Schnauben und Stampfen aus, kurz sein ganzes Spiel war die vollkommenste Ungebärdigkeit, bald zurückstoßend, bald lachenerregend.« An einer Stelle, wo es in der Regieanweisung heißt, Clavigo bewegt sich mit höchster Verwirrung auf seinem Sessel, »fuhr Schiller in so wilden Zuckungen auf dem Stuhle herum, daß die Zuschauer lachend erwarteten, er falle herunter«.

Dieser Mißerfolg war ihm zunächst noch keine Lehre gewesen. Unverdrossen fuhr er fort, sich für einen guten Schauspieler zu halten. In Mannheim, nach der Flucht aus Stuttgart, liest er den Schauspielern seinen »Fiesko« vor. Wieder ein Fiasko. Die Schauspieler suchen das Weite. Nach der verheerenden Lesung kam Schiller keinen Augenblick auf die Idee, daß die üble Wirkung etwas mit seinem Vortragsstil zu tun haben könnte. Im Gegenteil. Er beklagte sich über den Unverstand der Schauspieler und sprach die Drohung aus, er werde, sollte ihm das Dichten für das Theater keinen Erfolg bringen, als Schauspieler auftreten, da *eigentlich doch niemand so deklamieren könne wie er.*

Auch in dieser Hinsicht wird der Wirkungsbesessene noch lernen, seinen Furor in Grenzen zu halten.

Zweites Kapitel

Zweimal Flucht und Verwandlung. Schiller flieht vor dem Herzog und kommt auf Umwegen endlich nach Weimar. Goethes Flucht nach Italien. Schiller in Weimar unter den Göttern und Götzendienern. Der abwesende Goethe. Alles wartet auf ihn, auch Schiller.

Goethe zur Zeit seines Besuches in Stuttgart ist ein Mann mit Doppelleben. Einerseits der förmliche, ein wenig steife hohe Regierungsbeamte und hinter dieser Schutzwehr der Poet und Künstler, wobei die Sicherungssysteme immer weiter ausgebaut werden. *Sonst war meine Seele,* schreibt er an Charlotte von Stein am 17. Mai 1778, *wie eine Stadt mit geringen Mauern, die hinter sich eine Zitadelle auf dem Berge hat. Das Schloß bewacht ich, und die Stadt ließ ich in Frieden und Krieg wehrlos, nun fang ich auch an die zu befestigen.*

In seine *Zitadelle* eingeschlossen, fern und unnahbar, so mochte Goethe auf Schiller gewirkt haben damals bei der Preisverleihung an der Hohen Karlsschule. Tatsächlich wird bei Goethe ein Ausbruch nötig sein, die Flucht nach Italien, um zu verhindern, daß die Selbsteinmauerung in Amt und Würden nicht den schöpferischen Impuls abtötet. Auch Schiller muß aus dem Lebenskreis, in den ihn sein Herzog festhält, ausbrechen; auch er muß fliehen, um sich wieder in den Besitz seiner selbst zu bringen. Zweimal also Flucht und Verwandlung.

Zuerst Schiller. Seine Flucht hängt mit dem Erfolg seines ersten Stückes zusammen. 1781 hat er »Die Räuber« abgeschlossen. Er sucht einen Verlag und eine Bühne, rechnet mit einem ordentlichen Honorar. Sein Gehalt als Regimentsmedicus beträgt nur 18 Gulden im Monat, Goethe verdient das Zehnfache. Noch sieht Schiller sich nicht als Berufsschriftsteller. Eigentlich müßte er bei einer Veröffentlichung oder einer Aufführung den Herzog um Erlaubnis fragen, ein gefährliches Unterfangen bei einem Text, in dem es von Tiraden gegen die Tyrannei wimmelt. *Warum sind Despoten da? Warum sollen sich tausende, und wieder tausende unter die Laune Eines Magens krümmen, und von seinen Blähungen abhängen?* Schiller versucht, das Stück am Herzog vorbei zu lancieren.

Die Suche nach einem Verleger bleibt aber erfolglos und deshalb entschließt er sich, es auf eigene Kosten für hundertvierzig Gulden, das sind zwei Drittel seines Jahreseinkommens, drucken zu lassen. Er leiht sich Geld, die Schulden werden ihn bis in seine Weimarer Zeit verfolgen. Das Stück macht bei Erscheinen im Sommer 1781 großes Aufsehen. Man liest es auch in Weimar. Die »Erfurtische Gelehrte Zeitung« urteilt: »Haben wir je einen teutschen Shakespeare zu erwarten, so ist es dieser«. Die Mannheimer Bühne bekundet Interesse. Man wünscht aber, um mißliebige politische Anspielungen zu vermeiden, eine Verlegung der Handlung ins sechzehnte Jahrhundert, in die Zeit des »Götz von Berlichingen«, der immer noch in Mode ist. Dagegen verwahrt sich Schiller: *Alle Charaktere sind zu aufgeklärt zu modern angelegt, daß das ganze Stück untergehen würde, wenn die Zeit, worin es geführt wird, verändert würde.* Schiller hat noch nicht die Prominenz, um mit seinen Einwänden durchzudringen.

Am 13. Januar 1782 findet in Mannheim die legendäre Uraufführung statt, bei der das Theater, wie ein Augenzeuge schreibt, einem »Irrenhause« glich und sich fremde Menschen »schluchzend in die Arme« fielen. Das ist der Durchbruch. Schiller schreibt an den Intendanten: *ich glaube, wenn Deutschland einst einen dramatischen Dichter in mir findet, so muß ich die Epoche von der vorigen Woche zählen.* Aber noch wagt er es nicht, sein Leben ausschließlich dem Theater und dem Schreiben zu widmen.

Zweimal reist Schiller heimlich ins benachbarte Mannheim zur Aufführung seines Stückes. Er hätte den Herzog um Erlaubnis bitten müssen. Er wird verwarnt und bestraft. Der Konflikt mit dem Herzog spitzt sich im August 1782 zu: den Herzog erreicht eine Beschwerde, von der er ärgerliche Verwicklungen mit der Schweiz befürchtet. In den »Räubern« , heißt es, würde Graubünden verleumdet. Gemeint war ein Ausspruch des Räubers Spiegelberg, *zu einem Spitzbuben wills Grütz – auch gehört dazu ein eigenes Nationalgenie, ein gewisses, daß ich so sage, S p i t z b u b e n k l i m a, und da rat ich dir, reis du ins Graubünder Land, das ist das Athen der heutigen Gauner.* Der Herzog verbietet seinem Regimentsmedicus bei Strafe der Kassation oder der Festungshaft jede weitere nicht-medizinische Schriftstellerei. Damit ist für Schiller ein Bleiben in Stuttgart unmöglich geworden. Er entscheidet sich für die Flucht.

Er hatte lange gezögert, weil er dem Vater, der vom Herzog abhängig war, nicht schaden wollte. Und als er sich dann doch für die Flucht entschied, weihte er ihn nicht ein, um ihm die Möglichkeit zu geben, später reinen Gewissens erklären zu können, daß er nichts gewußt habe von den Plänen des Sohnes. Die Entscheidung zur Flucht beschwingt Schiller. Tag und Nacht arbeitet er an seinem nächsten Stück, dem »Fiesko«. Den Fluchttag setzt er auf den 22. September 1782. Es ist der Tag des Festes, das der Herzog für eine zu Besuch in Stuttgart weilende russische Großfürstin gibt. Am Abend dieses Tages würden alle Gäste und halb Stuttgart auf den Beinen sein, um das grandiose Schauspiel einer Festbeleuchtung auf der Solitude und eines krönenden Feuerwerkes zu sehen. Das würde, so rechnet Schiller, ein günstiger Augenblick sein, um unbemerkt zu entkommen. Die Flucht gelang.

Von der Straße nach Mannheim aus sieht Schiller am nächtlichen Himmel den roten Schein des großen Feuerwerks. Unter dieser Illumination beginnt er sein neues Leben für die Kunst. Aber es gibt Augenblicke, da bekommt Schiller Angst vor der eigenen Courage. Soll er wieder in den Machtbereich des Herzogs zurückkehren, wenn auch nur dem Vater zuliebe? Doch Schiller wußte, daß er inzwischen eine öffentliche Person war, er hatte einen Ruf zu verlieren. Die Nachricht von seiner Flucht hatte sich wie ein Lauffeuer in Stuttgart und darüber hinaus verbreitet. Es dauerte nicht lange, dann wußte das ganze literarische Deutschland davon. Schiller fühlte sich von der Figur, zu der er im öffentlichen Leben geworden war, in die Pflicht genommen. Die Flucht war ein Befreiungsschlag, aber jetzt war er nicht mehr frei gegenüber diesem Akt der Freiheit. Eine Handlung ist mehr als eine Idee, diese läßt sich zurücknehmen, jene nicht; man kann sie nur verraten. Das aber wollte Schiller nicht. Er kehrt nicht zurück, auch wenn er in Mannheim Verhältnisse vorfindet, die ihn demütigen: ein Theaterautor gilt auch nicht viel mehr als ein Dienstbote. Wenn ihn das Elend in Mannheim allzu sehr niederzudrücken droht, richtet er sich an dem Gedanken auf, daß er nicht darum dem Herzog widerstanden hat, um jetzt von einer anderen Misere überwältigt zu werden. Er erinnert sich des Satzes von Karl Moor: *Die Qual erlahme an meinem Stolz!* Er muß sich seinen Stolz bewahren, denn die Flucht ist noch nicht zu ende. Es geht das Gerücht, der Herzog werde die Auslieferung beantragen. Also noch einmal fliehen. Schiller bringt sich Ende 1782 im thüringischen Bauerbach in Sicherheit, in einem Gutshaus der Henriette von Wolzogen, der Mutter eines Schulfreundes und seines späteren Schwagers.

Am 7. Dezember 1782 kommt er im verschneiten Bauerbach an. Es ist ein winziges, einsam gelegenes Dorf. Schiller fühlt sich wie *ein Schiffbrüchiger, der sich mühsam aus den Wellen gekämpft hat.* Doch es ist gut für ihn gesorgt. Das Haus ist geputzt, im Kamin brennt ein Feuer, Bettwäsche liegt bereit, die Speisekammer ist gefüllt. Bald genießt er die Ruhe. Dem Freund Andreas Streicher schreibt er: *keine Bedürfnisse ängstigen mich mehr, kein Querstrich von außen soll meine dichterischen Träume, meine idealischen Täuschungen stören.* Er beginnt mit der Arbeit am »Don Karlos«. Am 14. April 1783 schreibt er an den späteren Schwager Wilhelm Friedrich Hermann Reinwald über seine Hauptfigur, den Prinzen: *Ich muß ihnen gestehen, daß ich ihn gewissermaßen statt meines Mädchens habe.*

Nach einem Jahr wagt Schiller es, wieder nach Mannheim zurückzukehren, bleibt dort noch einmal zwei Jahre in subalterner Stellung beim Theater. Eine heikle Liebesgeschichte mit Charlotte von Kalb sorgt für Verwirrung. Charlotte, eine wunderliche Frau, melancholisch und exzentrisch. Sie war einem Herrn von Kalb in die Ehe gegeben worden, dem jüngeren Bruder von Goethes Vorgänger in der Weimarer Finanzkommission. Goethe stand im Briefwechsel mit dieser Frau, die schwärmerisch in ihre Träume und Phantasien versunken war. Sie ist begeistert von Goethe und nun auch von Schiller, dem sie in Aussicht stellt, ihn bei Gelegenheit mit dem großen Goethe bekannt zu machen. Das ist zwar verlockend, aber Schiller wehrt doch ab. Er fühlt sich als jemand geliebt, der er noch nicht ist. Wenn er dann der sein wird, schreibt er ihr einmal, *werde ich nie vergessen, wieviel ich davon jenem schönen und reinen Verhältnisse schuldig bin.* Immer dieses folternde Gefühl, daß er sich zwar zum Schriftsteller befreit hat, aber noch nicht frei ist. Die Werke, die er geschaffen hat, sind ihm nach Maßgabe dessen, was ihm zu erreichen möglich scheint, nicht vollkommen. Das nennt er, neben den sonstigen Demütigungen, die er von Seiten der Theaterleitung erdulden muß, seine *Marter.*

In dieser Stimmung erhält Schiller eine anonyme Sendung aus Leipzig. Vier unbekannte Freunde, zwei Frauen und zwei Männer, haben sich zusammengetan und anonym ihre Portraits geschickt und in einem Brief ihre herzliche Verehrung dem Dichter bekundet. Später wird Schiller die Namen erfahren: Christian Gottfried Körner, Rat des Oberkonsistoriums in Dresden, und dessen Freund Ludwig Ferdinand Huber sowie die Verlobten der beiden, die Geschwister Minna und Dora Stock, Töchter jenes Kupferstechers Stock, bei dem der Student Goethe einst in Leipzig Zeichenunterricht genommen hatte. In dem Brief der Vier heißt es: »Zu einer Zeit, da die Kunst sich immer mehr zur feilen Sklavin reicher und mächtiger Wollüstlinge herabwürdigt, tut es wohl, wenn ein großer Mann auftritt und zeigt, was der Mensch auch jetzt noch vermag«. Er läßt den Brief eine Weile liegen. Der Bewunderung, die ihm darin entgegengebracht wird, fühlt er sich zur Zeit nicht wert. Doch bald kehrt seine Selbstgewißheit und Kraft zurück.

Weihnachten 1784 wird Schiller an den Darmstädter Hof eingeladen, wo gerade der Herzog Karl August von Weimar als Gast weilt. Er liest aus dem »Don Karlos« vor. Anderntags hat er eine Unterredung mit dem Weimarer Herzog, der ihm auf seine Bitten hin »mit vielem Vergnügen« den Titel eines Weimarer Rats erteilt. Bei dieser Gelegenheit läßt er sich zu den größten Hoffnungen *schwindelnd fortreißen*. Wie wäre es, wenn er sich nach Weimar begeben würde? Vielleicht ließe sich dort ein neuer Anfang machen, als Schriftsteller und Theaterautor; vielleicht könnte er dort, da er doch auch ein wenig die Juristerei betrieben hatte, eine einträgliche Verwaltungsstelle am Hofe bekommen, vielleicht, daß aus dem frischgebackenen Titular-Rat ein wirklicher Rat würde, in Nachbarschaft zum Geheimrat Goethe.

Jetzt fühlt er sich in der Stimmung, nach Leipzig zu schreiben. Er ahne, schreibt er, *daß die Natur ein eigenes Projekt* mit ihm vorhabe. Von den Leipziger Freunden weiß er noch so wenig, aber er stürzt sich in diese Freundschaft, die vorerst nur in der Phantasie existiert. Diese Freundschaft ins Blaue ist ziemlich ungewöhnlich. Aber so fühlt sich Schiller auch: als ein ungewöhnlicher Mensch. Er schreibt: *Gewissen Menschen hat die Natur die langweilige Umzäunung der Mode niedergerissen* ... Ein Satz, der später in der »Ode an die Freude« mächtig widerhallen wird: *Deine Zauber binden wieder, / Was der Mode Schwert geteilt.* Der Enthusiasmus reißt ihn mit, reißt ihn den neuen Freunden entgegen. Er verläßt am 9. April 1785 Mannheim, auch wieder fluchtartig.

Es ist mit der Ferne wie mit der Zukunft, schreibt Schiller an Huber. *Ein großes dämmerndes Ganze liegt vor unserer Seele.* Er reist voller Erwartungen nach Leipzig. Immer näher rückt er dem Lebenskreis seiner späteren (und letzten) Lebensjahre, Jena und Weimar. Immer näher kommt er auch der Sphäre Goethes. Die zwei Jahre in Leipzig, Gohlis, Dresden und Loschwitz sind eine literarisch produktive Zeit: Schiller schließt die »Philosophischen Briefe« ab, vollendet »Don Karlos«, dichtet die Ode »An die Freude«, beginnt den Roman »Der Geisterseher«. Er ist Herausgeber der Zeitschrift »Thalia« und arbeitet an der »Geschichte des Abfalls der Niederlande«, ein Werk, das ihn über Nacht zu dem bedeutendsten historischen Schriftsteller Deutschlands macht. Schillers Ruhm wächst. Nach zwei Jahren bei den Freunden in Leipzig und Dresden bricht Schiller im August 1787 wieder auf. Diesmal ist es keine Flucht, sondern eine vorsichtig tastende Suchbewegung. Sie führt ihn nach Weimar. Goethe ist noch in Italien.

Nun zu Goethes Flucht und Verwandlung.

Man war überrascht, wie energisch sich Goethe seit den späten siebziger Jahren seinen Amtsgeschäften widmete, sachlich und diszipliniert, als hätte er nie etwas anderes vorgehabt. Der Herzog übertrug ihm nach und nach die Zuständigkeit für fast alle Ressorts. Er kümmerte sich um das Militärwesen – er reduzierte die Infanterietruppe von 500 auf 136 Mann, das Artilleriekorps wurde ganz aufgelöst, nur die Haubitze behielt man für das Salut-Schießen. Er saß in der Finanzkommission und hatte auch mit Kreditbeschaffung zu tun. Darum ging es übrigens auch bei der Reise in die Schweiz, als man in Stuttgart Station machte. Goethe beaufsichtigte die kleine Industrie im Herzogtum, vor allem die Webstühle von Apolda. Als er 1779 auf der benachbarten Dornburg an seiner »Iphigenie« arbeitete, schrieb er an die Frau von Stein: *Hier will das Drama gar nicht fort, es ist verflucht, der König von Tauris soll reden als wenn kein Strumpfwürcker in Apolde hungerte.* Er verfolgte das ehrgeizige Projekt, dem Silberbergbau in Ilmenau wieder aufzuhelfen, aber der Förderbetrieb mußte nach einigen katastrophalen Wassereinbrüchen schließlich doch eingestellt werden. Goethe leitete die Wegebaukommission, was ihm viel zu tun gab, denn die heimliche Hauptstadt der Kultur lag verkehrstechnisch im toten Winkel, und die Wege im Herzogtum waren schlecht. Lichtenberg spottete, daß in Deutschland der spannende Roman nicht gedeihen könne, denn eine Entführungsgeschichte etwa habe hier, anders als in Frankreich und England, keine Aussicht auf Erfolg, weil Opfer und Täter über kurz oder lang im Morast der Wege steckenbleiben würden.

Außenpolitisch führte Goethe für den Herzog die Verhandlungen mit den Mittel- und Kleinstaaten zwecks Schaffung eines Fürstenbundes gegen die preußische und habsburgische Übermacht. Dort erfuhr er, *wie die Großen mit den Menschen, und die Götter mit den Großen spielen* und durfte sich schmeicheln, ein wenig zu den Großen zu gehören. Das Mißtrauen als Geschäftsgrundlage der Diplomatie erlernte er schnell. Über Verhandlungen in Berlin berichtete er seinem Freund Merck, er habe *in preußischen Staaten kein laut Wort hervorgebracht, das sie nicht könnten drucken lassen. Dafür ich gelegentlich als stolz etc. ausgeschrieen bin.* Auf den Grafen Lehndorff machte er auch wirklich diesen Eindruck: »Dieser Herr Goethe ist bei der Tafel mein Nachbar. Ich tue mein Möglichstes, um ihn zum Sprechen zu bringen, aber er ist sehr lakonisch. Er dünkt sich augenscheinlich zu sehr Grandseigneur, um noch als Dichter zu gelten.«

Goethe vermied es, am falschen Ort als Dichter gelten zu wollen. Im Amt sollte nur die amtliche *Geschicklichkeit* zählen. Manche schätzten sie nicht besonders hoch ein. Der Freiherr von Lyncker, Sohn des Direktors der Weimarer Landschaftskasse, schreibt in seinen Lebenserinnerungen: »Wirklich wollte man behaupten, daß der der Direktion des nunmehrigen Geh. Legationsrat Goethe übergebene Ilmenauer Bergbau sowie seine Behandlung des Chausseewesens und der Wasser- und Uferbauten unverhältnismäßiges Geld gekostet und dafür doch nicht den erwünschten Erfolg gehabt hatten. Possierlicherweise hatte das Hofpferd, auf welchem Goethe in vorbenannten Angelegenheiten umherritt, den Stallnamen ›Poesie‹ erhalten, und wo dieses Pferd mit seinem geistreichen Reiter erschien, da, sagte man, gab es wunderbare Veranstaltungen«. Das hat Goethe vielleicht auch so gesehen, jedenfalls schreibt er an Charlotte von Stein: *Und wenn ich denke ich sitze auf meinem Klepper und reite meine pflichtmäßige Station ab, auf einmal kriegt die Mähre unter mir eine herrliche Gestalt, unbezwingliche Lust und Flügel und geht mit mir davon.*

Dieser Brief ist vom September 1780, sechs Jahre später geht er wirklich *davon*, die Flucht nach Italien. Die Doppelexistenz als Pegasus und Amtsschimmel war ihm zu anstrengend geworden. *Wieviel wohler wäre mirs wenn ich von dem Streit der politischen Elemente abgesondert ... den Wissenschaften und Künsten wozu ich geboren bin, meinen Geist zuwenden könnte.* Er fühlte seine poetische Ader austrocknen. Den »Tasso« und den »Egmont« wollte er vorantreiben, blieb aber stecken. Er nahm sich den »Werther« vor, um ihn zu überarbeiten. Unter Zeitdruck, da der Verleger Göschen die neue Werkausgabe mit dem »Werther« beginnen lassen wollte, wurde er damit dann doch noch fertig vor Antritt der Reise im September 1786. Ebenso wie Schiller später seine »Räuber« nur in einer überarbeiteten Fassung auf die Bühne bringen wollte, glaubte auch Goethe sein genialisches Frühwerk nur in revidierter Form präsentieren zu dürfen. Als er den »Werther« schrieb, hatte er *Wirklichkeit in Poesie verwandelt*, und mußte dann erleben, daß manche glaubten, *man müsse die Poesie in Wirklichkeit verwandeln, einen solchen Roman nachspielen und sich allenfalls selbst erschießen.* Um dem vorzubeugen, sollte Werther aus einer übergeordneten, vernünftigen Perspektive gesehen werden. So wird aus der Fiktion eines Herausgebers, der manches von Werther erfahren hat (erste Fassung), ein Erzähler, der alles weiß und den verliebten Wahn des Schwärmers zurechtrückt, wo es notwendig ist. Der Gegenspieler Albert erscheint nicht nur als Philister, als den ihn Werther sieht, sondern bekommt eigenes Recht und Würde. Dem Freund der Wetzlarer Monate Johann Christian Kestner, dem Modell für Albert, schrieb Goethe im Hinblick auf die Umarbeitung: *Dabei war ... meine Intention Alberten so zu stellen, daß ihn wohl der leidenschaftliche Jüngling, aber doch der Leser nicht verkennt.*

Durchgehend ist in dieser eilig fertiggestellten Revision des »Werther« das Bemühen spürbar, die bürgerliche Normalität in besserem Licht erscheinen zu lassen. Goethe selbst aber hatte zur selben Zeit das unabweisbare Verlangen, der Weimarer Normalität zu entkommen. An Charlotte von Stein, der er ebenso wie dem Herzog seine Pläne verheimlichte, schrieb er zwei Monate vor der Abreise: *wer sich mit der Administration abgibt, ohne regierender Herr zu sein, der muß entweder ein Philister oder ein Schelm oder ein Narr sein.* Charlotte hatte aus dieser Bemerkung nicht den Schluß gezogen, daß ihr Freund auf dem Sprung ist, ebensowenig wie der Herzog, als er Goethes rätselhaften Abschiedsgruß empfing: *Ich gehe allerlei Mängel zu verbessern und allerlei Lücken auszufüllen, stehe mir der gesunde Geist der Welt bei.*

Alle waren überrascht, manche gekränkt, andere nahmen die Flucht als Eingeständnis des Scheiterns. Eine Flucht jedenfalls war es: *d 3 Sept früh 3 Uhr stahl ich mich aus dem Carlsbad weg, man hätte mich sonst nicht fortgelassen,* lautet der erste Satz des Reisetagebuches.

Was die Italienreise bei Goethe im einzelnen bewirkt hat, ist bekannt. Er selbst hat sich ja deutlich genug darüber ausgesprochen. Nur die Aspekte seien genannt, die dann in der Freundschaft mit Schiller eine Rolle spielen werden.

Da ist die Erotik. Goethe ist bestürzt und dann verzaubert von der Zugänglichkeit der Frauen. So jedenfalls kommen sie ihm vor. In zarter Andeutung schreibt er an Frau von Stein über die neu erwachten Lebensgefühle. Daß er so viel *verlernen* müßte, habe er nicht gedacht, und weiter: *es ist nicht allein der Kunstsinn, es ist auch der moralische der große Erneuerung leidet.* Gegenüber dem Herzog wird er deutlicher. Die Gefälligkeit der Malermodelle, schreibt er im Februar 1787 aus Rom, käme ihm sehr gelegen, *wenn die französchen Einflüsse* (er meint die Syphilis) *nicht auch dieses Paradies unsicher machten.* Auf einer Skizze Tischbeins sieht man ihn verdrießlich auf einem Doppelbett das Kissen wegschieben, die Bildunterschrift: »Das verfluchte zweite Küssen«. Wenig später wird Faustina, die römische Geliebte, dieses zweite Kissen nutzen. Die »Römischen Elegien«, die von diesen neuen Erfahrungen sprechen, werden von

Schiller, gegen den Rat des Herzogs, in den »Horen« zum ersten Mal veröffentlicht.

Da ist die Vitalität des öffentlichen Lebens. Aus Vicenza schreibt er: *Übrigens gefallen mir die Vicentiner immer sehr wohl; sie haben eine freie Humanität, die aus einem immer öffentlichen Leben herkommt ... Wie ich aber auch fühle was wir in den kleinen souveränen Staaten für elende einsame Menschen sein müssen weil man, und besonders in meiner Lage, fast mit niemand reden darf, der nicht was wollte und möchte. Den Wert der Geselligkeit hab ich nie so sehr gefühlt.* Diese *freie Humanität* des *öffentlichen Lebens* stand bei Goethe hinter dem mit Schiller ausgeheckten »Xenien«-Projekt, es war dabei an ein streitlustiges öffentliches literarisches Leben gedacht, man wirft über einen großen Platz hinweg, an dem man gemeinsam sitzt, sich Sottisen an den Kopf, stachelige Gastgeschenke, sie machen Wirbel, aber bald versöhnt man sich wieder und nimmt zusammen einen Kaffee.

Da ist die Architektur des öffentlichen Raumes, Palladio. Sie ist nicht monumental und museal, sondern gibt jedem ein höheres Selbstgefühl. Hier versteht es sich ganz von selbst, daß die Kunst zum Leben gehört. Die wirkliche und die anverwandelte Antike ragt wie selbstverständlich in die Gegenwart. Überhaupt ist alles erfüllt von Gegenwart, kein Schmachten nach verlorenen und künftigen Paradiesen, wie in den christlichen Kunstwerken, die Goethe mit ärgerlichen Worten abfertigt, weil sie einem den Lebensgenuß verleiden, diese Kreuzigungen, diese von Pfeilen durchbohrten Heiligen, diese Elendgestalten der jenseitigen und diesseitigen Hölle. *Aber die unglücksel'gen Künstler, was mußten die malen!* schreibt er über ein Bild Paolo Farinatos in Verona. *Die Künstler haben sich die Folter gegeben um solche Armseligkeiten bedeutend zu machen.* Das Neuheidnische der Renaissance hat es ihm angetan. Sogar bei den Skulpturen auf den Grabmälern zeigt sich Wille und Kraft zum Leben: *Hier ist kein geharnischter Mann auf den Knien, der einer fröhlichen Auferstehung wartet, hier hat der Künstler ... immer nur die einfache Gegenwart der Menschen hingestellt ... Sie falten nicht die Hände zusammen, schauen nicht gen*

Himmel; sondern sie sind was sie waren, sie stehn beisammen, sie nehmen Anteil an einander, sie lieben sich. Goethe gibt sich in Italien dem Traum einer besseren Antike hin, in demselben Augenblick, als Schiller in den »Götter Griechenlands« seine Klage über den Untergang des kunst- und bilderfreundlichen Polytheismus anstimmt.

Freie Öffentlichkeit, Eros, Lebenskunst und Kunst sind die Lebensmächte, deren verwandelnde Kraft Goethe in Italien spürte. Die Leidenschaft für die Kunst war dabei wohl die mächtigste. In ihr strömte alles zusammen. In Rom traf er Karl Philip Moritz, der sich mit dem autobiographischen Roman »Anton Reiser« einen Namen gemacht hatte, ein trauriger aber begeisterungsfähiger Mann, der eine verheiratete Frau unglücklich liebte, seine Lehrerstelle in Berlin aufgegeben hatte und sein Seelenheil in Italien suchte. Goethe schätzte ihn wie einen jüngeren Bruder, *nur da vom Schicksal verwahrlost und beschädigt, wo ich begünstigt und vorgezogen bin.* Moritz seinerseits verehrte Goethe abgöttisch, und durch die Gespräche mit ihm ließ er sich, in dem Aufsatz »Über die bildende Nachahmung des Schönen«, zu einer glanzvollen Verteidigung der künstlerischen Autonomie anregen. Es war eine Programmschrift des deutschen Kunstidealismus, die auch Schiller beeinflußte. Das Kunstschöne, erklärte Moritz, ist deshalb keinem fremden Zweck untertan, weil es ein »für sich bestehendes Ganze« ist; es bildet ein eigenes Reich, worin alle Elemente zweckmäßig aufeinander bezogen sind; sie ist mit Zwecken »gesättigt« und muß nicht auf einen außer ihr liegenden Zweck, dem sie zu dienen hätte, bezogen werden. Nur die schlechte Kunst schielt nach Wirkung und verlagert damit ihren Schwerpunkt in ein Außerhalb, die gute Kunst hat ihn in sich selbst und wirkt deshalb wie ein Magnet. Solche Kunst ist stolz: die Gleichgültigen sind ihr gleichgültig. So kann die Kunst das Erbe des alten Gottes antreten, denn was ist Gott anderes als der Inbegriff aller Zwecke und keinem fremden Zweck untertan.

Moritz' Ideen wurden bei den Kunstfreunden als Befreiungsschlag empfunden, und Goethe in Rom war der erste, der diese

Wirkung verspürte. Diese Ideen halfen aus der Verlegenheit, wenn robuste Realisten die Künstler fragten: wozu überhaupt Kunst? Mit Moritz konnte man jetzt antworten: die Frage ist falsch gestellt. Die Kunst hat kein Wozu, und das genau unterscheidet sie von den bloß dienstbaren Geistern und Tätigkeiten. Große Kunst will nichts als sich selbst, sie lädt uns ein, bei ihr zu verweilen, sie ist der erfüllte Augenblick.

Goethe hatte in seiner inneren *Zitadelle* die künstlerische Existenz stets zu bewahren gesucht, aber durch das Italienerlebnis und die dazu passende Theorie von Moritz fand er die geistigen und emotionalen Mittel, um den Rang und die Würde der Kunst noch über die amtlichen Pflichten und das Leben am Hof zu stellen. Kurz bevor er zur Rückreise nach Deutschland aufbrach, schrieb er seinem Herzog: *Ich darf wohl sagen: ich habe mich in dieser anderthalbjährigen Einsamkeit selbst wiedergefunden; aber als was? – Als Künstler! Was ich sonst noch bin, werden Sie beurteilen und nutzen.* Die Flucht nach Italien hat ihm also, so sieht er es selbst, die Wiedergeburt als Künstler ermöglicht.

Als Schiller im Juli 1787 zum ersten Mal nach Weimar kommt, weiß er selbstverständlich, daß Goethe noch in Italien ist. Aber da gibt es noch die anderen *Weimarischen Götter und Götzendiener*, die er aufsuchen will, vor allem natürlich den Herzog, dann aber auch Wieland und Herder. Vom Herzog Karl August, der ihm vor einigen Jahren den Rats-Titel verliehen hatte, erhoffte er sich eine Versorgung, es mußte ja nicht ein hohes Amt wie das Goethes oder Herders sein, eine kleine Sinekure, wie sie etwa Knebel bezieht, würde genügen. Schiller wünschte sich, nicht mehr allein vom Schreiben leben zu müssen. Die Hoffnung, die er auf den Herzog gesetzt hatte, schwand schon bei der Anreise. In Naumburg erfuhr er, daß der Herzog im gleichen Posthaus soeben die Pferde gewechselt hatte, um nach Potsdam zu reisen. Er würde ihn also vorerst nicht in Weimar treffen können.

Von den anderen *Weimarischen Göttern* suchte er zunächst Wieland auf, den schwäbischen Landsmann aus Biberach. Er besuchte ihn in seinem Hause, wo er sich den Weg bahnen mußte durch ein *Gedränge kleiner und immer kleinerer Kreaturen von lieben Kinderchen.* Wieland, der einst die »Räuber« in Grund und Boden kritisiert hatte, gab sich freundschaftlich und bot Schiller schon nach wenigen Wochen an, mit ihm zusammen den »Teutschen Merkur«, die angesehenste Zeitschrift in Deutschland, herauszugeben. Das Angebot war schmeichelhaft, aber Schiller konnte es nicht annehmen, weil er ein eigenes Zeitschriftenunternehmen, »Die Thalia«, noch am Hals hatte. Wieland war es auch, der Schiller in die Gesellschaft der Herzogin-Mutter Anna Amalia einführt, wo dieser großen Eindruck machte, wie Wieland hinterher versicherte. Wieland selbst war bei Anna Amalia Hahn im Korb. Er hatte dort alle Freiheiten, sogar die, *neben ihr auf dem Sofa zu schlafen.* Zunächst bemühte sich Wieland sehr um Schiller, er versicherte ihm, daß er nie daran gezweifelt habe, daß Schiller *ein großer Schriftsteller* werden würde. Nach einiger Zeit kam es zu einer Verstimmung zwischen den beiden. Vielleicht war es Eifersucht, weil Schiller nun auch Beziehungen zu Herder anknüpfte. Der redete schlecht über Wieland, den er einen flachen, frivolen Geist nannte. Über Goethe aber konnte er gar nicht aufhören zu schwärmen. Er liebt ihn, schreibt Schiller an Körner, *mit Leidenschaft, mit einer Art von Vergötterung.* Körner möchte genau wissen, was Herder über Goethe gesagt habe, also wird Schiller in einem seiner nächsten Briefe ausführlicher: *Herder gibt ihm einen k l a r e n universalischen Verstand, das wahrste und innigste Gefühl, die größte Reinheit des Herzens! Alles, was er ist, ist er ganz, und er kann, wie Julius Caesar, vieles zugleich sein. Nach Herders Behauptung ist er rein von allem Intrigegeist, er hat wissentlich noch niemand verfolgt, noch keines anderen Glück untergraben. Er liebt in allen Dingen Helle und Klarheit, selbst im Kleinen seiner politischen Geschäfte, und mit eben diesem Eifer haßt er Mystik, Geschraubtheit, Verworrenheit. Herder will ihn ebenso und noch mehr als Geschäftsmann, denn als Dichter bewundert wissen. Ihm ist er ein allumfassender Geist.* Enttäuscht ist Schiller, als er bemerken muß, daß Herder noch nie etwas von ihm gelesen hat. *Überhaupt ging er mit mir um,* schreibt Schiller an Körner, *wie mit einem Menschen, von dem er nichts weiter weiß, als daß er für etwas gehalten wird.* Es kam in den nächsten Wochen zu einer Reihe von intensiven Gesprächen. So innig und belebend wird der Austausch zwischen den beiden später, wenn Goethe wieder da ist, nicht mehr sein.

Auch der abwesende Goethe wirft überall seinen Schatten. *Goethens Geist,* schreibt Schiller an Körner, *hat alle Menschen, die sich zu seinem Zirkel zählen, gemodelt. Eine stolze philosophische Verachtung aller Spekulation und Untersuchung, mit einem bis zur Affektation getriebenen Attachement an die Natur und einer Resignation in seine fünf Sinne; kurz eine gewisse kindliche Einfalt der Vernunft bezeichnet ihn und seine ganze hiesige Sekte. Da sucht man lieber Kräuter oder treibt Mineralogie, als daß man sich in leeren Demonstrationen verfinge. Die Idee kann ganz gesund und gut sein, aber man kann auch viel übertreiben.*

Und doch hält Weimar Schiller fest. Zunächst auch deshalb, weil, so schreibt er an Körner, *die nähere Bekanntschaft mit diesen Weimarischen Riesen – ich gestehe Dir's ... meine Meinung von mir selbst verbessert* hat. Er merkt, daß er hier mithalten kann. *Ich habe mich selbst für zu klein und die Menschen umher für zu groß gehalten.* Er wird auch, was ihm schmeichelt, zu Goethes Geburtstag in dessen Gartenhaus geladen, der diesmal ohne den Jubilar gefeiert wird. Wird er vielleicht schon als eine Art Statthalter angesehen? *Wir fraßen herzhaft, und Goethens Gesundheit wurde von mir in Rheinwein getrunken. Schwerlich vermutet er in Italien, daß er mich unter seinen Hausgästen habe.*

Schiller lebt sich in Weimar ein. *Mein Leben geht jetzt einen höchst ruhigen, aber dabei sehr tätigen Gang,* schreibt er am 19. Dezember 1787 an Körner. *Ich habe weniger Zeit, als gute Freunde, und dieses Verhältnis hat ungemein viel Reiz.* Er bleibt, und wie die anderen Weimaraner wartet er auf Goethes Rückkehr. Doch in diesem Winter geht das Gerücht um, daß Goethe vielleicht gar nicht mehr wiederkommen, jedenfalls seine früheren Amtspflichten nicht mehr übernehmen würde. Schiller an Körner: *Armes Weimar! Goethens Zurückkunft ist ungewiß, und seine ewige Trennung von Staatsgeschäften bei vielen schon wie entschieden. Während er in Italien malt, müssen die Voigts und Schmidts für ihn wie die Lasttiere schwitzen. Er verzehrt in Italien für Nichtstun eine Besoldung von achtzehnhundert Talern und sie müssen für die Hälfte des Geldes doppelte Lasten tragen.*

Wirklich hatte Goethe den Herzog in einem Brief vom 29. Mai 1787 von Neapel aus gebeten, ihn von seinen Verpflichtungen im Regierungskollegium zu entbinden, den Geheimrat Schmidt zu seinem Nachfolger als Kammerpräsident zu machen und den Kollegen Voigt, *der manches für mich trägt* nicht weiter zu belasten. Goethe bittet darum, der Herzog möge ihn nur *das tun lassen was niemand als ich tun kann und das übrige andern auftragen*, so sei allen am besten gedient, dem Herzog, der Regierung und ihm selbst. Er möchte sein Leben und Wirken in Weimar auf eine neue Basis gestellt sehen: *Mein Verhältnis zu den Geschäften ist aus meinem persönlichen zu Ihnen entstanden, lassen Sie nun ein neu Verhältnis zu Ihnen ... aus dem bisherigen Geschäfts-Verhältnis entstehn.* Unklar bleibt, wie dieses *neue Verhältnis* im einzelnen aussehen könnte, auf jeden Fall aber sollte es der Tatsache Rechnung tragen, daß er sich inzwischen entschieden als *Künstler* sieht und als solcher bittet er den Herzog um Unterstützung: *Sorgen Sie ferner für mich und tun Sie mir mehr wohl, als ich selbst kann.* In diesem Brief rekapituliert er einige Stationen seiner Reise, Rom, Sizilien, Neapel. Es war, schreibt er, ein *erster Anbiß,* ein Vorgeschmack für eine gründlichere Reise in einigen Jahren. Er sei nur *von Gipfel zu Gipfel* geeilt und wisse nun, wie viel wohl noch zu entdecken sei. Einiges, zum Beispiel die homerische Landschaft Siziliens, sei ihm ein *unzerstörlicher Schatz* für das ganze Leben. *Ich Wandrer raffe auf was ich kann,* schreibt er am 13. Januar 1787 an Herder. Das war wörtlich zu verstehen: er sammelt Steine, getrocknete Pflanzen, Skulpturen, Gemmen. In Kisten wird das alles nach Weimar transportiert. Er *rafft* aber auch Eindrücke zusammen und schildert sie ausführlich in Briefen, die dazu bestimmt waren, in Weimar herumgereicht zu werden.

Im Juni 1787 kehrt Goethe von einem viermonatigen Aufenthalt in Neapel und Sizilien nach Rom zurück, wo er dann noch ein Jahr bleibt. Er nimmt Unterricht im Zeichnen, betreibt Aktstudien, studiert die Anatomie, versucht sich in der Landschaftsmalerei. Friedrich Bury, Jakob Philipp Hackert und Johann Heinrich Meyer, der für die nächsten Jahre sein Kunstberater bleiben wird, unterrichten ihn. Er ist mit Leidenschaft bei der Sache, gelangt aber schließlich zu der Einsicht: *Ich bin schon zu alt um von jetzt an mehr zu tun als zu pfuschen.* Wenn er sich dem Herzog gegenüber stolz einen *Künstler* nennt, dann ist klar, daß er nicht den bildenden Künstler meint. Dazu reicht es bei ihm eben doch nicht. Aber er ist Mittelpunkt der deutschen Malerkolonie in Rom. Sein Wirken in diesen Kreisen nennt er seine *Wilhelmiade*, er füttert das Künstlervolk durch wie Wilhelm Meister die Schauspielertruppe.

Am »Wilhelm Meister« hat er in Rom weitergearbeitet. Die »Iphigenie« war schon beim ersten Rom-Besuch 1786 in die Versform gebracht worden, während seines zweiten römischen Aufenthalts wird »Egmont« vollendet. Seinem Helden gibt Goethe das ganz auf den Genuß der Gegenwart bezogene Lebensgefühl seiner römischen Tage: *Leb ich nur um aufs Leben zu denken? Soll ich den gegenwärtigen Augenblick nicht genießen damit ich des folgenden gewiß sei? und diesen wieder mit Sorgen und Grillen verzehren.*

Wenn Goethe an die Zukunft denkt, sieht er die Rückkehr in ein Nebelland vor sich, zu steifen, ängstlichen und schlechtgelaunten Menschen. Er möchte den Zeitpunkt der Rückkehr so lange wie möglich hinausschieben. Im Frühjahr 1788 trifft ein Schreiben des Herzogs ein, in dem dieser Goethes Bitte um weitgehende Befreiung von alltäglichen Amtspflichten stattgibt. Der Herzog wird Schmidt zum Kammerpräsidenten machen. Trotz Arbeitsentlastung gibt es sogar eine Gehaltserhöhung. Nur eine Bitte äußert der Herzog: Goethe möge doch bald zurückkommen.

Auf diesen Brief voller Entgegenkommen bleibt Goethe nichts anderes übrig, als einzulenken: *Ihren freundlichen, herzlichen Brief beantworte ich sogleich mit einem fröhlichen: ich komme!*, schreibt er am 17. März 1788.

Er nimmt Abschied von Rom. In einer hellen Mondnacht wandert er ein letztes Mal die vertrauten Wege, den Corso, das Kapitol, das *wie ein Feenpalast in der Wüste dastand*, die Statue Marc Aurels, das Kolosseum. *Als ich aber den erhabenen Resten des Coliseums mich näherte und in dessen verschlossenes Innere durchs Gitter hineinsah, darf ich nicht leugnen daß mich ein Schauer überfiel und meine Rückkehr beschleunigte.*

Während der Kutschenfahrt, schon in Deutschland, notiert er sich stichwortartig einige Maßregeln für sein künftiges Verhalten: *Verbergen – des gegenwärtigen Zustands ... Nicht von Italien vergleichungsweise zu sprechen ... Eines jeden Existenz zu erkennen ... Nicht hart und kurzgebunden.*

Am 18. Juni 1788 abends zehn Uhr kommt Goethe in Weimar an. Es ist Vollmond wie am letzten Abend in Rom.

Drittes Kapitel

Schiller und Charlotte von Lengefeld. Ein verliebter Sommer mit der Antike. Begegnung mit Goethe bei den Lengefelds. Goethe bleibt reserviert. Schillers Liebe und Haß. Zwei Liebesgeschichten. Christiane und Charlotte: Goethe bindet sich nach unten, Schiller nach oben.

Als Goethe in Weimar eintrifft, ist Schiller nicht da. Seit einem Monat wohnt er beim Kantor Unbehaun in Volkstädt, einem kleinen Ort in der Nachbarschaft von Rudolstadt. Er war einer Einladung der Lengefelds gefolgt, die er im November 1787 bei einem Ausflug mit seinem Studienfreund Wilhelm von Wolzogen kennengelernt hatte. »An einem trüben Novembertage«, so schildert Karoline, die ältere der beiden Töchter, das denkwürdige Treffen, »kamen zwei Reiter die Straße herunter. Sie waren in Mäntel eingehüllt; wir erkannten unsern Vetter Wilhelm von Wolzogen, der sich scherzend das halbe Gesicht mit dem Mantel verbarg; der andre Reiter war uns unbekannt und erregte unsre Neugier«. Das Quartier im nahen Volkstädt hatten die Schwestern besorgt, ein schicklicher Abstand sollte gewahrt bleiben. Schiller war von beiden Schwestern angetan. Karoline, verheiratete von Beulwitz, lebte in einer Ehe, die dabei war, sich aufzulösen. Charlotte war noch frei, aber für eine standesgemäße Verheiratung vorgesehen.

Die Lengefelds gehörten zum alten Reichsadel. Der Vater, ein Oberforstmeister, war 1775 gestorben. Von den beiden Töchtern war Karoline die lebhaftere und leidenschaftlichere. Sie nahm sich die selbstbewußten, am geistigen Leben teilnehmenden Frauen der Berliner Salons zum Vorbild und unterhielt von ferne Verbindung mit dem »Tugendbund« der Henriette Herz. Zu ihren Freundinnen zählte Karoline von Dacheröden, die künftige Frau Wilhelm von Humboldts. Über Karoline wird Schiller Humboldt kennenlernen. Über Charlotte aber wird die Begegnung mit Goethe angebahnt.

Charlotte war eine Patentochter der Frau von Stein, die ihr einmal schrieb: »Wenn ich ganz versteinert bin, so wird nie der innere Funke, der meiner getreuen Lolo gehört, ausgelöscht werden«. Goethe hatte Lotte als junges Mädchen im Hause der Frau von Stein häufig getroffen. Er hatte mit ihr gespielt. Sie soll sogar bei ihm auf dem Schoß gesessen haben. Da sich inzwischen Goethes Verhältnis zu Frau von Stein abgekühlt hatte, wurde Charlotte von ihrer eifersüchtigen Patentante natürlich auch mit ungünstigen Nachrichten über das Haus Goethe versorgt, was aber Charlottes Verehrung für Goethe nicht schmälerte. Charlotte war es, die das erste Treffen Schillers mit Goethe in Rudolstadt am 7. September 1788 arrangierte. Im Sommer dieses Jahres hatte Schillers Romanze mit den Lengefeld-Töchtern angefangen; die Geschichte sei hier noch einmal kurz rekapituliert.

Karoline war impulsiv, direkt und kühn genug, die gesellschaftlich gebotenen Formen bisweilen zu mißachten. Karoline wünschte sich, wie ihre Berliner Freundinnen einen geistvollen Salon zu führen, was ihr nach der Trennung von Beulwitz und als Ehefrau ihres Vetters Wilhelm von Wolzogen in Weimar auch gelingen sollte. Karoline, die Goethe eine ausgezeichnete Frau nannte, wollte ihrem Leben einen romanhaften Anstrich geben und schrieb auch wirklich unter Pseudonym einen Roman, den Schiller in den »Horen« abdruckte und den der gestrenge August Wilhelm Schlegel für ein Werk Goethes hielt.

Bei der Romanze war zunächst nicht ganz klar, auf welche der Schwestern Schiller es eigentlich abgesehen hatte. Zuweilen richteten sich seine herzlichen Briefe an beide, und die Schwestern konnten sich aussuchen, welche wohl ›gemeint‹ war. Dem argwöhnischen Körner, der seinen Freund nicht an eine Frau verlieren wollte, erklärt Schiller am 14. November 1788 die Zweideutigkeit strategisch, *ich habe meine Empfindungen durch Verteilung geschwächt, und ist so denn das Verhältnis innerhalb der Grenzen einer herzlichen vernünftigen Freundschaft.*

Zwischen den Schwestern gab es keine Mißtöne, auch nicht, als Schillers Undeutlichkeit sie in Konkurrenz zueinander brachte. Karoline hätte sich Schiller zuliebe womöglich aus der Ehe mit Beulwitz gelöst. Aber sie ließ ihrer Schwester den Vortritt und trennte sich erst nach Schillers Heirat von ihrem Mann.

Und nun Charlotte, die jüngere Schwester. Sie war schüchtern und zurückhaltend, wenn Karoline das große Wort führte. Sie las viel und trug gewissenhaft ihre Gedanken in eine Kladde ein, die sie später Schiller zu lesen gab. Charlotte, von der Mutter für eine Laufbahn als Hofdame vorgesehen, scheute das öffentliche Leben und konnte den Jahrmarkt der Eitelkeiten nur aus der Distanz ertragen. »Es ist«, schreibt sie am 26. November 1788 an Schiller, »mehr Menschenliebe, sie in der Ferne zu beobachten, als wenn man sich unter sie herum treibt; da erstickt wohl oft das warme Gefühl für die Menschheit, wenn man so all ihre Kleinheiten mit ansieht. Ich lebe gar still und ruhig in meiner Stube, und bin froh, daß ich mich mit mir selbst beschäftigen kann«. Am liebsten war ihr eine Einsamkeit zu zweit, Tätigkeit im Verborgenen und Wirksamkeit aus dem Hintergrund. Sie hielt auf gute Familie und betrieb später Schillers Erhebung in den Adelsstand. Sie achtete auf gesellschaftliche Formen. Christiane Vulpius wird nie eingeladen.

Ein »Mädchen mit Geld« ist Charlotte gewiß nicht. Sie ist zwar aus gutem Hause, aber die Lengefelds sind nicht vermögend, um so wichtiger ist es für die Mutter, die Tochter standesgemäß zu verheiraten. Schiller weiß, daß er unter berechnenden Gesichtspunkten hier nicht auf seine Kosten kommen würde. Doch daß er mit der Verbindung zu den Lengefelds auf der sozialen Karriereleiter nach oben steigen könnte, weiß er auch. Aber selbstverständlich ist er nicht nur mit dem Kopf bei der Sache, er träumt auch: *Ich werde in Ihren schönen Gegenden ... mein eigenes Herz wieder finden,* schreibt er an Charlotte am 2. Mai 1788, kurz vor dem Antritt seiner Reise nach Rudolstadt.

Schiller ist in diesem Frühsommer frohgemut, nicht nur der Liebe wegen. Er fühlt auch seinen Genius wieder, schreibt er am 5. Juli 1788 an Körner. Er hat sein Selbstbewußtsein als Künstler wiedergefunden, das ihm im Winter zuvor zeitweilig abhanden gekommen war.

Die Arbeit am Roman »Die Geisterseher« stockte, und da es wenigstens mit dem großen Geschichtswerk »Der Abfall der Niederlande« zügig voranging, hatte Schiller erwogen, sich gänzlich der Historie zu verschreiben. Hier braucht man nicht zu erfinden, man kann sich auf etwas stützen, was schon da ist. Und was die Empfindungen betrifft, so genügt das Anempfinden. Man muß nicht an seine Reserven gehen. Kurzum, er hatte sich als Dichter *ausgeschrieben* gefühlt und er hatte begonnen, am Nutzen der Kunst für das Leben zu zweifeln. Die Schönheit ist Überfluß, ist sie nicht auch überflüssig? Allenfalls kann sie als Schmuck dienen oder als *wohltätige Bank*, hatte er an Körner geschrieben, zum Ausruhen von den ernsthaften Geschäften, eine Nebensache, die man besser nicht zur Hauptsache machen sollte. Körner war über diese Anwandlung von Kleinmut entsetzt. »Willst Du Dich selbst zum Handlanger für die niedrigen Bedürfnisse gemeiner Menschen herabwürdigen, wenn Du berufen bist, über Geister zu herrschen?«

Schiller kennt die Anfechtungen eines Poeten durch die Prosa der bürgerlichen Verhältnisse nur zu gut. Ist er in sein Werk vertieft, schützen ihn der eigene Enthusiasmus und die Atmosphäre des Schaffens. Sitzt er aber wieder einmal auf dem Trockenen, wenn Gelddinge ihn belasten oder die poetische Produktion aus anderweitigen Gründen stockt, kommen die Zweifel hoch. Warum hat er nicht einen soliden bürgerlichen Beruf gewählt? Solange man in seiner Kunst lebt und webt, versteht sie sich von selbst, in den Augenblicken des Kleinmutes aber gerät die Schönheit unter Rechtfertigungszwang. Bei der Überwindung der Krise seines Künstlertums hatte ihm die Entdeckung der Antike geholfen. Er las Homer und die antiken Tragiker. Im Frühjahr schrieb er »Die Götter Griechenlands«. Was er noch nicht ahnte: dieses große und wirkungsmächtige Gedicht wird ein wichtiger Schritt auf dem langen Weg der Annäherung an Goethe sein. In einem Augenblick, da Schiller am Wert der Kunst zweifelt, beginnt er, wie Goethe zur selben Zeit in Italien, von einer griechischen Antike zu träumen, wo der Sinn für Schönheit angeblich unangefochten triumphiert hatte. Das Gedicht »Die Götter Griechenlands« beginnt mit den Versen: *Da ihr noch die schöne Welt regiertet, / An der Freude leichtem Gängelband / Glücklichere Menschenalter führtet, / Schöne Wesen aus dem Fabelland!* Schiller knüpft, ebenfalls wie Goethe, an Winckelmann an, der mit seinem epochalem Werk »Gedanken über die Nachahmung der griechischen Werke« (1755) den Vorbildcharakter der Antike hervorgehoben hatte. Die Idee des schönen und freien Menschen sei in ihr auf vollkommene Weise verwirklicht worden. In diesem Sinne heißt es bei Schiller: *Da die Götter menschlicher noch waren, / Waren Menschen göttlicher.*

Die verklärte Antike wird zum Ansporn. Vielleicht kann Kunst doch wieder zum tragenden Element der Kultur werden. Gegenwärtig, so Schiller, ist sie es nicht. In der Moderne dominieren rationale Wissenschaft, Materialismus und Nützlichkeit. Die Welt ist zum Arbeitshaus geworden, mit der Kunst als Dekorum. Das deutet er als späte Folge des christlichen Monotheismus, mit dem die große Entzauberung begonnen haben soll. Die Götter hätten sich zugunsten des einen Gottes aus der Welt zurückgezogen. Eine Verarmung. Die Sphäre, wo einst Helios und die Oreaden am Himmelsgewölbe strahlten, ist jetzt ein leerer Raum, worin *seelenlos ein Feuerball sich dreht.* Darüber thronte zuerst ein Gott, dann nur noch die wissenschaftliche Vernunft. Ob christlicher Gott oder der moderne Gott der Wissenschaft, von beiden gilt: *Alle jene Blüten sind gefallen / Von des Nordes winterlichem Wehn. / Einen zu bereichern, unter allen, / Mußte diese Götterwelt vergehn.*

Der Kunst zuliebe also gerät Schiller ins Neuheidentum und damit in die geistige Nachbarschaft von Goethe. Der christliche Gott ist für Schiller, wie auch für Goethe, ein ziemlich unangenehmes Phantasma aus Angst und Schuldgefühlen. Kein Gott der Heiligung des diesseitigen Lebens wie die griechischen Götter: *Näher war der Schöpfer dem Vergnügen, / Das im Busen des Geschöpfes floß.* Will man den unsichtbaren Gott verehren, muß man die Sinnenwelt verlassen: *Wohin tret ich? Diese traur'ge Stille / Kündigt sie mir meinen Schöpfer an?/ Finster, wie er selbst, ist seine Hülle, / Mein Entsagen – was ihn feiern kann.* Das alles war sehr nach dem Geschmack Goethes. Charlotte ahnt es und legt bei dem Besuch Goethes im Lengefeldschen Haus das Märzheft des »Teutschen Merkur«, worin das Gedicht erschienen war, gut sichtbar und an entsprechender Stelle aufgeschlagen aus. Goethes Blick fiel darauf, er las mit beifälligem Nicken und war davon so angetan, daß er auf der Rückfahrt nach Weimar des Rühmens kein Ende fand und den begleitenden Damen gegenüber einen Vortrag über den menschenfreundlichen griechischen Götterglauben improvisierte.

Der Sommer 1788 stand bei Schiller nicht nur im Zeichen der Liebesromanze, sondern auch des anmutigen Spiels mit der Antike. Wenn Schiller vom benachbarten Volkstädt am frühen Abend den Weg entlang der Saale an Gärten, Kornfeldern und uralten Bäumen vorbei nach Rudolstadt zu den Lengefelds nahm, kamen ihm bisweilen die Schwestern auf halber Strecke entgegen. An einer kleinen Brücke warteten sie in ihren weißen Kleidern und nahmen ihn in ihre Mitte. Das nannten sie den »Empfang der Flußgöttinnen«. Wenn das Wetter schlecht war oder Schiller aus anderen Gründen nicht von Volkstädt herüberkommen konnte, wanderten Briefe, von einer Botenfrau bestellt, hin und her. Man ahmt den Stil der Voßschen Homerübersetzung nach. Schiller an Lotte, Ende August 1788: *Wie haben Sie denn heute Nacht in Ihrem z i e r l i c h e n Bette geschlafen? Und hat der s ü ß e Schlaf ihre lieben h o l d e n Augenlider besucht? Sagen Sie mirs in ein paar g e f l ü g e l t e n Worten.* Lotte an Schiller, September 1788: »Ich hoffe, Sie haben, als die dämmernde Frühe mit Rosenfingern erwachte, noch ruhig geschlummert«. Manchmal geht Charlotte allein durch die Wiesen, setzt sich ans Ufer des Flusses und memoriert die »Götter Griechenlands«. In der Nacht darauf träumt sie von ihnen und schreibt es Schiller, der mit Zahnschmerzen im Bett liegt.

Es gehe ihm, antwortet er am 26. Mai 1788, *wie dem Orest in Goethens Iphigenia,... Sie werden die Stelle der wohltätigen Göttinnen bei mir vertreten und mich vor den bösen Unterirdischen beschützen.* In diesem Jahr, in dem Schiller die Antike für sich entdeckte, las er Goethes »Iphigenie«. An Cornelius Ridel in Weimar schreibt er: *Die ›Iphigenia‹ hat mir wieder einen recht schönen Tag gemacht, obschon ich das Vergnügen, das sie mir gibt, mit der niederschlagenden Empfindung büßen muß, nie etwas Ähnliches hervorbringen zu können.*

Zur selben Zeit verfaßt er eine Rezension des Stückes. Von den gemischten Gefühlen, so etwas nie zustandebringen zu können, ist darin allerdings nicht die Rede. Im Gegenteil. Schiller kehrt den professionellen Theaterautor hervor, der für die Bühne Nachteiliges bemängelt, etwa den *Geist der Sentenzen*, die *Überladung des Dialogs mit Epitheten,* die *schwerfällig gestellte Wortfolge.* Insgesamt aber ist die Rezension rühmend, man merkt ihr an, wie Schiller um Goethe wirbt und kritische Töne eher dämpft, zugleich aber versucht, sich auf Augenhöhe mit ihm zu bringen, beispielsweise wenn er darauf hinweist, daß ein Genie von dem *großen Haufen* jeweils auf das Werk seines Durchbruchs festgelegt wird. Goethe werde immer noch nach dem »Götz« beurteilt, und er selbst, darf man ergänzen, nach den »Räubern«. Was die Kritiker und das allgemeine Publikum nicht verstehen wollen: daß der schöpferische Geist nicht der Regel folgt, sondern neue Regeln schafft, daß ihm der *Zwang selbst zu einer neuen Quelle des Schönen* wird.

Wenige Wochen vor der Iphigenie-Rezension hatte Schiller für die »Allgemeine Literatur-Zeitung« in Jena Goethes »Egmont« besprochen. Auch dort wird großes Lob – vor allem für die Volksszenen und für Klärchen – mit Kritik verbunden. Schiller kennt inzwischen den historischen Egmont gut genug, um zu bemerken, daß Goethes Egmont mit dem historischen wenig zu tun hat, was nicht zu beanstanden wäre, wenn nur sonst die Figur sich als dramentauglich erweisen würde. Damit aber steht es schlecht, so Schiller. Egmont ist bei Goethe nichts weiter als ein wankelmütiger, von Launen beherrschter Hedonist, jedenfalls taugt er nicht zum Freiheitshelden und zur tragischen Gestalt. Die Schlußapotheose – wenn dem eingekerkerten Egmont Klärchen im Traum erscheint – nennt Schiller einen *Salto mortale in eine Opernwelt.* Das sei zwar erlaubt – einem Genie ist alles erlaubt! – der Rezensent aber, schreibt Schiller, würde gerne darauf verzichten, *um eine Empfindung ungestört zu genießen.* Gemeint ist die Empfindung des Mitleids mit dem verzweifelten Klärchen. Deren Leiden sei *unnachahmlich schön und wahr* dargestellt – *wer zweifelt, daß der Verf. in einer Manier unübertrefflich ist, worin er sein eigenes Muster* ist.

Goethe liest die Rezension kurz nach der ersten Begegnung mit Schiller und schreibt darüber dem Herzog am 1. Oktober 1788: *In der Literatur Zeitung steht eine Rezension meines Egmonts welche den sittlichen Teil des Stücks gar gut zergliedert. Was den poetischen Teil betrifft; möchte Rezensent andern noch etwas zurückgelassen haben.*

Von der Rückkehr Goethes aus Italien nach Weimar am 18. Juni erfährt Schiller durch einen Brief Knebels an Charlotte: »Goethe ist so unglücklich nicht hier. Er kennt die Dinge und weiß, daß man die vergangenen als einen Traum ansehen muß. Indes, wenn der Traum gut gewesen ist, bleiben doch noch Erinnerungen, die den Zeitpunkt, worinnen wir stehen, glücklich und reich machen können.« Doch bald mußte Goethe bemerken, daß es ihm an Menschen fehlte, mit denen er seine Erinnerungen teilen oder denen er sie wenigstens richtig mitteilen konnte. Er hatte sich unterwegs zwar vorgenommen, *nicht von Italien vergleichsweise zu sprechen.* Aber er kann doch nicht anders und ist über die Reaktionen enttäuscht. *Aus Italien, dem formreichen war ich in das gestaltlose Deutschland zurückgewie-*

sen, heiteren Himmel mit einem düsteren zu vertauschen; die Freunde, statt mich zu trösten und wieder an sich zu ziehen, brachten mich zur Verzweiflung. Mein Entzücken über entfernteste, kaum bekannte Gegenstände, mein Leiden, meine Klagen über das Verlorne schien sie zu beleidigen, ich vermißte jede Teilnahme, niemand verstand meine Sprache.

Wenig Verständnis gab es bei Charlotte von Stein, die eilig von ihrem Landsitz Kochberg bei Rudolstadt herübergekommen war, um Goethe zu treffen. Sie war immer noch gekränkt. Für sie war Goethes Flucht nach Italien ein Treuebruch gewesen, sie fühlte sich als verlassene Geliebte. Goethe hatte ihr angekündigt, man werde über alles reden und vielleicht wieder zusammenfinden. Man traf sich, aber immer in Gesellschaft. *Gerne will ich alles hören*, schrieb er ihr Mitte Juli, *was du mir zu sagen hast, ich muß nur bitten daß du es nicht zu genau mit meinem jetzt so zerstreuten, ich will nicht sagen zerrissnen Wesen nehmest.* Die Begegnungen verliefen enttäuschend. »Es ist nichts als Langeweile zwischen uns ausgewechselt worden«, schreibt sie am 15. August an Sophie von Schardt, und Goethe bemerkt: *Sie ist verstimmt, und es scheint nicht, daß etwas werden will.*

Die Mißstimmung und Lähmung greift auch auf die anderen Freunde und Bekannten über. Herder, der kurz nach der Ankunft Goethes seinerseits zu einer Italienreise aufgebrochen ist, wird von seiner Frau Karoline über die Weimarer Verhältnisse informiert: »Im ganzen«, schreibt sie mit Bezug auf Goethe, »will es mir nicht wohl mit ihm werden«. Sie glaubt auch zu wissen, woran das liegt: »Er lebt jetzt, ohne seinem Herzen Nahrung zu geben. Die Stein meint, er sei sinnlich geworden, und sie hat nicht ganz unrecht«. In einem Punkt aber täuschen sich die beiden Frauen. Goethe ist »sinnlich« geworden, gerade weil er seinem Herzen neue Nahrung gegeben hat. Aber das wußte man in Weimar noch nicht. Es geschah zunächst alles im Verborgenen.

Am 11. Juli trat eine dreiundzwanzigjährige hübsche, schwarzlockige Frau, Christiane Vulpius, im Park an der Ilm an Goethe heran und überreichte ihm eine Bittschrift, in der ihr Bruder August

Vulpius, Sohn des Weimarischen Amtsarchivarius, um Unterstützung bat. August Vulpius hatte sich bislang erfolglos als Schriftsteller betätigt und suchte nun eine Anstellung. Goethe verspricht, sich umzutun, und verabredet mit Christiane ein zweites Treffen in seinem Gartenhaus. Irgendwann noch im Juli wird es dann gewesen sein, daß Christiane sich zu ihm nachts ins Gartenhaus schlich. Goethe setzte sich auch sogleich für den Bruder ein, empfahl ihn seinem Freund Jacobi als Sekretär und Göschen als Verlagsmitarbeiter, ohne Erfolg. Vulpius schlägt sich als Übersetzer und Korrektor in Leipzig durch. Goethe schickt Geld. Inzwischen ist Christiane regelmäßige nächtliche Besucherin im Hause Goethes. Tagsüber arbeitet sie beim Unternehmer Bertuch, wo sie Papierblumen fertigt, um sich, ihre Stiefschwester und ihre Tante – die Familie war nach dem Tod der Eltern in Not geraten – durchzubringen. Der Briefwechsel zwischen Christiane und Goethe aus den ersten Monaten ist nicht erhalten geblieben. Goethe hat ihn später vernichtet, so ist man auf Vermutungen angewiesen. Es war wohl eine leidenschaftliche Liebe und, anders als bei der Beziehung zur Charlotte von Stein, war sie auch körperlich. Dem Herzog gegenüber wird er Christiane später sein *Erotio* nennen. Es war der zunächst geheimgehaltene Versuch, an die erotischen Erlebnisse von Rom anzuknüpfen. In den ersten Monaten mit Christiane entstehen die »Römischen Elegien«, in deren handschriftlichen ersten Fassung es heißt: *Aber ich habe des Nachts die Hände gerne wo anders / Werd ich auch halb nur gelehrt, bin ich doch doppelt vergnügt. / Und belehr ich mich nicht, wenn ich des lieblichen Busens / Formen spähe, die Hand leite die Hüften hinab / ... Oftmals hab ich auch schon in ihren Armen gedichtet / Und des Hexameters Maß, leise, mit fingernder Hand, / Ihr auf den Rücken gezählt.*

In den Wochen dieses ersten Honigmondes unternimmt Goethe einen Besuch bei Charlotte von Stein in Großkochberg, in seiner Begleitung: Fritz, der Sohn Charlottes, Frau von Schardt, ihre Schwägerin und Karoline Herder. Charlotte von Lengefeld, die zu ihrer Patentante von Rudolstadt herübergekommen ist, nimmt die

Gäste in Empfang. Dann erscheint auch Frau von Stein, die jedermann herzlich begrüßt, nur Goethe gegenüber bleibt sie reserviert, und der ist daraufhin verstimmt. Erst allmählich bessert sich seine Laune, und Charlotte von Lengefeld kann mit ihrem Vorschlag herausrücken, das gesellige Zusammensein im benachbarten Rudolstadt im Lengefeldschen Hause fortzusetzen. Sie will unbedingt ihre beiden Dichter zusammenbringen und sie weiß, wie sehr Schiller auf ein solches Treffen wartet. *Ich bin ungeduldig, ihn zu sehen,* schreibt er am 7. Juli 1788 an den Weimarischen Prinzenerzieher Ridel, *wenige Sterbliche haben mich so interessiert ... Sprechen Sie ihn, so sagen Sie ihm alles Schöne von meinetwegen, was sich sagen läßt.*

Am Sonntag, den 7. September ist es so weit. Von Charlotte geschickt eingefädelt, treffen Schiller und Goethe im Hause Lengefeld endlich zusammen. Goethe ist recht gut gelaunt, weil er von Italien reden kann. Man hört ihm zu, zahlreiche Gäste umlagern ihn. Es ist schwer, an ihn heranzukommen. Schiller berichtet Körner im Brief vom 12. September, worin er die Begegnung schildert: *freilich war die Gesellschaft zu groß und Alles auf seinen Umgang zu eifersüchtig, als daß ich viel allein mit ihm hätte sein oder etwas anders als allgemeine Dinge mit ihm sprechen können.*

Doch es sind nicht nur die ungünstigen äußeren Umstände. Tatsächlich mied Goethe bei diesem ersten Zusammentreffen die wirkliche Begegnung. Er sei, wie er später erzählt, erschrocken gewesen über das hohe Ansehen, das Schiller in der Öffentlichkeit genoß. Immer noch seien ihm die »Räuber« verhaßt gewesen. Und Schiller war für ihn eben nichts anderes als der Autor dieses Stückes, ein *kraftvolles, aber unreifes Talent,* das gerade die *ethischen und theatralischen Paradoxen von denen ich mich zu reinigen gestrebt, recht im vollen hinreißenden Strome über das Vaterland ausgegossen hatte.* Das erinnerte ihn an die eigenen Tollheiten des Sturm und Drang, Schillers spätere Entwicklung hatte er noch nicht zur Kenntnis genommen. Er ärgerte sich, daß allerorten nur von Schiller die Rede war. Selbst Knebel war bei diesem Thema ins Schwärmen geraten und auch bei der

Frau von Stein, die ihm auch aus anderen Gründen beschwerlich geworden war, hörte er allzuviel des Guten über einen Autor, der ihm mißfiel.

In der höflichen Zurückhaltung Goethes lag mehr bewußte Absicht, als Schiller zunächst wahrhaben wollte. Als er dann die absichtsvolle Distanz bemerkte, wächst sein Unmut, der bereits in der Beschreibung von Goethes äußerer Erscheinung zum Ausdruck kommt: *Sein erster Anblick stimmte die hohe Meinung ziemlich tief herunter, die man mir von dieser anziehenden und schönen Figur beigebracht hatte. Er ist von mittlerer Größe, trägt sich steif und geht auch so; sein Gesicht ist verschlossen.*

Schillers Resümee dieser ersten Begegnung: *ich zweifle, ob wir einander je sehr nahe rücken werden. Vieles, was mir jetzt noch interessant ist, was ich noch zu wünschen und zu hoffen habe, hat seine Epoche bei ihm durchlebt; er ist mir (an Jahren weniger, als an Lebenserfahrungen und Selbstentwicklung) so weit voraus, daß wir unterwegs nie mehr zusammenkommen werden; und sein ganzes Wesen ist schon von Anfang her anders angelegt, als das meinige, seine Welt ist nicht die meinige, unsere Vorstellungsarten scheinen wesentlich verschieden. Indessen schließt sich's aus einer solchen Zusammenkunft nicht sicher und gründlich. Die Zeit wird das Weitere lehren.*

Er zwingt sich zur Gelassenheit. Das will ihm nicht recht gelingen, schon gar nicht in Weimar, wohin er am 12. November zurückkehrt. Von Wieland als möglicher Mitherausgeber des »Teutschen Merkur« umworben, schlägt er vor, Goethe als *dritten Mann* zu gewinnen. Wieland aber winkt ab, dazu werde Goethe sich nicht bereit finden. Schiller wird argwöhnisch. Hat das vielleicht auch etwas mit ihm zu tun? Man redet viel über Goethe, nicht nur Gutes. Schiller ist einige Male bei Frau von Stein zu Besuch, die mit ihrem Ärger und ihrer Enttäuschung über Goethe nicht zurückhält. Dann besucht Karl Philipp Moritz auf der Rückreise von Italien Weimar und ist Gast bei Goethe, mit dem er einen wahren Heiligenkult treibt. Auf Schiller, über dessen »Kabale und Liebe« Moritz einst geschrieben hatte, »daß kein Funke poetisches Drama darinnen sei«, wirkt das ärgerlich und lächerlich zugleich. Er spottet über die *Sekte* der Goethe-Enthusiasten und muß erbittert mit ansehen, daß Moritz stets Zugang zu Goethe hat, er selbst aber sich damit begnügen muß, ihn aus der Ferne zu *beobachten*. Er will endlich auch etwas für sich *aus ihm nehmen*. Schiller reagiert gereizt, wenn von Goethe die Rede ist.

Im Dezember überrascht ihn das Angebot einer Professur für Geschichte in Jena. Der Geheimrat Voigt hatte bei ihm vorgefühlt, und wenige Tage später trifft die Nachricht ein, Schiller möge sich für das nächste Semester bereithalten. Auch Goethe habe sich, wie Schiller erfährt, lebhaft für ihn eingesetzt. Er hätte Goethe dankbar sein können, aber statt dessen fühlt er sich *übertölpelt*. Es wird ihm nämlich erst jetzt richtig klar, daß es sich um eine unbesoldete Professur handelt. Er sieht große Mengen unbezahlter Arbeit auf sich zukommen und vergleicht mit einiger Erbitterung seine künftige Stellung mit der Goethes, der nach seiner Rückkehr aus Italien fast aller Amtspflichten ledig ist und doch ein hohes Einkommen genießt. Schiller zweifelt, ob er sich geehrt oder gekränkt fühlen soll. Er fragt Körner um Rat und der antwortet: »Soviel muß ich Dir doch sagen, daß Jena an D i r und D u nicht an dem Professortitel eine Akquisition machst«. Tatsächlich hatte Goethe an das Geheime Consilium geschrieben, man möge Schiller berufen, *besonders da diese Akquisition ohne Aufwand zu machen ist.*

Was außer dieser Sparsamkeit hat Goethe veranlaßt, sich für Schiller einzusetzen? Sein Urteil über ihn war inzwischen günstiger. Die »Götter Griechenlands« hatten ihm, wie schon erwähnt, sehr zugesagt. Er hatte sich auch den »Don Karlos« wieder vorgenommen und im »Abfall der Niederlande« gelesen. Das Werk galt ihm als Beispiel für kraftvolle, stilistisch glänzende Geschichtsschreibung. Und doch: Wenn er Schillers Berufung nach Jena betrieb, so nicht, um Schiller aus persönlichen Gründen in der Nähe zu behalten – so weit war seine Sympathie noch nicht gediehen; vielmehr beabsichtigte er, durch Schillers Berufung das inzwischen gesunkene Ansehen der Universität Jena zu heben. Mit der jüngst erfolgten Berufung des Kantianers Reinhold an die Universität war ein guter Anfang gemacht worden. Karl Leonhard Reinhold zog Studenten an, und man konnte damit rechnen, daß Schiller noch attraktiver für ein großes Publikum sein würde. Die Rechnung wird aufgehen, Schiller wird sich wirklich als günstige *Akquisition* erweisen. Mit Reinhold und Schiller beginnt der akademische Wiederaufstieg Jenas. Um die Jahrhundertwende wird Jena dann für kurze Zeit der Hauptort der Romantik und des deutschen Idealismus sein.

Solche glänzenden Perspektiven kann Schiller einstweilen noch nicht erkennen. Im Gegenteil. Er wird seine Freiheit vermissen, ohne genügenden Ersatz dafür zu bekommen – ein wenig mehr Ansehen vielleicht, aber kein Geld. Würde man ihn nicht mehr achten, wenn man ihn anständig bezahlte? *In dieser neuen Lage werde ich mir selbst lächerlich vorkommen,* schreibt er am 23. Dezember 1788 an Lotte. Ihm ist in dieser Angelegenheit auch deshalb unwohl, weil er sich noch nicht genügend vorbereitet fühlt. Goethe hatte ihn gönnerhaft wissen lassen, »docendo discitur« (durch Lehren lernen), ein Spruch, der ihn in seinem Mißbehagen eher bestärkte: *Die Herren wissen alle nicht, wie wenig Gelehrsamkeit bei mir vorauszusetzen ist,* schreibt er an Körner, und den Lengefeld-Schwestern gegenüber rettet er sich in den Spott, man müsse so denken wie Sancho Pansa über seine Statthalterschaft: *wem Gott ein Amt gibt, dem gibt er auch Verstand, und habe ich nur erst die Insel, so will ich sie regieren wie ein Daus!* Als Schiller im Januar 1789 aufgefordert wird, sich einen Magistertitel zu kaufen (als Voraussetzung für die Professur), ist ihm die ganze Sache vollends verleidet. *Diese Professur soll der Teufel holen; sie zieht mir einen Louisd'or nach dem andern aus der Tasche,* schreibt er an Körner.

Dieser Ärger läßt auch seinen Grimm über Goethe anwachsen. Man lebt in Weimar auf engem Raum zusammen, aber es hat noch keine Einladung gegeben. Goethe hält sich immer noch fern. In einem Brief an Körner bricht es endlich aus ihm heraus: *Öfters um Goethe zu sein, würde mich unglücklich machen: er hat auch gegen seine nächsten Freunde kein Moment der Ergießung, er ist an nichts zu fassen; ich glaube in der Tat, er ist ein Egoist in ungewöhnlichem Grade. Er besitzt das Talent, die Menschen zu fesseln ... aber sich selbst weiß er immer frei zu behalten. Er macht seine Existenz wohltätig kund, aber nur wie ein Gott, ohne sich selbst zu geben ... Ein solches Wesen sollten die Menschen nicht um sich herum aufkommen lassen. Mir ist er dadurch verhaßt, ob ich gleich seinen Geist von ganzem Herzen liebe und groß von ihm denke. Ich betrachte ihn wie eine stolze Prüde, der man ein Kind machen muß, um sie vor der Welt zu demütigen.*

Es ist eine *sonderbare Mischung von Haß und Liebe*, die ihn nicht von Goethe loskommen läßt. Man beachte die Rollenaufteilung. Schiller sieht sich selbst als werbenden Mann, Goethe als Frau, die es zu penetrieren gilt. Kaum hat er diese Sätze an Körner geschrieben, sind sie ihm schon wieder peinlich. Wenig später schreibt er ihm: *Ich muß lachen, wenn ich nachdenke, was ich Dir von und über Goethen geschrieben haben mag. Du wirst mich wohl recht in meiner Schwäche gesehen, und im Herzen über mich gelacht haben, aber mag es immer. Ich will mich gerne von Dir kennen lassen, wie ich bin.* Und wie ist er? Er fühlt sich als ein vom Schicksal Benachteiligter, der gelernt hat zu kämpfen und aus sich das Beste zu machen. Und hat er nicht das Beste daraus gemacht? Der Freund wird es wissen, darauf spielt Schiller an. Außerdem fühlt er sich gehoben, weil ihm das große Gedicht »Die Künstler«, an dem er zur Zeit arbeitet, so gut gelingt. Goethe, den er sich als Leser vorstellt, wird gewiß sein Vergnügen daran haben. Schiller könnte also stolz sein auf das Geleistete. Er ist es auch, aber er empfindet es als ungerecht, daß er im Vergleich zu Goethe so sehr kämpfen muß. Goethe hingegen scheint ihm vom Schicksal begünstigt zu sein. Schiller muß nur daran denken, dann rührt sich in ihm wieder Zorn und die Eifersucht. *Dieser Mensch, dieser Goethe ist mir einmal im Wege, und er erinnert mich so oft, daß das Schicksal mich hart behandelt hat. Wie leicht ward s e i n Genie von seinem Schicksal ge-*

tragen, und wie muß ich bis auf diese Minute noch kämpfen! ... Aber ich habe noch guten Mut, und glaube an eine glückliche Revolution für die Zukunft.

Schiller hadert, wie sein Bösewicht Franz Moor, mit der Natur, die ihn, wie er glaubt, benachteiligt hat im Vergleich zu Karl, dem Begünstigten. Was aus solchem Haß entspringen kann, weiß Schiller, er hat seine Folgen ja in den »Räubern« geschildert. Aber zum Glück gibt es da nicht nur *Haß*, sondern eben auch *Liebe*, und das macht das Verhältnis so schwierig. Schiller ist nicht mit sich im Reinen. Die ambivalenten Gefühle Goethe gegenüber machen ihn befangen, unfrei. Die Freiheit aber ist für ihn das Wichtigste. Ohne sie fühlt er sich von seiner schöpferischen Kraft abgeschnitten. Es wird noch einige Zeit dauern, bis er jene wunderbare Formel findet, die ihm die Freundschaft mit Goethe ermöglicht: Lebhaft habe er erfahren, daß es *dem Vortrefflichen gegenüber keine Freiheit gibt als die Liebe,* wird er ihm im Sommer 1796 schreiben.

Noch ist Schiller nicht so weit. Einstweilen behilft er sich mit der Zuversicht. In der Angelegenheit der leidigen Professur heißt das: Vielleicht entwickelt sich doch etwas Vorteilhaftes daraus. Zuerst ein kleines Gehalt, das bei einigem Erfolg erhöht würde. Vielleicht hat er Lehrerfolg, gewinnt ein neues Publikum. Lernt historische Materien kennen, die ihm zum Stoff von Dichtungen dienen können. Vielleicht dient diese erste Stelle auch als Sprungbrett zu einer besser dotierten Professur mit geringeren Lehrverpflichtungen. Vielleicht kommt auch einmal das Angebot einer Ehrenstelle am Hof oder einer sonstigen Sinekure, die ihm finanzielle Unabhängigkeit gewähren würde. Von der Kunst aber, dessen ist er sich gewiß, wird er nicht lassen. Sie wird er nicht der Wissenschaft aufopfern. *Ich muß ganz Künstler sein können, oder ich will nicht mehr sein,* heißt es in dem Brief an Körner weiter. Als Künstler wird er sich weiterhin an Goethe messen, wenn auch alles darauf ankommt, sich an ihm so zu messen, daß nicht Lähmung, sondern Ansporn die Folge ist. Wie kann das gelingen? Zum einen hilft es, sich zu vergegenwärtigen, daß auch Goethe, wie Lotte und Karoline ihm aufmunternd schreiben, seine *trüben Augenblicke* hat. Zum anderen, und das ist entscheidend, muß man energisch den eigenen Weg verfolgen und darf nicht ständig zum Konkurrenten hinüberschielen. Kurz vor seiner Übersiedlung nach Jena formuliert Schiller sein Lebensrezept für die folgenden Jahre: *Wenn ich auf einer wüsten Insel oder auf dem Schiff mit ihm allein wäre, so würde ich allerdings weder Zeit noch Mühe scheuen, diesen verworrenen Knäuel seines Charakters aufzulösen. Aber da ich nicht an dieses einzige Wesen gebunden bin, da jeder in der Welt, wie Hamlet sagt, seine Geschäfte hat, so habe ich auch die meinigen; und man hat wahrlich zu wenig b a r e s Leben, um Zeit und Mühe daran zu wenden, Menschen zu entziffern, die schwer zu entziffern sind ... Es ist eine Sprache, die alle Menschen verstehen, diese ist, gebrauche deine Kräfte. Wenn jeder mit seiner ganzen Kraft wirkt, so kann er dem andern nicht verborgen bleiben. Dies ist m e i n Plan. Wenn einmal meine Lage so ist, daß ich alle meine Kräfte wirken lassen kann, so wird er und andre mich kennen, wie ich seinen G e i s t jetzt kenne.*

Schiller wird also versuchen, seine ambivalenten Gefühle Goethe gegenüber einzuklammern. Selbstverständlich wird er ihn nicht ignorieren, aber nur wie von Ferne zu ihm hinüberblicken, dabei fest die eigenen Ziele im Auge behaltend. Er wird unbeirrt daran arbeiten, das zu werden, was er sein kann. Dann kann es vielleicht geschehen, daß man sich irgendwie findet. Nur nicht zuviel Absichtlichkeit!

Goethe und Schiller leben jetzt in Nachbarschaft, aber sie leben nebeneinander her. Keine Besuche, kaum Grüße. Beide sind in Liebesgeschichten verstrickt, aus denen ein Bund fürs Leben hervorgehen wird. Goethe bindet sich sozial nach unten, Schiller nach oben.

Christiane Vulpius schrieb »gebirend qütirt«, wenn sie den Empfang der drei Scheffel Korn Versorgungsbeihilfe von der Fürstlichen Kammer zu bestätigen hatte. Diese Hilfe entfiel selbstverständlich, als Christiane nach der Geburt des gemeinsamen Sohnes August zu Goethe zog. Es war nicht das Haus am Frauenplan, in dem Goethe bis dahin zur Miete gewohnt hatte. Kurz vor Christianes Niederkunft mußte er umziehen in das vor der Stadt gelegene Jägerhaus. Die bessere Weimarer Gesellschaft war so empört über Goethes Liaison, daß es der Herzog für geraten hielt, die beiden aus dem repräsentativen Haus am Frauenplan zu entfernen. Der Herzog selbst hätte wohl keinen Anstoß genommen, aber die Frauen bei Hofe wollten es nicht leiden. Die Mäkeleien hielten auch nach dem Umzug an. Nach der Geburt von August am 25. Dezember 1789 ließ zum Beispiel die Herzogin Louise Goethe ausrichten, sie fände es sonderbar, »daß er ihr sein Kind alle Tage vor der Nase herumtragen lasse«.

Goethe läßt es sich nicht anmerken, aber die Umquartierung hat doch auch etwas Demütigendes. Um so mehr bemühte sich Goethe, dem Herzog gefällig zu sein. Er ließ sich 1790 nach Venedig schikken, um die Herzoginmutter von dort nach Weimar zurückzubegleiten – *ich gehe diesmal ungern von Hause,* schreibt er am 12. März an Herder. Er folgte dem Herzog, auf dessen Wunsch hin, dreimal ins Kriegslager: im Herbst 1790 in Schlesien; 1792 beim Feldzug gegen Frankreich und 1793 nach Mainz. Als Dank dafür wurde die Ausquartierung aufgehoben. Goethe durfte im Sommer 1792 ins Haus am Frauenplan zurückkehren, das ihm Karl August zwei Jahre später, am 17. Juni 1794, zum Geschenk machte. Doch er hatte sich inzwischen ans Jägerhaus gewöhnt. Hier stand er nicht so sehr unter Beobachtung, hier war sein Liebesnest, und Goethe war seinem Herzog dankbar, daß er ihn gewähren ließ. In den Briefen an den Herzog konnte Goethe offen über sein erotisches Glück sprechen, etwa wenn er am 3. April 1790 von Venedig aus an ihn schrieb, seine Liebe zu Italien sei für diesmal vorbei, da ihn das *Eroticon zu Hause* stärker anziehe. Unter die »Venezianischen Epigramme« nahm er ein Lobgedicht auf den Herzog auf. Dankbar mußte er sein, weil sich mit Hilfe der Freundschaft des Herzogs – und der Beflissenheit des Kollegen Voigt – einige nicht geringe Schwierigkeiten beheben ließen, denn die Geburt eines unehelichen Kindes konnte auch für den

Vater gefährlich werden, sofern er sich dazu bekannte. Geldstrafen waren üblich. Voigt regelte das Nötige, damit es nicht dazu kam, und Goethe bedankte sich artig bei ihm.

Im Jägerhaus gab es zwei getrennte Wohnungen, eine für ihn und eine für Christiane. So konnte er ungestört arbeiten, und doch war der »Bettschatz« in greifbarer Nähe. Goethe ließ es sich nicht einfallen, Christiane in die bessere Gesellschaft oder gar bei Hofe einführen zu wollen. Das wäre eine Provokation gewesen, und darauf wollte es Goethe nicht ankommen lassen. Er wollte nur in Ruhe sein privates Glück mit Christiane genießen, und wahrscheinlich erhob Christiane auch nicht den Anspruch, in jenen Kreisen zu verkehren. Ihr genügte, daß Goethe sich zu ihr und später zum gemeinsamen Sohn bekannte. Auch in bester Gesellschaft erklärte Goethe jedem, der es hören wollte, er sei eigentlich verheiratet, *nur nicht mit ceremonie.* Als er Christiane 1806 dann auch formal ehelichte, war das für Weimar keine Überraschung mehr.

Während Goethe nur knapp einer sozialen Deklassierung infolge der Verbindung mit Christiane entging, beförderte Schiller durch die Heirat mit Charlotte am 22. Februar 1790 seinen sozialen Aufstieg. Zwar waren die Lengefelds nicht vermögend – die Mutter konnte nur einige Möbelstücke und einen geringen Zuschuß (150 Taler im Jahr) zum neuen Hausstand beisteuern –, aber sie hatten gute Verbindungen, die Humboldts, Karl von Dalberg usw. Vor allem Charlottes Patentante Frau von Stein setzt sich für das Fortkommen der jungen Familie ein. Sie erwirkt beim Herzog für Schillers Professur ein Grundgehalt (200 Taler), das ursprünglich nicht vorgesehen war. Sie macht auch ihren Einfluß geltend, daß Schiller im Januar 1790 vom Meininger Fürsten das Hofratsdiplom erhält. Die Verbindung zu Frau von Stein bringt aber auch die Schwierigkeit mit sich, daß Schiller nun in das verminte Gelände zwischen Goethe und seiner ehemaligen Geliebten gerät und mit allerlei Bosheiten über Goethe reichlich versorgt wird. Sie weiß zum Beispiel zu berichten, daß der Herzog angeblich »allen Respect« vor Goethe verloren habe, daß Goethe das Bergwerk Ilmenau ruiniert habe, daß er, von Christiane verführt, zuviel trinke.

Das wird wohl auch dazu beigetragen haben, daß Goethe und Schiller einstweilen so nebeneinander her lebten. Schiller ist dabei, sich an ein Leben in den besseren Kreisen zu gewöhnen, mit Sitte, Anstand und Häuslichkeit. Ganz anders Goethe. Er brüskiert die gute Gesellschaft. Eine befreite Erotik wird ihn anderweitig entschädigen.

Viertes Kapitel

Goethe und Schiller herausgefordert von der Französischen Revolution. Schillers Pathos in der Nußschale. Ausblicke auf den Menschenozean. Goethe schließt seinen Kreis. Die große Kunst der Ignoranz. Wider die Aufgeregten. Goethes Kunst als Asyl und Schillers Spielfeld der Revolution. Anmut und Würde. Der gekränkte Günstling der Natur.

In den Sommermonaten der Revolution absolvierte Schiller in Jena triumphal sein erstes Semester als Professor für Geschichte. Die Antrittsvorlesung »Was heißt und zu welchem Ende studiert man Universalgeschichte« mußte kurzfristig in den größten Hörsaal verlegt werden, der die Menge der zuströmenden Studenten auch nicht fassen konnte. So etwas hatte Jena noch nicht erlebt. Das große Aufsehen war nicht nur Schillers Ruhm als Dichter der Freiheit geschuldet, es lag auch eine eigentümliche Spannung in der Luft. Als Schiller seine Vorlesung hielt, verfolgte man auch in Jena die sich überstürzenden Ereignisse in Frankreich. Die Wahlen zu den Generalständen, die Flut der Beschwerden und Reformvorschläge, die über die Hauptstadt hereinbrach. Die Hungerrevolten auf dem Lande. Die Jagd auf die Steuerbeamten. Da und dort brannten schon die Schlösser und in Paris, so hörte man, werde überall erregt debattiert. Man ahnte: es ist eine große Zeit.

Auch in Schillers Antrittsvorlesung herrscht ein eigenartiges Hochgefühl. Die Geschichte, erklärt er, ist das ungeheure Arbeitsfeld des Menschengeschlechtes. Der Sinn für die Weltgeschichte befreit von den *beschränkten Urteilen der Selbstsucht*, die sich nur auf die kurze Lebensspanne zwischen Geburt und Tod beziehen. Erst die Weltgeschichte *führt das Individuum unvermerkt in die Gattung hinüber.*

Schillers Vorlesung schließt mit der pathetischen Wendung: *Ein edles Verlangen muß in uns entglühen, zu dem reichen Vermächtnis von Wahrheit, Sittlichkeit und Freiheit, das wir von der Vorwelt überkamen und reich vermehrt an die Folgewelt wieder abgeben müssen, auch aus* u n s e r n *Mitteln einen Beitrag zu legen und an dieser unvergänglichen Kette, die durch alle Menschengeschlechter sich windet, unser fliehendes Dasein zu befestigen.*

Auf die Französische Revolution reagierte Schiller zunächst geschichtsphilosophisch, jedenfalls solange er am Katheder stand. Er wußte das Pathos der geschichtlichen Stunde für seine Vorlesungen zu nutzen, vermied es aber, sich direkt auf die Ereignisse zu beziehen. Im Gegensatz zu Herder, Forster, Wieland, Klopstock und anderen hielt er sich mit öffentlichen Beifallsbekundungen zurück. Er ließ sich auch nicht hinreißen, einen Freiheitsbaum zu pflanzen wie seine Landsleute Hölderlin, Schelling und Hegel in Tübingen. Selbstverständlich verfolgte er die ersten Schritte der Revolution mit Sympathie. Daß hier einige Träume des Marquis Posa sich zu verwirklichen schienen, freute ihn. Das alles paßte im übrigen gut zu den Aufbruchsgefühlen der Verlobungszeit. Was kann schöner sein als das Zusammentreffen eines Liebesfrühlings und eines Völkerfrühlings.

Und doch – Schiller blieb vorsichtig. Es mußte sich erst noch erweisen, ob von den neu errungenen Freiheiten ein guter Gebrauch gemacht werden würde, ob Enthemmungen, neue Tyranneien oder wahrhaft republikanischer Geist und die Disziplin des Allgemeinwohls die Oberhand behielten. Wenn Schiller öffentlich schwieg, dann nicht aus mangelnder Anteilnahme, sondern weil er sich geschichtsphilosophisch herausgefordert fühlte, es stand für ihn das weitere Schicksal von Vernunft und Freiheit auf dem Spiel. Hier mußte man sich für Urteile Zeit lassen.

Schiller denkt darüber nach, was es überhaupt bedeutet, Zeitgenosse oder gar Zeuge von großen geschichtlichen Ereignissen zu sein. Wenn man sich nicht von ihnen verwandeln läßt, wird man ihrer nicht würdig sein können. Man befindet sich nicht auf ihrem

Niveau. Man muß seinen Alltagsmenschen ausziehen. Es gibt gerade deshalb so viele törichte Urteile, erklärt er, weil die Menschen in ihren *Hauskitteln* sich dem Erhabenen nähern und nicht mehr richtig unterscheiden können zwischen dem Öffentlichen und dem Privaten. Sinn und Geschmack für das Öffentliche muß gelernt sein. In Deutschland findet man dafür einstweilen noch keine günstigen Umstände, das weiß Schiller, und auch bei sich selbst sieht er hier ein Erfahrungsdefizit und einigen Lernbedarf: *Wer Sinn und Lust für die große Menschenwelt hat,* schrieb er am 27. November 1788, noch vor den revolutionären Ereignissen, an einen Freund in Paris, *muß sich in diesem weiten großen Element gefallen; wie klein und armselig sind u n s r e bürgerlichen und politischen Verhältnisse dagegen! ... Der Mensch, wenn er v e r e i n i g t w i r k t, ist immer ein großes Wesen ... Mir für meine kleine stille Person erscheint die große politische Gesellschaft aus der Haselnußschale, woraus ich sie betrachte, ohngefähr so, wie einer Raupe der Mensch vorkommen mag, an dem sie hinaufkriecht. Ich habe einen unendlichen Respekt für diesen großen drängenden Menschenozean, aber es ist mir auch wohl in meiner Haselnußschale.*

Schillers *Haselnußschale* befand sich zur Zeit in der »Schrammei«, der Pension der Schwestern Schramm. Dort hatte er sich in Jena eingemietet, weit entfernt vom *Menschenozean,* wo die ungeheuren politischen Dinge geschahen. Er vergaß nicht, daß er sich das *große Wesen* des vereinigt wirkenden Menschen nur denken, es aber nicht unmittelbar erfahren konnte. Und darum blieb er vorsichtig, so lange, bis er sich zu einem entschiedenen Urteil durchgerungen hat. Dann wird er, wie es seine Art ist, an die Rampe treten und seine Überzeugung mit einigem Pathos verkünden. In der großen Revolution, erklärt er später, habe sich gezeigt, daß die Menschen innerlich noch nicht frei genug sind, um die äußere Freiheit wohltuend zu gebrauchen: *der freigebige Augenblick findet ein unempfängliches Geschlecht.*

Für Schiller war die Französische Revolution ein großes Ereignis in einem ursprünglich vielversprechenden Sinn. Für Goethe, ähnlich zurückhaltend, bedeutete sie auch ein großes Ereignis, allerdings in einem dazu konträren Sinne: nicht vielversprechend sondern unheilschwanger erschien ihm die Revolution von Anfang an. An Jacobi schrieb er am 3. März 1790: *Daß die Französische Revolution auch für mich eine Revolution war kannst du denken.* Er habe, notiert er im Rückblick, viele Jahre gebraucht, *dieses schrecklichste aller Ereignisse in seinen Ursachen und Folgen dichterisch zu bewältigen.* Die *Anhänglichkeit an diesen unübersehlichen Gegenstand*, habe sein *poetisches Vermögen fast unnützerweise aufgezehrt.* Tatsächlich spielt die Revolution in fast allen seinen Werken der neunziger Jahre eine bedeutsame Rolle, teils als ausdrückliches Thema wie in den »Aufgeregten«, im »Bürgergeneral« oder in der »Natürlichen Tochter«, teils als Hintergrund und Problemhorizont wie in »Herrmann und Dorothea« oder in den »Unterhaltungen deutscher Ausgewanderten.«

Was ist für Goethe so »schrecklich« an der Revolution?

Es ist nicht etwa so, daß er sich auf eine aristokratische Sichtweise bornierte, er bemerkte durchaus empörendes Unrecht und Ausbeutung. An Knebel schrieb er einige Jahre vor der Revolution: *Du weißt aber wenn die Blattläuse auf den Rosenzweigen sitzen und sich hübsch dick und grün gesogen haben, dann kommen die Ameisen und saugen ihnen den filtrierten Saft aus den Leibern. Und so geht's weiter, und wir haben's so weit gebracht, daß oben immer in einem Tage mehr verzehrt wird, als unten in einem beigebracht werden kann.* Die Ablehnung der Revolution macht ihn nicht zum Fürsprecher des Ancien régime. Von der Kampagne in Frankreich 1792 schreibt er an Jacobi, ihm sei *weder am Tode der aristokratischen noch demokratischen Sünder im mindesten etwas gelegen.* In seiner Revolutionskomödie »Die Aufgeregten« läßt er eine besonnene Gräfin auftreten, die er später in den Gesprächen mit Eckermann als Repräsentantin eines Adels, wie er sein sollte, bezeichnet: *Sie hat sich überzeugt, daß das Volk wohl zu drücken, aber nicht zu unterdrücken ist, und daß die revolutionären Aufstände der unteren Klassen eine Folge der Ungerechtigkeit der Großen sind.*

Das Schreckliche an der Revolution war für ihn der soziale Vulkanausbruch. Auch in der Natur liebte er nicht das Vulkanische, sondern bekannte sich zum Neptunismus, zur Theorie von der allmählichen Veränderung der Erdoberfläche durch die Ozeane. Alles Plötzliche und Katastrophische war ihm verhaßt, in der Natur ebenso wie in der Gesellschaft. Das Allmähliche zog ihn an. Er suchte nach Übergängen, vermied Brüche. Die Evolution war seine Sache, nicht die Revolution. Eine sozial gerechtere Ordnung konnte er sich durchaus vorstellen, aber er wünschte, daß sie durch Reformen von oben zustande käme, etwa so wie sie der Aristokrat Lothario im achten Buch des »Wilhelm Meister« durchführt: Befreiung der Bauern von der Erbuntertänigkeit, gemeinwohlorientierte Bewirtschaftung der großen Güter.

Es war nicht allein das Forcierte der Revolution, was ihn schreckte. Er ahnte, daß von nun an die Massen unwiderruflich die Bühne der Geschichte betreten haben könnten. Goethe gehörte nicht zu denen, die das erfreulich fanden. Mit Kant hätte er dies Ereignis als »Ausgang aus der selbstverschuldeten Unmündigkeit« interpretieren können. So aber sah er die Dinge nicht. Er bezweifelte, daß mit den Massen auch die politische Mündigkeit an die Macht käme. Er sieht nur das unheilvolle Wirken der Demagogen, Doktrinäre und Dogmatiker, der »Revolutionsmänner« wie er sie verächtlich nennt. Sie führen und verführen die Massen und sind doch nur deren Ausgeburten. Wenn es um die Angelegenheit der ganzen Gesellschaft geht, ist ein das Ganze umgreifendes Denken erforderlich, das Verantwortung übernehmen kann. Der gewöhnliche Mensch aber, so Goethe, kann sich zu diesem Gesichtspunkt nicht erheben, und darum wird er leicht zur Manövriermasse von Agitatoren. Die allgemeine Politisierung versetzt den einzelnen in einen Rausch. Man glaubt das Ganze beherrschen zu können und kann nicht einmal sich selbst beherrschen, man will die Gesellschaft verbessern und weigert sich, mit der Verbesserung seiner selbst zu beginnen. Im Rausch der politisierten Masse enthemmen sich die niederen Instinkte. Anschauungsmaterial dafür liefern ihm der staatliche Terror, der im

Jahr 1793 durch Frankreich tobt, die Massenhinrichtungen, die Pogrome, die Plünderungen in den besetzten Gebieten. *Zuschlagen muß die Masse, / Dann ist sie respektabel, / Urteilen gelingt ihr miserabel.* Wo die Revolution die Köpfe nicht abschlug, reichte ihre Macht immerhin aus, sie zu verwirren. Die Politisierung der Öffentlichkeit nannte Goethe im harmloseren Fall eine allgemeine Ermunterung zur »Kannegießerei«, insbesondere ärgerte er sich über die absurde Verkennung der politischen Realitäten in Deutschland bei den Revolutionsfreunden. *Unser Anteil an öffentlichen Angelegenheiten ist meist nur Philisterei*, sagte er.

Goethe lehnt die Revolution ab, weil die mit ihr verbundene Politisierung die Menschen in Verhältnisse und Aktivitäten verwikkeln, die sie notorisch überfordern. Sie begünstigen und sind Ausdruck einer fundamentalen Verwirrung der Maßstäbe. Das Nahe und das Ferne werden nicht mehr richtig unterschieden. Der Lebenskreis, wo man sich auskennt und den man verantworten kann, wird überschwemmt von Anreizen zum Mitmachen und Mitmeinen, kurz: es findet ein Mentalitätswechsel statt, für den eine viel spätere Philosophie die Formel gefunden hat: Keiner ist er selbst und jeder ist wie der andere. Verwirrung im Großen und Verwahrlosung im Kleinen sind die Folge. *Der Mensch* heißt es in »Wilhelm Meisters Lehrjahren«, *ist zu einer beschränkten Lage geboren, einfache, nahe, bestimmte Zwecke vermag er einzusehen, und er gewöhnt sich die Mittel zu benutzen, die ihm gleich zur Hand sind; sobald er aber ins weite kommt, weiß er weder was er will, noch was er soll, und es ist ganz einerlei, ob er durch die Menge der Gegenstände zerstreut, oder ob er durch die Höhe und Würde derselben außer sich gesetzt werde. Es ist immer sein Unglück, wenn er veranlaßt wird, nach etwas zu streben, mit dem er sich durch eine regelmäßige Selbsttätigkeit nicht verbinden kann.* Gegen die politische Leidenschaft der »Aufgeregten« setzt Goethe die aus der Kraft der Begrenzung erwachsene Gestaltung der individuellen Persönlichkeit. Da wir das Ganze nicht umfassen können und das Ferne uns zerstreut, so bildet der Einzelne sich zu etwas Ganzem aus – das ist

Goethes Maxime, die einige Jahre später im »West-östlichen Divan« so formuliert wird: *Höchstes Glück der Erdenkinder / Sei nur die Persönlichkeit.* In diesem fast trotzigen Persönlichkeitsideal steckt auch jene glänzende Ignoranz im Dienste des Lebens, die Nietzsche an Goethe rühmen wird. Bei Goethe ist sie, wer wollte daran zweifeln, weiträumig, aber lebensklug nimmt er doch nur soviel Welt auf, wie er sich anverwandeln kann. Auch darin war er ein Meister: rigoros alles abzuwehren, was ihn nicht, wie er zu sagen pflegte, *fördern* konnte. *Widersacher,* schreibt er in einem Text mit dem bezeichnenden Titel »Bedeutende Fördernis durch ein einziges geistreiches Wort«, *Widersacher kommen nicht in Betracht, denn mein Dasein ist ihnen verhaßt, sie verwerfen die Zwecke nach welchen mein Tun gerichtet ist ... Ich weise sie daher ab und ignoriere sie, denn sie können mich nicht fördern.* Bekanntlich blieb Goethes Welt und Leben geräumig genug, auch trotz der entschiedenen Gesten der Abwehr und Abgrenzung.

Diese Abwehr konnte sehr heftig und radikal sein. Bei einem Gespräch über ein Bild des Malers Karl Friedrich Lessing erklärt Goethe ärgerlich: *Das sind ja lauter Negationen des Lebens und der ›freundlichen Gewohnheit des Daseins‹, um mich meiner eignen Worte zu bedienen. Zuerst also die erstorbene Natur, Winterlandschaft; den Winter statuiere ich nicht; dann Mönche, Flüchtlinge aus dem Leben, lebendig Begrabene; Mönche statuiere ich nicht; dann ein Kloster, zwar ein verfallenes, allein Klöster statuiere ich nicht; und nun zuletzt, nun vollends noch ein Toter, eine Leiche; den Tod aber statuiere ich nicht.* Den Tod wollte er also auch nicht *statuieren*, was soviel bedeutet wie: er wollte ihn nicht gelten lassen; er sollte keine Macht über seine Gedanken bekommen. Den romantischen Todeskult eines Novalis zum Beispiel konnte er auf den Tod nicht ausstehen. Er ging auf keine Beerdigung und war auch an keinem Sterbelager zu finden. Der Leichenzug der Frau von Stein mied das Haus am Frauenplan, Frau von Stein hatte es mit der Höflichkeit des Herzens selbst so verfügt. Als Christiane stirbt, zieht sich Goethe ein wenig kränklich in seine Gemächer zurück. Und beim Tode Schillers kam er für eine Woche nicht aus seinem Zimmer heraus. Was es mit Schillers Totenschädel auf sich hatte, den er fast ein Jahr lang in seiner Bibliothek aufbewahrte, werden wir noch sehen. Mit dem Begriff der Verdrängung kommt man jedenfalls diesem energischen Nicht-Gelten-Lassen nicht bei. Denn es fehlt hier das Enge und Verkrampfte.

Souverän zieht Goethe seinen Kreis und seine Kreise. Er beansprucht Mitspracherecht bei allem, was ihn berühren könnte. Er entscheidet selbst, was ihn angeht. Es war viel genug. Der wahrlich universell gebildete Goethe konnte spotten über die Vielleser und über die Leute, die urteilsfroh aber nicht urteilsstark sind, die Meinungsmacher eben. Gegen die Zerstreuung hilft nur die Sammlung. Nicht jede Neugier findet seinen Beifall. Er bevorzugt eine Neugier, die uns auf dem Umweg über die Welt mit uns selbst bekanntmacht. Nicht nur als Naturforscher strebt Goethe nach einer Wahrheit, bei der uns Hören und Sehen nicht vergeht und die wir Leib und Leben einprägen können. Damit ist nicht Verinnerlichung gemeint, die *so bedeutend klingende Aufgabe: e r k e n n e d i c h s e l b s t* sei ihm *immer verdächtig* vorgekommen, schreibt er. Wer nur sich selbst sucht, kann sich nicht finden. *Tätigkeit gegen die Außenwelt* ist nötig und ruhige und sorgfältige Beobachtung: *Der Mensch kennt nur sich selbst, insofern er die Welt kennt ... Jeder neue Gegenstand, wohl beschaut, schließt ein neues Organ in uns auf.* Der Nachdruck liegt auf dem *wohl beschaut,* damit ist auf eine Wirklichkeitsbeziehung verwiesen, die welthaltiger ist als das aufgeregte Meinungswesen.

Zwar kann sich Goethe von den Einflüssen des politisierenden Zeitgeistes nicht ganz frei halten – immerhin kauft er eine Spielzeugguillotine –, aber er ist fest entschlossen, seine Zuflucht vor dem Umtrieb in den ruhigen Betrachtungen seiner Naturforschungen zu suchen. Anläßlich seiner Erkundungen in Optik und Farbenlehre schreibt er an Jacobi: *Indes attachiere ich mich täglich mehr an diese Wissenschaften, und ich merke wohl daß sie in der Folge mich vielleicht ausschließlich beschäftigen werden.* So war es dann doch nicht. Von Kunst und Literatur mochte er sich nicht trennen, sie bildeten für ihn, neben der Naturbeobachtung, das zweite Bollwerk gegen den aufgeregten Zeitgeist. *Die ästhetischen Freuden halten uns aufrecht,* schreibt er an Johann Friedrich Reichardt, *indem fast alle Welt dem politischen Leiden unterliegt.*

Das schreibt Goethe, nachdem er im Herbst 1792 an der Seite des Herzogs den ersten Kriegszug der Alliierten gegen das revolutionäre Frankreich und im Jahr darauf die Belagerung von Mainz mitgemacht hatte. Es waren also nicht nur die Meinungskämpfe einer politisch erregten Öffentlichkeit, die ihn abstießen. Er hatte Furchtbareres erlebt. Es war ihm, als wäre er durch die Hölle gegangen. Mit der Kanonade von Valmy begann tatsächlich das Zeitalter der grauenvollen Materialschlachten. An dem Frontabschnitt, dem Goethe zugeteilt war, kam in wenigen Tagen die Hälfte der 42 000 Soldaten um. Rückzug im Schlamm, unablässige Regengüsse; das große Sterben durch Seuchen und Hunger; Auflösung der Armee, Panik und Verzweiflung. Man schleppte sich über die Toten, die am Wege lagen. Goethes berühmter Satz anläßlich der Kanonade von Valmy: *Von hier und heute geht eine neue Epoche der Weltgeschichte aus, und ihr könnt sagen, ihr seid dabei gewesen!* ist aus der gelassenen Distanz späterer Jahre geschrieben. Im Augenblick des Entsetzens gab es diese Distanz nicht, sondern nur Angst, und Goethe mußte erfahren, daß gegen die Angst bisweilen nur besinnungslose Kühnheit hilft. Es sei ein wunderlicher Zustand, schreibt er später, *wo man sich die Angst zu übertäuben jeder Vernichtung aussetzte.* Einmal verließ er die Deckung und ritt auf einem Hügelkamm entlang, als lebende Zielscheibe, von einem Geschützdonner umtost, der die Erde erbeben ließ. Zum Glück versank er dann irgendwann im Schlamm. *Das Elend, das wir ausgestanden haben läßt sich nicht beschreiben,* schreibt er Ende 1792 an Christiane. *Ich für meine Person singe den lustigsten Psalm Davids dem Herrn, daß er mich aus dem Schlamme erlöst hat, der mir bis an die Seele ging.* Er sucht am Ende des katastrophal gescheiterten Feldzugs Zuflucht im heimatlichen Frankfurt, um dort, wie er an Herder schreibt, *wie von einem bösen*

Traum zu erwachen, der mich zwischen Kot und Not, Mangel und Sorge, Gefahr und Qual, zwischen Trümmern, Leichen, Äsern und Scheißhaufen gefangen hielt. Nach dieser Erfahrung mit dem Grauen kamen ihm die Meinungskämpfe, überhaupt jedes politische Theoretisieren, nur noch lächerlich vor.

Im Jahr zuvor hatte Goethe noch anregende Abende mit Forster und seinen Freunden verbracht. Daß es sich bei ihnen um Jakobiner reinsten Wassers handelte, die wenig später unter französischem Schutz mitwirkten bei der Gründung der Mainzer Republik, störte ihn so lange nicht, wie der Vorrat an persönlicher Wertschätzung (wie im Falle Forsters) und an gemeinsamen Themen des geistigen Austausches nicht aufgebraucht war. Als bei der Wiedereroberung von Mainz durch die Alliierten die Republikaner verfolgt und verhaftet wurden, billigte Goethe das, was ihm allerdings leichter fiel, weil der hochgeschätzte Forster inzwischen bereits in Paris war, um dort über die Aufnahme von Mainz in die Französische Republik zu verhandeln. Goethe empörte sich nur dann, wenn es zu Übergriffen durch den Mob kam. In seinem Bericht über die »Belagerung von Mainz« erzählt er, daß er sogar einen dieser Republikaner vor der Lynchjustiz des Pöbels bewahrt habe.

Das beherrschende Gefühl Ende 1793 war Erleichterung. Goethe war in den Mahlstrom der Geschichte geraten und sah nun das rettende Ufer vor sich. Der Herzog erlaubt ihm, nach Weimar zurückzukehren. Von unterwegs schreibt Goethe an Jacobi: *Mein herumschweifendes Leben und die politische Stimmung aller Menschen treibt mich nach Hause, wo ich einen Kreis um mich ziehen kann, in welchem außer Lieb und Freundschaft, Kunst und Wissenschaft nichts herein kann.*

Goethe weigerte sich, dem Inferno der Geschichte, die er unmittelbar erlebt hatte, einen höheren, einen geschichtsphilosophischen Sinn zu geben, und er wendet sich der Kunst zu wie einem Asyl.

Anders Schiller. Er verbrachte diese Jahre in Jena und las, wohlverwahrt in seiner *Haselnußschale*, die Zeitungen, aus denen er seine Informationen von *diesem großen drängenden Menschenozean* bezog. Er ließ sich aus der Ferne anregen zu Geschichtsphilosophischem und Ästhetischem.

Was das Geschichtsphilosophische betrifft, so ist seit Ende 1789 der »Dreißigjährige Krieg« sein Thema, dem er ein großes Geschichtswerk, das zweite nach dem »Abfall der Niederlande«, widmet. Im Spiegel der vergangenen Geschichte will er die Grundlinien der gegenwärtigen sichtbar machen. *Ist eine Geschichte ... dieser Anwendung fähig,* schreibt er am 13. Oktober 1789 an Körner, *kann sie an die Gattung angeschlossen werden, so hat sie alle Requisite, unter der Hand des Philosophen interessant zu werden.*

Als Schiller das Schlußkapitel über den Westfälischen Frieden beendete – Europa, schrieb er, habe sich *zum erstenmal als eine zusammenhängende Staatengesellschaft erkannt* – begannen die Revolutionskriege. Solange hatten die Konflikte begrenzt werden können, nun war wieder ein verheerender Flächenbrand zu befürchten. Es wurde Schiller jäh bewußt, daß jener verheerende *Religionsenthusiasmus* des Dreißigjährigen Krieges in modernisierter Gestalt wieder auflebte. Damals war es die Religion gewesen, welche die Heere und Völker aufeinandergehetzt hatte. Jetzt war es der politische Enthusiasmus, der den Kriegen unbegrenzte Energie zuführte. Damals war Religion zur Politik geworden, jetzt droht die Politik zur Religion zu werden. Schiller versprach sich nichts Gutes davon, wenn ein revolutionäres Volk zu den Waffen eilt, wie es 1792 geschah. Diesem militanten Enthusiasmus mißtraute er, weil er in ihm den Impuls der Befreiung sich nur nach außen auswirken sah, nicht aber nach innen. Es fehlte ihm die innere Befreiung der Person durch Selbstbeherrschung, anders gesagt: die Zivilisierung der Naturtriebe.

Aus der *Nacht* des »Dreißigjährigen Krieges« sah Schiller große Männer hervorgehen, Wallenstein, Graf Mansfeld, Gustav Adolf. Die Nacht der Geschichte gebiert Ungeheuer, die Systemkrise ist die Stunde der Aufsteiger, die aus dem Nichts kommen. Für Schiller wiederholt sich dieser Vorgang im revolutionären Frankreich, wo neue Heroen die Bühne betreten. Als Schiller seine Passagen über Wallenstein schrieb, sprach er die Ahnung aus, daß Frankreich auch noch seinen Wallenstein erleben werde. Als er fünf Jahre später die Arbeit am »Wallenstein«-Drama aufnimmt, beginnt der Aufstieg Bonapartes. Als er es vollendet, ist Napoleon an der Macht.

Schiller, der zu den Ereignissen vorsichtig Abstand hält, ist doch auch vom Pathos des historischen Augenblicks ergriffen. Als Historiker träumt er davon, ein deutscher Plutarch zu werden. *Ich sehe nicht ein,* schreibt er am 26. November 1790 an Körner, *warum ich nicht, wenn ich ernstlich will, der erste Geschichtschreiber in Deutschland werden kann.* Es sind nicht wenige, die glauben, er ist es schon. Wieland gehört dazu und Johannes Müller, der bis dahin als der bedeutendste Historiker galt. Und auch beim allgemeinen Publikum findet das Buch über den »Dreißigjährigen Krieg« reißenden Absatz.

Im Hochgefühl seiner Kraft reist Schiller Ende des Jahres nach Erfurt zu einem Besuch bei Karl von Dalberg, dem Koadjutor und designierten Nachfolger des Mainzer Kurfürsten. Dort wird er in einer feierlichen Sitzung als Historiker in die »Kurfürstliche Akademie nützlicher Wissenschaft« aufgenommen. Ein Ritterschlag. Doch dann folgt der Zusammenbruch.

Am 3. Januar 1791 abends bei einem Konzert anläßlich des Geburtstags des Mainzer Kurfürsten wird Schiller von einem heftigen Fieber erfaßt und von krampfartigen Hustenanfällen geschüttelt. Er verliert zeitweilig das Bewußtsein. Es ist der erste schlimme Ausbruch der Krankheit, die man damals »kruppöse Pneumonie begleitet von trockener Rippenfellentzündung« nennt und an der er vierzehn Jahre später sterben wird. Er erholt sich noch einmal und kehrt nach Weimar zurück. Doch die Fieberanfälle kehren wieder, werden noch stärker. Ohnmachten wechseln mit Atemnot und Magenkrämpfen.

Schiller ringt mit dem Tod. Auch Goethe hört davon und läßt über den Sohn der Frau von Stein, Fritz, Genesungswünsche ausrichten. Im übrigen aber fühlt sich Goethe von leidenden Menschen abgeschreckt, er will möglichst wenig mit ihnen zu tun haben. Man erzählte sich in Weimar, daß Goethe den Anblick dieses lebenden Toten nicht ertragen hätte, der ihn auch sonst allzu sehr an das *Bild des Gekreuzigten* erinnerte. Er vertrug zeitweilig noch nicht einmal die Erwähnung seines Namens. Doch Schillers Krankheit ist Stadtgespräch, in Jena und in Weimar. Studenten halten Nachtwache. Einer von ihnen ist der neunzehnjährige Novalis, der bei Schiller in der Vorlesung gesessen hat und seinem Professor mit Enthusiasmus und Liebe zugetan ist. Er verbringt einige Nächte bei Schiller am Bett und trocknet ihm die schweißnasse Stirn. Einige Monate später wird Novalis an Reinhold über Schiller, das Idol seiner Jugend, schreiben: »Ach! wenn ich nur Schillern nenne, welches Heer von Empfindungen lebt in mir auf ... und stört mich dann ... der nagende Gedanke, daß dieser Mann der Vernichtung nahe war, Schiller, der mehr ist, als Millionen Alltags Menschen ... so bebe ich unfreiwillig vor meiner eignen Existenz zurück, und es drängt sich ein Seufzer zwischen meine Lippen, in welchen aller Glaube an eine höhere Hand, die den Faden lenkt und die ganze Liebe und das Mitleid gegen eine Menschheit gepreßt ist ... Hätt er nie mit mir gesprochen, nie Teil an mir genommen, mich nicht bemerkt, mein Herz wär ihm unveränderlich geblieben; denn ich erkannte in ihm den höhern Genius, der über Jahrhunderte waltet ... Ihm zu gefallen, ihm zu dienen, nur ein kleines Interesse für mich bei ihm zu erregen, war mein Dichten und Sinnen bei Tage und der letzte Gedanke, mit welchem mein Bewußtsein abends erlosch.«

Im ersten Halbjahr 1791 gibt es drei schwere Krankheitsschübe. Schiller ist Mediziner genug um zu ahnen, daß er von nun an sein Leben und sein Werk dieser Krankheit wird abringen müssen. *Mir ist,* schreibt er am 10. 4. 1791 an Körner, *als ob ich diese Beschwerden behalten müsste ... Mein Gemüt ist heiter und es soll mir nicht an Mut fehlen, wenn auch das Schlimmste über mich kommen wird.*

Während sich Schiller langsam wieder erholt, verbreitet sich überall im Lande das Gerücht von seinem Tod. Ende Juni gelangt es bis nach Kopenhagen, wo Jens Baggesen eine Gemeinde von

Schiller-Bewunderern um sich versammelt hat. Für die dänischen Enthusiasten ist der Dichter von den Toten auferstanden, als sie hören, daß Schiller lebt, und Mitglieder des Freundeskreises, der Minister Ernst von Schimmelmann und der Herzog von Augustenburg, gewähren eine auf drei Jahre befristete Pension von jährlich tausend Talern. Schiller ist eine Weile lang von den lästigen Pflichten des Broterwerbs befreit. Er nutzt die Freiheit für ein gründliches Studium der Kantschen Philosophie und für die Entwicklung seiner ästhetischen Theorie. Jetzt macht er sich daran, aus der Revolution, die ihm so viel zu denken gegeben hat, ästhetische Konsequenzen zu ziehen.

Das ist der Unterschied zwischen ihm und Goethe. Dieser sucht die Kunst als Asyl gegen die Geschichte, auch gegen die Revolution, die er verabscheut. Schiller aber, den die Revolution in ihrem Fortgang ebenfalls abstößt, läßt sich von ihr herausfordern. Er will ihren ursprünglichen Freiheitsimpuls in der Kunst bewahren. Hier soll die Freiheit geübt und veredelt werden, damit sie sich dereinst segensreicher auch im politischen Raum zeigen kann. Für Goethe ist die Kunst eine Zuflucht vor der Revolution, für Schiller ist sie das Spielfeld für eine Revolution, die diesen Namen erst wahrhaft verdient.

Ende 1792 ist Schiller mit zwei Dingen beschäftigt. Er ist dabei, ein Sendschreiben an die Französische Republik, deren Ehrenbürger er seit wenigen Wochen ist, zu verfassen, um den Konvent davon abzuhalten, den König zum Tode zu verurteilen. Und er arbeitet an einer neuen Theorie des Schönen, die er unter dem Titel »Kallias«-Briefe herausgeben möchte. Deren Kernthese sollte lauten: *Schönheit ist Freiheit in der Erscheinung.* Die zeitliche Nachbarschaft dieser beiden Initiativen, der politischen und der ästhetischen, verweist auf einen sachlichen Zusammenhang. Kunst und Politik müssen sich an Gesetze binden, wenn sie nicht der Willkür zum Opfer fallen sollen, sei es der Willkür von Mehrheitsbeschlüssen im Politischen oder der Publikumsgunst im Ästhetischen.

Was die Politik betrifft, so war für Schiller das Vorgehen des Nationalkonvents ein schlimmes Beispiel für die Tyrannei der Mehrheit. Er war Republikaner im Sinne Montesquieus, was bedeutet: Herrschaft der auf Menschenrechte gegründeten Gesetze statt persönliche Willkür von Einzelnen oder von Mehrheiten. Rechtsstaat geht vor Demokratie. Demokratie ohne Rechtsstaat galt ihm als Pöbelherrschaft. Das konstitutionelle Königtum sollte erhalten bleiben, um das Recht zu schützen. Mit solchen Überlegungen wollte Schiller der französischen Nation ins Gewissen reden. Während Goethe sich noch erholt von der Campagne *zwischen Kot und Not, zwischen Leichen und Scheißhaufen,* bereitet sich Schiller auf seine französische Mission vor. Aber er kommt zu spät. Anfang 1793 ergeht das Urteil, am 21. Januar wird Ludwig XVI. hingerichtet. Übrigens verspätet sich auch die Übersendung des Ehrenbürgerbriefs. Erst 1798 wird ihm das Dokument zugestellt. Es war, weil an einen »Monsieur Giller« adressiert, irgendwo liegengeblieben. Als Schiller es dann endlich in Händen hält, versehen mit den Unterschriften jener Revolutionsmänner, die inzwischen schon geköpft waren, bemerkte Goethe lakonisch: *Zu dem Bürger Dekrete, das Ihnen aus dem Reiche der Toten zugesendet worden, kann ich nur in so fern Glück wünschen als es Sie noch unter den Lebendigen angetroffen hat.*

Was die Theorie über Kunst und Ästhetik betrifft, an der Schiller in dieser Zeit arbeitet, so versucht er etwas Analoges wie in der Politik: es geht ihm auch hier um das Problem der durch Gesetz geregelten Freiheit. Schönheit soll nicht nur Geschmacksache sein. Schiller sucht nach ihrem objektiven Fundament. Kants Ästhetik genügt ihm nicht: sie analysiert nur den Kunstgenuß, nicht die Kunst selbst. *Über die Natur des Schönen ist mir viel Licht aufgegangen,* schreibt er am 21. Dezember 1792 an Körner, *den objektiven Begriff des Schönen, der sich eo ipso auch zu einem objektiven Grundsatz des Geschmacks qualifiziert, und an welchem Kant verzweifelt, glaube ich gefunden zu haben.* Dieser objektive Begriff, der die Kunst definieren soll, lautet: sie ist *Freiheit in der Erscheinung.*

Freiheit gibt es nur im Menschen; nicht in der Natur. Aber es zeigt sich in der Natur bisweilen eine *Freiheitähnlichkeit*, die als Schönheit empfunden wird. Die *große Idee der Selbstbestimmung strahlt uns aus gewissen Erscheinungen der Natur zurück, und diese nennen wir S c h ö n h e i t.*

Da gibt es das Naturschöne; Schiller wählt als Beispiel das rassige Pferd, das sich nach seiner Natur bewegt, ungezwungen und frei; andererseits der Kutschergaul, dem sich Last, Arbeit und Zwang in den Körper eingeschrieben haben. Das ist der Unterschied zweier Naturwesen, schreibt Schiller, *worunter das eine ganz Form ist, und eine vollkommene Herrschaft der lebendigen Kraft über die Masse zeigt, das andre aber von seiner Masse unterjocht worden ist.* Was seine Natur entfalten kann, ungekrümmt, unbedrückt, unverzerrt, was sich aus sich selbst zu sich selbst entwickelt im Schwung seiner lebendigen Form – das ist die *Freiheitähnlichkeit* und darum die Schönheit in der Natur. Es ist eine Art Selbstbestimmung, wenn der Keim sich zur Blüte entfaltet. Das Gezwungene, Gehemmte, Gedrückte, sagt Schiller, kann niemals schön sein. Es zeigt die Spuren der Gewalt, der innere Formtrieb kommt nicht rein zu Geltung.

Mit dem Zauberstab der Analogie entdeckt Schiller überall das Spiel der Freiheit und also die Möglichkeit des Schönen, zum Beispiel bei der Kleidung. *Wann sagt man wohl, daß eine Person schön gekleidet sei? Wenn weder das Kleid durch den Körper, noch der Körper durch das Kleid an seiner Freiheit etwas leidet.* Schönheit ist das gelungene Zusammenspiel zwischen Kleid und Körper. Im Zusammenspiel gelangt jedes Element zu seiner Bestform und ermöglicht dadurch den schönen Gesamteindruck. Schiller ist kühn genug, an diesem eher beiläufigen Beispiel der Kleidermode sein Modell einer ästhetischen Vergesellschaftung zu demonstrieren: *In dieser ästhetischen Welt ... fordert auch der Rock, den ich auf dem Leibe trage, Respekt von mir für seine Freiheit, und er verlangt von mir, gleich einem verschämten Bedienten, daß ich niemanden merken lasse, daß er mir d i e n t. Dafür aber verspricht er mir auch reciproce, seine Freiheit so bescheiden zu gebrauchen, daß die meinige nichts dabei leidet; und wenn beide Wort halten, so wird die ganze Welt sagen, daß ich schön angezogen sei.*

Der Grundgedanke ist: Schönheit spielt mit den Materialien - den Dingen, Stoffen, Ideen, Sprache – so, daß deren jeweiliger Eigensinn und Eigenwert zum Ausdruck kommt und sie insofern »frei« bleiben, und doch sich einem Ganzen einfügen. In der ästhetischen Welt, schreibt Schiller, hat jedes Element ein Recht auf seine Eigenschaften und darf nicht gewaltsam einem Ganzen unterstellt werden. Auch das politische Gemeinwesen kann schön sein, wenn jeder das Beste aus seiner Natur machen kann und gerade dadurch der Entwicklung des gesellschaftlichen Ganzen dient. Das nennt Schiller die ästhetische Republik, von der gelten soll, daß in ihr *jedes Naturwesen ein freier Bürger* ist, *der mit dem Edelsten gleiche Rechte hat, und nicht einmal um des Ganzen willen darf gezwungen werden, sondern zu allem schlechterdings konsentieren muß.* Man merkt: sogar beim Nachdenken über den objektiven Begriff des Schönen verliert Schiller die Politik keinen Augenblick aus den Augen.

Das gilt auch für die danach im Frühjahr 1793 geschriebene große Abhandlung »Über Anmut und Würde«. Hier geht es um die unterschiedliche Art, wie der Mensch im Umgang mit seiner Natur die Freiheit nutzen kann, wie er die Natur *veredelt* oder sich von ihr veredeln läßt. Gegen Kant gewendet, der vom Dualismus zwischen sinnlichem Verlangen und moralischer Freiheit nicht losgekommen war, definiert Schiller *Anmut* als Versöhnung von Trieb und Freiheit, Natur und sittlicher Vernunft. Wenn diese Versöhnung gelingt – und für Schiller kann sie gelingen – wird der Mensch zur *schönen* Seele, die er so definiert: *Eine schöne Seele nennt man es, wenn sich das sittliche Gefühl aller Empfindungen des Menschen endlich bis zu dem Grad versichert hat, daß es dem Affekt die Leitung des Willens ohne Scheu überlassen darf und nie Gefahr läuft, mit den Entscheidungen desselben in Widerspruch zu stehen ... Mit einer Leichtigkeit, als wenn bloß der Instinkt aus ihr handelte, übt sie der Menschheit peinlichste Pflichten aus, und das heldenmutigste Opfer, das sie dem Naturtriebe abgewinnt, fällt, wie eine freiwillige Wirkung eben dieses Triebes in die Augen.*

Das rigorose Kantische ›Sollen‹ soll also überwunden werden. Schiller will es anders: das Sollen soll nicht herrschen über das Wollen, sondern das Wollen soll durch Kunst so kultiviert werden, daß es das Sollen in seinen Willen aufnimmt. Gewiß, es sind auch Fälle denkbar, wo ich partout das Sollen nicht wollen kann, Situationen, in denen ich mich zu etwas zwingen muß – für Schiller sind das jene Grenzfälle, in denen sich zwar nicht Schönheit und Anmut, dafür aber *Würde* zeigt.

Den Unterschied zwischen Anmut und Würde faßt Schiller, wiederum, wie in den »Kallias«-Briefen, in ein politisches Bild: *Bei der Würde also führt sich der Geist in dem Körper als Herrscher auf, denn hier hat er seine Selbständigkeit gegen den gebieterischen Trieb zu behaupten, der ohne ihn zu Handlungen schreitet und sich seinem Joch gern entziehen möchte. Bei der Anmut hingegen regiert er mit Liberalität, weil er es hier ist, der die Natur in Handlung setzt und keinen Widerstand zu besiegen findet.*

In der *schönen Seele* geht es also zu wie in einem liberalen Staatswesen, eben in einer *ästhetischen Republik*. Es wird nicht die allgemeine Verfeindung vorausgesetzt, nicht die Wolfsnatur, sondern man vertraut den Menschen, daß sie in ihren eigensinnigen und vielleicht sogar eigensüchtigen Strebungen zuletzt doch ein zusammenstimmendes Ganzes ergeben.

Was Schiller über »Anmut«, also über das Zusammenstimmen von Natur und Freiheit schreibt, hätte Goethe eigentlich gefallen können, wenn es in jener Schrift nicht auch andere für ihn ärgerliche Stellen gegeben hätte. Im Rückblick schreibt er dazu: *Gewisse harte Stellen sogar konnte ich direkt auf mich deuten, sie zeigten mein Glaubensbekenntnis in einem falschen Lichte.*

Bei den *gewissen Stellen* handelt es sich um jene Passage, wo Schiller Kritisches über die sogenannten Natur-Genies schreibt. Was soll man mehr bewundern, fragt Schiller, die Kraft eines Geistes, der mit einer widerstrebenden Natur ringt, oder das geborene Genie, das seine Werke keinem Widerstande abringen mußte? Für Schiller ist bewundernswerter der Geist, der sich seinen Körper baut. Es sollte, wie auch sonst in der Gesellschaft, das Verdienst mehr zählen als das angeborene Privileg und die Gunst der Natur. Diese Bemerkung konnte Goethe, dieser *Günstling der Natur,* auf sich beziehen und, wenn man an jene frühere Briefäußerung Schillers denkt – *wie leicht wird sein Genie von seinem Schicksal getragen* –, wird er dabei nicht ganz fehlgehen. Ärgerlich mußte für ihn vor allem Schillers Bemerkung sein, wonach das Naturgenie oft in den mittleren Jahren zu erschlaffen droht und nicht mehr das hält, was die genialische Jugend versprochen hat. Und dann gab es da noch jene Anspielung auf die Fettleibigkeit, die Goethe auch auf sich beziehen konnte. Es kann geschehen, schreibt Schiller, daß der einst bildende Geist wieder einer wuchernden Materie anheimfällt. Ob diese Bemerkung tatsächlich auf Goethe gemünzt war, bleibt ungewiß. Jedenfalls hat der sie offenbar so verstanden. Und darum lag diese Abhandlung »Über Anmut und Würde« einer Annäherung noch im Wege. Doch nur noch für ein Jahr.

Fünftes Kapitel

Schillers Reise nach Schwaben. Verbindung zu Cotta. Gründung der Zeitschrift Die Horen. Literaturbetriebliches. Einladung an Goethe. Goethes Lebenswende. Das Glückliche Ereignis: die Begegnung im Sommer 1794. Schillers großer Geburtstagsbrief. Erster Ideentausch, erster Besuch Schillers im Haus am Frauenplan.

Nachdem Schiller seinen Aufsatz »Über Anmut und Würde« abgeschlossen hatte, schrieb er an Körner am 1. Juli 1793: *Ich für meine Person befinde mich aber jetzt viel besser, als ich lange nicht gewesen.* Das bezieht sich nicht auf seinen Gesundheitszustand, denn damit steht es nach wie vor schlecht, wenngleich die schlimmen Krisen des Vorjahres fürs erste überwunden sind; doch weiterhin gilt, *daß ich immer von 3 Tagen 2 verliere, und in den guten Intervallen eilen muß, um nur das Notwendige an meinen Geschäften zu fertigen.* Als *besser* schätzt er seine Lage ein, weil er gelernt zu haben glaubt, seinem Körperschicksal zu trotzen. Das ist der geheime Sinn seiner Eloge auf das *Erhabene.* Erhaben gilt ihm der Geist, der den überwältigenden Naturkräften des kranken Körpers geistige Freiheit abgewinnt. Sie spürt er, und das macht ihn wohlgemut. Das »Kallias«-Projekt hat er inzwischen aufgegeben zugunsten von Briefen über die »Philosophie des Schönen« an den Herzog von Augustenburg, den Stifter der dreijährigen Pension. Gedacht war dieses für die Veröffentlichung bestimmte Briefwerk als Gabe des Dankes für das großzügige Geschenk. Bei einem Brand des Schlosses Christiansborg in Kopenhagen am 26. Februar 1794 wurden die bis dahin übersandten Briefe vernichtet. Zum Glück hatte sich Schiller Abschriften anfertigen lassen, und so konnte er im Sommer 1794, angeregt durch den Beginn der

Freundschaft mit Goethe, die Arbeit an den Briefen wieder aufnehmen und unter dem Titel »Briefe über die ästhetische Erziehung des Menschen« herausgeben. Goethe wird dieses Werk, mit dem die klassische Epoche zu ihrem ästhetischen Selbstbewußtsein kommt, in den höchsten Tönen rühmen: noch nirgendwo habe er das *was ich teils lebte, teils zu leben wünschte auf eine so zusammenhängende und edle Weise vorgetragen* gefunden.

An den »Ästhetischen Briefen« arbeitete Schiller während seiner Reise in die Heimat, nach Schwaben. Im August 1793 war man aufgebrochen. Lotte war schwanger, und Schiller hatte den Wunsch, daß ihr erstes Kind im Lande seiner Vorfahren zur Welt kommen sollte. Auch wollte er die Eltern noch einmal sehen, denn man mußte befürchten, daß sie nicht mehr lange zu leben hatten.

Während dieser Reise nach Schwaben, die bis zum Frühjahr 1794 dauert, spinnt sich die folgenreiche Verbindung mit dem aufstrebenden Verleger Johann Friedrich Cotta an. Der junge Cotta, der Rechtswissenschaften und Mathematik studiert hatte und Mittelpunkt eines Kreises junger Künstler und Publizisten war, hatte 1787 das Buchgeschäft seines Vaters übernommen mit dem ehrgeizigen Ziel, das seit 1659 bestehende Familienunternehmen, zu dem auch eine Druckerei gehörte (Schillers Dissertationen waren dort gedruckt worden), zu einem führenden Verlag in Deutschland auszubauen. Das wird ihm mit einem vermögenden Teilhaber und mit Hilfe seines unternehmerischen Geschicks, seines geselligen Talents und seiner intellektuellen Neugier in wenigen Jahren auch gelingen. Dann zählen neben Schiller und Goethe auch Jean Paul, Hölderlin, August Wilhelm Schlegel, Ludwig Tieck sowie Hegel, Fichte, Schelling und Humboldt zu seinen Hausautoren. Cotta will auf den Zeitschriftenmarkt vordringen und plant die Herausgabe einer Tageszeitung, für die er Schiller als Chefredakteur oder Herausgeber gewinnen will. Nach einigem Bedenken lehnt Schiller das Angebot ab. Auf den Tagesjournalismus möchte er sich in der politisch erregten Zeit nicht einlassen. Doch über die Gründung einer neuen literarischen Zeitschrift läßt er gerne mit sich reden. Er hat damit schon einige Erfahrung, diesmal aber soll es etwas ganz Großes werden. Schillers gestärktes Selbstbewußtsein will es so. Alles was Rang und Namen in Literatur, Philosophie und Wissenschaft hat, soll gewonnen werden. Cotta, dem Schiller im März 1794 seine Pläne vortrug, witterte die Chance, die prominenten Autoren nicht nur mit einzelnen Beiträgen sondern mit ihren Werken für den Verlag zu gewinnen. Cottas Kalkül wird aufgehen. Goethe zum Beispiel wurde über die Mitarbeit an den »Horen« – so sollte die neue Zeitschrift heißen – einer der Hausautoren Cottas.

Mit dem Vertrag über die »Horen« in der Tasche kehrte Schiller im Mai 1794 nach Jena zurück. Er mußte an diesem neuen Projekt auch ein starkes ökonomisches Interesse haben. Denn er war, anders als der mit einem Ministergehalt ausgestattete Goethe, auf ein Einkommen aus schriftstellerischer Tätigkeit angewiesen. Bei der Heirat 1790 hatte er als notwendiges Mindesteinkommen 800 Taler veranschlagt, das ärmliche Professorengehalt deckte nur ein Viertel davon ab. Zwei Jahre später bemerkte er, daß er für ein standesgemäßes Leben mit einer adligen Frau tatsächlich 1400 Taler benötigte. Er mußte also jährlich 1200 Taler durch das Schreiben dazuverdienen. Die dänische Pension würde Ende 1795 auslaufen. Er mußte sich also für die Zeit danach eine weitere regelmäßige Einnahmequelle sichern. Das sollte die Tätigkeit für die »Horen« erbringen: als Herausgeber sollte Schiller 400 Taler im Jahr bekommen, dazu das Honorar für eigene Beiträge, das deutlich höher als üblich war.

Schiller hatte geschäftliche Interessen, aber er verfolgte noch ehrgeizigere Ziele. Er wollte die bedeutenden geistigen Kräfte in Deutschland sammeln. Es gibt zu viele Journale, erklärte er am 13. Juni 1794 in der »Einladung zur Mitarbeit an den Horen«, man müsse die Kräfte konzentrieren. Gelänge es, das ganze ansprechbare Publikum um dieses neue Organ zu versammeln, würde sich auch ein höherer Kapitaleinsatz lohnen. Cotta war bereit, das seine zu tun – gute Ausstattung, schöner Druck, hohe Auflage (1500) und vor allem: gute Honorare, um die Elite der Schriftsteller zur Mitarbeit zu gewinnen. In Weimar mokierte man sich über den »teuren Geschmack« der neuen Zeitschrift. Wieland, der Herausgeber des »Teutschen Merkur«, mußte das Unternehmen als bedrohliche Konkurrenz empfinden und zeigte unverhohlene Schadenfreude, als die »Horen« sich dann später doch nicht so günstig entwickelten. Die »Horen«, erklärte er, seien wie eine »Bundeslade« gehandelt worden, »die niemand habe anrühren dürfen, ohne daß Feuer daraus hervorgegangen und die Frevler zu verzehren gedroht habe. Jetzt könne man schon menschlicher mit ihnen umgehen«. Schiller wußte, daß man bei einem neuen Zeitschriftenprojekt besonders zu Anfang Aufsehen erregen muß. Mit Cottas Kapital im Rücken traute er sich das zu. *Unser Journal soll ein Epoche machendes Werk sein,* schreibt er am 24. Juni 1794 an Körner, *und alles, was Geschmack haben will, muß uns kaufen und lesen.*

Die neue Zeitschrift, heißt es im Einladungstext, *wird sich über alles verbreiten, was mit Geschmack und philosophischem Geiste behandelt werden kann, und also sowohl philosophischen Untersuchungen als historischen und poetischen Darstellungen offenstehen.* Das war ein Konzept für eine anspruchsvolle literarische Öffentlichkeit, welche die Arbeitsteilung und Ressorttrennungen auf dem Gebiet des Geistes überwinden sollte. Ferngehalten werden aber sollte der *unreine Parteigeist* des *politischen Tumults.* Dieses Gebot politischer Enthaltsamkeit sollte sich aber nur auf die aktuellen Meinungskämpfe beziehen, nicht auf grundsätzliche Fragen. *Indem sie sich alle Beziehungen auf den j e t z i g e n Weltlauf und auf die n ä c h s t e n Erwartungen der Menschheit verbietet, wird sie über die vergangene Welt die Geschichte und über die kommende die Philosophie befragen, wird sie zu dem Ideale veredelter Menschheit ... einzelne Züge sammeln und an dem stillen Bau bessrer Begriffe, reinerer Grundsätze und edlerer Sitten, von dem zuletzt alle wahre Verbesserung des gesellschaftlichen Zustandes abhängt, nach Vermögen geschäftig sein.* In solch grundsätzlichen Sinne waren die »Horen« bereits mit ihren ersten Nummern, in denen Schillers »Briefe über die ästhetische Erziehung des Menschen« und Goethes »Unterhaltungen deutscher Ausgewanderten« erschienen, durchaus politisch, denn in beiden Texten geht es um eine Auseinandersetzung mit der Französischen Revolution.

Mit der proklamierten Zurückhaltung bei politischen Tagesfragen sollte auch den Gefahren der Zensur begegnet werden. Doch es war, jedenfalls bei Schiller, nicht nur Taktik im Spiel. Er sah, ebenso wie Goethe, die allgemeine Politisierung mit Sorge. Er befürchtete eine Verengung des Bewußtseins und eine Verwahrlosung des Geschmacks. Der Kampf der politischen Meinungen, notiert er, vertreibt *allzuoft Musen und Grazien.* Wer besonnene Urteilskraft bewahren will, hüte sich *vor dem allverfolgenden Dämon der Staatskritik.* In der politisch erregten Zeit wird das Bedürfnis um so dringender, *durch ein allgemeines und höheres Interesse an dem, was r e i n m e n s c h l i c h und über allen Einfluß der Zeiten erhaben ist, sie wieder in Freiheit zu setzen und die politisch geteilte Welt unter der Fahne der Wahrheit und Schönheit wieder zu vereinigen.*

Für den inneren Kreis der Mitarbeiter hatte Schiller seine Freunde Körner und Wilhelm von Humboldt gewonnen, sowie Fichte und den Historiker Woltmann, die beiden neu an die Jenaer Universität berufenen Kollegen. Diesem inneren Kreis sollte die Begutachtung und Auswahl der eingegangenen Manuskripte obliegen. Bereitschaft zur Mitarbeit signalisierten auch Herder, Jacobi und Alexander von Humboldt, Friedrich Gentz und August Wilhelm Schlegel. Auch Kant und Klopstock waren zur Mitarbeit eingeladen worden, reagierten aber nicht.

Um wirklich eine Elite zu versammeln, mußte vor allem Goethe gewonnen werden. Das hatte Schiller dem Verleger Cotta versprochen. *Ein Mann wie Goethe, der in Jahrhunderten kaum einmal lebt, ist eine zu kostbare Akquisition, als daß man ihn nicht, um welchen Preis es auch sei, erkaufen sollte.* Cotta erhöhte das ohnehin großzügige Honorar dann für Goethe noch zusätzlich.

Am 13. Juni 1794 hatte Schiller den diplomatischen, mit Komplimenten reich bestückten Einladungsbrief geschrieben. Es ist überhaupt Schillers erster Brief an Goethe. *Beiliegendes Blatt* (der offizielle Einladungstext an die Mitarbeiter) *enthält den Wunsch einer, Sie unbegrenzt hochschätzenden, Gesellschaft, die Zeitschrift von der die Rede ist, mit Ihren Beiträgen zu beehren, über deren Rang und Wert nur Eine Stimme unter uns sein kann. Der Entschluß Euer Hochwohlgeboren, diese Unternehmung durch Ihren Beitritt zu unterstützen, wird für den glücklichen Erfolg derselben entscheidend sein, und mit größter Bereitwilligkeit unterwerfen wir uns allen Bedingungen unter welchen Sie uns denselben zusagen wollen.*

Diese Einladung erreichte Goethe in einem Augenblick des persönlichen Umbruchs. Die »Kriegszüge« mit seinem Herzog lagen hinter ihm, die Mißbilligungen der Weimarer Gesellschaft über seine »Mesalliance« hatte er fürs erste überstanden, aus dem Jägerhaus am Rande der Stadt war er wieder in die Mitte, ins Haus am Frauenplan, gezogen. Es war wieder die Zeit gekommen für eine seiner *Häutungen*. Er ist beunruhigt darüber, daß ihm nun schon einige Zeit nichts *Singbares* mehr gelungen ist: *Es scheint nach und nach diese Ader bei mir ganz aufzutrocknen.* Er sieht Anzeichen dafür, daß man ihn in der literarischen Welt bereits zu vergessen beginnt. Die achtbändige Werkausgabe, vor der Italienischen Reise mit Göschen vereinbart und 1790 vorerst abgeschlossen, hat sich als Mißerfolg erwiesen. Es hat keinen einzigen Raubdruck gegeben – das untrügliche Kriterium für mangelndes Interesse beim Publikum. Gewiß, man verehrt ihn, aber doch wie einen abgeschiedenen Geist ohne gegenwärtige Wirkung. Immer noch lebt er vom Ruhm seiner Jugendwerke, des »Götz« und des »Werther«. Die neueren Produktionen finden längst nicht so viel Anklang. Die Stolbergs nennen den »Tasso« ein »absurdes Ganzes«. »Egmont« war nur ein einziges Mal aufgeführt worden. Als Goethe einmal aus »Iphigenie« vorlas, war das wohlgesinnte Publikum eingeschlafen. »Faust. Ein Fragment«, die Fassung der Göschen-Ausgabe von 1790, hielt man allgemein für ein gescheitertes Projekt. Die beiden Stücke, »Die Aufgeregten« und »Der Bürgergeneral«, die Goethe 1792 fürs Weimarer Theater als Satire auf den Revolutionseifer geschrieben hatte, beurteilte er selbst als Werke für den Tag, von denen man weiter kein Aufhebens machen sollte. Er hatte die Stücke schnell verfertigt, als müßte er beweisen, daß er sein Metier noch beherrschte. Hatte er doch 1791 bei der Übernahme der Leitung des Weimarer Theaters erklärt, er wolle von nun an für jede Spielzeit ein oder zwei Stücke aus seiner Feder beisteuern. Die Stücke waren in Weimar lau aufgenommen worden, und kritische Zeitgenossen wunderten sich über diese leichte Kost. Man glaubte, daß Goethe seine beste Zeit als Schriftsteller hinter sich habe. Nur in Berlin, im Kreis um Henriette Herz und Karl Philipp Moritz wuchs die Gemeinde der enthusiastischen Bewunderer. Aber auch dort griff die Wertschätzung noch nicht auf das allgemeine Publikum über. Reichardts Vertonung von Goethes Singspiel »Claudine von Villa Bella« erlebte zwischen 1789 und 1800 nur sechs Aufführungen, obwohl dieses Werk unverhohlen auf den Publikumsgeschmack zielte. *Man kann sich keinen isoliertern Menschen denken als ich damals war und lange Zeit blieb,* schreibt Goethe im Rückblick. Auf eine der Klagen des Verlegers Göschen antwortete Goethe: *Da, wie Sie selbst sagen, meine Sachen nicht so kurrent sind als andere an denen ein größer Publikum Geschmack findet, so muß ich denn freilich nach den Umständen zu Werke gehen und sehe leider voraus daß sich der Verlag meiner künftigen Schriften gänzlich zerstreuen wird.*

Goethe begriff, daß sich inzwischen ein neuer Literaturmarkt herausgebildet hatte. Die Belletristik expandierte und war dabei, zur Massenware und zum Verkaufsartikel zu werden. Diese Kommerzialisierung brachte das bisherige Wertgefüge der Literatur ins Wanken. Zuvor hatte man kaum um des Geldes, sondern allein der öffentlichen Anerkennung wegen geschrieben. Im »Torquato Tasso« läßt Goethe den Dichter auftreten, der für den Ruhm schreibt, im übrigen aber von seinem Mäzen ausgehalten wird. Der Ruhm ist der Lohn des Dichters. Jetzt aber gilt der Verkaufserfolg, und es stellt sich für den Schriftsteller die Frage, ob er bereit ist, dieses Erfolgskriterium anzuerkennen und sich daran zu orientieren.

Schiller, der Berufsschriftsteller ohne Vermögen, war früher als Goethe in die unangenehme Situation geraten, von seinem Publikum leben zu müssen. Er hatte sich ihm zunächst geradezu in die Arme geworfen. Der junge Mann, der soeben mit den »Räubern« der väterlichen Tyrannei seines Herzogs entlaufen war, verkündete damals (1784) in der Ankündigung seiner Zeitschrift »Thalia«: *Das Publikum ist mir jetzt alles, mein Studium, mein Souverän, mein Vertrauter. Ihm allein gehör ich jetzt an. Vor diesem und keinem andern Tribunal werde ich mich stellen. Dieses nur fürchte ich und verehr ich. Etwas Großes wandelt mich an bei der Vorstellung, keine andere Fessel zu tragen als den Ausspruch der Welt – an keinen andern Thron mehr zu appellieren als an die menschliche Seele.*

Auch Schiller blieben Enttäuschungen nicht erspart. Der literarische Geschmack hatte sich mit der Ausweitung des Marktes durchaus nicht verbessert. Schiller mußte es hinnehmen, daß man ihm seine Stücke verstümmelte, um sie publikumsgerecht einzurichten. Bei seinem auf Popularität berechneten Geheimbundroman »Der Geisterseher« war ihm allmählich die Lust am Schreiben vergangen, während die Neugier des Publikums wuchs. Schiller war wirkungsbesessen und auch ökonomisch interessiert genug, um das Publikum erreichen zu wollen, aber er wollte sich ihm nicht anpassen, sondern es zu sich *emporheben.* Das war er seiner Selbstachtung schuldig. Dem Balladendichter Gottfried August Bürger zum Beispiel warf er vor, daß er sich zu sehr anbiedere. Der Markt wirkt verführerisch, auch auf Autoren, die eine hohe Meinung von sich haben. Im »Wilhelm Meister« läßt Goethe eine Nebenfigur sagen: Wenn der Künstler bemerkt, *daß die Welt sehr leicht zu befriedigen ist, und selbst nur einen leichten, gefälligen, behaglichen Schein begehrt; so wäre es zu verwundern, wenn nicht Bequemlichkeit und Eigenliebe ihn bei dem Mittelmäßigen fest hielten, es wäre seltsam, wenn er nicht lieber für Mode-*

waren Geld und Lob eintauschen, als den rechten Weg wählen sollte, der ihn mehr oder weniger zu einem kümmerlichen Märtyrertum führt.

Goethe ist entschlossen, den *rechten Weg* zu gehen, aber doch nicht zum *Märtyrer* zu werden. Er hält an seinem künstlerischen Eigensinn fest, aber will auch den Markt benutzen. Er verlangte von seinen Verlegern Honorare, um die ihn Kollegen beneideten. Für den »Wilhelm Meister« zum Beispiel bekam er von Unger 2000 Taler, so viel wie für die achtbändige Göschen-Ausgabe einige Jahre zuvor. Darüber schreibt Wilhelm von Humboldt an Schiller: »Von seinem Benehmen mit seinen Verlegern, das hier durchaus hart und unbillig genannt wird, höre ich sehr viel sprechen. Indes sind auch die Berliner Gelehrten über diesen Punkt in einer ganz eignen wahren oder affektierten Unschuld. So fragte mich Herz neulich in ganzem Ernst, ob denn Goethe in der Tat Geld nehme.«

Am »Wilhelm Meister« arbeitete Goethe, als der Einladungsbrief für die »Horen« am 13. Juni 1794 eintraf. Sehr überrascht wird er nicht gewesen sein, denn Anfang Juni hatte Humboldt schon bei ihm vorgefühlt. Goethe läßt sich Zeit, eine Woche lang. Er ist in Anspruch genommen von einem anderen glücklichen Ereignis: der Herzog hat ihm am 18. Juni das Haus am Frauenplan geschenkt, worin er bisher zur Miete gewohnt hatte. Er hatte immer wieder mit dem Gedanken gespielt, den Ort zu verlassen. Während der italienischen Reise gab es Augenblicke des Zweifels, ob er überhaupt noch einmal zurückkehren sollte, und bei der Campagne in Frankreich wurde ihm in Frankfurt eine Ratsstelle angetragen, die er dann doch nicht annahm. Mit der Annahme des Haus-Geschenkes entschied sich Goethe endgültig. Jetzt erst ist er wirklich Weimaraner geworden.

Auch die Einladung zu den »Horen« stellte Goethe vor eine Entscheidung: Sollte er sich künftig aktiver als zuvor in den aktuellen Literaturbetrieb einmischen? Welchen Nutzen hätte er selbst davon? Er überlegte gründlich. Es gibt mehrere Entwürfe für die Antwort. Im Konzept hieß es zuerst: *und ich wünsche mich durch die Tat für das Vertrauen dankbar zu bezeigen,* was nochmals geändert wurde in: *und die ich mit Danke annehme.* Das *Danke* wurde zu *Freuden* korrigiert. Schließlich schreibt er am 24. Juni: *Ich werde mit Freuden und von ganzem Herzen von der Gesellschaft sein.* Goethe vermeidet den gönnerhaften Ton und läßt durchblicken, daß auch für ihn die Mitwirkung von Nutzen sein könnte: *gewiß aber wird eine nähere Verbindung mit so wackern Männern, als die Unternehmer sind, manches, das bei mir ins Stocken geraten ist, wieder in einen lebhaften Gang bringen.*

Nach Goethes Zusage schreibt Schiller erfreut an Körner: *Überhaupt läßt es sich zu einer auserlesenen Sozietät an, dergleichen in Deutschland noch keine zusammengetreten ist, und das gemeinschaftliche Product derselben kann nicht anders als gut ausfallen.* Goethe seinerseits kommentiert diese neue Verbindung mit Schiller in einem Brief an Charlotte von Kalb: *Noch muß ich sagen, daß seit der neuen Epoche auch Schiller freundlicher und zutraulicher gegen uns Weimaraner wird.*

Das erweckt den Eindruck, als habe es an Schillers abweisendem Verhalten gelegen, daß man nicht zusammengekommen war. Im 1817 verfaßten Rückblick auf das *glückliche Ereignis* stellt Goethe die Vorgeschichte der schwierigen Annäherung denn doch anders dar. Dort bekennt er sich dazu, daß er es war, der Schiller zunächst auf Abstand gehalten hatte, vor allem der »Räuber« wegen, deren *ethischen und theatralischen Paradoxe* ihn an seine eigene Sturm-und-Drang-Periode erinnerten, von denen er selbst sich zu *reinigen* gedachte. *Ich vermied Schiller,* schreibt er. Alle Vermittlungsversuche von Personen, *die ihm und mir gleich nahe standen,* habe er zurückgewiesen. Die Kluft zwischen ihren Denkweisen sei eben *ungeheuer* gewesen. Schiller, so Goethe, lebte im Gefühl der Freiheit und Selbstbestimmung und habe die Natur nur als seinen Feind angesehen, *undankbar gegen die große Mutter, die ihn gewiß nicht stiefmütterlich behandelte.* Ihm aber sei die Natur heilig, er respektiere sie als die schlechthin schöpferische Macht im Menschen, *lebendig vom Tiefsten bis zum Höchsten gesetzlich hervorbringend.* Goethe betont zunächst die *Kluft* zwischen ihnen beiden, um desto wirkungsvoller die Metapher der polaren Spannung von Gegensätzen ins Spiel bringen zu können. Das *glückliche Ereignis* der Begegnung ist dann der Augenblick, wenn im Spannungsfeld der Pole der Funke überspringt.

Am 20. Juli 1794, einem Sonntag, kam Goethe nach Jena, um mit dem inneren Herausgeberkreis Schiller, Fichte und Humboldt zu konferieren. Bei dieser Gelegenheit wollte er zuvor noch einen Vortrag über Botanik in der kürzlich von ihm mitbegründeten Naturforschenden Gesellschaft besuchen. Schiller, der seit seinem Medizinstudium nur geringen Anteil an den Naturwissenschaften nahm und nur selten das Haus verließ, besuchte ebenfalls diese Veranstaltung, gewiß nur aus dem Grunde, um Goethe dort zu treffen. Draußen ist es heiß, im alten Schloß, wo die Versammlung stattfindet, angenehm kühl. Nach dem Vortrag und einer kurzen Aussprache begibt man sich in plaudernden Gruppen hinaus. Im lauen Sommerabend steht man noch eine Weile beisammen, und nun überlassen wir Goethe das Wort, der gut zwanzig Jahre später die Begegnung und das erste lange Gespräch mit Schiller so schildert: *Wir gingen zufällig beide zugleich heraus, ein Gespräch knüpfte sich an, er schien an dem Vorgetragenen Teil zu nehmen, bemerkte aber sehr verständig und einsichtig und mir sehr willkommen, wie eine so zerstückelte Art die Natur zu behandeln, den Laien, der sich gern darauf einließe, keineswegs anmuten könne. Ich erwiderte darauf: daß … es doch wohl noch eine andere Weise geben könne die Natur nicht gesondert und vereinzelt vorzunehmen, sondern sie wirkend und lebendig, aus dem Ganzen in die Teile strebend darzustellen. Er wünschte hierüber aufgeklärt zu sein, verbarg aber seine Zweifel nicht, er konnte nicht eingestehen daß ein solches, wie ich behauptete, schon aus der Erfahrung hervorgehe. Wir gelangten zu seinem Hause, das Gespräch lockte mich hinein; da trug ich die Metamorphose der Pflanzen lebhaft vor, und ließ, mit manchen charakteristischen Federstrichen, eine symbolische Pflanze vor seinen Augen entstehen. Er vernahm und schaute das alles mit großer Teilnahme, mit entschiedener Fassungskraft; als ich aber geendet, schüttelte er den Kopf und sagte: das ist keine Erfahrung, das ist eine Idee. Ich stutzte, verdrießlich einigermaßen: denn der Punkt der uns trennte, war da-*

durch aufs strengste bezeichnet. Die Behauptung aus Anmut und Würde fiel mir wieder ein, der alte Groll wollte sich regen, ich nahm mich aber zusammen und versetzte: das kann mir sehr lieb sein daß ich Ideen habe ohne es zu wissen, und sie sogar mit Augen sehe. Schiller, der viel mehr Lebensklugheit und Lebensart hatte als ich, und mich auch wegen der Horen ... mehr anzuziehen als abzustoßen gedachte, erwiderte darauf, als ein gebildeter Kantianer, und als aus meinem hartnäckigen Realismus mancher Anlaß zu lebhaftem Widerspruch entstand, so ward viel gekämpft und dann Stillstand gemacht ... Der erste Schritt war jedoch getan, Schillers Anziehungskraft war groß, er hielt alle fest, die sich ihm näherten; ... seine Gattin, die ich, von ihrer Kindheit auf, zu lieben und zu schätzen gewohnt war, trug das ihrige bei zu dauerndem Verständnis, alle beiderseitigen Freunde waren froh, und so besiegelten wir, durch den größten, vielleicht nie ganz zu schlichtenden Wettkampf zwischen Objekt und Subjekt, einen Bund, der ununterbrochen gedauert, und für uns und andere manches Gute gewirkt hat.

Für Goethe war dieses erste Gespräch über Natur besonders bedeutsam, für Schiller das Gespräch zwei Tage später bei den Humboldts, als es um die Kunst und Kunsttheorie ging. Davon erzählt Schiller im Brief an Körner vom 1. September 1794: *Wir hatten vor sechs Wochen über Kunst und Kunsttheorie ein langes und breites gesprochen, und uns die Hauptideen mitgeteilt, zu denen wir auf ganz verschiedenen Wegen gekommen waren. Zwischen diesen Ideen fand sich eine unerwartete Übereinstimmung, die um so interessanter war, weil sie wirklich aus der größten Verschiedenheit der Gesichtspunkte hervorging. Ein jeder konnte dem andern etwas geben, was ihm fehlte, und etwas dafür empfangen. Seit dieser Zeit haben diese ausgestreuten Ideen bei Goethe Wurzel gefaßt, und er fühlt jetzt ein Bedürfnis, sich an mich anzuschließen, und den Weg, den er bisher allein und ohne Aufmunterung betrat, in Gemeinschaft mit mir fortzusetzen. Ich freue mich sehr auf einen für mich so fruchtbaren Ideenwechsel.*

Dieser *Ideenwechsel* hatte inzwischen nun wirklich eingesetzt. In den Gesprächen bei Humboldt hatte Schiller seine Idee aus den »Kallias«-Briefen vorgetragen, mit der Definition der Schönheit als

Freiheit in der Erscheinung. Eine Definition, die Schiller nicht nur auf den Menschen, sondern auf die Natur insgesamt bezog. Das Naturschöne sollte demgemäß verstanden werden als die organisch und ungezwungen sich entwickelnde Form. Ein Pferd, das sich frei entwickelt und bewegt, ist schön; ein von schwerer Arbeit gezeichneter Ackergaul ist es nicht.

Von diesem Begriff des Naturschönen fühlte sich Goethe angesprochen und er antwortete am 30. Juli 1794 mit dem Aufsatz: »In wiefern die Idee: Schönheit sei Vollkommenheit mit Freiheit, auf organische Naturen angewendet werden könne«. Hatte Schiller die *ungehinderte* Bewegung schön genannt, erklärte Goethe: nicht erst die Bewegung ist schön, sondern schon der Anblick einer kraftvoll in sich gesammelten Gestalt wie der eines Löwen ist schön, dem man ansieht, daß ihm ein *mannigfaltiger freier Gebrauch aller seiner Glieder möglich sei, sobald es wolle, das höchste Gefühl der Schönheit ist daher mit dem Gefühl von Zutraun und Hoffnung verknüpft.* Das konnte Schiller gelten lassen, denn auch für ihn hatte Schönheit etwas Vielversprechendes. Schönheit ist ein Versprechen auf künftige reiche Entwicklung, die man am gegenwärtigen Bild abliest.

Dieser erste gelungene *Ideenwechsel* läßt Schiller hoffnungsvoll in die gemeinsame Zukunft blicken: *Unsere nähere Berührung wird für uns beide entscheidende Folgen haben, und ich freue mich innig darauf,* schreibt er an Körner. Auch Goethe ist voller Erwartung. Nach Weimar zurückgekehrt hat er an Schiller geschrieben: *Erhalten Sie mir ein freundschaftliches Andenken und sein Sie versichert daß ich mich auf eine öftere Auswechslung der Ideen mit Ihnen recht lebhaft freue.*

Da Schiller weiß, daß Goethe die nächsten Wochen in diplomatischer Mission mit dem Herzog unterwegs ist, wartet er einige Wochen ab und schreibt dann am 23. August jenen berühmten ausführlichen Brief, auf den Goethe mit bewegten Worten antwortet: es hätte ihm kein angenehmeres Geburtstagsgeschenk gemacht werden können als dieses Schreiben, *in welchem Sie, mit freundschaftlicher*

Hand, die Summe meiner Existenz ziehen und mich, durch Ihre Teilnahme, zu einem emsigern und lebhafteren Gebrauch meiner Kräfte aufmuntern.

Die Summe meiner Existenz – das ist stark und ein wenig schmeichelnd aufgetragen. Tatsächlich hatte Schiller ein prägnantes geistiges Portrait Goethes entworfen und dabei auch die Unterschiede zwischen beiden angedeutet. Goethe, schreibt Schiller, geht von sinnlichen Eindrücken aus und läßt sich von der Intuition leiten. Selten entfernt er sich allzu weit von der Empirie. Die Spekulation läßt ihn nicht auf Abwege geraten. Wessen Blick so wie der seine *still und rein auf den Dingen* ruht, dem erschließt sich der Reichtum der erscheinenden Welt. Kurz: Goethe geht den Weg vom Besonderen zum Allgemeinen, während er, Schiller, umgekehrt vom Allgemeinen, den Ideen und Begriffen, zum Besonderen herabsteigt. *Beim ersten Anblicke zwar scheint es, als könnte es keine größern Opposita geben, als den spekulativen Geist, der von der Einheit, und den intuitiven, der von der Mannigfaltigkeit ausgeht. Sucht aber der erste mit keuschem und treuem Sinn die Erfahrung, und sucht der letzte mit selbsttätiger freier Denkkraft das Gesetz, so kann es gar nicht fehlen, daß nicht beide einander auf halbem Wege begegnen werden.* Es muß nur jeder, so ist zu ergänzen, sein Geschäft *genialisch* betreiben, der eine als Gefühls-, der andere als Begriffsmensch. Wenn man sich dann in der Mitte trifft, wird man voneinander lernen können. Schiller wird Goethe dabei helfen, *Gefühle durch Gesetze zu berichtigen;* und Goethe wird Schiller vor den Gefahren der Abstraktion bewahren. Wenn Schiller Goethe als Bewußtseinsspiegel dient, wird er umgekehrt von Goethe das Zutrauen zum Unbewußten erlernen. Es fügen sich zwei Hälften zu einem Kreis. So jedenfalls hat Goethe das wechselseitige Verhältnis gedeutet: *Selten ist es aber,* schreibt er in einer im Nachlaß aufgefundenen Notiz über die Freundschaft mit Schiller, *daß Personen gleichsam die Hälften von einander ausmachen, sich nicht abstoßen, sondern sich anschließen und einander ergänzen.*

Goethe hat das Bild, das Schiller von ihm entwarf, bestätigt – war es doch schmeichelhaft genug. Freilich ironisierte er es ein wenig.

Über seine Unbewußtheit, die Schiller an ihm rühmte, bemerkte er: *Wie groß der Vorteil Ihrer Teilnehmung für mich sein wird, werden Sie bald selbst sehen, wenn Sie, bei näherer Bekanntschaft, eine Art Dunkelheit und Zaudern bei mir entdecken werden.* Goethe wird Schillers Helligkeit mit dem Vorbehalt nutzen, sich dort wo es nötig ist seine *Dunkelheit* zu bewahren; er braucht sie, wie eine Pflanze, die ihre Wurzeln in die dunkle Erde senkt.

Nun wollte auch Goethe Schiller besser verstehen. Aber anders als Schiller unternimmt Goethe selbst nicht den Versuch einer Deutung. Er bittet den analytischen Portraitkünstler Schiller, sich doch einmal selbst abzukonterfeien. Er dürfe *nunmehr Anspruch machen,* schreibt er, *durch Sie Selbst mit dem Gange Ihres Geistes ... bekannt zu werden.* Gewiß hätte Schiller es vorgezogen, sich auch einmal im Urteil Goethes gespiegelt zu sehen. Aber darauf muß er noch warten. Und so skizziert er in seiner Antwort vom 31. August 1794 sein geistiges Profil. Wieder sind es Sätze von beispielloser Prägnanz, die jeden Kritiker neidisch machen müssen. *Weil mein Gedankenkreis kleiner ist,* schreibt er, *so durchlaufe ich ihn eben darum schneller und öfter, und kann eben darum meine kleine Barschaft besser nutzen, und eine Mannigfaltigkeit, die dem Inhalte fehlt, durch die Form erzeugen. Sie bestreben sich, Ihre große Ideenwelt zu simplifizieren, ich suche Varietät für meine kleinen Besitzungen. Sie haben ein Königreich zu regieren, ich nur eine etwas zahlreiche Familie von Begriffen, die ich herzlich gern zu einer kleinen Welt erweitern möchte.*

Goethe also regiert das *Königreich* der Empirie, und Schiller die *kleine Welt von Begriffen.* Aber Vorsicht, mit Begriffen kommt man auch weit herum. Auch sie stellen eine Macht dar. Sie prägen den Empfindungen eine Form auf, sie sind gesetzgebend, während Goethe umgekehrt es darauf anlegt, seine *Empfindung gesetzgebend zu machen.*

Die *gesetzgebende Empfindung* beschreibt Schiller in seinen »Ästhetischen Briefen« als *schmelzende* Schönheit, die dort aber durchaus nicht als das Höchste gilt. Dieser Rang ist der *energischen* Schönheit vorbehalten, bei der es der Geist ist, welcher den Empfindungen das Gesetz gibt. Es ist die *energische* Schönheit, an der sich Schiller mißt, auf die er zustrebt und von der er glaubt, daß er ihr nähergekommen sei als Goethe. Der Ausspruch, Goethe verstehe es, *seine Empfindung gesetzgebend zu machen,* verhüllt also eine unausgesprochene Ambivalenz. Das *Höchste*, was Schiller Goethe zuspricht, ist für ihn zwar nicht das höchste, aber doch etwas, worum Goethe zu beneiden ist: nämlich Macht ausüben zu können ohne die Anstrengung des Begriffs. In Goethe entdeckt Schiller die absichtslose, spontane, charismatische Macht eines Menschen, der in seinen Anschauungen und Empfindungen ruht, seinen Intuitionen folgt, eines Menschen also, bei dem die Macht kein Machen ist. Von sich selbst weiß Schiller, daß er alles selbst machen muß, auch seine Macht. In den ersten Freundschaftsbriefen klingt noch von ferne das Ressentiment an: *Dieser Mensch,* hatte Schiller am 9. März 1789 an Körner geschrieben, *dieser Goethe ist mir einmal im Wege, und er erinnert mich so oft, daß das Schicksal mich hart behandelt hat. Wie leicht ward s e i n Genie von seinem Schicksal getragen, und wie muß ich bis auf diese Minute kämpfen.* Diesen *Kampf* hat Schiller inzwischen zur *energischen Schönheit* verklärt und mit ihr tritt er der *schmelzenden Schönheit* Goethes gegenüber. Oder vielleicht doch – entgegen?

Schiller weiß, daß seiner Energie bisweilen die Anmut fehlt, er prägt dafür die Formel: er *schwebe* noch *zwischen dem technischen Kopf und dem Genie.* Der *technische Kopf* steht für die Energie, und für die Anmut steht das *Genie.* Technik läßt sich gewiß lernen, aber auch Anmut? Wohl doch nicht, aber immerhin kann der *technische Kopf* lernen, besser auf die Empfindungen zu hören, nicht, um sich auf ihre Seite ziehen zu lassen, sondern um sie, ohne ihnen Gewalt anzutun, für die eigenen Zwecke zu gebrauchen. Der Ausgleich ist theoretisch gefunden, aber noch nicht praktisch, *denn gewöhnlich,* schreibt Schiller, *übereilte mich der Poet, wo ich philosophieren sollte, und der philosophische Geist, wo ich dichten sollte.* Empfindungen und Gedanken liegen noch im Streit, doch Schiller setzt auf die Energie des

Gedankens, die ihn wird schlichten können. Es muß der Gedanke sich selbst einschränken und dadurch der Empfindung Raum geben. Der Gedanke ist einerseits in den Streit verwickelt und steht doch auch über ihm. Er ist zugleich Partei und überparteilich. Er ist der Meister des Streites. Kann er der beiden Kräfte Empfindung und Gedanke in so weit Herr werden, daß er jeder von beiden durch seine *Freiheit ihre Grenzen bestimmen kann,* so erwartet ihn noch *ein schönes Los.*

Im Schillers Brief an Goethe klingt das alles sehr wohlgemut. Körner gegenüber gibt er den Selbstzweifeln mehr Raum. Ermuntert durch die glückliche Begegnung mit Goethe hat er sich wieder seinem Wallenstein-Projekt zugewandt. *Vor dieser Arbeit ist mir ordentlich angst und bange,* schreibt er am 4. September 1794 an Körner, *denn ich glaube mit jedem Tag mehr zu finden, daß ich eigentlich nichts weniger vorstellen kann als einen Dichter.* Im Brief an Goethe las sich das anders. Dort traut er sich zu, daß es ihm schließlich doch gelingen werde, aus der Poesie die Philosophie und aus der Philosophie die Poesie zu gewinnen. Daß zur Zeit noch das eine das andere *übereilt,* wird als Übergangsphänomen gedeutet. Daran merkt man: auf Schiller wirkt Goethe anstachelnd, nicht, wie auf viele andere, einschüchternd. Im Augenblick, da sie sich einander näherten, spürt Schiller die Herausforderung, sich zu steigern und den Glauben an sich selbst zu kräftigen. Schiller wird, trotz der Selbstzweifel, grandios zur Dichtung zurückkehren. Er wird, von Goethe angetrieben, seinen »Wallenstein« und danach die ganze Folge seiner ›klassischen‹ Dramen vollenden. Er wird das Poetische und das Philosophische zu einer bis dahin noch nicht erreichten Synthese führen. Und Goethe? Auch er datiert vom Augenblick der glücklichen Begegnung an eine Epoche der Selbstfindung und Selbststeigerung. Rückblickend schreibt er am 6. Januar 1798 an Schiller: *Das günstige Zusammentreffen unserer beiden Naturen hat uns schon manchen Vorteil verschafft und ich hoffe dieses Verhältnis wird immer gleich fortwirken. Wenn ich Ihnen zum Repräsentanten mancher Objekte diente, so haben Sie mich von der allzu-*

strengen Beobachtung der äußern Dinge und ihrer Verhältnisse auf mich selbst zurückgeführt, Sie haben mich die Vielseitigkeit des innern Menschen mit mehr Billigkeit anzuschauen gelehrt, Sie haben mir eine zweite Jugend verschafft und mich wieder zum Dichter gemacht, welches zu sein ich so gut als aufgehört hatte.

Der richtige Gebrauch der geistigen Kräfte ist eine Sache. Schiller aber hat noch andere Sorgen. Während er lernt, seine geistigen Kräfte zu beherrschen, ist die Krankheit dabei, die *physischen zu untergraben.* In dem Brief vom 31. August 1794, worin Schiller sein Selbstportrait zeichnet, findet sich jener Satz, den Goethe überaus schätzte, weil er den Heroismus, die *energische Schönheit* des neu gewonnenen Freundes so wunderbar zum Ausdruck bringt: *Eine große und allgemeine Geistesrevolution,* schreibt Schiller, *werde ich schwerlich Zeit haben, in mir zu vollenden aber ich werde tun was ich kann, und wenn endlich das Gebäude zusammenfällt, so habe ich doch vielleicht das Erhaltungswerte aus dem Brande geflüchtet.*

Am 4. September lädt Goethe Schiller nach Weimar ein. Es sei eine gute Gelegenheit, die neu begründete Freundschaft zu genießen, denn der Hof gehe für einige Zeit nach Eisenach, man hätte Ruhe und Zeit füreinander. *Mit Freuden* nimmt Schiller die Einladung an, konfrontiert aber Goethe sogleich mit Komplikationen, die sich aus seiner Krankheit ergeben. Er wird sich einer gewöhnlichen Hausordnung nicht einfügen können, *denn leider nötigen mich meine Krämpfe gewöhnlich, den ganzen Morgen dem Schlaf zu widmen, weil sie mir des Nachts keine Ruhe lassen ... Ich bitte bloß um die leidige Freiheit, bei Ihnen krank sein zu dürfen.*

Am 14. September kommt Schiller in Weimar an, krank, aber voller Pläne. Er will mit Goethe über seinen »Wallenstein« konferieren, ihm die ersten Stücke seiner neuen Ästhetik (»Briefe über die ästhetische Erziehung des Menschen«) vortragen, die ersten Hefte der »Horen« planen. Auch Goethe hat sich gut vorbereitet. Er wird seinem Gast einiges aus seiner Naturkunde, die Optik und die Anatomie betreffend, vortragen, mit dem Hintergedanken, die

»Horen« als Plattform dafür zu gewinnen. Er liest Schiller die bis dahin noch unveröffentlichten »Römischen Elegien« vor, die, so berichtet Schiller seiner Frau, *zwar schlüpfrig und nicht sehr dezent sind, aber zu den besten Sachen gehören, die er gemacht hat.* Goethe verspricht sie ihm für die »Horen«. Goethe behält auch sein Weimarer Theater im Auge. Könnte man nicht wieder einmal Schillers frühe Stücke aufführen? »Fiesko« und »Kabale und Liebe« bedürften doch nur geringer Retuschen, um auf der Weimarer Bühne mit Erfolg erscheinen zu können. Man spricht über die möglichen Änderungen. Vielleicht hat Schiller auch Lust, den »Egmont« zu überarbeiten, um ihn bühnenwirksamer zu machen? So sehr vertiefen sich die beiden in ihre Gespräche, daß ihnen die Stunden dahinfliegen. *Vor einigen Tagen,* schreibt Schiller an seine Frau, *waren wir von halb 12 wo ich angezogen war bis Nchts um 11 Uhr ununterbrochen beisammen.*

Eine Suite von drei Zimmern an der Frontseite das Hauses am Frauenplan standen Schiller zur Verfügung. In den hinteren Räumen wirtschaftete Christiane. Sie wurde dem Gast nicht vorgestellt, obwohl sie für seine Bequemlichkeit sorgte. In gesellschaftlicher Hinsicht waren es zwei stille Wochen. Schiller wünschte, Goethe für sich zu haben, und dieser hielt sich daran. Die Herders kamen vorbei, auch Wieland, aber sonst gab es wenig Besuch. Goethe war das auch recht, denn Schiller war ihm fürs erste genug Unterhaltung und Anregung. An schönen Tagen überredete Goethe seinen Gast zu Spaziergängen. Dann konnte man die beiden sehen, den schlanken Hochgewachsenen und den kleineren Korpulenten; der eine gestikulierend, der andere die Arme ruhig auf dem Rücken gekreuzt. Bisweilen blieben sie stehen, der eine zeigte auf einen Baum oder eine Blume, der andere trat beflissen näher. Goethe grüßte höflich, wenn jemand vorbeikam. Er hatte überhaupt stets alles im Auge, was sich begab; Schiller aber ließ sich nicht stören. *Nichts geniert ihn* , sagte Goethe später zu Eckermann, *nichts engt ihn ein, nichts zieht den Flug seiner Gedanken herab; was in ihm von großen Ansichten lebt, geht immer frei heraus ohne Rücksicht und ohne Bedenken.*

An diesen ersten Besuch Schillers bei Goethe werden sich die beiden später gerne erinnern. Damals ist der Grund gelegt worden für das Ritual ihres Umgangs und ihrer Gespräche.

Schiller schrieb, als er nach Jena zurückgekehrt war: *Es wird mir Zeit kosten, alle die Ideen zu entwirren, die Sie in mir aufgeregt haben, aber keine einzige, hoffe ich, soll verloren sein.* Und Goethe antwortete: *Wir wissen nun, mein wertester, aus unsrer vierzehntägigen Konferenz: daß wir in Prinzipien einig sind und daß die Kreise unsers Empfindens, Denkens und Wirkens teils koinzidieren, teils sich berühren, daraus wird sich für beide gar mancherlei Gutes ergeben.*

Sechstes Kapitel

Gemeinsame Arbeit am Wilhelm Meister. Der sentimentalische Schiller in der Werkstatt des naiven Genies. Der Spieltrieb. Publikumsreaktionen. Schiller: ... daß es dem Vortrefflichen gegenüber keine Freiheit gibt als die Liebe. Schillers Anregungen und Kritik. Wilhelm Meister – auch nur ein Glückskind?

Den großen Geburtstagsbrief an Goethe vom 23. August 1794 endet Schiller mit der vorsichtigen Anfrage, ob Goethe seinen neuen Roman zum Vorabdruck an die »Horen« geben wolle. Er rechnet sich aus, daß die Zeitschrift mit einem werbewirksamen Paukenschlag beginnen könnte, denn in der literarischen Öffentlichkeit wartet man gespannt auf Goethes zweiten Roman. Das Erscheinen des ersten, »Die Leiden des jungen Werther«, liegt nun schon fast zwanzig Jahre zurück. Inzwischen hat der Roman als Literaturgenre im allgemeinen Bewußtsein Karriere gemacht. Er ist zum populären Handelsartikel geworden, und deshalb zirkulieren Vermutungen über horrende Honorare, die Goethe beim Verleger Unger in Berlin ausgehandelt haben soll. Wilhelm von Humboldt kolportiert aus Berlin sogar das Gerücht, Goethe habe dem Verleger seinen Roman zu einem überzogenen Preis überlassen, »um ihn damit zu ruinieren«.

Nicht nur über die finanziellen Aspekte, sondern auch über den literarischen Charakter des noch nicht erschienenen Romans spekulierte man und erörterte die Frage, ob der Autor des »Werther« jung genug geblieben sei, um an die Leidenschaft seines ersten Romans anknüpfen zu können. Der »Wilhelm Meister« war also bereits vor Erscheinen im Gespräch, und Schiller hoffte, für die »Horen« davon profitieren zu können. Doch er kam zu spät. *Die ersten gedruckten Bogen sind schon in meinen Händen,* schreibt Goethe in seinem Antwortbrief vom 27. August 1794, mehr als einmal habe er in dieser Zeit gedacht, daß der Roman *für die Zeitschrift recht schicklich gewesen wäre; es ist das einzige was ich noch habe das Masse macht und das eine Art von problematischer Komposition ist, wie sie die guten Deutschen lieben.* Goethe spielt damit auf die noch junge, aber schon beliebte Gattung des Bildungs- und Erziehungsromans an, für die Wieland mit seinem »Agathon« die ersten Maßstäbe gesetzt hatte. Der »Wilhelm Meister« wird dann das klassische Muster dieses Literaturtyps werden.

Goethes Bemerkung über die Arbeit am Roman klingen zunächst distanziert und lustlos: *Die Schrift ist schon so lange geschrieben daß ich im eigentlichsten Sinne jetzt nur der Herausgeber bin.* Herder gegenüber hatte er wenige Wochen zuvor erklärt, noch bedürfe der Roman *manches Federstriches ... nicht um gut zu werden sondern nur einmal als eine Pseudo-Konfession mir vom Herzen und Halse zu kommen.* Tatsächlich ist es siebzehn Jahre her, daß Goethe im Tagebuch notierte: *Im Garten diktiert an W. Meister. Eingeschlafen.* Seitdem beschäftigte ihn, mit Unterbrechungen, die Geschichte dieses jungen Mannes, der auszieht, die Abenteuerwelt des Theaters zu entdecken, sie zu reformieren und sich selbst dabei zu finden. Damals sollte das Buch heißen: »Wilhelm Meisters Theatralische Sendung«. Bei der Arbeit daran gab es starke Stimmungsschwankungen. Einmal schrieb er an Charlotte von Stein: *Es machte mir eine gute Stunde. Eigentlich bin ich zum Schriftsteller geboren.* Ein Jahr später, am 3. Juli 1783, klagte er Knebel gegenüber, der Roman sei weit hinter seinen Ideen *zurückgeblieben* und er habe daran *keinen Genuß* mehr.

Wahrscheinlich um diese Zeit begann der Roman über das ursprüngliche Konzept hinauszuwachsen. Das Motiv der Theaterleidenschaft schwächte sich ab. Es sollte nun nicht nur darum gehen, wie Wilhelm Meister zum Theater kommt, sondern wie er zur Welt kommt und was sie aus ihm macht. In Italien überarbeitet Goethe zwar die »Iphigenie« und den »Tasso«, an den »Wilhelm Meister«

aber wagt er sich noch nicht heran. Er wartet darauf, daß da etwas *freiwillig kommt.* Ein halbes Jahr später notiert er: *Ich habe Gelegenheit gehabt über mich selbst und andre, über Welt und Geschichte viel nachzudenken, wovon ich manches Gute ... auf meine Art mitteilen werde. Zuletzt wird alles im »Wilhelm« gefaßt und geschlossen.*

Aus Italien war Goethe zurückgekehrt mit dem festen Vorsatz, den Roman umzuarbeiten, fortzuführen und abzuschließen. Er ließ die alte Fassung von »Wilhelm Meisters theatralische Sendung«, die erst ein Jahrhundert später wieder aufgefunden wird, zum Zwecke der Korrektur noch einmal abschreiben. Dann kamen wieder viele Dinge dazwischen, die Revolution, die Liebe mit Christiane, die Campagne in Frankreich usw. Aber er bemerkte auch, daß in den Wirren der Zeitumstände die Arbeit daran so etwas sein könnte wie eine Zuflucht: *man muß sich mit Gewalt an etwas heften. Ich denke es wird mein alter Roman werden.*

Noch ahnt er nicht, was auf ihn zukommt. Dem Verleger Unger gegenüber wird er später bekennen: *Es ist unter allen meinen Arbeiten, die ich jemals gemacht habe, die obligateste und in mehr als Einem Sinn die schwerste, und doch muß sie, wenn sie gelingen soll, mit der größten Freiheit und Leichtigkeit gemacht werden. Dazu bedarf es denn freilich Zeit und Stimmung.*

Schiller erhält zwar nicht den Vorabdruck des Romans für die »Horen«, aber ein ungewöhnliches Angebot: Goethe, der sonst seine Schreibwerkstatt streng geschlossen hält, erklärt sich bereit, Schiller zum Zeugen und Mitwirkenden bei der Entstehung des Romans zu machen. *Seinen Roman*, berichtet Schiller an Körner, *will er mir bandweise mitteilen; und dann soll ich ihm allemal schreiben, was in dem künftigen stehen müsse, und wie es sich verwickeln und entwickeln werde. Er will dann von dieser antizipierenden Kritik Gebrauch machen, ehe er den neuen Band in den Druck gibt. Unsere Unterredungen über die Komposition haben ihn auf die Idee geführt, die, wenn sie gut und mit Sorgfalt ausgeführt werden sollte, die Gesetze der poetischen Komposition sehr gut ins Licht setzen könnte.*

Gut fünf Jahre zuvor hatte Schiller an Körner geschrieben, Goethe sei *ein Egoist in ungewöhnlichem Grade. Er besitzt das Talent, die Menschen zu fesseln ... aber nur wie ein Gott, ohne sich selbst zu geben.* Inzwischen hatte sich einiges geändert. Goethe verspricht: *Alles was an und in mir ist werde ich mit Freuden mitteilen.* Schiller durfte den Eindruck haben, in Goethes Reich eingedrungen zu sein.

Das erfüllt ihn mit Stolz. Doch Schiller will sich nicht im Glanze Goethes sonnen – Ansehen und Ruhm hatte er für sich selbst genug –, er will, wie Goethe selbst, in diesem neuen Bund etwas für die eigene Arbeit lernen. Er ist gerade dabei, die grundlegende Unterscheidung zwischen dem sogenannten *naiven* und dem modern-reflektierten *sentimentalischen* Schaffen auszuarbeiten und bekommt nun Einblick in die Werkstatt eines modernen Autors, der sich aber bemerkenswerte *Naivität* im antiken Sinne bewahrt hat. Im neunten Stück der »Ästhetischen Briefe«, an denen Schiller zur Zeit schreibt, zeichnet er ein Portrait des neuen Freundes. Er weist ihn ausdrücklich auf den ihm zugedachten Passus der Schrift hin, wo es heißt: *Wie verwahrt sich aber der Künstler vor den Verderbnissen seiner Zeit, die ihn von allen Seiten umfangen? Wenn er ihr Urteil verachtet. Er blicke aufwärts nach seiner Würde und dem Gesetz, nicht niederwärts nach dem Glück und nach dem Bedürfnis ...; er aber strebe, aus dem Bunde des Möglichen mit dem Notwendigen das Ideal zu erzeugen. Dieses präge er aus in Täuschung und Wahrheit, präge es in die Spiele seiner Einbildungskraft und in den Ernst seiner Taten, präge es aus in allen sinnlichen und geistigen Formen und werfe es schweigend in die unendliche Zeit.*

Schiller schreibt diese Sätze in dem Augenblick, da er gespannt auf die Lieferung der ersten beiden Bücher des »Wilhelm Meister« wartet. Er ist um so ungeduldiger, da er selbst zur Zeit noch vor der *poetischen Produktion* zurückscheut. Wie er mit »Wallenstein« vorankomme, hatte Körner gefragt, und Schiller antwortet mit denselben Worten, die er ein paar Tage zuvor auch schon an Goethe gerichtet hatte: *Vor dieser Arbeit ist mir ordentlich angst und bange, denn ich glaube mit jedem Tag mehr zu finden, daß ich eigentlich nichts weniger vorstellen kann als einen Dichter, und daß höchstens da, wo ich philosophieren will, der poetische Geist mich überrascht.* Das Philosophieren aber gelingt ihm. *Ich leugne nicht, daß ich sehr davon befriedigt bin, denn eine solche Einheit, als diejenige ist, die dieses System zusammenhält, habe ich in meinem Kopfe noch nie hervorgebracht; und ich muß gestehen, daß ich meine Gründe für unüberwindlich halte.*

Während Schiller auf theoretischem Gebiet einiges gelingt, sitzt ihm auf der Schwelle zu »Wallenstein« die Furcht im Nacken, *daß mich die Einbildungskraft, wenn ihr Reich kommt, verlassen werde.* Deshalb auch klammert er sich an Goethe. Von seiner Seite erwartet er Hilfe, er sieht in ihm eine *Brücke zu der poetischen Produktion.*

Goethe übersendet am 6. Dezember 1794 die ersten Kapitel des Romans mit der launigen Bemerkung, *endlich kommt das erste Buch von Wilhelm Schüler, der, ich weiß nicht wie, den Namen Meister erwischt hat.* Schon drei Tage später antwortet Schiller: *Mit wahrer Herzenslust habe ich das erste Buch Wilhelm Meisters durchlesen und verschlungen, und ich danke demselben einen Genuß, wie ich lange nicht, und nie als durch Sie gehabt habe.* Er kündigt eine ausführliche Würdigung für einen der nächsten Briefe an, rühmt aber jetzt schon einmal die *lebendige und bis zum Greifen treffende Natur, die in allen Schilderungen herrscht.* Besonders die *Theatralische Wirtschaft und Liebschaft* sei gut getroffen. Er könne das beurteilen, *indem ich mit beidem besser bekannt bin, als ich zu wünschen Ursache habe.*

Anfang Januar erscheint der erste Band im Druck, ein Vorausexemplar geht an Schiller, der nun die angekündigte ausführlichere Würdigung vornimmt. Sie ist überschwenglich und durchgehend so bewundernd, daß er im Kontrast dazu sein eigenes Künstlertum in kritischem Licht sieht. Es habe ihn, schreibt er, bei der Lektüre das *Gefühl geistiger und leiblicher Gesundheit* ergriffen, eine *süße und innige Behaglichkeit.* Er erkläre sich dieses *Wohlsein* mit der durchgängig herrschenden *ruhigen Klarheit, Glätte und Durchsichtigkeit* des Ganzen. Und dann die selbstkritische Wendung: *Ich kann Ihnen nicht ausdrücken, wie peinlich mir das Gefühl oft ist, von einem Produkt dieser Art in das philosophische Wesen hinein zu sehen. Dort ist alles so heiter, so lebendig, so harmonisch aufgelöst und so menschlich wahr, hier alles so strenge, so rigid und abstrakt, und so höchst unnatürlich, weil alle Natur nur Synthesis und alle Philosophie Antithesis ist. Zwar darf ich mir das Zeugnis geben, in meinen Spekulationen der Natur so treu geblieben zu sein, als sich mit dem Begriff der Analysis verträgt; ja vielleicht bin ich ihr treuer geblieben, als unsre Kantianer für erlaubt und für möglich hielten. Aber dennoch fühle ich nicht weniger lebhaft den unendlichen Abstand zwischen dem Leben und dem Raisonnement – und kann mich nicht enthalten in einem solchen melancholischen Augenblick für einen Mangel in meiner Natur auszulegen, was ich in einer heitern Stunde bloß für eine natürliche Eigenschaft der Sache ansehen muß. Soviel ist indes gewiß, der Dichter ist der einzige wahre M e n s c h, und der beste Philosoph ist nur eine Karikatur gegen ihn.*

Es dreht sich alles um den Begriff ›Natur‹, ›natürliches‹ Leben, ›natürliches‹ Schaffen. Der *wahre Mensch* – als einen solchen stilisiert er Goethe – schafft als Autor zwar nicht unreflektiert, aber doch unbeirrt von störender Reflexion. Er folgt seiner Intuition, seinen Instinkten. Er läßt sich von seiner ›Natur‹ tragen, befindet sich in Übereinstimmung mit ihr. Das gibt ihm eine eigenartige Sicherheit. Seinem Freund Knebel gegenüber wird Goethe viele Jahre später von der Sicherheit des *Nachtwandlers* sprechen. Es war diese nachtwandlerische Sicherheit, die Schiller an Goethe bewunderte. Sie gilt ihm als geniale und zugleich *naive* ›Natur‹.

Sich selbst sieht er im Kontrast dazu. Ihm ist die Natur, angefangen beim eigenen Körper, ein Gegner, den er besiegen oder doch irgendwie in seine Gewalt bringen muß. Sie ist für ihn stumm. Sie hat nur soviel Bedeutung, wie man zuvor in sie hineingelegt hat. Er nennt sie einmal eine Art *Depositum,* einen Ort zur Aufbewahrung von Gefühlen, die man bei Bedarf wieder abheben kann. Der *sentimentalische* Dichter, der aus dem Abstand zur Natur arbeitet, findet seinen Schwerpunkt im Bewußtsein, nicht im Instinkt, er muß sich zwingen und kommandieren. Entschlossen hält er an seinen Idealen fest und versucht, sie dem Leben aufzuprägen. Für ihn gilt:

Die Kunst trennt und entzweiet ihn, durch das Ideal kehrt er zur Einheit zurück.

Verfolgen wir noch ein Stück weit die Schillersche Unterscheidung zwischen dem *Naiven* und dem *Sentimentalischen*, also zwischen Goethe und ihm selbst: Der *naive* Dichter kommt zugleich von innen und aus der objektiv erfaßten Sache, der sentimentalisch-idealistische kommt von außen oder genauer: von oben, von der Idee her, von moralischen Geboten. Allerdings macht er dabei eine aufregende Erfahrung mit der Freiheit. Während der *naive* Dichter die schöpferische Freiheit als eine fließende, ungehemmte Bewegung erfährt, eher als ein Geschehen und Geschehenlassen, wird der *rigide und abstrakte* Mensch Freiheit als Befehlenkönnen erleben, mit dem Nachteil allerdings, daß er sich nicht einfach einem inspirativen Geschehen überlassen kann. Er kommandiert die Poesie, plant, entwirft mit der Anspannung des Willens und klammert sich dabei an Gesetze, die er sich gegeben hat. *Die Ideen strömen mir nicht reich genug zu,* schreibt er einmal an Körner, bei Goethe aber vermute er *Fülle des Geistes und des Herzens von seinem Gegenstande, eine lichte Dämmerung der Ideen* und *leichten Humor.* Das alles will er noch lernen, die Theorie soll ihm dabei helfen. Auf dem theoretischen Felde hat er genau begriffen, worauf es ankommt. Man muß, auch mit leichter Hand und Humor, spielen können. Und das spricht er nun in seinen »Ästhetischen Briefen«, Schillers Parallelaktion zu Goethes »Wilhelm Meister«, als seine Wahrheit über das Schöne aus: *Denn, um es endlich auf einmal herauszusagen, der Mensch spielt nur, wo er in voller Bedeutung des Worts Mensch ist, und er ist nur da ganz Mensch, wo er spielt.* Für Schiller ist es die Kunst, in der dieser Spieltrieb seinen höchsten Ausdruck findet.

Dieser Begriff der Kunst als Äußerung des *Spielstriebs* ist nach Goethes Geschmack. Er finde sich *gestärkt und gefördert und wir wollen uns also mit freiem Zutrauen dieser Harmonie erfreuen,* hatte Goethe bereits nach der ersten Sendung der »Ästhetischen Briefe« notiert, und daran wird sich in der Folgezeit nichts ändern. Es bleibt die Zustimmung, die sich bisweilen bis zur Hingerissenheit steigert. In das achte Buch des »Wilhelm Meister« fügt er sogar einen versteckten Hinweis auf Schillers Spieltheorie ein. Wilhelm Meister ist mit seinem Sohn Felix beschäftigt, der seinerseits mit einem *Spielwerk* hantiert: *der Vater suchte es ihm besser, ordentlicher, zweckmäßiger einzurichten; aber auch in dem Augenblicke verlor das Kind die Lust daran. Du bist ein wahrer Mensch! rief Wilhelm aus, komm mein Sohn! komm mein Bruder, laß uns in der Welt zwecklos hinspielen, so gut wir können.*

Wilhelm Meister hatte schon zuvor nichts anderes getan, als in die Welt *hineinzuspielen.* Begonnen hatte das mit dem hölzernen Puppenspiel, das dem kleinen Jungen die Welt vorstellte. Dann hatte er sich in Mariane verliebt, die Schauspielerin einer Wanderbühne, mit deren Hilfe er hinter die Kulisse des kleinen Welttheaters blicken konnte. Und er bleibt auch nach der Trennung von Mariane der Welt des Theaters verbunden. Eigentlich soll Wilhelm Meister für das Handelsgeschäft des Vaters Schulden eintreiben, aber er nutzt die Reise anders. Es sammelt eine Schar versprengter Schauspieler um sich. Er selbst will auch einer werden. Er entdeckt Shakespeare. Er erinnere sich nicht, sagt er, daß *ein Mensch oder irgend eine Begebenheit des Lebens so große Wirkungen auf mich hervorgebracht hätte, als die köstlichen Stücke.* Noch mehr als das wirkliche Leben sind es diese Spiele, die es einem erlauben, *mit sich selbst auf die gelindeste Weise bekannt* zu werden. Es saust in ihnen der *Sturmwind des bewegtesten Lebens.* Und als Wilhelm die Welt des Theaters verläßt und in Lotharios Reich die Turmgesellschaft kennenlernt, die ihn aus der Ferne offenbar beaufsichtigt und gelenkt hat, da heißt es vom Abbé, einer der Zentralfiguren dieser Gesellschaft, daß er *gerne ein wenig das Schicksal spielt.* Und tatsächlich, auch die Gesellschaft vom Turm und ihre Netzwerke bilden eine Spielwelt, in der Wilhelm lange Zeit mitgespielt hat, ohne es zu bemerken. Auch wenn ihm dabei durchaus nicht übel mitgespielt worden ist, ist die Initiation in die Turmgesellschaft für Wilhelm enttäuschend. Waren Begegnungen und Vorkommnisse, die er schicksalhaft empfunden hatte, gelenkt, gemacht, manipuliert? *Also mit diesen würdigen Zeichen und Worten spielt man nur?,* fragt er einen der Oberen und wird von diesem eines besseren belehrt. Was ist gegen ein Spiel einzuwenden, bei dem man sich selbst entdeckt? Genau das ist mit Wilhelm geschehen: unter Schauspielern lernt er, *daß wer sich nur selbst spielen kann, kein Schauspieler ist.* Indem er sich selbst gespielt hat, hat er sich selbst kennengelernt.

Vom 11. bis 23. Januar 1795 kommt Goethe für zwei Wochen nach Jena, um mit Schiller den weiteren Fortgang des Romans, der inzwischen bis zum dritten Buch gediehen ist, zu besprechen. Noch ganz beglückt von diesen Unterredungen beendet Goethe, nach Weimar zurückgekehrt, das vierte Buch und schreibt an Schiller: *Durch den guten Mut, den mir die neuliche Unterredung eingeflößt, belebt, habe ich schon das Schema zum 5ten und 6ten Buche ausgearbeitet. Wie viel vorteilhafter ist es sich in andern als in sich selbst zu bespiegeln.* Der Brief endet mit der Formel, die von nun an häufig wiederkehrt: *fahren Sie fort mich durch Ihre Liebe und Ihr Vertrauen zu erquicken und zu erheben.* Schiller antwortet, das Feuer der Begeisterung über die ersten Bücher des »Wilhelm Meister«, dürfe Goethe getrost auf seine eigene Rechnung setzen, es sei *Ihr eigenes Feuer an dem Sie Sich wärmen.* Der Ton der gewechselten Briefe wird immer herzlicher. *Mein geliebter mein verehrter Freund* schreibt Schiller und Goethe antwortet, er finde gar nicht die Worte, *um den einzigen Fall auszudrucken, in dem ich mich nur mit Ihnen befinde.*

Im Frühjahr 1795 liegen die ersten beiden Bände des Romans (es werden insgesamt vier) vor und die Reaktionen beim Publikum sind längst nicht so euphorisch wie bei Schiller. Der allgemeine Unmut über den Roman ist nicht zu überhören. »Man kann jetzt«, schreibt ein Kritiker, »über den bunten Trödelmarkt der teutschen Lesewelt kaum mit flüchtigem Fuß hineilen, ohne daß uns nicht ... die lautesten Klagen über ›Meisters Lehrjahre‹ ins Ohr schallen, wegen langweiliger Stellen, vernachlässigter Einheit des Plans, und unnatürlich herbeigeführter Episoden«. Die meisten Leser messen diesen

Roman am »Werther« und bemängeln die Trockenheit. Selbst Wilhelm von Humboldt, der sich Goethe gegenüber lobend äußert – »Ihr Meister ... ist Ihnen unglaublich gelungen« – klagt in einem Brief an Schiller über »unerträgliche longuers« und »altfränkische« Erzählweise. Der von Schiller hochgeschätzte Philosoph Christian Garve witzelt in einem Brief kurz nach Erscheinen des ersten Bandes: »Noch habe ich keinen Leser gefunden, dem nicht die erste weitläuftige Entwickelung des Puppenspiels wäre langweilig gewesen. Die Geliebte Wilhelms schlief darüber ein; wie konnte sein Geschichtschreiber glauben, daß es den nicht in ihn verliebten Lesern besser gehen würde?«

Da gab es also die Kritiker der Langeweile, noch heftiger aber äußern sich die Kritiker der angeblichen Sittenlosigkeit des Romans. Charlotte von Stein bringt zur Sprache, was man in der besseren Gesellschaft Weimars denkt. Sie schreibt ihrem Sohn Friedrich: »Übrigens sind seine Frauens drin alle von unschicklichem Betragen, und wo er edle Gefühle in der Menschennatur dann und wann in Erfahrung gebracht, die hat er all mit einem bißchen Kot beklebt, um ja in der menschlichen Natur nichts Himmlisches zu lassen.« Auch Herder äußert sich in diesem Sinne, »die Mariannen und Philinen, diese ganze Wirtschaft ist mir verhaßt«.

Die meisten dieser kritischen Bemerkungen kamen Goethe nicht direkt zu Ohren. Anders verhielt es sich mit der Kritik seines alten Freundes Friedrich Jacobi. Es lasse sich nicht leugnen, schreibt dieser ihm am 18. Februar 1795, daß »ein gewisser unsauberer Geist« im Roman vorherrsche. Es würden darin schöne Empfindungen geschildert, aber leider seien ihre »Ursachen und Gegenstände« allzu anrüchig und »profan«, Schauspielerinnen und sonstiges liederliches Volk eben. Diesen Brief leitet Goethe an Schiller weiter, und der ergreift die Gelegenheit, als jüngerer Freund den älteren zu verdrängen. Er schreibt über Jacobi, den er doch kaum kennt: *ein Individuum wie Er muß eben so notwendig durch die schonungslose Wahrheit Ihrer Naturgemälde beleidigt werden ... Jacobi ist einer von denen, die in den Darstellungen des Dichters ... das was sein soll höher halten als das was ist.*

Nachdem Schiller das fünfte Buch im Manuskript gelesen hat, äußert er allerdings nun auch seine Kritik an der allzu ausführlichen Behandlung von Theatermaterien. Er verpackt die Kritik in das Lob, *dieses fünfte Buch Meisters habe ich mit einer ordentlichen Trunkenheit ... durchlesen,* um dann zu bemängeln, daß dem Schauspielwesen mehr Raum gegeben werde, *als sich mit der freien und weiten Idee des Ganzen verträgt. Es sieht zuweilen aus, als schrieben Sie für den Schauspieler, da Sie doch nur von dem Schauspieler schreiben wollen.* Goethe antwortet umgehend, er habe gegenüber dem *theoretisch-praktischen Gewäsch* über Theatermaterien tüchtig die *Schere wirken lassen.*

Diese Kürzungen fallen ihm um so leichter, weil er zur Zeit des Theaters sowieso überdrüssig ist – in diesem Sommer bittet er den Herzog zum ersten Mal, ihn von der Theaterinspektion zu entbinden. Und was die Romanfigur betrifft, so bereitet er gerade den Aufstieg des Helden in eine höhere Gesellschaftssphäre vor. Diesen Übergang sollten die umgearbeiteten Aufzeichnungen der Susanna Katharina von Klettenberg bilden, einer pietistisch-mystischen Mentorin seiner Jugendzeit. Als ihm im Frühjahr die Idee gekommen war, diese Materialien in den Roman aufzunehmen, schrieb er spürbar erleichtert an Schiller, er fühle sich nun *ganz unvermutet* in seiner Arbeit sehr *gefördert.* Das läßt sich auch kommerziell verstehen, jedenfalls schreibt die Frau von Stein ziemlich boshaft an ihren Sohn: »Gib acht auf das Glaubensbekenntnis einer schönen Seele«, Goethe habe es »in die Komödiantengesellschaft gebracht, weil diese Bogen auch bezahlt werden.«

Mit den »Bekenntnissen einer schönen Seele« wollte man sich im Publikum nicht anfreunden, den einen waren sie zu fromm, und die Frommen störten sich an der anstößigen Umgebung im Roman. Goethes Schwager Schlosser erklärte zornig: »Ich kann noch nicht meinen Verdruß verbeißen, daß Goethe dieser reinen Seele einen Platz in seinem Bordell angewiesen hat, das nur zur Herberge dienen sollte für vagabundierendes Lumpengesindel.« Und Schiller wußte zu berichten, daß Stolberg *den Meister feierlich verbrannt habe, bis auf das VIte Buch, welches er ... rettete und besonders binden ließ.*

Goethes Absicht, seinen Helden in Berührung auch mit der religiösen Sphäre bringen zu wollen, war bei den ausführlichen Gesprächen mit Schiller im Februar offenbar noch nicht erörtert worden, denn Schiller zeigt sich überrascht. Religion und Frömmigkeit – das war doch eigentlich nicht Goethes Thema, *es kann weniger als irgend ein andres aus Ihrer Individualität fließen, denn gerade dies scheint mir eine Saite zu sein, die bei Ihnen, und schwerlich zu Ihrem Unglück, am seltensten anschlägt.* Er zweifle aber nicht, schreibt er weiter, daß Goethe eine solche Seele wird darstellen können – aber nur *durch die Macht Ihres Genies und nicht durch die Hülfe Ihres Subjekts.* Genie bedeutet für Schiller in diesem Zusammenhang, in ruhiger Objektivität auch verworrene Innerlichkeiten darstellen zu können. Es verhält sich damit ebenso wie mit den erotischen Anstößigkeiten (z. B. in den »Römischen Elegien«): Ein Genie kann sie darstellen, ohne an ihnen zu partizipieren.

Anfang August bringt Goethe, von Karlsbad zurückkehrend, das fast fertige Manuskript seines *religiosen Buches* mit. Schiller bedauert, daß Goethe nicht länger in Jena bleiben kann. Gerade bei diesem Text hätte er sich gerne ein ausführliches Gespräch gewünscht. Er fühlt sich nämlich herausgefordert, sein eigenes Verhältnis zur christlichen Religion zu definieren: *Hält man sich an den eigentümlichen Charakterzug des Christentums, der es von allen monotheistischen Religionen unterscheidet, so liegt er in nichts anderem als in der A u f h e b u n g d e s G e s e t z e s oder des Kantischen Imperativs, an dessen Stelle das Christentum eine freie Neigung gesetzt haben will. Es ist also in seiner reinen Form Darstellung s c h ö n e r Sittlichkeit oder der Menschwerdung des heiligen, und in diesem Sinn die einzige ä s t h e t i s c h e Religion.*

Im Idealfall, so Schiller, kann also das Christentum den moralischen Dualismus zwischen Moral und Neigung überwinden durch – Liebe. Aber genau besehen ist es doch nur ein Liebes-Gebot. Läßt sich Liebe zur Pflicht machen? Wohl doch nicht. Und darum muß eine gute Natur helfen. Die »Schöne Seele«, wie sie Goethe darstellt, ist eine solche gute Natur, sie fließt über von Liebe. So weit, so gut. Aber auch für Schiller ist diese Thematik zu ausführlich dargestellt: *Hätte sich manches näher zusammenrücken, anderes kürzer fassen, hingegen einige Hauptideen mehr ausbreiten lassen, so würde es vielleicht nicht übel gewesen sein.* Goethe hat nicht gekürzt. Vielleicht hatte Frau von Stein doch recht: auch diese Bogen werden bezahlt!

Nun stockt die Arbeit. Der Vorrat der ersten Fassung des Romans ist aufgebraucht. Goethe lenkt sich durch Geschäfte ab. Im Bergwerk von Ilmenau ereignet sich Ende September ein Stolleneinbruch. Dieses Projekt, das Goethe so am Herzen liegt, droht wieder einmal zu scheitern. Dann wird er zu einer diplomatischen Mission beordert. Frankreich befindet sich mit dem Reich noch in Kriegszustand; der Baseler Sonderfriede vom 12. April 1795 hatte den Norden Deutschlands, Preußen vor allem, neutralisiert. Das Herzogtum Weimar laviert, es möchte gerne am Frieden teilhaben. Goethe begleitet den Herzog zu einem Fürstenkongreß nach Eisenach. Für die Zeit danach sind Verhandlungen in Frankfurt am Main geplant. Doch er zögert, an Schiller schreibt er am 13. Oktober 1795: *In ein solches Gewirre möchte ich von heiler Haut mich nicht hineinbegeben, da ich dergleichen anmutige Situationen schon kenne.* Schiller, bei dem es ruhiger zugeht, da er nicht aus dem Hause kommt, antwortet: *Es kommt mir oft wunderlich vor, mir Sie so in die Welt hinein geworfen zu denken, indem ich zwischen meinen Papiernen Fensterscheiben sitze, und auch nur Papier vor mir habe.* Damit kokettiert Schiller gerne: Goethe in der Welt, er im Gehäuse; Goethe regiert ein *Königreich,* er eine *Familie von Begriffen,* und Goethe pflegt darauf sinngemäß zu antworten: Schiller begreife von der Welt mehr als andere, die sie unablässig bereisten, er brauche nicht fahren, um etwas zu erfahren.

Ende Oktober kehrt Goethe, ohne in Frankfurt gewesen zu sein, wieder nach Weimar zurück, wo ihn Ärger mit Herders Frau erwartet, die ihn um Fürsprache beim Herzog wegen der Versorgung ihrer Söhne bittet. Anfang November bringt Christiane einen Sohn zur Welt. Schiller gratuliert. Wenige Tage später stirbt das Neugeborene. Goethe schreibt: *Man weiß in solchen Fällen nicht ob man besser tut sich dem Schmerz natürlich zu überlassen, oder sich durch die Beihülfen die uns die Kultur anbietet zusammen zu nehmen. Entschließt man sich zu dem letzten, wie ich es immer tue, so ist man dadurch nur für einen Augenblick gebessert und ich habe bemerkt daß die Natur durch andere Krisen immer wieder ihr Recht behauptet.*

Die *Beihülfe*, die ihm die Kultur anbietet, ist diesmal der Roman. Er nimmt die Arbeit daran wieder auf mit einer gewissen Beklemmung allerdings, denn *die Forderungen,* schreibt er an Schiller, *wozu der Leser durch die ersten Teile berechtigt wird, sind ... ungeheuer.*

Es dauert dann noch einmal ein gutes halbes Jahr, bis Goethe den Roman abschließt. Am 26. Juni übersendet er das siebte und das achte Buch. Jetzt hat Schiller seinen großen Auftritt. In einer Folge umfangreicher Briefe, die gemeinsam einen großen Essay ergeben, kommentiert und deutet er den Roman und versucht noch Einfluß darauf zu nehmen, denn noch wird nicht gedruckt. Schiller ist von dem Gefühl des Glücks erfüllt, Anteil nehmen zu dürfen an der Entstehung dieses bewunderten Werkes: *Wie rührt es mich, wenn ich denke, was wir sonst nur in der weiten Ferne eines begünstigten Altertums suchen und kaum finden, mir in Ihnen so nahe ist.* Die Dankbarkeit für solche Nähe spornt ihn dazu an, bei der Analyse und der Kritik sein Bestes zu geben. *Ohnehin gehört es zu dem schönsten Glück meines Daseins, daß ich die Vollendung dieses Produkts erlebte, daß sie noch in die Periode meiner strebenden Kräfte fällt, daß ich aus dieser reinen Quelle noch schöpfen kann; und das schöne Verhältnis, das unter uns ist, macht es mir zu einer gewissen Religion, Ihre Sache hierin zu der meinigen zu machen, alles was in mir Realität ist, zu dem reinsten Spiegel des Geistes auszubilden, der in dieser Hülle lebt, und so, in einem höheren Sinne des Wortes, den Namen Ihres Freundes zu verdienen.*

Schiller will Goethes Sache ganz zu der seinigen machen. Zu Beginn der Freundschaft hatte Goethe von seiner *Dunkelheit* gesprochen, über die er nicht Herr werden könne. Schiller bietet ihm an, eine Art Bewußtseinsspiegel für ihn zu sein und Goethe antwortet mit feiner Ironie: *Fahren Sie fort mich mit meinem eigenen Werke bekannt zu machen.*

In Schillers Brief vom 2. Juli 1796, gewiß einem Höhepunkt des zugleich sachlichen und innigen Austausches, findet sich jener berühmte Satz, den Goethe zehn Jahre später leicht abgewandelt in die »Wahlverwandtschaften« aufnimmt: *Wie lebhaft,* schreibt Schiller, *habe ich bei dieser Gelegenheit erfahren, daß das Vortreffliche eine Macht ist, daß es auf selbstsüchtige Gemüter auch nur als eine Macht wirken kann, daß es, dem Vortrefflichen gegenüber keine Freiheit gibt als die Liebe.*

Sieben Jahre zuvor hatte Schiller Körner gegenüber seinen Haß auf Goethe eingestanden. Etwas von diesem Gefühl muß noch im Untergrund rumoren, als Ressentiment oder Neid, denn sonst verlöre die schöne Formel ja ihren Sinn. Denn man muß sich fragen: Welche Freiheit angesichts des Vortrefflichen soll denn bewahrt werden? Doch wohl die Freiheit im Sinne der Überwindung der lähmenden Gefühle von Neid und Mißgunst. Wenn man vermeiden will, von solchen Gefühlen gefesselt zu werden, bleibt einem nichts anderes übrig als das Vortreffliche zu lieben. Insofern schafft Liebe zum Vortrefflichen die Freiheit angesichts des Vortrefflichen.

Goethe zitiert diese Formel in den »Wahlverwandtschaften«, aber, wie gesagt, leicht abgewandelt. In »Ottiliens Tagebuch« lautet sie: *Gegen große Vorzüge eines Andern gibt es kein Rettungsmittel als die Liebe.* Bei Schiller heißt es *keine Freiheit*, bei Goethe *kein Rettungsmittel.*

Auf den ersten Blick ist der Bedeutungsunterschied nicht sehr groß. Beides mal geht es darum, angesichts des Vortrefflichen nicht in eine Mißstimmung zu geraten. Aber für Schiller kommt alles darauf an, sich seine Freiheit zu bewahren, und deshalb entscheidet er sich dafür, das Vortreffliche zu lieben. Es ist wirklich eine Entscheidung, und deshalb handelt es sich um eine Liebe, die aus der Freiheit kommt. Auf Schillers Verhältnis zu Goethe angewendet bedeutet das: er hat sich, um sich aus den Verkrampfungen des Ressentiments zu lösen, dafür entschieden, Goethe und seine vortrefflichen Werke – zu lieben. Das ist fast schon eine Strategie.

Goethe indes macht von der Freiheit nicht so viel Aufhebens. Er muß sie sich nicht, wie Schiller, immer wieder erkämpfen. Sie ist auch nicht etwas, das er immer im Auge behalten muß. Für ihn ist etwas anderes wichtig, nämlich die Übereinstimmung mit seiner Natur. Diese muß er bewahren. Liebe aber ist Natur. Sie löst alle Verkrampfungen. Ihrer Führung kann man sich überlassen, wenn man durch sonstige Komplikationen, beispielsweise durch die *Vorzüge eines Anderen*, verwirrt ist. Darum ist sie ein *Rettungsmittel.*

Der eine verteidigt also mit der Liebe seine Freiheit, der andere kehrt durch Liebe zur Übereinstimmung mit sich selbst zurück. Nach Schillers Tod hat Goethe diese Differenz in die Formal gefaßt: *Er predigte das Evangelium der Freiheit, ich wollte die Rechte der Natur nicht verkürzt wissen.*

Schiller schützt sich mit Liebe vor der Gefahr des Neides und des Ressentiments. Goethe, der wenig Anlage zu Neid hat und wenig Anlaß dazu verspürt, hat Schillers Vortrefflichkeit gegenüber ein anderes Problem. Schillers klarer, durchdringender Geist kann auch als Transparenz-Zumutung wirken, der sich Goethe bisweilen gerne entzieht. In einem der ersten Briefe hatte Goethe auf seine *Dunkelheit und Zaudern* hingewiesen. Goethe nutzt Schillers Helligkeit, nimmt ihn als äußeren Bewußtseinsspiegel, will sich aber auch die nötige Dunkelheit bewahren. Auch das gehört zu den *Rechten der Natur*, die er sich nicht verkürzen lassen will. Beim »Wilhelm Meister« läßt er sich in die Karten sehen, »Herrmann und Dorothea« aber wird er in wenigen Wochen niederschreiben und dem vor Staunen fassungslosen Schiller als fertiges Werk präsentieren. Das eine Mal profitiert er von Schillers Klarheit, das andere Mal schützt er seine schöpferische *Dunkelheit*; und was das *Zaudern* betrifft, so läßt er sich von Schiller ermahnen und antreiben, aber entzieht sich auch, zuweilen mit geradezu listig anmutenden Schlichen.

Im Juli 1796 ist der Briefwechsel über den »Wilhelm Meister« auf dem Höhepunkt. Mit immer neuen Wendungen bringt Schiller seine Bewunderung für den Roman zum Ausdruck: *Tiefe bei ruhiger Fläche; Ernst und Schmerz bei leichtem Humor; die Wahrheit, das schöne Leben, die einfache Fülle* usw. Aber er weist auch auf erzähltechnische Schwächen hin, auf Unstimmigkeiten in der Chronologie, ungenügende Motivierungen oder Mängel bei der psychologischen Glaubwürdigkeit. Zumeist geht Goethe darauf ein und verbessert das eine oder andere.

Da wird, um ein Beispiel zu geben, Wilhelm Meister am Ende durch die Verbindung mit Natalie in den adligen Kreis aufgenommen. Muß man sich nicht Sorgen machen um den jungen Mann, wird er den Bürger, der er von Hause aus ist, ablegen können, wird ihn nicht das Bewußtsein einer *gewissen Inferiorität* verfolgen? Wilhelm Meister müßte entweder noch selbstbewußter sein als er ist, oder er müßte von den Adligen als selbstbewußter genommen werden als er ist. Goethe löst das Problem auf ironische Weise. In der korrigierten Fassung behandelt der Graf, eine Art Zeremonienmeister des Höfischen, Wilhelm Meister zuvorkommend, da er ihn mit einem Adligen verwechselt. Man läßt ihm seine fixe Idee. Ist der Standesdünkel nicht überhaupt nur eine fixe Idee?

Goethe greift auch einen Gedanken auf, den Schiller in Bezug auf Natalie äußert. Ist nicht sie es, die den Namen der *schönen Seele* eigentlich verdient, fragt Schiller, denn anders als ihre fromme Tante hat Natalie eine starke Sinnlichkeit, die auf schöne Weise mit der Moral versöhnt werden kann. Bei der Tante aber ist die Sinnlichkeit einfach zu schwach, und darum ist die Versöhnung auch kein Kunststück. Goethe leuchtet der Einwand ein, und er fügt eine entsprechende Bemerkung über Nataliens schöne Seele hinzu – *Ja sie verdient diesen Ehrennamen vor vielen andern, mehr, wenn ich sagen darf, als unsre edle Tante selbst* –, wobei es erstaunlich ist, wie unbedenklich Goethe diese Ergänzung vornimmt, obwohl dadurch die »Bekenntnisse einer schönen Seele« im sechsten Buch rückwirkend in ein schiefes Licht geraten.

Ein wichtiger Kritikpunkt bezieht sich auf die Art und Weise, wie Goethe Mignon, dieses Sinnbild des romantischen Geheimnisses, am Ende aus dem Roman hinauskomplimentiert. Das zauberische Wesen, das durch den Roman geistert und in eigenartiger Liebe mit Wilhelm verbunden ist, stirbt, und sogleich danach beschäftigt sich Wilhelm mit dem Arzt, der sich anschickt die Leiche zu präparieren. Das geht zu schnell, bemängelt Schiller, hier muß man den sentimentalischen Forderungen der Leser entgegenkommen, es muß getrauert werden. Goethe fügt eine entsprechende Trauerszene ein: Wilhelm weint an der Brust Theresens.

Schiller ist damit zufrieden, nicht aber die romantische Kritik, die Goethe ankreidet, daß er die wunderbare Gestalt Mignons zur wunderlichen herabgesetzt habe. Tatsächlich ist am Ende des Romans die Bühne rationalistisch leergefegt, wenn die Rätsel erklärt und die Geheimnisse gelüftet sind. Mignon und der Harfenspieler erscheinen dann als pathologische Fälle mit abstrusen Vorgeschichten aus Inzest, Aberglauben und gewöhnlichen Wahnsinn. Für Novalis ist das ein Beleg dafür, daß der Roman gegen die Poesie gerichtet ist. »Das Wunderbare darin«, schreibt Novalis, »wird ausdrücklich, als Poesie und Schwärmerei, behandelt. Künstlerischer Atheismus ist der Geist des Buchs«. Nicht von Lehrjahren erzähle der Roman, spottet er, sondern von der »Wallfahrt nach dem Adelsdiplom«. Novalis hat seine Aufzeichnungen zu »Wilhelm Meister« nicht veröffentlicht. Er ließ seinen Freund Friedrich Schlegel den Roman über den grünen Klee loben und dachte sich sein Teil.

Gegen Ende seiner großen Romananalyse unternimmt Schiller den Versuch, den Gehalt des Romans mit einigen griffigen Formeln zu erfassen. Dabei aber muß er bemerken, daß ihm die Sache immer undeutlicher wird. Was ist die Moral der Geschichte? *Wenn ich das Ziel, bei welchem Wilhelm nach einer langen Reihe von Verirrungen endlich anlangt, mit dürren Worten auszusprechen hätte, so würde ich sagen, er … tritt von einem leeren und unbestimmten Ideal in ein bestimmtes tätiges Leben, aber ohne die idealisierende Kraft dabei einzubüßen.* Die entscheidende Frage aber ist: wie ist er dahin gelangt? Welchen Anteil hat die aus dem Hintergrund lenkende Geheimgesellschaft vom Turm? Was verdankt sich der intuitiven Natur Wilhelm Meisters und was seiner Arbeit an sich selbst? Macht Wilhelm Meister etwas aus sich oder wird er gemacht – von außen (durch die Turmgesellschaft) und von innen (durch seine Natur)?

Schiller hätte es gerne, wenn Wilhelm Meister ein Held der Selbstbestimmung wäre, wenn er selbst es wäre, der sich zu dem macht, was er ist. Es läßt sich nun aber nicht leugnen, daß die Turmgesellschaft Einfluß ausübt. Schiller, der ja auch einen Geheimbundroman verfaßt hat, weiß um die Publikumswirksamkeit solcher Geschichten. Deshalb seine milde Kritik: *Ich glaube zu bemerken, daß eine gewisse Kondeszendenz gegen die schwache Seite des Publikums Sie verleitet hat, einen mehr theatralischen Zweck ... mehr ... als ... nötig ... zu verfolgen.*

Mehr als nötig heißt: mehr als der Idee der Freiheit zuträglich ist.

Und wie steht es um die *Natur* Wilhelm Meisters? Ist sie so stark und willig und gutartig, daß sie der eigenverantwortlichen, freien Selbststeuerung nicht bedarf? *Die gesunde und schöne Natur,* schreibt Schiller, *braucht ... keine Moral, kein Naturrecht, keine politische Metaphysik ... keine Gottheit, keine Unsterblichkeit um sich zu stützen und zu halten.* Hat Wilhelm Meister eine solche *gesunde und schöne* Natur? Offenbar nicht, denn sonst wäre die Turmgesellschaft ja nicht nötig gewesen. Wenn diese aber nur des *theatralischen Zweckes* wegen eingeführt wurde und man sie sich für einen Augenblick wegdenkt, bleibt ein ziemlich hilfloser Wilhelm Meister übrig, dessen Natur nicht stark genug ist, um ihn zu leiten, der aber auch die Arbeit an sich selbst nach Maßgabe eines idealen Entwurfs scheut, mit einem Wort: Wilhelm Meister weiß nicht, was Freiheit ist.

Was folgt daraus? Man kann an der Figur nichts ändern, ohne daß sie eine ganz andere wird, das gibt Schiller zu – aber man sollte wenigstens auf das Problem hinweisen, das sich hier auftut, das Problem nämlich des Verhältnisses von Freiheit, äußerer Leitung und

Naturnotwendigkeit. Man sollte die *Materien quaestionis* nicht umgehen. Vorsorglich fügt Schiller hinzu, Goethe solle bloß nicht denken, daß *ich bloß einen künstlichen Umweg nehme, um Sie doch in die Philosophie hinein zu treiben.*

Was bezweckt Schiller mit seiner Kritik aber nun wirklich? Sein Vorschlag, die *Materien quaestionis* anzusprechen, würde für eine Abhandlung hilfreich sein, nicht aber für einen Roman. Er ist Dichter genug, um das zu wissen.

Beim Versuch zu begreifen, warum ihm die Gestalt des Wilhelm Meister immer unbehaglicher wird, muß man sich auf eine Überraschung gefaßt machen; man gerät nämlich auf vermintes Gelände. Erinnern wir uns an Schillers ominösen Wutausbruch im Brief an Körner: *Dieser Mensch, dieser Goethe ist mir einmal im Wege, und er erinnert sich so oft, daß das Schicksal mich hart behandelt hat. Wie leicht ward sein Genie von seinem Schicksal getragen, und wie muß ich bis auf diese Minute noch kämpfen.*

Jetzt wird alles klar. Wilhelm Meister ist auch so ein Genie, das von seinem Schicksal allzu leicht zu seinem Gelingen getragen wird und das nicht kämpfen muß! Er ist auch so ein Liebling der Götter. Er ist auch so einer, der nicht weiß, was Freiheit ist, der nicht kämpfen mußte, mit dem es die Natur oder eine Turmgesellschaft gut gemeint hat, so gut, daß er fast mühelos sein Elysium findet. Mit anderen Worten: er ist, was die scheinbare Mühelosigkeit des Gelingens betrifft, ein Ebenbild Goethes. Da Schiller aber inzwischen den *vortrefflichen* Goethe lieben gelernt hat, muß sich der unterschwellige Grimm einen anderen Adressaten suchen, und das ist der Wilhelm Meister, die Romanfigur.

Goethe spürt, daß bei Schillers Hartnäckigkeit, mit der er seine Wilhelm-Meister-Kritik zur Sprache bringt, dunkle Materien im Spiel sind. Goethe, der bisher dankbar jede Anregung und Kritik aufgenommen hat – *Ich bitte Sie nicht abzulassen, ... mich aus meinen eignen Grenzen hinauszutreiben* –, wird jetzt störrisch. Bei dieser Gelegenheit macht er dem Freund ein wunderliches Geständnis: *Der*

Fehler, den Sie mit Recht bemerken, kommt aus meiner innersten Natur, aus einem gewissen realistischen Tic, durch den ich meine Existenz, meine Handlungen, meine Schriften den Menschen aus den Augen zu rücken behaglich finde. So werde ich immer gerne incognito reisen, das geringere Kleid vor dem bessern wählen, und, in der Unterredung mit Fremden oder Halbbekannten, den unbedeutendern Gegenstand, oder doch den weniger bedeutenden Ausdruck vorziehen, mich leichtsinniger betragen als ich bin und mich so, ich möchte sagen, zwischen mich selbst und zwischen meine eigne Erscheinung stellen.

Mit Berufung auf diesen *realistischen Tic* erklärt er seine Zurückhaltung bei den *Materien quaestionis*, seine Hemmung, die bewirkt, daß ihm *die letzten bedeutenden Worte nicht aus der Brust wollten.* Schließlich rückt er mit einem Vorschlag heraus. Er bittet den Freund, *mit einigen kecken Pinselstrichen, das noch selbst hinzu zu fügen, was ich, durch die sonderbarste Natur-Notwendigkeit gebunden, nicht auszusprechen vermag.*

Schiller zögert, und Goethe kommt schließlich auch nicht mehr auf den Vorschlag zurück. Vielmehr gibt er am Ende seines Romans noch einmal eine Probe seines *realistischen Tics*, womit er die Dinge gerne kleiner und schlichter macht, als sie sind. Dort läßt er den Luftikus Friedrich, spielerisch und wie nebenbei, das Schicksal Wilhelms und damit die Zentralidee des Romans mit den Worten resümieren: *Du kommst mir vor wie Saul ..., der ausging seines Vaters Eselinnen zu suchen, und ein Königreich fand.*

Siebtes Kapitel

Die Horen. Hohe Ambitionen. Zwei Arten politischer Antipolitik. Goethes gesellige Bildung und Schillers ästhetische Erziehung. Schiller verärgert Fichte. Wieviel Stil braucht die Philosophie? Die Horen in der Krise. Die Römischen Elegien als Rettungsanker. Ärger mit den Schlegels. Das Ende der Horen.

Unser Journal soll ein Epoche machendes Werk sein, und alles, was Geschmack haben will, muß uns kaufen und lesen, mit diesen Worten hatte Schiller seinem Freund Körner am 12. Juni 1794 die »Horen« angekündigt. Einen ersten Dämpfer hatte es gegeben, als ein Vorabdruck von Goethes neuem Roman nicht zustande kam. Statt dessen schickte Goethe Ende November 1794 das erste Stück der Rahmenhandlung zu einer Sammlung von Erzählungen unter dem Titel »Unterhaltungen deutscher Ausgewanderten«. Schiller ist enttäuscht. Er hatte sich das so schön vorgestellt, das erste Heft sollte mit einem Paukenschlag beginnen, wenn es nicht der Roman sein konnte, dann wenigstens eine Reihe veritabler Erzählungen. Statt dessen schickt Goethe nichts als ein Rahmengespräch, eine Vorspeise also, zu der das Hauptgericht noch fehlt. Schiller an Körner: *Dieser Anfang ... hat meine Erwartung keineswegs befriedigt. Leider trifft dieses Unglück schon das e r s t e Stück.* Goethe gegenüber heißt es etwas vorsichtiger, es sei schade, schreibt er, *daß der Leser zu wenig auf einmal zu übersehen bekommt,* und es sei daher zu wünschen gewesen, *daß gleich die erste Erzählung hätte können mitgegeben werden.*

Aber es bleibt zunächst bei der Rahmenerzählung, worin geschildert wird, wie eine kleine Gesellschaft adliger Flüchtlinge, die vor den Revolutionstruppen ins rechtsrheinische Gebiet geflohen sind, sich Geschichten erzählen, um sich ein wenig zu beruhigen.

Doch zuvor verwickeln sie sich in Gespräche über das Für und Wider der Revolution und über die Frage, ob Frankreich wirklich für die Freiheit oder nur für seine nationalen Eigeninteressen kämpfe. Man gerät heftig aneinander, und es zeigt sich, daß unter den politisch Aufgeregten die guten Sitten und der höfliche Ton zuerst auf der Strecke bleiben. Man gibt dem *unwiderstehlichen Reiz nach, andern wehe zu tun,* weil jede Seite glaubt, mit den persönlichen Ansichten zugleich Menschheitsinteressen vertreten zu müssen. Am Ende erklärt der Geheimrat, der Fürsprecher der alten Ordnung, er wünsche die Jakobiner von Mainz *alle gehangen zu sehen,* worauf sein Widerpart Karl ausruft, er hoffe, *daß die Guillotine auch in Deutschland eine gesegnete Ernte finden und kein schuldiges Haupt verfehlen werde.* Mit diesem Eklat wird die kleine aber feine Gesellschaft fast auseinandergesprengt. Nur notdürftig läßt sich der Friede wieder herstellen, das Erzählen soll dabei helfen. Doch ehe man damit beginnt, zieht die Baronesse noch eine Lehre aus dem mühsam überwundenen Streit. Es sei besser, seine leidenschaftlichen Überzeugungen in Gesellschaft für sich zu behalten. Dort sollte Rücksichtnahme und *Schonung* gelten, damit man miteinander auskommt. Bekenntniswut ist töricht, wenn es gilt, mit Gegensätzen zu leben. Die Baronesse fordert Mäßigung, und zwar *nicht im Namen der Tugend,* was zu hoch gegriffen wäre, *sondern im Namen der gemeinsten Höflichkeit.*

Als Goethe diese Passage schrieb, las er im Manuskript von Schillers »Ästhetischen Briefen«, mit Vergnügen – *ich schlurfte es auf Einen Zug hinunter* –, doch auch mit ironischem Vorbehalt: *Da man aber im Reiche der Erscheinungen es überhaupt nicht so genau nehmen darf und es immer schon tröstlich genug ist mit einer Anzahl geprüfter Menschen, eher zum Nutzen als Schaden seiner selbst … zu irren, so wollen wir getrost und unverruckt so fort leben.*

Gehören Schillers Ideen zur ästhetischen Erziehung für Goethe auch zu den sympathischen Irrtümern, mit denen man es nicht so genau nehmen sollte? So deutlich äußert sich Goethe nicht, aber in der Rahmenerzählung der »Unterhaltungen« zeigt er, daß im politischen Umtrieb nicht ästhetische Erziehung sondern vor allem elementare *gesellige Bildung* not tut. Bei Schiller also ein anspruchsvolles theoretisches Konzept, bei Goethe die schlichte Erinnerung an die heilsame Wirkung von Höflichkeit und Rücksichtnahme. Für Goethe ist Kunst ein Lebensmittel, aber anders als Schiller neigt er nicht dazu, ihre moralische Wirkung aufs Publikum zu überschätzen. In den beiden »Episteln«, die er für die ersten Nummern der »Horen« beisteuert, wird solche Überschätzung der Wirkung von Literatur mit mildem Spott bedacht. *Edler Freund, du wünschest das Wohl des Menschengeschlechtes … / Soll ich sagen wie ich es denke? so scheint mir es bildet / Nur das Leben den Mann und wenig bedeuten die Worte.* Schiller bedankt sich für die Episteln, ohne Kommentar.

Zu den »Unterhaltungen« merkt Schiller noch an, daß sie leider auch gegen die verabredete *Keuschheit in politischen Urteilen* verstoßen. Goethe geht in seiner Antwort darüber hinweg. Er hätte auch nur darauf hinzuweisen brauchen, daß ja auch Schiller in seinen »Briefen zur ästhetischen Erziehung« ausdrücklich Bezug nimmt auf die Französische Revolution, also auch gegen die angemahnte politische Neutralität verstoßen habe.

Goethe hatte nichts einzuwenden gegen Schillers *ästhetischen Bildungstrieb,* der sich sein *Reich des Spiels und des Scheins* baut, *worin er dem Menschen die Fesseln aller Verhältnisse abnimmt und ihn von allem, was Zwang heißt, sowohl im Physischen als im Moralischen entbindet.* Doch knüpft Goethe nicht so hohe Erwartungen an die moralische Wirksamkeit dieser Spielkultur. Sein Modell der *geselligen Bildung* ist allerdings auch ein Spiel, ein Gesellschaftsspiel eben. Man tut so, als ob. Gefragt sind Höflichkeit und Auskömmlichkeit – nicht unbedingte Authentizität. Keine Tyrannei der Intimität, keine Bekenntniswut und Rechthaberei – sondern wohldosierte Ausdrucksformen, mit denen man aneinander vorbei und über Abgründe hinweggleiten kann. *Wir …, die wir von der Gesellschaft abhängen, müssen uns nach ihr bilden und richten,* erklärt Luise in der Runde der Ausgewanderten. Der Gesellschaftsmensch nimmt das Gehäuse seiner guten Formen mit als Schutz gegen Chaos, Anarchie und Verwahrlosung. Gesellige Bildung achtet darauf, daß sich die Kunst in den Grenzen des guten Geschmacks hält. Luise: *Sie werden uns doch Ihre Geschichten wenigstens mit einiger Zierlichkeit vortragen wollen?*

Die »Unterhaltungen Deutscher Ausgewanderten« sind auch als einfache Unterhaltung gedacht. Doch das Lesepublikum fand sich nicht sonderlich gut unterhalten. Die dort erzählten Geschichten von polternden Hausgeistern und knarrenden Möbeln, von schönen, aber treuen Frauen – sie waren vielleicht doch allzu *zierlich.* Ein wenig fesselnder hätten sie schon sein können.

Zum Ende der »Unterhaltungen« präsentiert Goethe ein »Märchen«, mit dem das Publikum, wie es ausdrücklich heißt, *an nichts und an alles erinnert werden* soll. Schillers Vergnügen daran war begrenzt. Ziemlich trocken schreibt er an Goethe: *Das Märchen hat uns recht unterhalten, und es gefällt gewiß allgemein.* Das »Märchen« ist zwar von der späteren Philologie ehrfurchtsvoll zum Muster aller Kunstmärchen erhoben worden, aber es war doch nichts weiter als ein virtuoses und überladenes Arrangement von Symbolen, Allegorien und Zeichen, dessen Reiz darin besteht, herauszufinden, was wohl damit im einzelnen gemeint sei. Ein Spielwerk zur Herstellung von Interpretationen, eine Art höheres Kreuzworträtsel. Wer nicht zu den Rätselfreunden gehörte – und das waren doch die meisten –, war gelangweilt. Humboldt berichtete aus Berlin über das »Märchen«: »Die Leute klagen, daß es nichts sage, keine Bedeutung habe, nicht witzig sei«. Wer aber die Einladung zum Deutungsspiel annahm, konnte eine Art sportliches Vergnügen dabei finden. An dem Märchen herumzudeuten wurde in manchen Kreisen zum Gesellschaftsspiel, worüber sich Goethe geradezu diebisch freute. Dem Prinzen August von Gotha, der ihn nach einer definitiven Interpretation gefragt hatte, schrieb er am 21. Dezember 1795, daß er seine *Auslegung ... nicht eher heraus zu geben gedenke als bis ich 99 Vorgänger vor mir sehen werde.* Am Ende seines Lebens, auf das Märchen zurückblickend, schreibt Goethe an Thomas Carlyle: *Eine geregelte*

Einbildungskraft fordert unwiderstehlich den Verstand auf, ihr etwas Gesetzliches und Folgerechtes abzugewinnen, womit er nie zu Stande kommt.

Daß die »Unterhaltungen« insgesamt eine versteckte Antwort auf die »Briefe zur ästhetischen Erziehung« sind – hier *gesellige Bildung* dort *ästhetische Erziehung* –, ist Schiller selbstverständlich nicht entgangen, die lakonische Bemerkung über das Rahmengespräch: *besonders finde ich den strittigen Punkt sehr glücklich ins Reine gebracht* weist darauf hin. Das allgemeine Publikum aber wird davon kaum etwas gemerkt haben. Der Start der »Horen« war nicht glücklich, weil die ersten Stücke – Schillers »Briefe« und Goethes »Unterhaltungen« nicht einschlugen. Schillers »Briefe« fand man zu schwierig und Goethes »Unterhaltungen« zu langweilig.

Begonnen hatten die »Horen« mit einer für den damaligen Buchmarkt sehr hohen Auflage von 2000 Exemplaren. Schiller und sein Verleger Cotta trauten sich viel zu in der Erwartung, die besten Köpfe der Nation in der Zeitschrift vereinigen zu können. Der baldige Rückgang des Interesses bedrückte Schiller. Goethe tröstete ihn, das Publikum in Deutschland taugt eben nichts. Der erste Band des »Wilhelm Meister« sei doch auch lau aufgenommen worden. Man dürfe sich ganz einfach nicht beirren lassen, schreibt er.

Als erfahrener Zeitschriftenherausgeber wußte Schiller, daß man etwas für die Reklame tun mußte. In den »Xenien« wird er sich wenig später darüber selbstkritisch lustig machen: *Alles beginnt der Deutsche mit Feierlichkeit und so zieht auch / Diesem deutschen Journal blasend ein Spielmann voran.* Schiller verabredete mit dem Herausgeber der »Allgemeinen Jenaer Literaturzeitung« (ALZ) eine ausführliche und selbstverständlich wohlwollende Rezension gegen Übernahme der Druckkosten, die Cotta erstatten soll. Der Handel kam zustande. Die Rezension erschien, aber man ahnte, daß nicht alles mit rechten Dingen zugegangen war. Der »Reichsanzeiger« empört sich: »In der Allgem. Lit-Zeitung ist kürzlich von dem ersten einzigen Heft der Horen eine Rezension von fünf Quartseiten erschienen ... Aber ist wohl ein Verhältnis darin, daß ein Journalheft von 6 Bogen auf

5 Quartseiten und dagegen manches wichtigere Werk ... und ganze Jahrgänge großer und guter Journale gar niemals rezensiert werden? Und muß die Bemerkung dieses Mißverhältnisses nicht unangenehme Empfindungen erregen?«

Ärgerlich war auch, daß der Kreis der Mitarbeiter sich kaum erweitern ließ. Goethe lieferte fleißig, wenn auch leider nicht seine *exquisitesten Sachen.* Herder hielt sich noch zurück, wartete ab, wie die Zeitschrift sich entwickelte. Später allerdings wurde er zu einem der tüchtigsten Mitarbeiter. Christian Garve, in den Schiller große Erwartungen setzte, entschuldigte sich mit Krankheit. Kant war eingeladen worden, meldete sich aber nicht. Von Lichtenberg kam wenigstens eine witzige Absage. Er lese nur noch, schrieb er. »Das wenige, was ich noch zuweilen schreibe, geschieht bloß meinen Topf im Kochen zu halten, daher es denn auch nicht selten so ausfällt, daß es sich besser damit Feuer anmachen als daraus lernen läßt.« Der junge Alexander von Humboldt sollte Naturwissenschaftliches beisteuern, aber schickte eine lahme literarische Erzählung. Sein Bruder Wilhelm von Humboldt steuerte einen gedankenreichen Aufsatz bei: »Über den Geschlechtsunterschied und dessen Einfluß auf die organische Natur«. Leider war er schlecht geschrieben. Ein Verstoß gegen den in der Ankündigung der Zeitschrift formulierten Grundsatz, die *Resultate der Wissenschaft ... in einer reizenden, wenigstens einfachen, Hülle dem Gemeinsinn verständlich zu machen suchen.*

Johann Gottlieb Fichte gehörte zunächst zum inneren Kreis der ständigen Mitarbeiter. Er hatte für die erste Nummer, weil noch ein Bogen zu füllen war, im letzten Moment einen Aufsatz hervorgekramt »Über Belebung und Erhöhung des reinen Interesse für Wahrheit«, eine flüchtige Nebenarbeit, enttäuschend. Der Anfang der Zusammenarbeit mit Fichte stand unter keinem guten Stern. Es kam noch schlimmer.

Anfangs war das Verhältnis herzlich, man traf sich bei Humboldts, im Jenaer Professorenclub, bei Schütz in den Redaktionsräumen der »ALZ«. Schiller hörte sogar einige Vorlesungen. In seinen »Briefen zur ästhetischen Erziehung« hatte er auf die *lichtvolle* Darstellung seines Freundes Fichte verwiesen, den dieses Kompliment freute, da er doch nicht nur den Poeten, sondern auch den Philosophen Schiller schätzte. Humboldt berichtete, daß Fichte ihm gesagt habe, Schiller bedeute »sehr viel für die Philosophie« und es sei von ihm philosophisch »schlechterdings eine neue Epoche zu erwarten«.

Zur Zeit aber war es Fichte, der in Jena eine neue Epoche einleitete. Er war jetzt der große Stern am Philosophenhimmel. In seiner »Wissenschaftslehre«, die er zum ersten Mal in Jena vortrug, deduzierte er vor einem staunenden Publikum den Begriff eines allmächtigen Ichs, das die Welt als trägen Widerstand oder als möglichen Stoff seiner »Tathandlungen« erfährt. Selbstverständlich bezog sich diese Allmachtsvision nicht auf das empirische Ich der gewöhnlichen und auch ungewöhnlichen Erdenbürger, die in seine Vorlesung strömten. Gedacht war vielmehr an die Ich-Potenz, die in jedem Erkenntnisakt und in jeder moralischen Entscheidung wirkt. Tatsächlich gibt es die ganze äußere und auch innere Wirklichkeit nur im Brennspiegel dieses Ichs. Das aber hat, zu Ende gedacht, gewaltige Konsequenzen. Denn es ist dann nicht mehr erlaubt, von irgendeiner feststehenden, gänzlich unabhängigen Objektivität zu sprechen, vor allem aber ist es nicht mehr erlaubt, das Subjekt wie ein Objekt zu behandeln, als ein Ding unter Dingen, wie es die Naturalisten, Materialisten und Positivisten gewöhnlich tun. Fichte war der Mann der gewaltigsten Konsequenz bei dieser Belebungsphilosophie. In Jena erzählte man sich, wie er die Studenten im Kolleg aufforderte, die gegenüberliegende Wand anzublicken. »Meine Herren, denken Sie die Wand«, sagte Fichte, »und dann denken Sie sich selbst als das davon Unterschiedene«. Es werden nicht wenige Studenten gewesen sein, die ratlos auf die Wand starrten, wo ihnen nichts auffiel, weil ihnen das eigene Ich nicht einfiel. Mit seinem Wandexperiment aber wollte Fichte das gewöhnliche Bewußtsein auf den Sündenfall seiner Selbstverwechslung mit den Dingen aufmerksam machen. Sie sollten ganz einfach bemerken, daß sie etwas anderes sind als – eine Wand, nämlich ein lebendiges Ich, das sich zur Not ganze Wände wegdenken kann. Der Geist weht schließlich, wo er will. Fichte wollte den vor ihm versammelten Ichs dabei helfen, sich aus ihren Selbstversteinerungen und Selbstverdinglichungen zu befreien, denn, so pflegte er zu sagen, der Mensch sei leichter dahin zu bringen, sich für ein Stück Lava vom Mond als für ein lebendiges Ich zu halten. Aber nicht alle saßen ratlos vor der Wand. Das hinreißende Rednertalent Fichtes versetzte auch viele in Begeisterung. So hatte man noch niemals über das Wunderwerk des eigenen Ichs reden hören. Ein eigentümlicher Zauber ging aus von seinen schwierigen Erkundungen in einer fremden und doch so nahen Welt. Fichte wollte unter seinen Hörern die Lust verbreiten, ein Ich zu sein.

Fichte wirkte polarisierend. Die einen riß er mit, die anderen empörten sich gegen ihn, wieder andere spotteten. Auch Schiller und Goethe machen über diesen wilden Mann der Philosophie, den sie hoch schätzen, ihre Witze. Als Fichte in einen Streit mit studentischen Orden gerät und Studenten ihm nachts die Fensterscheiben einwerfen, schreibt Goethe an seinen Ministerkollegen Voigt: *Sie haben also das absolute Ich in großer Verlegenheit gesehen und freilich ist es von den Nicht Ichs, die man doch gesetzt hat, sehr unhöflich durch die Scheiben zu fliegen.* An Goethe schreibt Schiller spöttisch über Fichte: *Die Welt ist ihm nur ein Ball, den das Ich geworfen hat, und den es bei der Reflexion wieder fängt!! Sonach hätte er seine Gottheit wirklich deklariert, wie wir neulich erwarteten.* Vier Wochen später nennt er Fichte den nach Kant *größten spekulativen Kopf in diesem Jahrhundert.*

Als sich Fichte im Frühsommer 1795 mit den Studentenverbindungen anlegte, denen er übermäßigen Bierkonsum, nächtliche Ruhestörung und Rauflust vorwarf, und vor den dadurch ausgelösten Studentenunruhen ins nahegelegene Oßmannstedt ausweichen mußte, schrieb Schiller an Goethe: *Von hiesigen Novitäten weiß ich Ih-*

nen nichts zu melden, denn mit Freund Fichte ist die reichste Quelle von Absurditäten versiegt.

Inzwischen aber war bei Schiller die Skepsis gegenüber der Philosophie Fichtes gewachsen. Er ahnt die Gefahr einer allzu radikalen Ich-Philosophie. *Der Weg Fichtes,* schrieb Schiller an Johann Benjamin Ehrhard, einen philosophischen Mitarbeiter der »Horen«, *geht an einem Abgrund hin, und alle Wachsamkeit wird nötig sein, nicht in diesen zu stürzen.* Als Fichtes Jugendfreund Friedrich August Weißhuhn, ein genialischer und verwahrloster armer Privatgelehrter, in Jena auftauchte und seinen alten Freund subjektiven Spinozismus vorwarf, fand er Zustimmung bei Schiller, der ihn sogleich um einen Beitrag für die »Horen« bat. Fichte sah das nicht gerne. Der Konflikt mit Schiller spitzte sich zu, als Fichte den aus einer Vorlesung des Sommers 1794 entwickelten Beitrag »Über Geist und Buchstab in der Philosophie« den »Horen« anbot und Schiller ablehnte. Vier Briefkonzepte vom Juni 1795 sind erhalten geblieben. Schiller hatte es sich offenbar nicht leicht gemacht. In dem letzten Konzept, das wahrscheinlich dem abgeschickten Brief entspricht, heißt es: *Durch Ihren Aufsatz ... hoffte ich den philosophischen Teil des Journals zu bereichern, und der Gegenstand, den sie wählten, ließ mich eine allgemein verständliche und allgemein interessierende Untersuchung erwarten. Was erhalte ich nun, und was muten Sie mir zu, dem Publikum vorzulegen? Die alte, von mir noch nicht ganz geendigte Materie, sogar in der alten, schon von mir gewählten Briefform.* Schillers strenges Urteil lautet: Thema verfehlt, außerdem habe sich Fichte in ein Gebiet gewagt, das Schiller für sich selbst reklamiert.

Der gekränkte Fichte geht zum Gegenangriff über und spricht Schiller die philosophische Kompetenz ab, statt mit dem Denken zu denken wolle er mit der Einbildungskraft denken. »Das kann sie nicht«. Schiller soll mit seinem Talent nicht am falschen Ort wuchern.

Schillers Antwort darauf vom 3. August 1795 liegt nur in den Bruchstücken mehrerer Konzepte vor. Der Ton schwankt, mal ist er freundlich, mal gekränkt, dann wieder angriffslustig. Im versöhnlichen Ton schlägt er vor, die *Maxime der gesunden Vernunft* zu *adoptieren, welche lehrt, daß man Dinge, welche man einander nicht gleich setzen kann, einander auch nicht entgegensetzen müsse.* An anderer Stelle kehrt er zu der Schärfe des ersten Briefes zurück. Fichte hatte Goethe zum Schiedsrichter angerufen. Schiller erklärt ihm nun, daß er von Goethe kein günstigeres Urteil zu erwarten habe. *Er ist viel zu fremd in dem philosophischen Gebiet, als daß er mit den ästhetischen Übertretungen, die er Ihnen vorwerfen würde, könnte ausgesöhnt werden.* Inzwischen hatte Schiller mit Goethe über den Konflikt gesprochen und sich bei ihm Rückendeckung geholt.

Auch Goethe war, erstaunlich genug, von Fichte zunächst sehr angetan gewesen. Er hatte sich im Frühjahr 1794 für dessen Berufung auf den Lehrstuhl in Jena eingesetzt. Er nannte ihn einen *wunderlichen Kauz*. Fichte, als er das erste Mal im Haus am Frauenplan vorsprach, wartete nicht, bis ihm Hut und Stock abgenommen wurde, sondern ließ, sogleich ins Gespräch vertieft, seine Garderobe auf den nächsten Tisch fallen. Goethe war beeindruckt von solcher Leidenschaft, die sich um keine Förmlichkeit scherte. Er ließ sich aus der Druckerei den ersten Bogen der »Grundlage der gesamten Wissenschaftslehre« kommen, las darin und schrieb dem Autor: *Er enthält nichts das ich nicht verstünde oder wenigstens zu verstehen glaubte, nichts das sich nicht an meine gewohnte Denkart willig anschlösse.* Fichte mußte das nicht als höfliches Kompliment ansehen, denn nach einer weiteren Unterredung mit Goethe konnte er seiner Frau berichten: »Neulich … hat er mir mein System so bündig und klar dargelegt, daß ich's selbst nicht hätte klarer darstellen können«.

Goethe traute ausgerechnet Fichte zu, daß dieser ihm helfen könnte bei der Überwindung seines Mißtrauens gegen die Philosophie. Er werde ihm Dank wissen, schrieb er ihm, *wenn Sie mich endlich mit den Philosophen versöhnen, die ich nie entbehren und mit denen ich mich niemals vereinigen konnte.* An Fichtes Philosophie sprach ihn die energische Betonung des subjektiven Tätigseins und der Gestaltungswille an. Um diese Zeit nahm er unter seine »Maximen und Reflexionen« den Grundsatz auf, wonach man sich stets zu fragen habe: *Ist es der Gegenstand oder bist du es, der sich hier ausspricht?* Übrigens hatte Goethes von Fichte angeregte Annäherung an die Philosophie auch die Wirkung, daß in diesem Sommer, kurz vor dem »Glücklichen Ereignis« der gelungenen ersten Begegnung, sich der gefühlte Abstand zu Schiller verringern konnte. Schillers spekulativ-philosophischer Geist wirkte, unter dem Einfluß Fichtes, nun weniger befremdlich auf Goethe.

Doch inzwischen hatte sich auch bei Goethe die Sympathie für Fichte abgekühlt. Dessen Subjektivismus ging ihm einfach zu weit, und außerdem hatte er als Administrator der Universität auch anderweitigen Ärger mit dem Professor bekommen, der sich mit seinen Kollegen immer wieder anlegte. Jedenfalls gab Goethe Schiller Rückendeckung, als es im Sommer 1795 zu dem Konflikt um Fichtes »Horen«-Beitrag kam. Er hoffe, schreibt Goethe an Schiller, daß sich das *Oßmanstädter Ich* zusammennehmen werde und nach und nach lerne, Widerspruch zu ertragen.

Fichte hatte in seiner Erwiderung nicht nur Goethe, sondern auch das Publikum und die Nachwelt zum Schiedsrichter aufgerufen. Dazu nun erklärt Schiller, daß Schriften, die nur Verstandesresultate vortragen, notwendigerweise mit der Zeit *entbehrlich werden*, weil *der Verstand entweder gegen diese Resultate gleichgültiger wird, oder auf einem leichtern Weg dazu gelangen kann: da hingegen Schriften, die einen, von ihrem logischen Gehalt unabhängigen Effekt machen, und in denen sich ein Individuum lebend abdrückt, nie entbehrlich werden, und ein unvertilgbares Lebensprinzip in sich enthalten, eben weil jedes Individuum einzig und mithin auch unersetzlich ist.*

Mit diesem Gedanken bringt Schiller einen überraschend neuen Zug ins Spiel von Wahrheit und künstlerischer Bedeutsamkeit. Der Künstler prägt die individuelle Form, der Wissenschaftler gibt dem Stoff die Form des Allgemeinen. Er wirkt durch seine Ergebnisse, und im Erfolgsfall verschwindet er darin. Der Künstler aber weckt

Interesse gerade durch seinen individuellen Stil. Auch wenn er wissenschaftliche Materien behandelt, partizipiert er vermöge seines Stils darüber hinaus an der Welt individueller Bedeutsamkeit. Er positioniert sich auf beiden Feldern, dem des Allgemeinen und dem des Besonderen. Wenn seine Erkenntnisse vielleicht auch veralten oder im Strom des allgemeinen Wissens untergehen, so bleibt sein Werk für die Nachwelt erhalten als individuelle und darum bedeutsame Ausdrucksform. Sollte also die Wahrheit der Theorie über das Schöne fraglich oder selbstverständlich werden, wird sie immer noch überleben können – als schöne Theorie.

In der Auseinandersetzung mit Fichte geht es der Sache nach um die Frage: Wieviel Schönheit, wieviel Stil braucht die Wissenschaft, braucht das Denken?

Nach der Ablehnung von Fichtes Beitrag verfaßt Schiller für die neunte Nummer der »Horen« den Aufsatz »Von der notwendigen Grenze des Schönen, besonders im Vortrag philosophischer Wahrheiten« (später veröffentlicht unter dem Titel: »Über die notwendigen Grenzen beim Gebrauch schöner Formen«). Dort gibt er noch eine andere Begründung für die Überlegenheit des künstlerischen Denkens, indem er die Einbildungskraft, die Fichte philosophisch unter Kuratel stellen wollte, als Denkorgan rehabilitiert. Zwar, schreibt Schiller in dem genannten Aufsatz, hieße es etwas Unmögliches verlangen, *wenn ein Werk, das den Denker anstrengt, zugleich dem bloßen Schöngeist zum leichten Spiele dienen sollte.* Wissenschaft und Philosophie dürfen nicht nur gefallen und also gefällig sein wollen. Auf das Spiel der Einbildungskraft, eine ästhetische Domäne, können sie aber auch nicht verzichten. Die Einbildungskraft, so Schiller, erreicht wie im Fluge Ideen, die für den mühsamen Gang der Verstandesbegriffe unerreichbar bleiben müssen. Philosophie reinigt die Begriffe, viel mehr kann sie nicht tun. Ziemlich von oben herab wird sie dann in den ein halbes Jahr später gemeinsam mit Goethe verfaßten »Xenien« unter dem Titel »Bedientenpflicht« abgefertigt: *Rein zuerst sei das Haus, in welchem die Königin einzieht, /*

Frisch denn, die Stuben gefegt! dafür ihr Herrn, seid ihr da. Kein Wunder, daß Schiller die Kunst über Philosophie und Wissenschaft stellt in dem Augenblick, da er selbst dabei ist, seine *philosophische Bude* zu schließen und von der Theorie wieder zur Poesie zurückzukehren.

Was aber Fichte betrifft, so bedauert er doch jene Sprachlosigkeit, die nun zwischen ihnen herrscht. Wie eine Elegie aufs Verlorene klingt eine Bemerkung aus dem ersten Briefentwurf: *Wir haben in einer Zeit gelebt, und die Nachwelt wird uns als Zeitgenossen zu Nachbarn machen etc., aber wie wenig haben wir uns vereinigt.* So ganz zerstört ist die Freundschaft allerdings doch nicht, immerhin hilft Schiller Fichte mit einigem Geld aus und berät ihn in Wohnungsfragen. Als Fichte vier Jahre später im Atheismusstreit Jena verlassen muß, zeigt sich aber dann, wie weit man sich inzwischen voneinander entfernt hat. Schiller wie auch Goethe lassen dieses große Ich, das ihnen doch auch auf die Nerven gegangen war, gerne ziehen.

Mit der fünften Nummer der »Horen«, die eine Ansammlung sperriger oder beiläufiger Beiträge von Weißhuhn, Voß, Körner, Woltmann enthielt (allerdings auch Goethes Aufsatz über »Literarischen Sanscülottismus«) war man bereits nach einem halben Jahr auf einem Tiefpunkt angelangt. Es mußte etwas geschehen. Schon öfter hatte Schiller bei Goethe angefragt, ob er nicht etwas aus dem »Faust« in den Vorabdruck geben könnte. Goethe hatte das Ansinnen stets mit dem Argument abgelehnt, er wage *nicht das Paket aufzuschnüren das ihn gefangen hält. Ich könnte nicht abschreiben ohne auszuarbeiten und dazu fühle ich mir keinen Mut.* Schiller mußte sich damit abfinden, doch er hoffte, daß ein anderes Werk, das Goethe auch noch zurückhielt, den »Horen« aufhelfen könnte: die »Römischen Elegien«.

Goethe hatte sie Schiller bei dem ersten Besuch im September 1794 vorgelesen und für die »Horen« angeboten. Schiller war entzückt, auch wenn er sie Charlotte gegenüber *schlüpfrig und nicht sehr dezent* genannt hat. Gerade deshalb versprach er sich ein Aufsehen, das den »Horen« zugute kommen würde. Auch Goethe ist offenbar inzwischen daran gelegen, dieses Werk, das kurz nach seiner Rückkehr aus Italien und in der Zeit des erotischen Honigmonds mit Christiane entstanden war, an die Öffentlichkeit zu geben. Ehe er die Elegien in seine Werkausgabe aufnehmen wollte, sollte ihre Wirkung in der Zeitschrift getestet werden. Bis dahin hatten die Freunde und Bekannten, denen er sie zu lesen gab, von einer Veröffentlichung abgeraten. Das gilt für Herder und für den sonst keineswegs prüden Herzog. Der rät ihm, noch eine Weile mit der Veröffentlichung zu warten. Man müsse in Weimar zunächst noch die Irritationen in Bezug auf Christiane Vulpius verarbeiten. Inzwischen sind fünf Jahre vergangen. Goethes Stellung in Weimar hat sich wieder konsolidiert. Man kann dem Publikum die Elegien zumuten, denkt er. Auch will er dem Freund einen Gefallen tun. Mit geheimbündlerischem Gestus schickt er ihm am 28. Oktober 1794 das Manuskript der Elegien: *Ich wünschte daß Sie sie nicht aus Händen gäben … Alsdann erbitte ich mir sie zurück, um vielleicht noch einiges zu retuschieren.* Schiller bedankt sich postwendend, lobt den *echten körnigten Dichtergeist*, fügt aber hinzu: *Einige kleine Züge habe ich ungern darin vermißt, doch begreife ich, daß sie aufgeopfert werden mußten.* Vielleicht hatte Schiller die priapischen Verse zu hören bekommen, die Goethe als erstes sekretierte: *Nahet sich einer und blinzt über den zierlichen Raum, / Ekelt an Früchten der reinen Natur, so straf ihn von hinten / Mit dem Pfahle der dir rot von den Hüften entspringt.*

Schiller möchte die Elegien bald herausbringen. Doch Goethe scheint der Mut wieder verlassen zu haben. Er zögert, und schließlich läßt sich auch Schiller von Goethes Bedenken anstecken. Es vergeht ein halbes Jahr. Schiller hatte Streichungen in der zweiten und sechzehnten Elegie vorgeschlagen. Wahrscheinlich handelte es sich um die folgenden Verse aus der zweiten Elegie: *Schon fällt dein wollenes Kleidchen / So wie der Freund es gelöst faltig zum Boden hinab … / Uns ergötzen die Freuden des echten nacketen Amors / Und des geschaukelten Betts lieblicher knarrender Ton.* Aus der sechzehnten Elegie, einem einzigen Stoßseufzer der Sorge vor Geschlechtskrankheit, sollten wohl jene Verse gestrichen werden, wo die Ehe als Gefahrenherd beschworen wird: *Nirgend legt man das Haupt ruhig dem Weib in den Schoß. / Sicher ist nicht das Ehebett mehr, nicht sicher der Ehbruch.*

Am Ende entschließt sich Goethe, beide Elegien ganz wegzulassen. Ihr *zerstümmeltes Ansehn* würde auffallend sein und er habe keine Lust, *etwas kurrenteres* einzufügen. Schiller bleibt hartnäckig: Listig argumentiert er, daß die Lücke aus Gründen der *Schamhaftigkeit, die von einem Journal gefordert wird,* die Neugier wachhält auf einen vollständigen Abdruck der Elegien in der nächsten Werkausgabe. Doch Goethe bleibt bei seiner Entscheidung. Die »Römischen Elegien« erscheinen ohne die problematischen Stücke in der sechsten Nummer der »Horen« zusammen mit dem Schluß von Schillers »Ästhetischen Briefen«, der den passenden Titel trägt: »Die schmelzende Schönheit«. Goethe nennt diese bizarre Nummer der »Horen« vom Herbst 1795 launig einen *Centaur:* der Kopf aus Schillers Theorie; der Tierleib die Goetheschen Elegien.

Diese Nummer der »Horen« war die erste, die beim Publikum wirklich einschlug. Cotta hatte es geahnt: »Ein Heft, das Aller Bewunderung auf sich ziehen wird« schrieb er nach Erhalt der Manuskripte. Das Heft fand reißenden Absatz, und überall redete man darüber. Diejenigen, von denen man es erwarten konnte, äußern sich bewundernd: Wieland, Knebel, die Schlegels und überhaupt der jüngere Teil des Publikums. Aber es gibt Grund zur Besorgnis. Schiller an Goethe: *Was ich unterdessen von dem Centaur erfahren, klang noch ganz gut ... Die eigentlich gefürchteten Gerichtshöfe haben freilich noch nicht gesprochen.* Deren Bannsprüche lassen nicht auf sich warten. Schiller verteidigte vorsorglich seinen Freund. An seinen Förderer, den Herzog von Augustenburg, der sich irritiert gezeigt hatte, schrieb er: *Die Elegien ... sind vielleicht in einem zu freien Tone geschrieben ... Aber die hohe poetische Schönheit, mit der sie geschrieben sind, riß mich hin, und dann gestehe ich, daß ich zwar eine konventionelle, aber nicht die wahre und natürliche Dezenz dadurch verletzt glaube.*

Der Weimarer Herzog schrieb an Schiller: die Elegien hätten ihm zwar gefallen, aber es fänden sich doch »einige zu rüstige Gedanken« darin; deshalb wäre es besser gewesen, sie noch eine Weile lang liegen zu lassen. Es bestünde nämlich die Gefahr, daß mindere Schriftsteller zur Nachahmung angeregt würden, was die Epoche weiter hinausschieben könnte, wo die deutsche Literatur endlich einen respektablen »Grad von Humanität« erlangen könnte. Nicht überraschend ist das Verdikt der Frau von Stein: »Ich habe für diese Art Gedichte keinen Sinn.« Humboldt schildert, wie man sich in Berlin darüber errege, daß sich Goethe bei seiner Kur in Karlsbad mit zwei »getauften Jüdinnen« (es handelte sich um Rahel Levin und ihre Freundin Marianne Meyer) abgegeben und ihnen »die einzelnen Gelegenheiten erzählt habe, die ihn zu den ›Elegien‹ veranlaßt« hätten, namentlich zu dem Vers »Und der Barbar beherrscht römischen Busen und Leib«.

Besonders drastisch äußert sich Herder über die »Elegien«. Böttiger, der Kolporteur vor Ort, berichtet aus Weimar: »Alle ehrbaren Frauen sind empört über die bordellmäßige Nacktheit. Herder sagte sehr schön, er (Goethe) habe der Frechheit ein kaiserliches Insiegel aufgedrückt. Die ›Horen‹ müßten nun mit dem u gedruckt werden«. Dieses Bonmot verbreitete sich in Windeseile. Im Norden lästert man über den »Hurenkram«. Ein spätes Echo dieser Erregungen findet sich in einem Spottgedicht August Wilhelm Schlegels aus der Zeit nach dem Zerwürfnis mit Schiller: »Die Horen wurden bald zu Huren / Die steigend von dem Götterthron / Nach Leipzig auf die Messe fuhren / Um schnöder Honorare Lohn«.

Die Häme über die »Horen«-Wirtschaft war in der literarischen Szene weit verbreitet. Die großen Namen, das Geld, das stolze Auftreten der Herausgeber, die den Eindruck erweckten, sie wollten die ganze literarische Welt erziehen, das alles hatte Mißgunst geweckt und Schadenfreude, als sich nach einigen Nummern der Niedergang abzeichnete. Der Philosophieprofessor Mackensen aus Kiel konnte sich einiger Zustimmung sicher sein, als er schrieb:

»Gerade in diesem Journale, das dem Deutschen Volke recht eigentlich gewidmet sein soll, treibt sich ein Häufchen idiosynkratischer Schriftsteller in seinem engen Kreis herum, in welchen kein anderer, als ein Eingeweihter treten, und mit dem Volke so wenig gemein haben kann, daß es vielmehr davor, als vor einem Zauberkreise zurückbeben wird«.

Zu denen, die sich in diesen »Zauberkreis« drängten, gehörten die Brüder August Wilhelm und Friedrich Schlegel. August Wilhelm, der ältere der beiden hochbegabten Brüder, hatte sich, ehe ihn Schiller für die »Horen« verpflichtete, bereits einen Namen als Literaturkritiker gemacht. Seine günstige Besprechung der »Thalia« und des Gedichtes »Die Künstler« lenkten Schillers Aufmerksamkeit auf ihn. Körner, der schon zuvor mit den Schlegels auf vertrautem Fuße stand, fand August Wilhelms Haltung zu devot: »Seine Kritik sieht noch zu sehr an Dir hinauf«, hatte er 1790 an Schiller geschrieben. Als Schillers vernichtende Bürger-Kritik erschien, geriet August Wilhelm Schlegel, der um Schiller warb, in einen inneren Konflikt, denn er gehörte in Göttingen zum Freundeskreis Gottfried August Bürgers. Karoline Böhmer, seine spätere Frau, die niemals ein Verständnis für Schillers Dichtung fand, war entrüstet und ermunterte Schlegel zu einem bissigen Gedicht gegen Schiller, das anonym im »Göttinger Musenalmanach« erschien: »Ward Kraft und Genius Dir angeboren, / Und modelst doch an Dir mit Müh und Qual?« Noch wußte Schiller nicht, wer hinter diesem Angriff steckt. Ein halbes Jahr später, am 17. Mai 1792, lernte Schiller im Hause Körner den Bruder, den 20jährigen Friedrich Schlegel kennen. Körner gegenüber nennt er ihn einen »unbescheidenen kalten Witzling«. Friedrich erfährt es, hält Schiller aber trotzdem für einen »großen Mann«, der ihm »ganz außerordentlich gefällt«. Schiller mißfällt die spöttische, ironische, arrogante Art des genialischen jungen Mannes, der schon alles gelesen zu haben scheint und zu schnell urteilt. Friedrich Schlegel bewundert Schiller als Person, nicht aber sein Werk, es ist ihm zu rhetorisch und lasse sich dazu herab, »die Neugier zu spannen«. Schiller ist berühmt, Friedrich Schlegel möchte es werden und hat zu diesem Zweck die Methode der Provokation gewählt.

Die beiden Schlegels sind die Wortführer einer Generation, die auf Neuerungen drängt. Als Freunde der Revolution sind sie von dem Wunsch beseelt, es möge auch in der Literatur etwas Revolutionäres geschehen. Schöpferisches Chaos, so Friedrich Schlegel, ist gut für die Literatur, denn stets war »Anarchie ... die Mutter einer wohltätigen Revolution. Sollte die ästhetische Anarchie unsres Zeitalters nicht eine ähnliche glückliche Katastrophe erwarten dürfen?« Friedrich Schlegel, kühner als sein älterer Bruder, sieht sich gerne in der Rolle des Unruhestifters. Schiller war ihm auch philosophisch nicht radikal genug. Das allerdings ändert sich mit dem Erscheinen von Schillers Abhandlung »Über naive und sentimentalische Dichtung«. Friedrich Schlegel hatte sich in seinem Aufsatz »Über das Studium der griechischen Poesie« unabhängig von Schiller auch an einer Unterscheidung zwischen Antike und Moderne versucht und als er, nach Fertigstellung seiner Arbeit, Schillers Abhandlung las, war er wie elektrisiert und schrieb an seinen Bruder: »Schiller hat mir wirklich Aufschlüsse gegeben ... Der Entschluß, noch diesen Winter eine Skizze meiner Poetik für den Druck auszuarbeiten, ist nun fest genommen«.

Schillers Aufsatz war ein entscheidendes Erlebnis seiner geistigen Entwicklung. Friedrich Schlegel hatte, wie Schiller, Antike und Moderne mit den Begriffen des ›Objektiven‹ und ›Subjektiven‹ unterschieden, aber noch mit deutlicher Bevorzugung der ›objektiven‹ Antike. Friedrich Schlegel hatte es noch nicht gewagt, das totale Übergewicht des Individuellen und Interessanten in der Moderne ebenso positiv zu bewerten wie Schiller das »Sentimentalische«, worin Schlegel eine Entsprechung zu seinem Begriff des »Interessanten« sah. Erst durch die Schiller-Lektüre fühlte er sich zur selbstbewußten Modernität ermuntert. In der später geschriebenen »Vorrede« zu seinem Aufsatz »Über das Studium der griechischen Philosophie« bedankt sich Friedrich Schlegel ausdrücklich bei Schiller.

Die Ironie der Geschichte will es, daß Friedrich Schlegel ausgerechnet durch Schiller vom Klassizisten, der er trotz seiner Liebe zur »Anarchie« immer noch war, zu jenem wilden Denker einer subjektiv-ironischen Romantik wurde, den Schiller nicht leiden konnte und über den er nach Lektüre des »Athenäums« am 23. Juli 1798 an Goethe schreibt: *mir macht diese naseweise, entscheidende, schneidende und einseitige Manier physisch wehe.* Für Schiller war Friedrich Schlegel eine Karikatur des »Sentimentalischen«, er verkörperte für ihn die Unnatur, bei der die Poesie durch Reflexion abgetötet wird. Da Schiller aber nur zu genau wußte, daß auch bei ihm selbst diese Gefahr bestand, galt ihm Schlegel fast als ein mißratener jüngerer Bruder, an dem die eigenen Gefährdungen zur Kenntlichkeit verzerrt hervortraten. Daher auch Schillers außergewöhnliche Gereiztheit. Nach der Lektüre der »Lucinde«, Schlegels erstem und einzigen Roman, bemerkt Schiller zu Goethe: *Ich habe mir vor einigen Stunden durch Schlegels »Lucinde« den Kopf so taumelig gemacht, daß es mir noch nachgeht ... Da er fühlt, wie schlecht er im poetischen fortkommt, so hat er sich ein Ideal seiner selbst aus L i e b e und dem W i t z zusammengesetzt ... diese Schrift ist der Gipfel moderner Unform und Unnatur.* Goethe, den die Schlegels – auch um Schiller zu ärgern – geradezu kultisch verehrten, gab sich gelassen. Er versuchte Schillers Zorn zu dämpfen. Er nennt in seiner Antwort den Roman eine wunderliche Produktion, um dann beiläufig zu bemerken: *Wenn mir's einmal in die Hände kommt, will ich's auch ansehen.*

Schillers Verhältnis zu August Wilhelm Schlegel, dem älteren der Brüder, der zahlreiche Beiträge sowohl für die »Horen« als auch für den von Schiller neu begründeten »Musenalmanach« geliefert hatte, hatte sich zunächst besser angelassen. Schiller wollte ihn sogar einmal als »Vizedirektor« bei den »Horen« einsetzen. Da aber erschien eine unfreundliche Kritik aus der Feder des jüngeren Bruders, worin bemängelt wurde, daß die Zeitschrift inzwischen zu mehr als der Hälfte aus Übersetzungen bestünde. Schiller ist auch darum so empört, weil es gerade August Wilhelm Schlegel war, der die vom Bruder gerügten zahlreichen Übersetzungen beigesteuert hatte. Am 31. Mai 1797 schreibt Schiller an August Wilhelm Schlegel: *Es hat mir Vergnügen gemacht, Ihnen durch Einrückung Ihrer Übersetzungen aus Dante und Shakespear in die »Horen« zu einer Einnahme Gelegenheit zu geben, wie man sie nicht immer haben kann, da ich aber annehmen muß, daß mich Herr Friedrich Schlegel zu der nämlichen Zeit, wo ich Ihnen diesen Vorteil verschaffe, öffentlich deswegen schilt … so werden Sie mich für die Zukunft entschuldigen. Und um Sie, einmal für allemal, von einem Verhältnis frei zu machen, das für eine offene Denkungsart und eine zarte Gesinnung notwendig lästig sein muß, so lassen Sie mich überhaupt eine Verbindung abbrechen, die unter so bewandten Umständen gar zu sonderbar ist, und mein Vertrauen zu oft schon kompromittierte.*

August Wilhelm befürchtet, einer wichtigen Einnahmequelle verlustig zu gehen – die »Horen« zahlten die damals höchsten Honorare –, und darum beteuert er seine Unschuld an dem Frevel. Karoline bittet Goethe um Vermittlung, der in den folgenden Wochen auch versucht, die Wogen zu glätten, mit halbem Erfolg. August Wilhelm blieb vom persönlichen Verkehr mit Schiller ausgeschlossen, aber als Mitarbeiter des »Musenalmanachs« zugelassen. Schiller hatte wohl auch deshalb so gereizt auf die Kritik reagiert, weil er sie nicht unberechtigt fand. Denn da er inzwischen das Interesse an den »Horen« fast verloren hatte, nahm er, um das Heft zu füllen, gerne A. W. Schlegels Übersetzungen an, die er im übrigen schätzte.

So entstand der Riß zwischen Schiller und der ersten Generation der Romantiker, die sich um die Schlegels sammelten. Aber nicht alle ließen sich in die Querelen hineinziehen. Novalis und Tieck beispielsweise blieben bei ihrer Liebe und Verehrung für Schiller.

Die Schlegels verabredeten untereinander, daß sie vorerst nichts Kritisches mehr über Schiller veröffentlichen wollten, um nicht auch noch das Wohlwollen Goethes zu verlieren, denn das ging ihnen über alles. Goethe war für sie ganz einfach der »Wiederhersteller der Poesie in Deutschland«, im Vergleich dazu erschien ihnen Schiller als bloßer Rhetoriker. Schiller war für sie eine literarische Macht, die man respektieren mußte; doch Goethe war eine Offenbarung. Als Schleiermacher 1799 gegen Schiller zu Felde ziehen will, schreibt ihm August Wilhelm Schlegel: »Wenn wir mit Schiller übel umgehen, so verderben wir unser persönliches Verhältnis mit Goethe«. Die Taktik hatte Erfolg. Goethe wurde nicht verärgert und ließ sogar, wovon noch die Rede sein wird, gegen Schillers Rat 1802 zwei Theaterstücke der Brüder am Weimarer Theater aufführen. In einem 1837 verfaßten Rückblick auf die Affäre Schiller stellt der greise August Wilhelm Schlegel mit Genugtuung fest: »Überhaupt trat Goethe auf eine sehr liebenswürdige Weise vermittelnd ein. Seine sorgsame Schonung für Schiller, welche der eines zärtlichen Ehemannes für seine nervenschwache Frau glich, hielt ihn nicht ab, mit uns auf dem freundschaftlichsten Fuße fortzuleben.«

Goethe hat im Konflikt Schillers mit den Schlegels auch wirklich stets besänftigend und vermittelnd eingegriffen. So etwa antwortete er auf Schillers wütende Kritik an Friedrich Schlegels Athenäum-Fragmente mit der Bemerkung: *Das Schlegelsche Ingrediens, in seiner ganzen Individualität scheint mir denn doch ... nicht zu verachten. Diese allgemeine Nichtigkeit, Parteisucht ..., diese Katzenbuckelgebärden, diese Leerheit und Lahmheit ... hat an einem solchen Wespenneste wie die Fragmente sind einen fürchterlichen Gegner.*

Goethe selbst hatte auch keinen Grund, über die Schlegels verärgert zu sein. Sie rührten ja auch tüchtig die Werbetrommel für ihn, etwa wenn Friedrich Schlegel schreibt: »Wer Goethes Meister gehörig charakterisierte, der hätte damit wohl eigentlich gesagt, was es jetzt an der Zeit ist in der Poesie. Er dürfte sich, was poetische Kritik betrifft, immer zur Ruhe setzen.«

Auf diese Weise von ihm in den Himmel gelobt, hielt Goethe Friedrich Schlegel für einen genialischen jungen Mann, von dem man noch große Dinge erwarten durfte, wenn er nur lernte sich zu disziplinieren – auch beim Lob, das war hier für Goethes Geschmack denn doch zu stark aufgetragen. Trotzdem las er Friedrich Schlegels Schriften ganz gerne, persönlich aber wollte er ihn nicht um sich haben, das Hetzende und Gehetzte war ihm unsympathisch, er nannte ihn *eine rechte Brennessel*. Den älteren, sich distinguiert gebenden Bruder August Wilhelm Schlegel dagegen mochte er auch im persönlichen Umgang. Er war ein gerne gesehener Gast am Frauenplan, sogar in der Zeit des Streites mit Schiller. Goethe schätzte ihn als Shakespeare-Übersetzer, Literaturhistoriker und Fachmann für antike Metrik und zog ihn für die eigenen Distichen und Hexameter gerne zu Rate. In den Gesprächen mit Eckermann bekennt er viele Jahre später (1825), daß die Schlegels einst für ihn von großer Wichtigkeit gewesen seien: »Es sind mir daher unnennbare Vorteile entstanden«. Nachdem jedoch Goethe 1828/29 den Briefwechsel mit Schiller herausgegeben und August Wilhelm sich darüber erbost geäußert hatte, weil er sich schlecht abgespiegelt fand, revidierte Goethe sein mildes Urteil über die Schlegels. Am 20. Oktober 1831 schrieb er an Zelter: *Die Gebrüder Schlegel waren und sind, bei so viel schönen Gaben, unglückliche Menschen ihr Lebenlang; sie wollten mehr vorstellen als ihnen von Natur gegönnt war und mehr wirken als sie vermochten; daher haben sie in Kunst und Literatur viel Unheil angerichtet.*

Mit dem Ausscheiden August Wilhelms aus dem Kreis der »Horen«-Mitarbeiter im Mai 1797 war eine weitere wichtige Stütze des ganzen Unternehmens weggebrochen. Er war sehr fleißig gewesen, und es wurde für Schiller immer schwieriger, die Hefte zu füllen, zumal da er selbst und auch Goethe die Lust zu eigenen Beiträgen verloren hatten. Goethes Übersetzung der Cellini-Autobiographie erscheint in Fortsetzungen noch bis zum Herbst 1796. Danach steuert Goethe nichts mehr bei. Schillers letzter Beitrag ist der Aufsatz »Über den moralischen Nutzen ästhetischer Sitten« für das dritte Heft 1796. Die Zeitschrift wurde zwar noch anderthalb Jahre fortgeführt, aber der Ehrgeiz des Anfangs war verschwunden. Jetzt schlug die Stunde der Frauen. Schillers Schwägerin Karoline von Wolzogen, Louise Brachmann, Friederike Brun, Amalie von Imhoff, Sophie Mereau, Elisa von Recke bekamen ihre Auftritte. In einem Brief an Schiller sprach Goethe am 16. Dezember 1797 ein wenig spöttisch vom *weiblichen Zeitalter* der Horen.

Am 26. Januar 1798 meldet Schiller dem Freund das baldige Ableben der Zeitschrift, in deren Zeichen ihre Freundschaft begonnen hatte: *Wir werden ... beim Aufhören keinen Eklat machen.* Für einen Augenblick aber verspürt der versierte Dramatiker und Journalist doch die Versuchung, sich mit einem großen Knall zu verabschieden. Könnte man nicht, schreibt er halb ernst halb ironisch, in die letzte Nummer *einen tollen politisch-religiösen Aufsatz* setzen lassen, der ein *Verbot der Horen* veranlassen würde? *Wenn Sie mir einen solchen wissen, so ist noch Platz dafür.*

Es ist nicht überliefert, daß Goethe etwas dazu eingefallen wäre.

Achtes Kapitel

Goethe in Jena. Lebensbilder einer Freundschaft. Charlotte und Christiane. Abstand zum unordentlichen Liebesleben. Schiller und Christiane bei Mondschein. Die Herren im Gespräch auf dem Feldherrnhügel der Literatur. Die Xenien. Schiller, Egmont und die Grausamkeit. Der Balladensommer 1797

Seit dem Beginn der Freundschaft ergriff Goethe jede Gelegenheit, um von Weimar nach Jena herüberzukommen. Es gab, neben Schiller, auch noch andere Gründe für häufige Besuche. Er hatte dienstliche Verpflichtungen. Es oblag ihm formell die Aufsicht über die Universität; er kümmerte sich um die Neuordnung der Bibliothek, des anatomischen Museums, der botanischen Einrichtungen. Er blieb auch hier ein Repräsentant der Macht, war aber doch auch fern von ihr, teils Stellvertreter des Herzogs, teils bürgerlicher Ausreißer, der sich in der Universitätsstadt fortbilden wollte und die Gesellschaft der Gelehrten, Studenten und Literaten suchte. Hier seien die *guten Musen* und nicht so viele *Courmacher,* pflegte er zu sagen. Und tatsächlich hatte man allgemein den Eindruck, daß Goethe in Jena weniger darauf achtete, »in Gesellschaft mit irgend einem Vornehmen« zu kommen und »daß er jetzt besser gelaunt ist als jemals ... und äußerst gerne in völliger und fröhlicher Ungezwungenheit lebt«. Er bewohnte einige Zimmer im Alten Schloß, gleich gegenüber der Universität und in der Nähe des Griesbachschen Hauses, in das die Schillers im Frühjahr 1795 gezogen waren. Es war hier stiller als in Weimar am Frauenplan. Keine unaufhörlich rasselnden Webstühle in der Nähe wie dort, nur Hundegekläff störte.

Goethe wirtschaftete junggesellisch, bereitete sich selbst sein Frühstück mit Würsten, Bücklingen, Bier und Trinkschokolade, die er sich von Christiane aus Weimar schicken ließ. Das Mittagsmahl nahm er gegen Bezahlung bei Privatleuten ein. Abends, wenn er nicht bei Schillers oder anderen Bekannten speiste, ließ er sich Essen bringen oder bereitete sich selbst etwas zu. Christiane versorgte ihn mit Gemüse aus dem Garten, mit Wein, Rebhühnern, Gänseleberpasteten, Sülzen. Sie bedauerte seine längeren Abwesenheiten und klagte über die Hausarbeiten. Sie versorgte ihn mit Klatsch und Tratsch aus Weimar und fragte häufig an, wann sie denn mit dem kleinen August herüberkommen könne. Wenn sie dann, auf Goethes Erlaubnis oder Bitten hin – *Ich muß Dich einmal wieder an mein Herz drücken und Dir sagen, daß ich Dich recht lieb habe* –, zu Besuch kam, nahm sie Quartier im »Schwarzen Bären«. August, Spielgefährte des kleinen Karl, durfte manchmal bei den Schillers schlafen.

In Jena konnte Goethe ungestörter arbeiten. Hier schrieb er große Teile des »Wilhelm Meister«, das Epos »Herrmann und Dorothea« entstand fast vollständig im Alten Schloß, ebenso die Balladen im Sommer 1797. Gerne kehrte er *in den Uterus der Alma mater* zurück, ließ sich im Laboratorium seines Schützlings Professor Göttling chemische Versuche vorführen. Im Januar 1795, als er mit Schiller über die ersten Bücher des »Wilhelm Meister« konferierte, besuchte er, begleitet von dem Adlatus Meyer, von Wilhelm von Humboldt und Max Jacobi jeden Morgen im eisigen, fast leeren Hörsaal die anatomischen Vorlesungen des Professors Justus Christian Loder über Bindegewebe. Und da in diesem kalten Winter die Tierkadaver besonders gut konserviert waren, ließ Loder es sich angelegen sein, dem Geheimrat samt Anhang das eine und andere Privatissimum zu geben. Max Jacobi, der Sohn des Freundes Friedrich Jacobi, kam jeweils früh morgens um sieben Uhr ins Alte Schloß, um Goethe abzuholen. Der diktierte ihm dann noch vom Bett aus die ersten Entwürfe einer »Allgemeinen Einleitung in die vergleichende Anatomie«. Über diese Materien wurde mit Schiller, der erst mittags aus dem Bett kam, abends verhandelt. Schiller steuerte seine Ideen bei, die er aus Kants »Kritik der Urteilskraft« bezog, namentlich die Gedanken über Naturteleologie. Die Kunst wird vollkommener, je mehr Künstlichkeit sie verliert und sich der organischen Stimmigkeit der Natur nähert, und umgekehrt erscheint die Natur mit ihrer Zweckmäßigkeit ohne Zweck wie ein Kunstwerk. Auf diese Idee zum Beispiel konnte man sich einigen. Anfangs hatte Goethe es noch versucht, dann aber darauf verzichtet, den fast immer kränklichen Schiller für gemeinsame Schlittschuhfahrten auf der zugefrorenen Saale zu gewinnen. So zog er dort allein seine Kreise, eine wunderliche, respekteinflößende Erscheinung mit Dreispitz, Zopf und langem braunen Mantel, ruhig gleitend, die Hände hinterm Rücken verschränkt.

Im Sommer gelang es ihm, Schiller bisweilen zu einem Spaziergang zu überreden. Dann sah man die beiden Arm in Arm am Ufer der Saale wandeln, im Laubengang des »Paradies«, so nannte man den Park an den Flußauen. Schiller war jetzt stets sorgfältig gekleidet. »Er trug gewöhnlich«, berichtet ein Augenzeuge, »einen grauen Überrock, den feinen weißen Hemdenkragen offen, das rötlichblonde Haar sorgfältig zurückgeschlagen, – überhaupt war eine gewisse Achtsamkeit in der Kleidung, jedoch ohne alle pedantische Übertreibung, bei ihm nicht zu verkennen.« Kein Wunder, daß Goethe zu Dritten immer vom *Hofrat Schiller* sprach. Sogar in seinen »Tag- und Jahres-Heften« und später in den Gesprächen mit Eckermann nennt er den Freund stets mit Titel. Schiller hätte überall eine gute Figur gemacht, sagte er, sogar in einem Staatsrat.

Zuerst war ihm Schiller vom Aussehen her durchaus nicht sympathisch gewesen, dieser lang aufgeschossene, hagere Mann mit den roten Flecken auf den Wangen. Ausgezehrt, in den Bewegungen nachdrücklich, aber ungelenk. Das Haar sorgfältig frisiert, aber dünn. Oft übernächtigt, mit Ringen unter den Augen. Dann die gelben Tabakflecken unter der scharfgeschnittenen Nase. Distanziertes Auftreten, mehr Würde als Anmut. Die Lebensführung ganz das Gegenteil von der seinen. Nachtarbeit, Schlaf bis zum Mittag, wenig Geselligkeit. Unablässig Stimulanzien, Kaffee, Wein, Arrak oder die berühmten fauligen Äpfel in der Schublade. Als Goethe sie eines Tages zu riechen bekommt, stürzt er zum Fenster, um frische Luft zu schnappen. Überhaupt war der Geruch von Krankheit immer um Schiller, der ahnte, daß dies nicht nach Goethes Geschmack war. Deshalb hatte er ihm vor seinem ersten längeren Besuch im Haus am Frauenplan auch geschrieben: *Ich bitte bloß um die leidige Freiheit, bei Ihnen krank sein zu dürfen.* Doch Goethe respektierte das nicht nur, er nahm geradezu liebevoll Rücksicht darauf. Schiller, der größere Menschenmengen kaum ertragen konnte, wurde bei geselligen Abenden im Haus am Frauenplan in einen kleineren Salon gesetzt, wo nicht mehr als sechs Personen Platz fanden. Die Besucher suchten dann nach und nach seine Nähe. So durfte Schiller Hof halten. Im Weimarer Theater richtete Goethe ihm eine besondere Loge ein, von der aus er sehen konnte ohne gesehen zu werden.

Bei seinen Aufenthalten in Jena war Goethe häufig zu Besuch bei Schiller. Gewöhnlich kam er am späten Nachmittag und blieb bis in den Abend, manchmal sogar bis tief in die Nacht. Oft brachte er ein kleines Geschenk für die Küche mit, einen Hecht, Erdbeeren, Gemüse oder einen Hasen; auch Spielsachen für den Kleinen. Einmal sogar eine Spielzeugguillotine. Goethe benötigte immer eine gewisse Anlaufzeit. Zunächst verhielt er sich schweigsam, nahm sich ein Buch vor oder zeichnete. Wenn ihn die Kinder umlärmten, was bisweilen vorkam, spielte er mit ihnen. So taute er auf. Tee wurde gereicht, später Wein. Dann konnte der Diskurs beginnen. Schiller schritt gerne im Zimmer auf und ab, aber auch Goethe hielt es oft nicht an seinem Platz. Schiller schritt mächtig aus, Goethe stand lieber. Wurde es laut, schloß Charlotte die Fenster. In der Erregung des Gesprächs kam Schiller zu Kräften. Dann merkte man nichts von seinen Leiden und Krankheiten. Nur wenn es zu heftig zuging, verließ er für kurze Zeit den Raum, um sich zu beruhigen, vielleicht auch um irgend ein Mittel einzunehmen. Das Nachtmahl nahmen die beiden bei Schillers in der Regel alleine ein.

Goethe behandelte die Frau des Hauses, Charlotte, zuvorkommend, fast zärtlich. Die Vertrautheit früherer Jahre wirkte sich aus, als er Charlotte häufig bei Frau von Stein, ihrer Patentante, antraf. Kein Brief an Schiller, der nicht einen Gruß an sie enthielte. Schiller aber tat lange Zeit so, als gäbe es Christiane nicht. Kein Gruß, keine Nachfrage, keine Einladung, auch keinen Dank, wenn er wieder einmal in Goethes Haus zu Gast war und sie ihn versorgt hatte. Auch bei solchen Gelegenheiten kam es nicht zu einem wirklichen Umgang mit ihr. Goethe tat ein übriges, um seine Frau vor der Öffentlichkeit zu verbergen. Das war auch gegenüber Schiller nicht anders. Und der äußerte keineswegs den Wunsch, daß sich das ändern möge. Seine Freundschaft mit Goethe ging über sie hinweg, auch wenn Christiane bei Charlottes Schwangerschaften oder Krankheiten Schillers Kinder in ihre Obhut nahm.

Aus Briefen an Körner und Humboldt wissen wir, daß auch Schiller in den ersten Jahren, wie viele andere, Goethes Liebesleben ein wenig unordentlich fand. Am 21. Oktober 1800 beispielsweise schrieb er an Körner, Goethe bringe zur Zeit wenig zustande, sein Gemüt sei eben *nicht ruhig genug, weil ihm seine elenden häuslichen Verhältnisse, die er zu schwach ist zu ändern, viel Verdruß erregen.* Körner antwortete: »Daß Goethen seine Verhältnisse drücken müssen, begreife ich recht wohl … Man verletzt die Sitten nicht ungestraft«. Schillers Verhalten gegenüber Christiane war wohl auch deshalb so unfrei, weil es jene besondere Verbindung seiner Charlotte zu Frau von Stein gibt. Charlotte von Lengefeld hatte nie aufgehört, die Patentante zu bewundern und ihr nachzueifern. Auch sie wollte Hofdame werden. Man nannte sie die »Dezens«, so eifrig ahmte sie Gefaßtheit und Formvollendung ihre Patentante nach.

Frau von Stein war nach der Trennung von Goethe ein wenig aus dem Gleichgewicht geraten. Ihre Nachfolgerin nannte sie verbittert die »Mätresse«. »Stellen Sie sich vor«, schreibt sie einmal empört an Charlotte, »daß die Jungfer Vulpius mir eine Torte zum Geburtstag geschickt hat!« Daß ihr Christiane ein Ärgernis war, versteht sich von selbst, aber sie hält sich auch nicht zurück mit spitzen Bemerkungen über ihren ehemaligen Geliebten. Er sei dick geworden, schreibt sie in einem Brief an den Sohn, sie frage sich bei seinem Anblick, ob sie inzwischen auch so »derangiert« sei wie er. Charlotte versucht ihre Patentante zu beschwichtigen; an Christiane aber läßt auch sie kein gutes Haar. Man kann sich lebhaft vorstellen, wie herablassend zwischen ihr und Frau von Stein über die »Jungfer Vulpius« gesprochen wurde. Davon wurde Schiller sicherlich beeinflußt, zugleich konnte ihm nicht ganz verborgen bleiben, wie liebevoll Goethe mit Christiane umging. So fühlte er sich zwischen den Fronten, und das machte ihn Christiane gegenüber befangen, noch über die üblichen Vorurteile hinaus. Erst in den letzten Jahren entspannte sich das Verhältnis etwas. Aus Lauchstädt, wo Schiller im Sommer 1803 zu Besuch weilte, da hier seine »Braut von Messina« gegeben wurde, konnte Christiane Goethe als freudige Nachricht übermitteln: »Ich habe mit Schiller an Einem Tisch gesessen, und wir waren sehr vergnügt.« Am nächsten Abend ist man wieder zusammen, es wird gesungen und getanzt. Die Offiziere treiben es aber zu toll, und so zieht sich Christiane mit Schiller zurück, und »sie fuhren noch bei Mondschein auf dem Kahn. Das hat mir sehr gefallen«. In den Briefen Schillers an Charlotte ist davon selbstverständlich nicht die Rede: *Aus Weimar ist die Oberforstmeister Stein und ihre Mutter hier ... sonst ist außer dem Theater nichts von Weiblicher Welt aus Weimar hier.* Goethe hört es gerne, daß der »Hofrat Schiller« sich Christianes angenommen hat, allenfalls machen ihm die anderen Herren einiges Kopfzerbrechen: *Mit den Äugelchen geht es, merk ich, ein wenig stark, nimm Dich nur in Acht, daß keine Augen daraus werden.*

Daß Schiller in den ersten Jahren der Freundschaft noch auf Distanz zu Christiane blieb, hatte den zunehmend herzlichen Ton zwischen den Freunden aber nicht beeinträchtigt. Goethe, der sorgfältig auf die gesundheitlichen Umstände seines Freundes achtete, wußte auch, daß geistige Arbeit und anregende Gespräche für den Freund das beste waren, und konnte ihn deshalb ohne Bedenken beanspruchen und in die eigenen Arbeiten hineinziehen. Jede neue Idee legte er ihm vor. Der Austausch und die gemeinsame Arbeit betrafen nicht nur Literatur und Kunst. Man besprach auch Farbenlehre, Anatomie und Mineralogie. Hier war es Schiller, der lernen konnte und sich dafür mit philosophischen Lektionen revanchierte. Kant, erzählt Goethe später, habe er erst durch Schiller verstanden.

Schiller im Gespräch – das muß ein Ereignis gewesen sein. Von Wilhelm von Humboldt gibt es eine Schilderung davon. »Er suchte nie nach einem bedeutenden Stoff der Unterredung, er überließ es mehr dem Zufall, den Gegenstand herbeizuführen, aber von jedem aus leitete er das Gespräch zu einem allgemeinen Gesichtspunkt, und man sah sich nach wenigen Zwischenreden in den Mittelpunkt einer den Geist anregenden Diskussion versetzt. Er behandelte den Gedanken immer als ein gemeinschaftlich zu gewinnendes Resultat, schien immer des Mitredenden zu bedürfen, wenn dieser sich auch bewußt blieb, die Idee allein von ihm zu empfangen, und ließ ihn nie müßig werden... Schiller sprach nicht eigentlich schön. Aber sein Geist strebte immer in Schärfe und Bestimmtheit einem neuen geistigen Gewinne zu, er beherrschte dies Streben und schwebte in vollkommener Freiheit über seinem Gegenstande. Daher benutzte er in leichter Heiterkeit jede sich darbietende Nebenbeziehung, und daher war sein Gespräch so reich an den Worten, die das Gepräge glücklicher Geburten des Augenblicks an sich tragen. Die Freiheit tat aber dem Gange der Untersuchung keinen Abbruch. Schiller hielt immer den Faden fest, der zu ihrem Endpunkt führen mußte, und wenn die Unterredung nicht durch einen Zufall gestört wurde, so brach er nicht leicht vor Erreichung des Zieles ab.«

Anders Goethe. Er war eigentlich kein Mensch des Dialogs. Er monologisierte gern. Es war reizvoll und unterhaltend, ihm zuzuhören. Er selbst war kein geduldiger Zuhörer. Er konnte ein Gespräch durch deutlich gezeigtes Desinteresse zum Erliegen bringen, und es lag etwas Boshaftes darin, wenn er plötzlich das Thema wechselte, oft vom Anspruchsvollen zum Gewöhnlichen. Seine Ironie gegen das Verstiegene lag immer auf der Lauer, bloß wußte man nie genau, was es im Augenblick war, das ihm als verstiegen galt. Außerhalb des Hofes wollte er stets Herr des Gesprächs sein. Mit Schiller aber war alles anders. Hier kam es zu einem wirklichen Austausch, gemeinsam entwickelte man Ideen und freute sich daran. Als Goethe wieder einmal diese beglückende Erfahrung mit Schiller gemacht hatte, schrieb er ihm: *Wenn man ... nicht mit einer liebevollen Teilnahme, nicht mit einem gewissen parteiischen Enthusiasmus spricht, so bleibt so wenig daran das der Rede gar nicht wert ist. Lust, Freude, Teilnahme an den Dingen ist das einzige reelle, und was wieder Realität hervorbringt, alles andere ist eitel und vereitelt nur.*

Man saß am Tisch, über Manuskripte gebeugt, oder bequem im Sessel, einander gegenüber. Schiller verzichtete auf seine Gewohnheit zu schnupfen oder Tabak zu rauchen, da Goethe das nicht leiden konnte. Manchmal stand der eine und der andere ging im Zimmer herum, dann wieder schritten sie beide auf und ab. ›Sie wandern wieder‹, bemerkte man dazu im Stockwerk darüber. Als sie gemeinsam in den ersten Monaten des Jahres 1796 die »Xenien« verfertigten, tönte bisweilen ein Gelächter herauf, das Charlotte im Schlafzimmer aufschrecken ließ.

Es war Goethe, der auf die Idee der polemischen »Xenien« verfiel, jene epigrammatischen Zweizeiler bestehend aus einem Hexameter und einem Pentameter. Am 23. Dezember 1795 schickte er Schiller einige zur Probe und schrieb dazu: *Den Einfall, auf alle Zeitschriften Epigramme, jedes in einem einzigen Disticho, zu machen, wie die Xenia des Martials sind, der mir dieser Tage gekommen ist, müssen wir kultivieren und eine solche Sammlung in ihren Musenalmanach des nächsten Jahres bringen.* Der Hintergrund war der wachsende Ärger der beiden über den Literaturbetrieb im allgemeinen und besonders die ungünstigen Rezensionen sowohl der ersten Bände des »Wilhelm Meister« wie auch der »Horen«. Schiller zum Beispiel empörte sich über die *Schmierer zu Leipzig und Halle,* gemeint waren Johann Friedrich Manso und Johann Gottfried Dyck, zwei umtriebige Publizisten, die seine »Briefe über die ästhetische Erziehung« als »geschraubt« und »unlesbar« abgefertigt hatten. Goethe grollte, weil man dem »Wilhelm Meister« Langweiligkeit und den »Römischen Elegien« Unsittlichkeit zum Vorwurf gemacht hatte. Im Briefwechsel zwischen Goethe und Schiller war die Klage über den schlechten Publikumsgeschmack und die Borniertheit der Kritiker ein häufig wiederkehrendes Thema. Sie fühlten sich bedrängt und mißverstanden von Leuten wie Nicolai, Sachwalter einer inzwischen abgestandenen rationalistischen Aufklärung, von den Frömmlern und selbsternannten Sittenwächtern, zu denen Goethe seine alten Freunde, die Stolbergs, Lavater und inzwischen sogar Friedrich Heinrich Jacobi rechnen mußte, von den Fürsprechern eines vermeintlich platten und populären Geschmacks, also von den Kritikern, denen Lafontaine und Kotzebue die Maßstäbe vorgaben.

Bereits im Frühjahr 1795 hatte Goethe zu einem ersten Schlag gegen die Kritiker ausgeholt mit seinem Aufsatz »Literarischer Sanscülottismus«, der in den »Horen« erschien. Er antwortete auf eine Kritik, die in einer Berliner Zeitschrift erschienen war, wo nicht etwa bemängelt wurde, daß die gegenwärtige Literatur zu hoch hinaus strebe, sondern nicht hoch genug. Beklagt wurde die »Armseligkeit der Deutschen an vortrefflichen klassischen Werken«. Das glaubte Goethe auf sich beziehen zu müssen, und er antwortete, indem er das Kriterium von Klassizität, das dem Angriff zugrunde lag, in Frage stellte. Wo überhaupt entsteht ein *klassischer Nationalautor,* fragt er, und antwortet: nur dort, wo es eine geeinte, große Nation gibt mit bedeutender Geschichte und Gegenwart, mit gewichtigen allgemeinverbindlichen Themen also, welche Geist und Phantasie erregen und die Tatkraft begünstigen, mit geselligen Mittelpunkten, wo die Formen sich veredeln und man überall bis hinab ins Alltägliche einen *hohen Grad der Kultur* findet. Das alles aber gibt es nicht und kann es nicht geben im politisch zerstückelten Deutschland. Es müßte schon eine große Umwälzung geschehen, um auch in Deutschland einen günstigen Boden für eine so verstandene *klassische* Literatur zu bekommen. Dieser Preis aber ist Goethe zu hoch. *Wir wollen die Umwälzungen nicht wünschen, die in Deutschland klassische Werke vorbereiten könnten.* Und doch ist auf Klassizität nicht Verzicht zu leisten. Man muß sie nur anders definieren. Sie kommt nicht aus Anregungen der Gegenwart, sondern der Vergangenheit. Es sind die mustergültigen Formen und Motive der klassischen Antike, an denen man Maß zu nehmen und sich zu schulen habe. In diesem Sinne verkündete auch Schiller in den »Briefen zur ästhetischen Erziehung« hochpathetisch: *Der Künstler ist zwar der Sohn seiner Zeit, aber schlimm für ihn, wenn er zugleich ihr Zögling oder gar noch ihr Günstling ist. Eine wohltätige Gottheit reiße den Säugling beizeiten von seiner Mutter Brust, nähre ihn mit der Milch eines bessern Alters und lasse ihn unter fernem griechischen Himmel zur Mündigkeit reifen.*

Was sollte man von der Antike lernen? Nichts anderes als Stil. In einem während der italienischen Reise verfaßten Text über »Einfache Nachahmung der Natur, Manier, Stil« hatte Goethe programmatisch definiert, was er darunter verstand. *Stil* ist gleich weit entfernt von der bloßen Nachahmung, dem gewöhnlichen Naturalismus also, und der *Manier,* der selbstbezüglichen, subjektiven Expression. Weder Objektivismus noch Subjektivismus, sondern Formung, die im Medium subjektiver Empfänglichkeit und Kunstfertigkeit das *Wesen der Dinge* erfaßt und gestaltet. Das in diesem Sinne Gültige hat – Stil. Ähnlich argumentierte Schiller, wenn er mit den Begriffen *Form* und *Stoff* jongliert. Überwiegt der Formwille, ist es Manier; setzt sich der rohe Stoff durch, ist es bloße Nachahmung, Naturalismus. Stil ist die gelungene Synthese aus Form und Stoff. An diesem Maßstab wollten sich beide ausrichten. Aus dieser Perspektive galt ihnen die Romantik, die in diesen Jahren aufkam, als Manier, als Subjektivismus, und die Mittelmäßigkeiten des Massengeschmacks als grober Naturalismus oder Realismus. Die strengen antiken Formen sollten den gegenwartsbezogenen Stilwillen schulen.

An die Stelle einer nationalen Klassik, die in Deutschland aus politischen Gründen nicht möglich zu sein schien, sollte also eine Kultur des stilbewußten Anknüpfens an die Antike treten – das war die gemeinsame Vision der Freunde. Goethe hatte sie bereits in Italien verfolgt, der zitierte Aufsatz ist ein Beispiel dafür, sowie die Umarbeitung der »Iphigenie«, die Versuche mit den antiken Formen, Elegie, Ode und Epos. Ähnlich und fast zur selben Zeit hatte auch Schiller seine Antike entdeckt, man denke an die »Götter Griechenlands«, an die Sophokles-Übersetzungen; zuletzt war in den »Horen« die wunderbare Elegie »Der Spaziergang« erschienen, eine Art kulturgeschichtliche Wegebeschreibung von der Antike in die Gegenwart: *Unter demselben Blau, über dem nämlichen Grün / Wandeln die nahen und wandeln vereint die fernen Geschlechter, / Und die Sonne Homers, siehe! sie lächelt auch uns.* Für Goethe und Schiller war es selbstverständlich, daß der antike Geist sich mit dem modernen zu verbinden habe, in den Begriffen Schillers: es sollte das *Naive,* also das Antike, mit *sentimentalischen,* also modernen, Mitteln erneuert oder es sollten moderne Inhalte in antiken Formen verdichtet und gesteigert werden. Wie auch immer, an eine Synthese, eine neue Klassizität, war gedacht, und sie sollte nicht nur gefordert, sondern in Werken ausgeprägt werden.

Für das allgemeine Publikum und auch die Kritiker war das alles noch nicht so deutlich zu erkennen, vor allem aber war man nicht gewillt, den hochgetriebenen Anspruch einfach so hinzunehmen, zumal da die »Horen«, dieses Zentralorgan der Dioskuren, den Anspruch durchaus noch nicht einlösten. Daran entzündete sich eine Kritik, die für Goethe und Schiller nichts anderes war als ein Aufstand der Mittelmäßigkeit. Da mußte man dreinschlagen. Wie ein Rohrspatz konnte Schiller schimpfen, wenn es um das Thema ›Publikum‹ ging. *Es gibt nichts Roheres*, heißt es in einem Brief an Fichte vom 4. August 1795, *als den Geschmack des jetzigen deutschen Publikums,* abscheulich sei das *allgemeine und revoltante Glück der Mittelmäßigkeit*, es wachse in ihm beständig der *Ekel vor dem, was man öffentliches Urteil nennt.* Bei Goethe finden sich ähnliche Bekundungen des Ärgers, besonders berühmt und sprichwörtlich: *Schlagt ihn tot, den Hund! Es ist ein Rezensent.*

Gegen die Rezensenten, die Zeitschriften und den gewöhnlichen Publikumsgeschmack sollte ein Feldzug eröffnet werden. Und da Goethe und Schiller für ein antikisierendes Kunstideal stritten, bedienten sie sich auch einer antiken Waffe: des polemisch-epigrammatischen Distichons, das Martial einst zu hohem Ansehen gebracht hatte. Goethes Einfall wurde von Schiller aufgegriffen. Er freue sich, schreibt er, daß Goethe in den nächsten Tagen (im Januar 1796) wieder in Jena ist, *dann soll es auch heißen nulla dies sine Epigrammate.* Man vereinbart, das Werk gemeinsam zu schaffen und die Autorschaft nicht im einzelnen auseinanderzulegen. Der eine liefert die Idee, der andere die Form, und ein Vers gibt den anderen. Das geht so hin und her, in Briefen, aber vor allem im Gespräch. Goethes Besuche in Jena werden so häufig, daß Christiane ernstlich klagt. Doch Goethe ist zur Zeit nicht zu halten. Und so sitzen sie dann die nächsten Monate zusammen und lachen über ihre Einfälle, daß man es noch auf der Straße und im oberen Stockwerk hört. Sie hatten beide nicht nur viel Vergnügen bei der Produktion, sie hielten auch große Stücke auf ihre Einfälle. *Für das nächste Jahr sollst Du Dein blaues Wunder sehen,* schreibt Schiller an Körner, *Goethe und ich arbeiten schon seit einigen Wochen an einem gemeinschaftlichen opus ..., welches eine wahre poetische Teufelei sein wird.* Und in einem Brief an Humboldt heißt es: *Eine angenehme und zum Teil genialische Impudenz und Gottlosigkeit, eine nichts verschonende Satire* werde der Charakter der »Xenien« sein.

Ein übermütiges Gefühl des Gelingens. Bei Schiller kommt noch etwas anderes hinzu. Als seine Liebe zu Goethe noch unverhohlen mit Hass gemischt war, hatte er sich in die Vorstellung hineingesteigert, man müsse Goethe, dieser *stolzen Prüden,* ein *Kind machen.* Jetzt kann er seinem Körner mit einiger Genugtuung über die gemeinsame Arbeit an den »Xenien« berichten und verwendet dafür wieder das ominöse Bild vom Kindermachen: *Das Kind, welches Goethe und ich miteinander erzeugen, wird etwas ungezogen,* schreibt er mit spitzbübischer Freude. Goethe hat nicht weniger Spaß, auch ohne Penetrationsgelüste. Im späteren Rückblick erklärt er, Schiller habe ihm zu einer zweiten poetischen Jugend verholfen. Die »Xenien« gehörten dazu. Ein Jugendstreich im vorgerückten Alter, gemeinsam mit Schiller verübt.

Es sammeln sich bis zum Frühsommer 1796 mehrere hundert Distichen an. Schiller übernimmt es, auszuwählen und sie in eine Reihenfolge zu bringen. Die erste Anordnung, bei der die polemischen und sentenzartigen Distichen gemischt waren, gefällt Goethe, nicht aber Schiller, dem das Ganze dadurch zu harmlos erscheint. Er trennt die polemischen Distichen von den übrigen Sentenzen, die unter gesonderten Rubriken erscheinen sollen, er nennt sie die *unschuldigen Xenien.* Sie sollen das polemische Strafgericht nicht stören, und deshalb wird ihnen ein besonderer Platz zugewiesen. Goethe, der im letzten Moment doch wieder eine gewisse Milde walten lassen wollte, war diese Schärfung durch neue Anordnung unbehaglich. Aber seine Einwände kamen zu spät, der von Schiller herausgegebene »Musenalmanach auf das Jahr 1797« mit dem polemischen Strafgericht der »Xenien« war bereits in Druck. Anfang September erschien der Almanach und war nach kurzer Zeit ausverkauft. Es folgten bis Anfang 1797 zwei Nachdrucke. Für damalige Zeit ein geradezu sensationeller buchhändlerischer Erfolg. Cotta in Stuttgart ärgerte sich, daß die »Xenien« nicht in den von ihm verlegten »Horen« erschienen waren. Schiller hatte davon Abstand genommen, weil er die Zeitschrift nicht mit polemischen, allzu aktuellen Materialien belasten wollte.

Von heute aus gesehen erscheinen die »Xenien« recht harmlos und matt. Man kann sich schwer vorstellen, worüber die beiden bei ihrer Verfertigung so schallend gelacht haben sollen. Über Nicolai heißt es: *Unsere Reihen störtest du gern, doch werden wir wandeln, / Und du tappe denn auch, plumper Geselle! so fort.* Gegen Kotzebue: *Dichter und Liebende schenken sich selbst, doch Speise voll Ekel! / Dringt die gemeine Natur sich zum Genusse dir auf!* Über den frommen Friedrich von Stolberg, der gegen Schillers »Die Götter Griechenlands« vom christlichen Standpunkt polemisiert hatte und die Nützlichkeit der göttlichen Weltschöpfung gefeiert hatte, wird gespottet: *Welche Verehrung verdient der Weltenschöpfer, der gnädig, / Als er den Korkbaum schuf, gleich auch die Stöpsel erfand!* Über Lavater, der seinen alten Freund Goethe inzwischen wegen dessen Heidentums abkanzelte: *Schade daß die Natur nur Einen Menschen aus dir schuf, / Denn zum würdigen Mann war und zum Schelmen der Stoff.* Wilhelm Heinse, der die italienische Sinnlichkeit in seinem Erfolgsroman »Ardinghello« feierte und deshalb dem Autor der »Römischen Elegien« als unangenehmer Konkurrent galt, wird mit dem holprigen Vers bedacht: *Der Dämon / Wechselt bei dir mit dem Schwein ab, und das nennest du Mensch.* Gegen den Komponisten und Publizisten Reichardt, der Goethes »Römische Elegien« als »Kinder der mutwilligsten Sinnlichkeit« aus den »Horen« hatte ausgeschlossen sehen wollen, sind die Verse gerichtet: *Gern erlassen wir d i r moralische Delikatesse, / Wenn du die zehen Gebot' nur so notdürftig befolgst.* Auch der junge Friedrich Schlegel, der sich gerade anschickt, die Begeisterung der jungen Generation für Goethe zu organisieren, bekommt einige Hiebe für seine theoretische Verstiegenheit und seine arroganten Urteile: *Etwas wünscht' ich zu sehn, ich wünschte einmal von den Freunden / Die das Schwache so schnell finden, das Gute zu sehn!* Goethes Zorn entlädt sich auch auf seine naturwissenschaftlichen Gegner, die Schüler Newtons wie er sie nennt: *Seine Schüler hörten nun auf, zu sehn und zu schließen, / Referierten getrost, was er auch sah und bewies.* Die Freunde der Revolution werden aufgespießt, überhaupt das *politisierende Unwesen.* Jean Paul, dem ein positives Distichon gewidmet ist, gerät aber unter die kritischen Verse und fühlt sich deshalb auch kritisiert. Das Mißverständnis vergällt ihm seinen Weimarer Aufenthalt. Andere Zeitschriften und Literaturblätter werden abgestraft, weil sie dem Publikumsgeschmack zu sehr entgegenkommen. Mit Selbstlob wird nicht gespart, es wird versteckt in der Anspielung auf die Ilm, das Flüßchen von Weimar: *Meine Ufer sind arm, doch höret die leisere Welle, / Führt der Strom sie vorbei, manches unsterbliche Lied.*

Die literarische Öffentlichkeit geriet in Aufregung. Da die »Xenien« ohne Verfasserangabe erschienen und da auch die Angegriffenen zumeist nicht mit Namen genannt wurden, begann das große Rätselraten über die Verfasser und die Gemeinten. Die Autorschaft von Goethe und Schiller wurde sehr schnell klar, aber man wußte nicht, wer für welche Verse verantwortlich war. Das sollte verabredungsgemäß auch so bleiben. Später verstießen allerdings beide dagegen, indem sie einzelne der Xenien jeweils in ihre Werke aufnahmen und sie damit als ihren Anteil kenntlich machten. Manche der Angegriffenen reagierten mit Gegenkritiken. Am bekanntesten wurde die Sammlung der »Anti-Xenien« von Johann Friedrich Manso und Johann Gottfried Dyck unter dem Titel »Gegengeschenke gegen die Sudelköche in Jena und Weimar«. Diese Erwiderungen glitten bisweilen ins Gehässige ab, etwa bei den Anspielungen auf Goethes Liebesleben. Witziger waren andere Reaktionen, die auf Parodie und Stilkritik setzten. Matthias Claudius persifliert Schillers oberlehrerhafte Unterweisung *(Im Hexameter steigt des Springquells flüssige Säule, / Im Pentameter drauf fällt sie melodisch herab)* mit dem Vers: »Im Hexameter zieht der ästhetische Dudelsack Wind ein; / Im Pentameter drauf läßt er ihn wieder heraus.« Und die zahlreichen metrischen Fehler der »Xenien« veranlassen den Spottvers von Fürchtegott Christian Fulda: »In Weimar und in Jena macht man Hexameter wie der; / Aber die Pentameter sind doch noch exzellenter.«

Eine wohltätige Folge hatte die Sache doch gehabt. Schiller und Goethe haben sich seitdem öffentlich nicht mehr an etwas Ähnlichem versucht. Goethe hatte zwar nach dem Empörungssturm und den Gegenangriffen wieder Lust bekommen, die Kampagne fortzusetzen. Er wollte die Gegner noch eine Weile lang reizen, damit sie sich zu erkennen geben: *Wenn ich aber aufrichtig sein soll, so ist das Betragen des Volks ganz nach meinem Wunsche, denn es ist eine nicht genug gekannte und geübte Politik, daß jeder, der auf einigen Nachruhm Anspruch macht, seine Zeitgenossen zwingen soll, alles was sie gegen ihn in Petto haben, von sich zu geben, den Eindruck davon vertilgt er durch Gegenwart, Leben und Wirken jederzeit wieder.* Inzwischen ist es Schiller, der zu Vorsicht mahnt. Er ist, als Berufsschriftsteller, abhängiger vom Publikum, über das er sich mit Goethe zusammen erhebt. Goethe, der ganz gerne eine Weile lang noch *den bösen Geist gegen uns in Tätigkeit erhalten* möchte, weiß doch auch, daß die Polemik nicht genügt, daß es vielmehr darauf ankommt, mit eigenen, vorbildgebenden Werken hervorzutreten. Als er bemerkt, wie energisch sich Schiller neuerdings wieder seinem Wallenstein-Projekt zuwendet, schreibt er ihm: *Nach dem tollen Wagestück mit den Xenien müssen wir uns bloß großer und würdiger Kunstwerke befleißigen und unsere proteische Natur, zu Beschämung aller Gegner, in die Gestalten des Edlen und Guten umwandeln.*

Schiller also brütete über seinem Wallenstein, einstweilen noch ohne recht voranzukommen. Nach der langen Unterbrechung seit seiner letzten dramatischen Arbeit, dem »Don Karlos (1787), war es ihm, als müsse er das dramatische Handwerk neu lernen. Dazu dienten die Werkstattgespräche mit Goethe über epische und dramatische Techniken, woraus eine kurze, gemeinsam verfaßte Abhandlung entstand, »Über epische und dramatische Dichtung«, die ursprünglich in den »Horen« veröffentlicht werden sollte, dann aber liegenblieb und erst 1826 von Goethe unter seinem und Schillers Namen veröffentlicht wurde. Und dazu diente auch die bühnengerechte Bearbeitung des »Egmont«, die Schiller auf Goethes Bitten im März 1796 für eine Aufführung während Ifflands Gastspiel in Weimar vornahm. Schiller merkte bei dieser Gelegenheit, daß er seinen Theaterverstand nicht verloren hatte. Seine Bearbeitung straffte und beschleunigte den Handlungsablauf, tilgte die allzu weichen, unentschlossenen Züge Egmonts, machte aus ihm eine öffentliche Seele, beschnitt die Klärchen-Handlung und die lyrischen Einlagen und setzte auch sonst einige neue Akzente. Alba zum Beispiel wird um des Kontrastes willen eingeschwärzt. Schiller läßt ihn im Verborgenen an der Gefängnisszene teilnehmen. Er soll als Sadist erscheinen, der sich an der Todesangst seines Gegenspielers weidet. Darauf bezieht sich Goethes spätere Bemerkung zu Eckermann, Schiller sei *ein wunderlicher großer Mensch* gewesen, dem aber seit der »Räuber«-Zeit ein eigentümlicher *Sinn für das Grausame anklebte.* Goethe äußerte Schiller gegenüber Dank für seine Mühe, und er räumte Dritten gegenüber ein, daß Schiller seinen »Egmont« *derart bearbeitet* habe, *daß die Vorstellung möglich* sei, aber erschrocken war er doch über die Kürzungen und Abänderungen. Nach der Aufführung war er so mißgelaunt und abweisend, daß Iffland sich gegen ein dauerhaftes Engagement in Weimar entschied. Zur Aufführung kam Schiller nach Weimar herüber. Die große Abendgesellschaft bei Goethe verlief frostig, da traf es sich gut, daß Schiller wie gewöhnlich in seinem Separee speiste. Schiller sei, schreibt Goethe im Rückblick, *bei seiner Redaktion grausam verfahren,* aber immerhin mit solcher Konsequenz, daß man sich darüber nicht mehr hinwegsetzen könne. Der Rückweg zur alten Fassung sei abgeschnitten. Schiller hatte bei seiner Bearbeitung ganze Arbeit geleistet, und es war für ihn eine gute Übung für sein *großes Werk,* dem er sich nach dem »Xenien«-Streit zuwenden wollte.

Für Schiller war es der »Wallenstein«, für Goethe war das *würdige Kunstwerk,* dessen er sich *befleißigen* wollte, das Vers-Epos »Herrmann und Dorothea«. Während beide in ihre großen Werke vertieft waren – Goethes »Herrmann und Dorothea« stand sogar kurz vor dem Abschluß –, fanden sie Zeit und Lust für kleinere Werke. Im Frühsommer des Jahres 1797 begannen sie im edlen Wettstreit ihre Balladen zu schreiben. Auf die Form der Ballade waren sie wohl in ihren Erörterungen der Unterschiede zwischen dem Epischen und dem Dramatischen gestoßen. Die Ballade als erzählendes Gedicht vereinigt den epischen Erzählton mit dramatischen Effekten, sei es durch überraschende Schlußwendung oder dialogische Kontraste. Sie gehört in eine volkstümliche Tradition, Herder, Bürger und der junge Goethe hatten sie wieder in die hohe Literatur eingeführt. Da Schiller Ausschau hielt nach neuen Texten für den nächsten Musenalmanach und den Erfolg des »Xenien«-Almanachs vom Vorjahr gerne wiederholen wollte, bot sich die populäre Balladenform an.

Am ersten Tag im neu erworbenen Gartenhaus auf der Höhe über Jena, am 2. Mai 1797, schreibt Schiller an Goethe: *Eine schöne Landschaft umgibt mich, die Sonne geht freundlich unter und die Nachtigallen schlagen ... Ich habe die Idee, eine Ballade ... zu machen.* Er denkt an eine Don-Juan-Geschichte und bittet um ein einschlägiges Buch aus Goethes Bibliothek. Bei Goethes längerem Besuch in Jena zwischen dem 19. Mai und dem 16. Juni verabredet man, daß jeder einige Balladen vorlegen sollte, um sich dann *über Stoff und Behandlung dieser Dichtungsart selbst aufzuklären.* Goethe machte den Anfang mit dem »Schatzgräber«. Mit lockerer Hand, leichthin erzählt, wird hier eine kleine Geschichte ausgebreitet von einem Schatzgräber, der zauberische Zurüstungen trifft; statt eines Schatzes aber zeigt sich ein Jüngling mit einem weingefüllten Pokal und einer augenzwinkernden Botschaft: *Trinke Mut des reinen Lebens / Dann verstehst du die Belehrung / Kommst mit ängstlicher Beschwörung / Nicht zurück an diesen Ort. / Grabe hier nicht mehr vergebens / Tages Arbeit, Abendgäste, / Saure Wochen, frohe Feste / Sei dein künftig Zauberwort.* Schiller war entzückt vom heiteren Ton und verstand auch die biographischen Anspielungen. Mit der lehrhaften Tendenz am Ende der Ballade ruft sich Goethe nämlich selbst zur Räson, denn auch er war kurz zuvor unter die modernen Schatzgräber geraten: am 20. Mai 1797 hatte er bei der Hamburger Lotterie ein Los bestellt, in der – selbstverständlich vergeblichen – Hoffnung, ein als Hauptgewinn gesetztes Schlesisches Landgut zu gewinnen. Übrigens hatte er eine Losnummer gewählt, die, wie Michael von Engelhardt herausgefunden hat, auf einer bestimmten Rechnung mit den Geburtsjahren der beiden – 1749 und 1759 – beruht.

Schiller verfaßte während Goethes Aufenthalt in Jena in schneller Folge die Balladen von »Der Taucher« bis zu »Die Kraniche des Ibykus«. Balladen, die gleich nach ihrem ersten Erscheinen volkstümlich wurden, anschaulich und spannend erzählt, mit einer moralischen Schlußpointe, alles gut zu memorieren: *Wer wagt es, Rittersmann oder Knapp, / Zu tauchen in diesen Schlund?* Ein Edelknabe wagt es einmal, mit Erfolg; beim zweiten Mal, da ihm die Königstochter versprochen ist, bleibt er im Meer. Goethe hatte die Schilderung der aufgewühlten Wasser *(es wallet und siedet und brauset und zischt ... Als wollte das Meer noch ein Meer gebären)* so beeindruckt, daß er wenige Wochen später bei seiner Reise in die Schweiz am Rheinfall von Schaffhausen daran denken mußte. Schiller teilte ihm daraufhin mit, er habe lediglich das Beispiel einer Mühle studiert, ansonsten sich aber an Homers Beschreibung der Charybdis gehalten, und dies habe ihn *vielleicht bei der Natur erhalten.* Oder »Der Handschuh«. Er wird von Fräulein Kunigund in die Arena der Tiger und Löwen geworfen und der Ritter, der um sie wirbt, soll ihn holen. Es gelingt ihm, aber er weiß auch, daß eine Frau, die so mit seinem Leben spielt, seine Liebe nicht verdient, und *er wirft ihr den Handschuh ins Gesicht.* Goethe fand das eine überraschende Wendung. Frau von Stein aber erhob Einspruch. Das schicke sich nicht. Schiller änderte: *Und der Ritter, sich tief verbeugend, spricht.* Für die spätere Sammlung seiner Gedichte stellte er allerdings die erste Fassung wieder her. Oder »Der Ring des Polykrates«. *Er stand auf seines Daches Zinnen* – dieser von seinem Glück geradezu verfolgte Herrscher, dem ein Fischer den Ring zurückbringt, den er als Opfer für die Götter ins Meer geworfen hat: *Hier wendet sich der Gast mit Grausen.* Und schließlich »Die Kraniche des Ibykus«, vielleicht die schönste seiner Balladen. Goethe hatte ihm die Idee und den Stoff abgetreten von dieser wunderlichen Geschichte des jungen Sängers Ibykus, der auf dem Weg zum großen Wettbewerb in Korinth ermordet wird. Nur ein Schwarm von Kranichen über ihm ist Zeuge. Sie erscheinen wieder über der festlich versammelten Menge in der

Arena, und einer der Mörder, über ihren Anblick entsetzt, gibt sich unwillkürlich zu erkennen. Goethe, der alles *ganz ins Natürliche gespielt* sehen wollte, hätte eine eher allmähliche Entlarvung der Täter vorgezogen, aber Schiller wollte immer den überraschenden *Effekt*. Am Ende war Goethe doch damit sehr zufrieden, er hätte es selber nicht so gut machen können, gesteht er.

Goethe erblickte in diesen Gedichten Schillers die vollkommene Verwirklichung der Idee der erzählenden Ballade. Die eigenen Beiträge zum Balladen-Sommer, vor allem die »Braut von Korinth« und »Der Gott und die Bajadere«, erschienen ihm problematischer. Hier handelte es sich für ihn um Motive und Bilder, die ihn zu sehr angingen, als daß er frei und rund wie Schiller davon hätte erzählen können. In einem späten Gespräch mit Eckermann erklärt er zu diesen Balladen: *Ich hatte sie alle schon seit vielen Jahren im Kopf, sie beschäftigten meinen Geist als anmutige Bilder, als schöne Träume, die kamen und gingen und womit die Phantasie mich spielend beglückte. Ich entschloß mich ungern dazu, diesen mir seit so lange befreundeten glänzenden Erscheinungen ein Lebewohl zu sagen, indem ich ihnen durch das ungenügende dürftige Wort einen Körper verlieh. Als sie auf dem Papiere standen, betrachtete ich sie mit einem Gemisch von Wehmut; es war mir, als sollte ich mich auf immer von einem geliebten Freunde trennen.*

In der »Braut von Korinth« herrscht auch ein Erzählton, aber er spielt ins Lyrische hinüber, und die Klarheit vergeht im Zwielicht. Ein Jüngling aus Athen besucht in Korinth ein befreundetes Haus. Eine Tochter dort ist ihm versprochen, durch Absprache der Elternpaare. Er kommt aber in eine fremde Welt, denn hier sind die Leute inzwischen Christen geworden. Man hält sich nicht mehr an alte Absprachen: *Keimt ein Glaube neu, / Wird oft Lieb und Treu / Wie ein böses Unkraut ausgerauft.* Man hat die Tochter ins Kloster gegeben, und sie ist vor Kummer gestorben. Das ahnt der Jüngling nicht, denn ihm erscheint im dunklen Zimmer das Mädchen, eine Liebesnacht lang. Beim Morgengrauen und als die Mutter ins Zimmer gestürzt kommt, wird alles klar: sie ist die Tote, die nicht sterben kann und den Jüngling mit in den Tod ziehen wird, in den Liebestod. Gemeinsam will sie mit ihm verbrannt werden: *Wenn der Funke sprüht, / Wenn die Asche glüht, / Eilen wir den alten Göttern zu.*

Eine ergreifende Klage über den Untergang der alten Götter, die dem Eros freundlicher gesinnt waren, eine Klage also über die monotheistische Entzauberung der Welt. *Und der alten Götter bunt Gewimmel / Hat sogleich das stille Haus geleert, / Unsichtbar wird einer nur im Himmel, / Und ein Heiland wird am Kreuz verehrt.* Das erinnert an die Verse aus Schillers Elegie »Die Götter Griechenlandes«: *Alle jenen Blüten sind gefallen / Von des Nordes schauerlichem Wehn. / E i n e n zu bereichern, unter allen, / Mußte diese Götterwelt vergehn.*

Goethe nannte »Die Braut von Korinth« ironisch sein *Vampirsgedicht.* Als die Balladen dieses Sommers im Musenalmanach 1798 erschienen, wurden fast alle gelobt, besonders die Schillerschen, »Die Braut von Korinth« aber war heftig umstritten. Karl August Böttiger, der überall seine Ohren hat, berichtet: »Über nichts sind die Meinungen geteilter als über Goethes ›Braut von Korinth‹. Während die eine Partei sie die ekelhafteste aller Bordellszenen nennt und die Entweihung des Christentums hoch aufnimmt, nennen andere sie das vollendetste aller kleinen Kunstwerke Goethes.«

Goethe verdroß es nicht sonderlich, wenn sich einige ärgerten. Er wußte nur zu genau, was ihm der Balladen-Sommer eingebracht hatte. Er hatte wieder Lust auf seinen »Faust« bekommen. Dafür war er Schiller dankbar. Das *Balladenstudium,* notiert er im Tagebuch, habe ihn *wieder auf diesen Dunst und Nebelweg gebracht.*

Im übrigen aber erkannte er neidlos Schillers besondere Meisterschaft in diesem Genre an. *Sie haben durch Schillern erfahren,* schreibt er am 20. Juli 1797 an Körner, *daß wir uns jetzt im Balladenwesen und Unwesen herumtreiben. Die seinigen sind ihm, wie Sie schon wissen, sehr geglückt; ich wünsche, daß die meinigen einigermaßen darneben stehen dürfen: er ist zu dieser Dichtart in jedem Sinne mehr berufen als ich.*

Neuntes Kapitel

Herrmann und Dorothea. Goethe plant die dritte italienische Reise. Schiller will ihn zurückhalten. Hölderlin zwischen den Meistern. Goethes Autodafé vor der Reise. Das Briefgespräch über symbolische Wahrnehmung. Goethe auf Schillers Spuren in Schwaben. Die Tell-Idee.

Als Goethe auf dem Höhepunkt des »Xenien«-Streites an Schiller schrieb, man sollte sich nunmehr *bloß großer und würdiger Kunstwerke befleißigen,* waren bereits drei Gesänge von »Herrmann und Dorothea« fertig. Schiller aber, der sich im Oktober 1796 endgültig für »Wallenstein« entschieden hatte, studierte noch die Quellen, entwarf Dispositionen und skizzierte die Fabel. Während er noch in den Vorarbeiten steckt, kommt Goethe wie im Fluge voran. In zwei Schaffensschüben, jeweils während seiner Aufenthalte in Jena im September 1796 und Februar/März 1797, vollendete er das Werk. Schiller war fassungslos. *Während wir andern,* schreibt er am 21. Juli 1797 an Meyer, *mühselig sammeln und prüfen müssen, um etwas leidliches langsam hervorzubringen, darf er nur leis an dem Baume schütteln, um sich die schönsten Früchte, reif und schwer, zufallen zu lassen. Es ist unglaublich, mit welcher Leichtigkeit er jetzt die Früchte eines wohlangewandten Lebens und einer anhaltenden Bildung an sich selber einerntet, wie bedeutend und sicher jetzt alle seine Schritte sind, wie ihn die Klarheit über sich selbst und über die Gegenstände vor jedem eiteln Streben und Herumtappen bewahrt.*

Für Schiller ist das wieder ein Anlaß, an seinem poetischen Talent zu zweifeln. Dabei war er es gewesen, der Goethe zu dem neuen Streich angestiftet hatte. Die Gespräche und der briefliche Austausch hatten sich seit einiger Zeit um die Frage gedreht, ob eine Erneuerung das alten Epos in homerischer Manier möglich sei; ob der gegenwärtige *Weltzustand* – die prosaischen Verhältnisse – dies überhaupt erlauben würde. Johann Heinrich Voß, der Homer-Übersetzer, hatte mit seiner in Hexametern abgefaßten Idylle »Luise« einen beim Publikum sehr erfolgreichen Versuch eines bürgerlichen Epos unternommen.

Schillers Elegie »Der Spaziergang« von 1795 endet mit dem Vers: *Und die Sonne Homers, siehe! sie lächelt auch uns.* Daß die homerische Sonne tatsächlich noch scheint, dafür wollte Goethe mit »Herrmann und Dorothea« den Beweis antreten. Das Vorhaben wurde ihm erleichtert durch Friedrich August Wolfs Forschungsergebnisse, wonach die homerischen Epen nicht von einem einzigen Autor stammten, sondern eine Sammlung zahlreicher Gesänge verschiedener Autoren darstellten. Es habe keinen Homer gegeben, sondern nur Homeriden. Zuerst war Goethe unangenehm berührt, daß man ihm die Einheit des bewunderten Werkes zerschlug, dann aber fühlt er sich ermuntert. Ein Homer würde er im Fach des Versepos nicht sein können, aber vielleicht ein Homeride? *Schon lange,* schreibt er an Wolf, *war ich geneigt mich in diesem Fache zu versuchen und immer schreckte mich der hohe Begriff von Einheit und Unteilbarkeit der Homerischen Schriften ab, nunmehr da Sie diese herrlichen Werke einer Familie zueignen, so ist die Kühnheit geringer sich in größere Gesellschaft zu wagen und den Weg zu verfolgen.*

Goethe selbst war überrascht, wie mühelos und schnell ihm das Werk gelang. In seinen »Tag- und Jahres-Heften« notiert er: *Mit Leichtigkeit und Behagen war das Gedicht geschrieben, und es teilte diese Empfindungen mit. Mich selbst hatte Gegenstand und Ausführung dergestalt durchdrungen, daß ich das Gedicht niemals ohne große Rührung vorlesen konnte.* Auch Schiller bekam es nach und nach, so wie die einzelnen Gesänge entstanden, vorgelesen, und er war entzückt. Es sei das beste, was Goethe bisher gemacht habe, schreibt er an Körner, und Goethe gegenüber erklärt er, das Werk stehe noch über dem »Wilhelm Meister«, es sei vollkommene Poesie, während der Roman doch in der Prosa des Alltags stecken bleibe.

Goethe hat die leitende Idee des Ganzen bei verschiedenen Gelegenheiten klar ausgesprochen. *Ich habe,* schreibt er an Meyer, *das reine Menschliche der Existenz einer kleinen deutschen Stadt in dem epischen Tiegel von seinen Schlacken abzuscheiden gesucht, und zugleich die großen Bewegungen und Veränderungen des Welttheaters aus einem kleinen Spiegel zurück zu werfen getrachtet.*

Das ferne *Welttheater,* das hereinwirkt, ist die Französische Revolution. Menschen fliehen vor den französischen Truppen aus den linksrheinischen Gebieten und berühren auf ihrem Fluchtweg ein kleines Landstädtchen. Neugierige und hilfsbereite Bürger strömen hinzu, unter ihnen Herrmann, der tüchtige, aber schüchterne Sohn des Wirtes vom »Goldenen Löwen«. Ihm fällt eine schöne junge Frau ins Auge, Dorothea, die, selbst in Not, sich rührend um die anderen Notleidenden kümmert. Ihr übergibt er, was ihm die Mutter an Lebensmitteln und Kleidungsstücken zusammengepackt hat. Er verliebt sich. Bei der Rückkehr ins elterliche Haus findet er die Eltern mit Freunden, dem Pfarrer und dem Apotheker, im Gespräch über die unruhigen Zeitläufte und über die Ungeschicklichkeit des Sohnes bei den Frauen. Mit Ärger vernimmt der Vater, daß Herrmann sich ein Flüchtlingsmädchen erwählt hat. Der Apotheker und der Pfarrer werden ausgeschickt, den Leumund der jungen Frau in Erfahrung zu bringen. Sie bekommen nur Gutes zu hören, zum Beispiel, daß Dorothea bei einem Überfall die ihr anvertrauten Kinder mit der Waffe verteidigt habe. Herrmann könnte jetzt seine Werbung vorbringen, aber ungeschickt wie er ist, läßt er Dorothea in dem Glauben, er wolle sie als Magd heimführen. Es kommt zu Verwicklungen. Dorothea glaubt, man spotte ihrer, als sie sich als Braut behandelt sieht. Nach den kränkenden Mißverständnissen löst sich schließlich alles in Wohlgefallen auf. Die beiden gestehen sich ihre Liebe, und auch der Vater stimmt der Verbindung zu. Dorothea, die ihren ersten Verlobten, einen Freiheitskämpfer, unter der Guillotine in Paris verloren hat, flüchtet in die Arme Herrmanns, indem sie noch die Erde beben fühlt: *So scheint dem endlich gelan-*

deten Schiffer / Auch der sicherste Grund des festesten Bodens zu schwanken. Herrmann aber, in wenigen Stunden durch *wahre Neigung* zum Manne gereift, spricht die Schlußworte: *Desto fester sei, bei der allgemeinen Erschüttrung, / Dorothea, der Bund! Wir wollen halten und dauern, / Fest uns halten und fest der schönen Güter Besitztum.*

Die Geschichte rundet sich zur Idylle, eine Insel bürgerlichen Gelingens im aufgewühlten Ozean der Geschichte. Alles ist auf einen homerischen Ton – besser: auf den Ton der Voßschen Homerübersetzung – gestimmt, wenn die Musen angerufen oder die Personen vom Erzähler bisweilen mit ›Du‹ angesprochen werden. Das Behagen und die Breite bei der Schilderung der Details: Die Mutter sucht aufgeregt im Garten nach dem Sohn und findet noch Zeit, Käfer von den Salatköpfen zu entfernen. Der Vater gleicht entfernt dem leicht erregbaren Zeus, der Pfarrer einem gemütlich gewordenen Seher Teiresias, Dorothea ist eine verminderte Helena vom Lande, und der schüchterne Herrmann wächst an seiner Aufgabe, wenn er am Ende *mit Mannesgefühl die Heldengröße des Weibes* trägt. Die Personen sind plastische, lebensvolle Charaktere, sie nähern sich bisweilen dem Archetypischen, sie sind klug und hellwach, aber nicht reflektiert. Sie verkörpern, was Schiller *das Naive* genannt hat. Die homerische Manier des Ganzen soll durchaus bemerkt werden. Der geübte Leser soll wie in einem Palimpsest die homerische Welt durchscheinen sehen und er soll die vielen Anspielungen verstehen. Wenn Herrmann die Pferde vor die Kutsche spannt, sollen wir uns erinnert fühlen an die Szene, wo Achill seine Rosse aufzäumt. Für Herrmann gibt es diesen Vergleich nicht, aber für den Erzähler und für sein Publikum. Herrmann ist, was er ist, wir aber sollen in ihm noch etwas anderes, etwas Antikes sehen. Mit anderen Worten: das *Naive* wird mit *sentimentalischen* Mitteln und für ein *sentimentalisches* Publikum vorgeführt. Schiller hatte den Gedanken formuliert, daß in der Moderne das Naive mit sentimentalischen Mitteln vergegenwärtigt werden könnte. Goethe setzte diesen Gedanken ins Werk, und Schiller konnte ihn dann bewundernd dort wiederfinden: *Das sentimentale Phänomen in Ihnen befremdet mich gar nicht.*

Bemerkenswert war übrigens, daß Goethe dieses sentimentalisch-naive Werk in Jena schuf, in einer Atmosphäre der raffiniertesten, hochreflektierten Geisteskultur. Im Herbst 1796 und Frühjahr 1797 waren sie alle da, die nun wirklich nicht für eine naive Grundtendenz des Geistes standen; allen voran Schiller, aber auch die Brüder Humboldt, die Schlegels samt Anhang, Fichte, Niethammer, auch Schelling hatte bereits seine Fühler nach dorthin ausgestreckt. Und in ihrer Mitte, umringt von neugierigen Beobachtern, saß der Homeride Goethe an seinem Werk. *Daß ich,* schreibt Goethe an Knebel, *bei der spekulativen Tendenz des Kreises in dem ich lebe, wenigstens im Ganzen Anteil daran nehmen muß, so wirst du leicht sehen, daß man manchmal nicht wissen mag, wo einem der Kopf steht.*

Die Komplizierten schätzen das raffiniert gemachte Einfache, der Sentimentalische verlangt nach dem scheinbar Naiven wie nach seiner natürlichen Ergänzung. Deshalb rechnete Schiller mit einem großen Erfolg des Epos auch beim allgemeinen Publikum. *Das Werk,* schreibt er an Goethe, *wird einen glänzenden Absatz haben, und bei solchen Schriften sollte der Verleger billig keinen Profit zu machen suchen, sondern sich mit der Ehre begnügen.* Einen buchhändlerischen Erfolg versprach sich auch Goethe. Seinen Verleger Vieweg in Berlin überraschte er mit der Art, sein Honorar zu verhandeln. In einem versiegelten Umschlag hinterlegte er seine Forderung. Im Falle daß der Verleger weniger böte, würde er die Verhandlungen abbrechen. Sollte der Verleger mehr bieten, bräuchte nur das Geforderte bezahlt werden. Die Forderung belief sich allerdings auf tausend Taler in Gold, eine gewaltige Summe; zur selben Zeit erhielt Hölderlin für seinen »Hyperion« von Cotta ein Zwanzigstel davon.

Der Verleger bot genau diese tausend Taler, und so kam eine der für den Autor lukrativsten Honorarvereinbarungen zustande. Auch der Verleger machte ein gutes Geschäft, denn das Buch fand reißenden Absatz. Seit dem »Werther« war es der größte buchhändlerische Erfolg Goethes. »Herrmann und Dorothea« wurde zum Hausbuch der gebildeten Stände in Deutschland bis ins zwanzigste Jahrhundert. *In Herrmann und Dorothea habe ich,* schreibt Goethe am 3. Januar 1798 an Schiller, *was das Material betrifft, den Deutschen einmal ihren Willen getan und nun sind sie äußerst zufrieden.*

In den Wochen zwischen Mai und Juni 1797, als Goethe letzte Hand an das Manuskript legte und als die Balladen entstanden, wurden Reisepläne geschmiedet. Goethe wollte wieder nach Italien. Er hatte die Reise für den Sommer zuvor ins Auge gefaßt. Die Kriegswirren – Bonapartes Feldzüge in Oberitalien – hatten das Projekt verhindert. Für das Jahr 1797 gab es Friedensaussichten und deshalb wieder Reisepläne. Meyer war vorausgeschickt worden, um die Orte und Kunstwerke zu erkunden, die im einzelnen besichtigt werden sollten. Geplant war eine systematisch vorbereitete Kunstreise, aus der ein umfangreiches kulturgeschichtliches Werk hervorgehen sollte. Aber wieder blieb es wegen der unstabilen politischen Verhältnisse bis in den Sommer hinein fraglich, ob die Reise wirklich zustande kommen würde. *Noch niemals bin ich von einer solchen Ungewißheit hin und her gezerrt worden, noch niemals haben meine Plane und Entschließungen so von Woche zu Woche variiert.* Schiller schreibt am 23. Juni 1797: *Es ist jetzt eine ergiebige Zeit, warum sollte man sie unterbrechen?* Für Goethe jedoch war Italien zur fixen Idee geworden, obwohl es bei seinem zweiten Italienaufenthalt in Venedig 1790 den Anschein gehabt hatte, als hätte er sich von seinem persönlichen Italienmythos verabschiedet. Schiller hatte keinen Erfolg damit, Goethe von der Reise abzuhalten. So versucht er wenigstens Einfluß zu nehmen auf Meyer, damit dieser dafür Sorge trage, daß Goethe bald wieder zurückkehrt. *Sie werden mir aber auch darin beipflichten,* schreibt er ihm wenige Tage vor Goethes Abreise, *daß er auf dem Gipfel wo er jetzt steht mehr darauf denken muß, die schöne Form die er sich gegeben hat, zur Darstellung zu bringen, als nach neuem Stoffe auszugehen, kurz daß er jetzt ganz der poetischen Praktik leben muß ... ich gestehe daher, daß mir alles, was er bei einem längern Aufenthalt in Italien für gewisse Zwecke auch gewinnen möchte, für seinen höchsten und nächsten Zweck doch immer verloren scheinen würde. Also bewegen Sie ihn auch schon deswegen, lieber Freund, recht bald zurückzukommen, und das was er zu Hause hat, nicht zu weit zu suchen.*

Der ungeduldig den Aufbruch erwartende Goethe hatte zu Schillers nicht geringer Überraschung plötzlich das »Faust«-Manuskript wieder hervorgekramt. Die *Nebelwege* der Balladen mit Schatzgräbern, Zauberlehrlingen, Vampiren und Göttern hätten ihn dazu veranlaßt, erklärt er dem verdutzten Schiller und bittet ihn, in einer seiner schlaflosen Nächte einmal das ganze Stück zu überdenken und seine Anforderungen zu formulieren, *und so mir meine eignen Träume, als ein wahrer Prophet, zu erzählen und zu deuten.* Schiller schläft die folgende Nacht schlecht und kann deshalb schon anderntags das Ergebnis seines Nachdenkens vermelden: Faust sei ein Symbol für die unheilvolle *Duplizität* des menschlichen Wesens, in dem das *Göttliche* und das *Physische* im Streit liegen. Die Darstellung dieses Konfliktes stelle an den Poeten große Anforderung – aber auch an den Philosophen: *Sie mögen sich wenden wie Sie wollen, so wird Ihnen die Natur des Gegenstandes eine philosophische Behandlung auflegen, und die Einbildungskraft wird sich zum Dienst einer Vernunftidee bequemen müssen.*

Schiller schöpft Hoffnung. Vielleicht wird »Faust« es vermögen, Goethe in Weimar festzuhalten? Wohl doch nicht, denn im Antwortbrief erklärt Goethe, »Faust« solle ihm nur den Ärger überwinden helfen, falls er am Reisen gehindert würde. Schiller macht einige Vorschläge den Faust betreffend, zum Beispiel den später für »Faust II« folgenreichen, Faust müsse *in das handelnde Leben geführt* werden. Inzwischen ist Goethe selbst überrascht, wie ihm beim Warten auf die Abreise unverhofft die Ideen zu »Faust« nur so zuströmen. Es fehlt nicht viel, schreibt er Schiller, *so sollte das Werk zu männiglicher Verwunderung und Entsetzen, wie eine große Schwammfamilie, aus der Erde wachsen.* Doch ehe es dazu kommt, treffen günstige Nachrichten die Reise betreffend ein, und Goethe schreibt am

5. Juli 1797 an Schiller: *Faust ist die Zeit zurückgelegt worden die nordischen Phantome sind durch die südlichen Reminiszenzen auf einige Zeit zurückgedrängt worden.*

In diesen Tagen, da beide sich über den »Faust« austauschen, erhält Schiller einen Brief von Friedrich Hölderlin, der ihm zwei Gedichte für den »Musen-Almanach« anbietet, die Hymne »An den Aether« und die Elegie »Der Wanderer«. »Von Ihnen dependier' ich unüberwindlich«, schreibt Hölderlin, »und weil ich fühle, wie viel ein Wort von Ihnen über mich entscheidet, such' ich manchmal, Sie zu vergessen, um während einer Arbeit nicht ängstig zu werden. Denn ich bin gewiß, daß gerade diese Ängstigkeit und Befangenheit der Tod der Kunst ist, und begreife deswegen sehr gut, warum es schwerer ist, die Natur zur rechten Äußerung zu bringen, in einer Periode, wo schon Meisterwerke nah um einen liegen, als in einer andern, wo der Künstler fast allein ist mit der lebendigen Welt.«

Schiller empfängt diese Briefsendung mit gemischten Gefühlen, denn es verbindet ihn inzwischen eine komplizierte Geschichte mit dem jüngeren Landsmann, die hier in Kürze rekapituliert sei.

Vor drei Jahren hatte er Hölderlin während seiner Schwabenreise kennengelernt und den *schönen Jüngling* als Hauslehrer an Charlotte von Kalb in Waltershausen vermittelt. Hölderlin war dann im Winter 1794/95 oft nach Jena herübergekommen, teils weil er Schwierigkeiten mit seinem Zögling hatte, teils weil er dem bewunderten Schiller nahe sein wollte. In Schillers Haus war es auch zu jener ominösen schon häufig erzählten Szene gekommen, an die Hölderlin sich nur mit Beklemmung erinnern konnte. Hölderlin hatte in Schillers Besucherzimmer in seiner Aufregung einen anderen Gast in einer fast unhöflichen Art ignoriert und mußte später zu seinem Entsetzen erfahren, daß dieser Unbekannte niemand anderes als Goethe gewesen war. »Der Himmel helfe mir«, schreibt Hölderlin danach an seinen Freund Neuffer, »mein Unglück und meine dummen Streiche gut zu machen«. Immerhin wird er wenig später von

Goethe empfangen, mit freundlich-unverbindlichen Worten. Bei Schiller aber geht Hölderlin im Frühjahr 1795 noch ein und aus. Schiller half dem jüngeren Landsmann, stellte für dessen »Hyperion« eine Verbindung zum Verleger Cotta her, an den er über ihn schreibt: *Er hat recht viel Genialisches, und ich hoffe auch noch einigen Einfluß darauf zu haben.* Hölderlin aber tut sich schwer mit seinem Roman. Goethe hatte zur selben Zeit seinen antiken Traum realisiert, indem er in »Herrmann und Dorothea« die kleinbürgerliche Welt in eine homerische verwandelte; bei Hölderlin aber bleibt nur die Sehnsucht nach dem entschwundenen Griechenland. Darum entgleitet ihm sein Gegenstand, und deshalb die retardierende Rhetorik vom Unbehagen an der gegenwärtigen Wirklichkeit, die Quälerei mit dem Stoff und die Zerknirschung darüber, Schillers Erwartungen enttäuscht zu haben. Schiller betraut ihn, um ihm zu helfen, aber auch um ihn für sich zu gebrauchen, mit Übersetzungsaufträgen. Wieder scheitert Hölderlin. Resigniert schreibt er am 22. Mai 1795 an die Mutter: »Aber man findet doch immer bald wieder, wie schülerhaft man in manchem ist«. Im Mai 1795 verläßt Hölderlin Jena, taucht in Nürtingen auf, verwirrt und mit Zeichen der Verwahrlosung, fängt sich wieder und versucht in einem Brief an Schiller seine Flucht zu erklären: »Es ist sonderbar, daß man sich sehr glücklich finden kann unter dem Einfluß eines Geistes ... Ich hätt' es auch schwerlich mit all meinen Motiven über mich gewonnen, zu gehen, wenn nicht eben diese Nähe mich von der andern Seite so oft beunruhiget hätte. Ich war immer in Versuchung, Sie zu sehn, und sah Sie immer nur, um zu fühlen, daß ich Ihnen nichts sein konnte ... weil ich Ihnen so viel sein wollte, mußt' ich mir sagen, daß ich Ihnen nichts wäre.«

Auf diesen Brief antwortete Schiller nicht. Vielleicht machte ihn die Befangenheit und allzu große Ehrerbietung Hölderlins ebenfalls befangen. Anderthalb Jahre währte sein Schweigen.

Inzwischen hatte Hölderlin eine Hauslehrerstelle bei der Bankiersfamilie Gontard in Frankfurt angenommen, wo er sich in Susette, die Frau des Hauses, verliebte. Er faßt Mut, schreibt nochmals an Schiller, der nun endlich antwortet: *Nehmen Sie, ich bitte Sie, Ihre ganze Kraft und Ihre ganze Wachsamkeit zusammen, wählen Sie einen glücklichen poetischen Stoff, tragen ihn liebend und sorgfältig pflegend im Herzen, und lassen ihn in den schönsten Momenten des Daseins ruhig der Vollendung zureifen. Fliehen Sie wo möglich die philosophischen Stoffe, sie sind die undankbarsten, und in fruchtlosem Ringen mit denselben verzehrt sich oft die beste Kraft, bleiben Sie der Sinnenwelt näher, so werden Sie weniger in Gefahr sein, die Nüchternheit in der Begeisterung zu verlieren.* Das ist nicht nur gönnerhaft gemeint, denn Schiller weiß nur zu gut, daß die poetische Abstraktion, die er dem Jüngeren vorhält, seine eigene Schwäche ist. Mit ähnlichen Worten hat er sich selbst immer wieder in Briefen an Goethe und Körner ermahnt. Das weiß Hölderlin nicht. Er fühlt sich verletzt von Schillers Kritik an der Weitschweifigkeit und an der Flut Strophen, die kein Ende nehmen wolle.

Und nun also, Ende Juni 1797, kurz vor der Abreise Goethes, meldet sich Hölderlin wieder, mit den beiden Gedichten und dem selbstquälerischen Begleitbrief – *von Ihnen dependier' ich unüberwindlich.* Schiller reagiert eigenartig verunsichert, er sendet die Gedichte, ohne den Autor zu nennen, an Goethe, um dessen Urteil zu erfahren: *Über die Produkte in dieser Manier habe ich kein reines Urteil, und ich wünschte gerade in diesem Fall recht klar zu sehen, weil mein Rat und Wink auf den Verfasser Einfluß haben wird.* Er hat kein *reines Urteil,* weil die *Manier,* in der Hölderlin schreibt, die eigene ist. Besonders in Hölderlins »Wanderer«-Elegie sind die Anklänge an Schillers »Spaziergang« überdeutlich. Beispielsweise heißt es bei Schiller: *Frei empfängt mich die Wiese mit weithin verbreitetem Teppich, / Durch ihr freundliches Grün schlingt sich der ländliche Pfad.* Und bei Hölderlin: »Bäche stürzten hier nicht in melodischem Fall vom Gebirge, / Durch das blühende Tal schlingend den silbernen Strom«.

Goethe beantwortet die Anfrage mit gedämpftem Lob, man finde in den Gedichten *gute Ingredienzchen zu einem Dichter, die aber allein keinen Dichter machen.* Und dann seine Empfehlung zum Abdruck verbunden mit dem Ratschlag: *Vielleicht täte er am besten, wenn er einmal ein ganz einfaches idyllisches Faktum wählte und es darstellte, so könnte man eher sehen, wie es ihm mit der Menschenmalerei gelänge, worauf doch am Ende alles ankommt.* In seiner Antwort nennt Schiller Hölderlins Namen und gesteht: *Aufrichtig, ich fand in den Gedichten viel von meiner eigenen sonstigen Gestalt, und es ist nicht das erstemal, daß mich der Verfasser an mich mahnte. Er hat eine heftige Subjektivität und verbindet damit einen gewissen philosophischen Geist und Tiefsinn. Sein Zustand ist gefährlich.* Goethe antwortet postwendend: *Ich will Ihnen nur auch gestehen, daß mir etwas von Ihrer Art und Weise aus diesen Gedichten entgegensprach, eine ähnliche Richtung ist wohl nicht zu verkennen.* Aber was er bei Schiller schätzte, das Pathos und die epische Ausführlichkeit, mochte er bei dessen Nachahmer, als welchen er Hölderlin ansah, nicht. Deshalb wird er wenig später, als er Hölderlins Besuch in Frankfurt empfängt, seine Empfehlung wiederholen, der Dichter möge sich doch auf ein *einfaches idyllisches Faktum* beschränken.

Aber noch ist Goethe in Weimar. Er hatte Schiller an seinen Reisevorbereitungen teilnehmen lassen, aber von einem höchst bedeutsamen Aspekt dieser Vorbereitungen ist im Briefwechsel mit Schiller nicht die Rede: Goethe ist inzwischen Familienvater. Die Reise, die er nun antritt, ist wegen der Kriegswirren nicht ohne Gefahr. Er muß Vorsorge treffen für Frau und Kind und verfaßt deshalb ein Testament. Im Falle seines Todes würde der Grundbesitz an August übergehen, aber auch Christiane wird großzügig bedacht, sie erhält lebenslanges Wohnrecht und einen erheblichen Teil des sonstigen Vermögens und der Einkünfte aus Tantiemen. Schiller wird zusammen mit Voigt zum literarischen Testamentsvollstrecker bestellt. Das bedeutet dann aber auch, daß Schiller Einblick erhalten würde in den privaten Briefverkehr. An den beiden ersten Sonntagen im Juli 1797 verbrennt Goethe fast alle bis 1792 erhaltenen Briefe. Das große Autodafé. Kein Wort davon in den Briefen an Schiller. Im

Tagebuch notiert er: *Briefe verbrannt. Schöne grüne Farbe der Flamme wenn das Papier nahe am Drahtgitter brennt.* Allzu Privates und manches Amtliche sollte den Blicken, auch denen des Freundes, entzogen bleiben.

Zwei Wochen vor Goethes Abreise ist Schiller zwischen dem 11. und dem 18. Juli Gast im Haus am Frauenplan. Man verhandelt über die Balladen, in dieser Woche überläßt Goethe Schiller den Stoff der »Kraniche des Ibykus«. »Wallensteins Lager« ist inzwischen fertig und wird besprochen. Der Abschied ist wieder so ein Augenblick, da die beiden sich das Kostbare ihrer Freundschaft mit Dankbarkeit vergegenwärtigen. Goethe schreibt, er könne mit Zufriedenheit abreisen, weil er sich bereits darauf freue, nach der Rückkunft Schillers *Teilnehmung wieder entgegen sehen* zu können. Und Schiller antwortet: *Ich kann nie von Ihnen gehen, ohne daß etwas in mir gepflanzt worden wäre, und es freut mich, wenn ich für das Viele was Sie mir geben, Sie und Ihren innern Reichtum in Bewegung setzen kann. Ein solches auf wechselseitige Perfektibilität gebautes Verhältnis muß immer frisch und lebendig bleiben ... Ich darf hoffen, daß wir uns nach und nach in allem verstehen werden, wovon sich Rechenschaft geben läßt, und in demjenigen, was seiner Natur nach nicht begriffen werden kann, werden wir uns durch die Empfindung nahe bleiben.*

Im allerletzten Moment, kurz vor dem Aufbruch, wird Goethe von einem Widerwillen ergriffen. Am 29. Juli 1797, dem Vorabend der Abreise, schreibt er an Schiller: *Es graut mir schon vor der empirischen Weltbreite.*

Schiller wundert sich. Für ihn ist Goethe jemand, der – anders als er selbst – mit Lust und Neugier die Welt erkundet, zahlreiche Geschäfte gleichzeitig betreibt, so als könne ihm das Leben und die Erfahrungen nicht ›breit‹ genug angelegt sein. Tatsächlich ist dieses plötzliche Grauen vor der *empirischen Weltbreite* auch für Goethe selbst eine so ungewöhnliche Anwandlung, daß er ihr mit Methode und Systematik beizukommen versucht, zumal da er versucht ist, sich vor dem Andrang der Wirklichkeit einfach in die *Phantome* seines *Inner-*

sten zu flüchten. Das aber erlaubt er sich nicht, er will offen bleiben für neue Erfahrungen und legt sich zu diesem Zweck geradezu pedantisch ein Konzept zurecht, das er Schiller mitteilt. Die Gegenstände, Personen, Orte sorgfältig aussuchen. Anderes ebenso sorgfältig ignorieren. Erkundigungen einziehen über das, was man am Gesehenen nicht unmittelbar sehen kann, Hintergründe, Meinungen, Geschichte etc. Darüber sorgfältig Buch führen, alles aufschreiben, doch zunächst ohne Werkanspruch, das heißt *ohne die genauste Beobachtung und das reifste Urteil von mir zu fordern, oder auch an einen künftigen Gebrauch zu denken.* Er möchte Schiller zum Adressaten dieser Schilderungen machen, die keinen anderen Anspruch erheben, als ihn davor zu bewahren, von der *millionfachen Hydra der Empirie* verschlungen zu werden. So erhält Schiller lange und bisweilen auch ein wenig langweilige Briefe. Goethe ist zum Glück rücksichtsvoll genug, den Freund nicht mit allem, was er da unterwegs notiert und einsammelt, zu behelligen. Denn es kommt da einiges zusammen. *Ich habe mir daher Akten gemacht,* berichtet er, *worin ich alle Arten von öffentlichen Papieren die mir eben jetzt begegnen, Zeitungen, Wochenblätter, Predigtauszüge, Verordnungen, Komödienzettel Preiskurrante einheften lasse und sodann auch sowohl das, was ich sehe und bemerke als auch mein augenblickliches Urteil einhefte, ich spreche sodann von diesen Dingen in Gesellschaft und bringe meine Meinung vor, da ich denn bald sehe in wie fern ich gut unterrichtet bin, und in wie fern mein Urteil mit dem Urteil wohl unterrichteter Menschen übereintrifft. Ich nehme sodann die neue Erfahrung und Belehrung auch wieder zu den Akten, und so gibt es Materialien, die mir künftig als Geschichte des äußern und innern interessant genug bleiben müssen.*

Aus dem anfänglichen Grauen vor der *Weltbreite* wird im Handumdrehen eine wunderliche Pedanterie bei der Weltbewältigung. Beispielsweise notiert er am Vierwaldstätter See angesichts des erhabenen Bergmassivs: *die Rubrik dieser ungeheuern Felsen darf mir unter meinen Reise-Kapiteln nicht fehlen. Ich habe schon ein paar tüchtige Aktenfaszikel gesammelt ... Man genießt doch zuletzt, wenn man fühlt, daß man so manches subsumieren kann.* Auf dem Umweg über die Pedanterie hat Goethe wieder seine Lust auf Welt entdeckt und er genießt nun die *Leichtigkeit*, mit der er die Gegenstände aufnimmt und behält. Das habe ihn *reich* gemacht, schreibt er am 14. Oktober 1797 an Schiller, *der Stoff inkommodiert mich nicht weil ich ihn gleich zu ordnen oder zu verarbeiten weiß, und ich fühle mehr Freiheit als jemals mannigfaltige Formen zu wählen.* Mittels praktischer Übungen hatte er sich seine Freiheit zurückerobert, mit der Empirie schalten und walten zu können. Sehr detailliert läßt Goethe den Freund in Jena teilnehmen an seinen Exerzitien der gewöhnlichen – aber auch der subtilen – Empirie.

In Frankfurt zum Beispiel steht Goethe vor der Ruine des großväterlichen Hauses. Es ist bei der letzten Kanonade der Franzosen zerstört worden. Er beobachtet nun genau, was er sieht und was er dabei empfindet, und bemerkt, wie sich um das Gegenständliche ein Hof von Bedeutungen lagert. Was da zu sehen ist, sind die Auswirkungen der Revolution, die Spuren der großen Geschichte also, der Zusammenstoß von Nationen und Lebensstilen. Die revolutionären Truppen haben eine Spur der Verwüstung gezogen in der alten städtischen Bürgerkultur, die jetzt untergegangen ist. Schutt und Ruinen, aber man ahnt und sieht auch schon: hier werden bald neue Gebäude entstehen, die Spekulanten liegen schon auf der Lauer. Und dann die persönlichen Erinnerungen: Goethe hat als Kind in diesem Haus gespielt, und hier führte damals der stolze Zug des Kaisers vorbei auf dem Weg zur Krönung . Sind das *sentimentalische* Empfindungen, fragt Goethe. Wohl doch nicht, jedenfalls ist damit dieser Typus von Erfahrung nicht genau genug gefaßt. Das zerstörte Haus in der Nähe des Marktplatzes wird zum *symbolischen Gegenstand.* Um welche Art Symbol handelt es sich? Es ist nicht ein Symbolismus des Übersinnlichen, Spirituellen. Kein vertikaler Bezug, sondern ein horizontaler; Symbol des geschichtlichen Augenblicks, mit seinen persönlichen und historischen Verflechtungen. Das ergibt insgesamt eine bedeutungsreiche Verdichtung, die sich hier der aufmerksamen Wahrnehmung präsentiert. Und nicht nur der Wahrnehmung, sondern der poetischen Gestaltung. Solche Gegenstände stellen sich gleichsam selbst dar, sie kommen der poetischen Anverwandlung auf halbem Weg entgegen. Es sind, schreibt Goethe an Schiller, *eminente Fälle, die ... als Repräsentanten von vielen andern dastehen, eine gewisse Totalität in sich schließen, eine gewisse Reihe fordern, ähnliches und fremdes in meinem Geiste aufregen und so von außen wie von innen an eine gewisse Einheit und Allheit Anspruch machen. Sie sind also, was ein glückliches Sujet dem Dichter ist.*

Schillers Antwort darauf ist höchst charakteristisch. Während Goethe nämlich die symbolische Bedeutung auf die Seite des Objektes bringt, betont Schiller die subjektive Seite. *Nur eins*, antwortet er, *muß ich dabei noch erinnern. Sie drücken Sich so aus, als wenn es hier sehr auf den Gegenstand ankäme, was ich nicht zugeben kann. Freilich der Gegenstand muß etwas bedeuten, so wie der poetische etwas sein muß; aber zuletzt kommt es auf das Gemüt an, ob ihm ein Gegenstand etwas bedeuten soll, und so deucht mir das ... Gehaltreiche mehr im Subjekt als im Objekt zu liegen.* Wenn das Gemüt leer ist, wird der bedeutungsreichste Gegenstand nichts ausrichten können. Er bleibt so leer oder verschlossen, wie das stumpfe Subjekt. Schiller erinnert an die Schilderung, die Goethe von den unpoetisch gestimmten Frankfurtern gegeben hatte. Sie sind, hatte Goethe geschrieben, *in einem beständigen Taumel von Erwerben und Verzehren.* Verschlossen gegen das eigene Innere verlieren sie sich in *Zerstreuung*. Es könne hier keine poetische Stimmung aufkommen, hatte Goethe geschrieben. Fehlt eine solche Stimmung, erklärt nun Schiller, wird der Mensch das Symbolische an den Gegenständen nicht erleben können. Der Bedeutungsreichtum des Objektes ist eine Funktion der Bedeutungsfülle des Subjektes. Hat der Mensch, schreibt Schiller, diese Bedeutungsfülle, so wird ihm *jede Straße, Brücke, jedes Schiff, ein Pflug* etwas mitzuteilen haben.

Die beiden einigen sich schließlich darauf, daß die Gegenstände nicht von sich aus, sondern nur durch ein entwickeltes Subjekt ihren Reichtum offenbaren, daß es sich hier also um ein Resonanzphänomen handelt. Das Objekt muß geöffnet werden, das vermag aber nur ein Subjekt, das sich geöffnet hat. Wie gelingt ihm das? Nicht allein durch Selbstbezug, sondern durch Weltbezug. Also ist der Vorgang des Aufschließens ein wechselseitiger. Man erfährt sich selbst durch die Welt, und man erfährt die Welt durch sich selbst. Aber es bleibt dabei: Goethe läßt diesen wechselseitigen Vorgang eher beim Objekt, also der Welt, und Schiller eher beim Subjekt beginnen.

Auf seiner Reise kam Goethe nach dem Zwischenaufenthalt in Frankfurt – bis dorthin hatte er Christiane und August mitgenommen, um sie der Mutter vorzustellen – nach Stuttgart, in Schillers Welt. Goethe sucht Schillers Bekannte und Freunde auf, den Kaufmann und Kunstmäzen Rapp vor allem, der ihm zum Cicerone wird, und Johann Heinrich Dannecker, der die schon damals berühmte Büste Schillers geschaffen hatte. *Ihrer ... erinnert man sich mit viel Liebe und Freude ja, ich darf wohl sagen, mit Enthusiasmus,* schreibt Goethe. Schiller wird von dieser Mitteilung sehr berührt. Ihn wandelt eine *sentimentalische Stimmung* an, und bei der Vorstellung, wie Goethe dort die Orte und Personen seiner Jugend und seines Sturm und Dranges aufsucht, gerät er ins Träumen: *Was hätte ich vor 16 Jahren darum gegeben, Ihnen auf diesem Boden zu begegnen, und wie wunderbar wird mirs, wenn ich die Zustände und Stimmungen welche dieses Local mir zurückruft, mit unserm gegenwärtigen Verhältnis zusammen denke.* Goethe aber ergeht es anders. Das Bild des Freundes, das ihm dort begegnet, wird ihn auch an das ihm Fremdartige erinnert haben, das ihn vormals abgestoßen hatte, das Rebellische, das Rhetorische, auch das Unnatürliche und Gewaltsame, eben das »Räuber«-artige. Als Goethe ein weiteres Mal von Schillers gutem Ruf in der Gegend berichtet, setzt er hinzu: *Für uns beide, glaub ich, war es ein Vorteil, daß wir später und gebildeter zusammentrafen.*

Von Stuttgart und Tübingen reist Goethe weiter über Schaffhausen nach Zürich, wo Heinrich Meyer, von Italien her kommend, zu ihm stößt. Es gefällt ihm hier nicht. *Bemerkung eines gewissen stieren Blicks der Schweizer, besonders der Zürcher,* notiert er im Tagebuch. In einer Gasse begegnet er einem hageren, gebeugten Mann. Es ist Lavater, den er einst verehrt hatte und der ihn gegenwärtig seines Heidentums wegen mit Polemik überhäuft. Zum Glück erkennt Lavater den korpulent gewordenen Goethe nicht, und der drückt sich unbemerkt an ihm vorbei. An Schiller schreibt er kein Wort darüber, im Tagebuch notiert er: *Auf dem Rückweg begegnete ich den Kranich.* Goethes schlechte Laune hält an. Die Nachrichten aus Italien sind nicht gut. Ein freies Reisen scheint dort wegen drohender Kriegsgefahr unmöglich zu sein. Für Goethe paßt das auf üble Weise zusammen: Die Revolution hat ihm schon so viel Ärger bereitet, jetzt hindert sie ihn daran, ins geliebte Italien und zu den dortigen Kunstwerken zu gelangen. Wie man hört, ist Bonaparte übrigens schon dabei, italienische Kunstschätze nach Paris schaffen zu lassen. Goethe entschließt sich zur Rückkehr. Aber er möchte wenigstens noch einmal zum Gotthardpaß hinauf, wie damals bei seiner ersten Reise in die Schweiz, 1775. Es war, so kommt es ihm jetzt vor, das Ende seiner Jugend gewesen. Von dort oben kann man zwar nicht wirklich, aber gefühlsmäßig nach Italien hinüberblikken, ins gelobte Land. *Der Instinkt,* schreibt er an Schiller, *der mich dazu trieb war sehr zusammengesetzt und undeutlich ... und ich fühlte ein wundersames Verlangen jene Erfahrungen zu wiederholen und zu rektifizieren. Ich war ein anderer Mensch geworden und also mußten mir die Gegenstände auch anders erscheinen.* Vielleicht mußte das älter gewordene Ich dem jüngeren beweisen, daß es noch imstande war, solche Höhen zu erklimmen. Am Fuße des Gotthards, in Uri, entsteht ein Gedicht, das Goethe am 17. Oktober einem Brief an Schiller beilegt: *War doch gestern dein Haupt noch so braun wie die Locke der Lieben / Deren holdes Gebild still aus der Ferne mir winkt; / Silbergrau bezeichnet dir früh der Schnee nun die Gipfel, / Der sich in stürmender Nacht dir um den Scheitel ergoß. / Jugend, ist ach! dem Alter so nah; durchs Leben verbunden, / Wie ein beweglicher Traum gestern und heute verband.*

Am 1. Oktober war das Gedicht entstanden. Am 3. Oktober sind Goethe und Meyer auf der Paßhöhe: *Wir nahten uns nun nach und nach dem Gipfel. Moor, Glimmersand, Schnee, alles quillt um einen herum. Seen.* Der Pater Lorenzo ist immer noch, wie vor zwanzig Jahren, der Herbergsvater hier oben. Er bewirtet die Wanderer. Dann Abschied und Umkehr. Den Weg zurück, in den eigenen Fußspuren im Schnee, so ist es leichter. Nach einigen Tagen gelangt man wieder zum Ausgangspunkt, nach Stäfa am Zürichsee. Hier erholt er sich und schreibt Briefe. *An einem sehr regnichten Morgen bleibe ich, werter Freund, in meinem Bette liegen, um mich mit Ihnen zu unterhalten und Ihnen Nachricht von unserm Zustande zu geben, damit Sie, wie bisher uns mit Ihrem Geiste begleiten.*

Es war die Gegend Wilhelm Tells, die man soeben durchwandert hatte. Man hatte die Rütliwiese passiert, wo es einst zum Schwur gegen die Tyrannei gekommen sein soll, man hatte Halt gemacht bei der Kapelle, die an Tells Sprung in die Freiheit erinnerte, man hatte Uri besucht, nach der Sage der Geburtsort Tells. Auf dieser Reise hatte Goethe die Idee zu einem Tell-Epos gefaßt. Es handle sich, schreibt er an Schiller, um einen poetischen Stoff, der ihm *viel Zutrauen einflößt.* Dieser Brief enthält auch die für Schiller schmeichelhafte Bemerkung: *Die Hoffnung mit Ihnen das erbeutete zu teilen und zu einer immer größern theoretischen und praktischen Vereinigung zu gelangen ist eine der schönsten, die mich nach Hause lockt.*

Von Goethes Tell-Idee ist Schiller wie elektrisiert. Als hätte er sie schon für sich adaptiert, strömen ihm nun die Ideen zu, was man alles daraus machen könnte. Aus der *bedeutenden Enge des gegebenen Stoffes wird da alles geistreiche Leben hervorgehen,* schreibt er, und weiter: *Es wird darin liegen, daß man, durch die Macht des Poeten, recht sehr beschränkt und in dieser Beschränkung innig und intensiv gerührt und beschäftigt wird. Zugleich öffnet sich aus diesem schönen Stoffe wieder ein Blick in eine gewisse Weite des Menschengeschlechts, wie zwischen hohen Bergen eine Durchsicht in freie Fernen sich auftut.*

Noch vier Jahre wird Goethe an seinem »Tell« festhalten, bevor er ihn Schiller überläßt. Der aber freut sich einstweilen darauf, mit Goethe und für ihn an diesem Thema einiges auszusinnen. *Wie sehr wünschte ich, auch dieses Gedichtes wegen, bald wieder mit ihnen vereinigt zu sein.*

Ende Oktober verläßt Goethe die Schweiz und trifft einen Monat später, am 20. November 1797, in Weimar ein, bei Regen und Wind. Zwei Tage später besucht er schon wieder das Theater und setzt sich in jene Loge, die er eigens für Schiller hatte bauen lassen. Was er sogleich dem Freunde mitteilt.

Zehntes Kapitel

Goethe in der poetischen Dürreperiode. Schillers Angst vor dem Werk und Schaffensrausch. Die philosophische Bude wird geschlossen. Die ästhetische Geistesstimmung. Wallenstein. Die triumphale Rückkehr zum Theater. Goethe hilft und bewundert. Die Idee vom ungeheuren Weltganzen. Schiller im Gartenhaus.

Anfang 1798 beginnt sich etwas zu ändern im Verhältnis zwischen Goethe und Schiller. Zuerst war Goethe der poetisch Produktive, und Schiller begleitete ihn; dann, ab 1798, war es umgekehrt.

Goethe erlebte zwischen 1794 und 1797 eine außerordentlich schöpferische Periode, es entstanden in dieser Zeit zwei seiner Hauptwerke, der »Wilhelm Meister« und »Herrmann und Dorothea«. Schillers poetische Produktion aber stockte einstweilen. Es plagten ihn sogar Zweifel an seinem poetischen Talent. An Körner schrieb er einmal, im Vergleich zu Goethe komme er sich vor wie ein *poetischer Lump.* Auf dem Gebiet der ästhetischen Theorie aber fühlte er sich stark. Nicht nur spekulierte er mit großen Begriffen, er vermochte auch mit seinem geschärften Kunstverstand tief einzudringen ins einzelne Werk. Das bewies er mit seinen Analysen und Kommentaren zu Goethes Schaffen dieser Jahre. Und so begleitete er, verstehend und analysierend, den Freund. Selber konnte er vorläufig wenig poetisch Neues vorweisen. Gleichwohl bewahrte er sich seinen Stolz, indem er Goethe versprach, er werde ihm als eine Art Bewußtseinsspiegel dienen: *Das schöne Verhältnis, das unter uns ist, macht es mir zu einer gewissen Religion, Ihre Sache ... zu der meinigen zu machen, alles was in mir Realität ist, zu dem reinsten Spiegel des Geistes auszubilden ... und so, in einem höheren Sinne des Worts, den Namen Ihres Freundes zu verdienen.*

Doch im Frühsommer 1797, beim »Balladen«-Wettstreit, fand Schiller wieder Anschluß an die eigene poetische Produktion. Für den »Wallenstein« hatte er sich bereits im Oktober 1796 entschieden, aber erst allmählich kamen ihm die alten Kräfte zurück. Würde ihm seine Einbildungskraft wieder zu Diensten sein, hatte er sich gefragt. Die Antwort gab ihm das Gelingen, das sich während des Jahres 1797 abzeichnete. Zum Jahreswechsel 1797/98 las er das bisher Geschriebene in einem Zuge durch und sah, daß es gut war. An Goethe schreibt er: *Ich finde augenscheinlich, daß ich über mich selbst hinausgegangen bin, welches die Frucht unsres Umgangs ist; denn nur der vielmalige kontinuierliche Verkehr mit einer, so objektiv mir entgegenstehenden, Natur ... konnte mich fähig machen, meine subjektiven Grenzen soweit auseinander zu rücken.*

Schiller dankt dem Freund für die wiedergewonnene poetische Produktivität, und Goethe gibt diesen Dank zurück, indem auch er seine schöpferische Periode ursächlich mit der Freundschaft verknüpft: *Das günstige Zusammentreffen unserer beiden Naturen hat uns schon manchen Vorteil verschafft und ich hoffe dieses Verhältnis wird immer gleich fortwirken ... Sie haben mir eine zweite Jugend verschafft und mich wieder zum Dichter gemacht, welches zu sein ich so gut als aufgehört hatte.*

Aber als Goethe dies Anfang Januar 1798 schrieb, begann für ihn eine Periode nachlassender Inspiration. Er beklagte, daß er sich von aller Produktivität abgeschnitten fühle. Tatsächlich entstanden in den nächsten Jahren, mit Ausnahme der »Natürlichen Tochter«, keine größeren Werke. Jedenfalls wurden sie nicht fertig. Er verfaßte seine Aufsätze und halben Erzählungen für die »Propyläen«, arbeitete an seiner Farbenlehre, dichtete bisweilen an seinem »Faust« weiter. Er war mit alledem aber nicht wirklich zufrieden. Ganz anders Schiller. Er war es nun, der in geradezu atemberaubendem Tempo Werk um Werk hervorbrachte, jene Folge von Theaterstükken, die sogleich als ›klassisch‹ empfunden wurden, von »Maria Stuart« bis »Wilhelm Tell«. Und nun fand sich Goethe in der Rolle dessen wieder, der kommentiert, anregt und – bewundert.

Schillers Durchbruch zur erneuerten schöpferischen Produktivität geschah bei der Arbeit am »Wallenstein«. Zuvor war es für ihn wichtig gewesen, seine *philosophische Bude* zu schließen. Schillers reflektierendes Genie aber fand auch noch für den zeitweiligen Abschied von der Philosophie eine philosophische Begründung. *Nur die Philosophie,* schreibt er am 9. Juli 1796 an Goethe, *kann das Philosophieren unschädlich machen.* Man muß sich darüber klar werden, daß der schöpferische Grund nicht zu viel Transparenz verträgt. Ein Lebenskeim muß wirken können, der Versuch, ihn zu begreifen, kann sich hemmend auswirken. Das hatte Schiller am Beispiel Goethes gelernt, der das schöpferisch Unbewußte gegen vorzeitige Aufhellung stets verteidigt hatte. Schiller, wie immer zu radikalen Konsequenzen bereit, macht aus dieser Verteidigung der dunklen Schöpferkraft sogleich eine Grundsatzfrage, die sich auf das Verhältnis des vernunftgeleiteten praktisch-moralischen Geisteszustandes zur ganz anders gearteten *ästhetischen Geistesstimmung* bezieht.

Schiller, der zuvor Goethe gegenüber immer die größte Deutlichkeit gefordert hatte, vollzieht jetzt eine überraschende und auch selbstkritische Wende. Er ist bereit, im Willen zur Deutlichkeit ein Problem zu sehen. Warum überhaupt das Verlangen nach Deutlichkeit, warum wollen wir das Implizite explizit haben? Es sei, schreibt Schiller am 11. Juli 1796 an Goethe, das *Bedürfnis nach ... Trostgründen,* das uns nach Eindeutigkeit suchen läßt. Wir streben nach Eindeutigkeit in Erkenntnis und Moral, weil uns das Mehrdeutige im Praktischen und Theoretischen beunruhigt und verunsichert. Im unheimlichen Zwielicht des gewöhnlichen Lebens greifen wir nach dem Deutlichen wie nach einem Rettungsanker. Deshalb kommen die klaren Begriffe unserem Anspruch auf Orientierung und dem *Bedürfnis nach Trostgründen* entgegen. Die *ästhetische Geistesstimmung* indes bedarf dieser vernünftigen Orientierung und dieses Trostes durch Deutlichkeit nicht. Sie genießt das Undeutliche: die Stimmung, die Atmosphäre, das Symbolische, das Raunende. *Die gesunde und schöne Natur braucht ... keine Moral, kein Naturrecht, keine politische*

Metaphysik ... keine Gottheit, keine Unsterblichkeit um sich zu stützen und zu halten. Der ästhetische Mensch benötigt keine Antwort auf die großen Fragen, welche die spekulierende Vernunft stellt: was kann ich wissen, was darf ich hoffen, was soll ich tun? Der ästhetische Mensch hat so viel *Selbstständigkeit, Unendlichkeit* in sich, daß er nicht in die Wüste der Abstraktionen gerät auf der Suche nach Halt und Orientierung. Jetzt erst versteht Schiller, warum Wilhelm Meister seinen Lebensweg mit fast traumwandlerischer Sicherheit zurücklegt, warum er in jedem Augenblick natürlich und zugleich vernünftig ist, weshalb er durch die »Gesellschaft vom Turm« – von der man nicht recht weiß, was es mit ihr auf sich hat – undeutlich aber bestimmt geführt wird, weshalb hier Zufall und Notwendigkeit verschwimmen. Es ist die *ästhetische Geistesstimmung,* die all dies bewirkt und auch die Frage beantwortet, warum der Roman im einzelnen deutlich und prägnant ist, im Ganzen aber ins Grenzenlose verdämmert.

Im Zuge dieser Überlegungen, mit denen Schiller jener *Dunkelheit* auf die Spur kommen will, von der Goethe bereits in einem seiner ersten Briefe vom 27. August 1794 gesprochen hatte, tastet sich Schiller vor zu einem deutlicheren Verständnis des Sinnes von Undeutlichkeit. Philosophie, die auf Klarheit und Begriffsschärfe aus ist, kann die Lebenskeime, die auf Dunkelheit und Unbewußtheit angewiesen sind, zerstören. Eine Philosophie, welche diese Gefahr erkennt, wäre eine Philosophie in der zweiten Potenz, eine Philosophie also, die ihre eigene Gefährlichkeit – die Verführung durch sich selbst – zum Thema macht. Philosophie ist nötig, um den Schaden, den sie anrichtet, in Grenzen zu halten oder eben mit den Worten Schillers: *nur die Philosophie kann das Philosophieren unschädlich machen.*

Bei seinen Reflexionen über den Lebenssinn des Dunklen und der *ästhetischen Geistesstimmung* stößt Schiller auf die paradoxe Gestalt des Philosophierens: Es sind philosophische Überlegungen, die das Philosophieren daran hindern können, von sich selbst, von seinem Willen zu Klarheit und Transparenz verführt zu werden. Das

Denken entdeckt den Eigensinn des Lebendigen und, um ihn zu bewahren, begrenzt es sich selbst. Das ist, wie schon gesagt, jene Philosophie in der Potenz, die sich kritisch auf sich selbst zurückwendet, um den schöpferischen Augenblick freizugeben. Schiller fragt Goethe, wie bei ihm der Anfang, die ursprüngliche Inspiration geschehe, und gibt für sich selbst die Antwort: *Bei mir ist die Empfindung anfangs ohne bestimmten und klaren Gegenstand; dieser bildet sich erst später. Eine gewisse musikalische Gemütsstimmung geht vorher, und auf diese folgt bei mir erst die poetische Idee.* Das zweite Nachdenken befreit ihn von der inneren Planwirtschaft, vom Druck allzu starker Konzepte; er gibt sich frei für unbewußte Prozesse. Er erkennt, daß bei ihm die Selbstkontrolle oft zu früh einsetzt, er muß das Verhindern verhindern. Das kann man bei Goethe lernen.

Dieses zweite Philosophieren, welches den Eigensinn des Lebens gegen den Eigensinn des Denkens verteidigt, entdeckt Schiller also in dem Augenblick, da er im Begriff ist, von der Philosophie wieder zum großen Theater überzuwechseln, von der Welt der rationalen Begründungen zur Welt der künstlerischen Behauptungen.

Am 22. Oktober 1796 beginnt Schiller, laut Kalenderbucheintrag, mit der Arbeit am »Wallenstein«. Es ist ein großer Moment, denn es sind inzwischen fast zehn Jahre seit seinem letzten Stück, dem »Don Karlos«, verstrichen. Schiller ist aufgeregt, fast ängstlich. Er hat inzwischen viel über das Drama nachgedacht, mit Goethe darüber endlose Gespräche geführt. Die Forderungen, die er an sich selbst stellt, sind hoch. Wird er ihnen genügen? Am 23. Oktober schreibt er an Goethe: *Zwar habe ich den Wallenstein vorgenommen, aber ich gehe noch immer darum herum, und warte auf eine mächtige Hand, die mich ganz hineinwirft.* Wenige Tage später fängt er wirklich mit dem Schreiben an, stockt wieder, vertieft sich erneut in die historischen Quellen. Nach zwei Wochen teilt er Goethe mit: *Je mehr ich meine Ideen über die Form des Stücks rektifiziere, desto ungeheurer erscheint mir die Masse, die zu beherrschen ist, und wahrlich, ohne einen gewissen kühnen Glauben an mich selbst würde ich schwerlich fortfahren können.*

Deutlicher als Goethe gegenüber benennt er in einem Brief an Körner vom 28. November 1796 die Widerstände, mit denen er zu kämpfen hat. Da ist die ungeheure Masse des Stoffes, die in eine dramatische Form zu bringen ist. Der Stoff erweist sich für die Dramatisierung als im *höchsten Grade ungeschmeidig,* man denke nur an die verwickelten Staatsaktionen, die Intrigen, die zersplitterte Handlung, die trockenen Materien der Diplomatie. Das alles kommt ihm vor wie eine *unendliche Fläche, die ich nicht vors Auge und nur mit unsäglicher Kunst vor die Phantasie bringen kann.* Und dann ist da die Gestalt Wallensteins selbst. *Sein Charakter ist niemals edel,* schreibt er, und doch ist er *kolossal.* Vielleicht für sich genommen eine eindrucksvolle Bühnenfigur, doch hat sie keinen ebenbürtigen Gegenspieler.

Die Schwierigkeiten, die Schiller vor sich sieht, sind enorm. Warum sucht er sie, warum läßt er sich von ihnen herausfordern, wenn er doch zugleich notiert, daß er vom Inhalt *fast nichts zu erwarten* habe?

Schiller wird angetrieben von einem künstlerischen Willen zur Macht. Er will unbedingt ans Theater zurückkehren, an den Ort unmittelbarer artistischer Machtausübung, und er will beweisen, daß er nach zehn Jahren seine Kunstfertigkeit nicht eingebüßt, sondern womöglich sogar vervollkommnet hat, daß ihm deshalb die Schwierigkeiten nicht groß genug sein können, daß er imstande ist, einen spröden Stoff, eine ungeheure Materie zu beherrschen und zu bewältigen.

Um mit dem Theater als Ort artistischer Machtausübung zu beginnen, so zieht es Schiller dorthin zurück, *wo die Herzen so vieler Hunderte, wie auf den allmächtigen Schlag einer magischen Rute, nach der Phantasie eines Dichters beben.* Nur im Theater kann man diese Wirkung unmittelbar erleben. Hier spielt der Wille zur Macht über ein Publikum. Goethe kennt seinen Schiller inzwischen gut genug, um dessen genuine Theaterleidenschaft würdigen zu können. Er hatte ihn um die Bearbeitung seines »Egmont« gebeten, um die Bühnenwirksamkeit des Stückes zu erhöhen. Und nun verschafft er ihm durchaus nicht uneigennützig eine Gelegenheit, wieder groß herauszukommen. Im Oktober 1798 steht die Wiedereröffnung des renovierten und umgebauten Weimarer Theaters an. Goethe macht den Vorschlag, für diese Gelegenheit etwas in sich Abgeschlossenes aus dem »Wallenstein«-Projekt abzuzweigen. Goethe verfolgte diese Idee schon zu einem Zeitpunkt, da Schiller sich noch nicht zur Dreiteilung des »Wallenstein« entschlossen hatte. Es ist Goethe, der auf diese Idee kommt, nachdem er das von Schiller zunächst »Prolog« genannte Vorspiel in Wallensteins Lager kennengelernt hatte. Schiller wollte diese *Massenszenen* nach dem Vorbild von Shakespeares »Julius Cäsar« ursprünglich nicht als eigenes Stück verstanden wissen. Diese Szenen sollten lediglich den atmosphärischen Hintergrund und die soziale Basis für das Agieren Wallensteins vorführen. Goethe erkennt sofort, daß hier etwas Grandioses geleistet war, eine Art Bilderbogen, der für sich selbst spricht, indem er die Triebkräfte einer ganzen Epoche spiegelt. Diese Szenenfolge könne auch in der Aufführung für sich selbst stehen, argumentiert er, und sie würde zugleich die Spannung zum Hauptstück aufbauen. *Sein Lager nur erkläret sein Verbrechen,* heißt es dann in »Wallensteins Lager«. Schiller läßt sich überzeugen, Goethe bekommt also sein Stück für die Theatereröffnung im Oktober. Goethe setzt Schiller unter Termindruck und legt auch selbst Hand an, korrigiert und dichtet mit, zum Beispiel am »Soldatenlied« und der »Kapuzinerpredigt«. In den letzten beiden Wochen vor der Aufführung schwillt der Text zu »Wallensteins Lager« noch einmal um ein Drittel an. Am 12. Oktober 1798 gibt es dann die Uraufführung von »Wallensteins Lager«. Schiller ist, von Goethe angestachelt, triumphal zum Theater zurückgekehrt und kann nun von seiner Loge aus wieder den Erfolg genießen. Zwar ist die erste Weimarer Aufführung noch nicht so erfolgreich wie die späteren, aber es wird sehr bald klar, daß mit der »Wallenstein«-Trilogie ein Muster der deutschen Dramenkunst geschaffen worden war, an denen die späteren Generationen

Maß nehmen mußten. Das ahnt Schiller, und Goethe spricht es offen aus.

Was den zweiten Aspekt von Schillers Willen zur Macht betrifft, nämlich den Willen zur künstlerischen Bewältigung des ungeheuren Stoffes, so kommt er auch auf glanzvolle Weise ins Ziel. Schiller erfindet, von Goethe beraten, Kunstgriffe, die es ihm erlauben, das komplizierte Geschehen in einigen Handlungssträngen zu verdichten und die atmosphärischen und gesellschaftlichen Hinter- und Untergründe anschaulich werden zu lassen. Dafür genügt nicht die theaterübliche Exposition während der ersten Auftritte. Diese Exposition übernimmt ein in sich geschlossenes ganzes Stück – »Wallensteins Lager«, davon war bereits die Rede. Hier wird eine *Welt im Ganzen* sichtbar, in deren Mitte das große Drama, Wallensteins Aufstieg, Größe und Sturz, spielt. Hätte Schiller einzelne Lagerszenen zwischen das Drama hinein verteilt, würde die Aufmerksamkeit zersplittert worden sein. *Es ist der Geist, der sich den Körper baut* heißt es von Wallenstein. Das »Lager« ist genau jener Körper, den sich Wallenstein geschaffen und der ihn zugleich hervorgebracht hat. Die Tragödie wird dann darin bestehen, daß dieser ›Körper‹ sich schließlich entzieht, seiner eigenen Dynamik folgt und für seinen ›Schöpfer‹ zum Verhängnis wird.

Zu Schillers genialen Kunstgriffen gehört auch, daß er nicht die traditionelle dramatische Form der Aufgipfelung mit anschließendem Absturz wählt, sondern die Handlung auf eine schräge Ebene bringt, wo sie von Anfang an herabgleitet, zunächst langsam, dann immer schneller. Es sei ihm gelungen, schreibt Schiller an Goethe, *die Handlung gleich von Anfang in eine solche Präzipitation und Neigung zu bringen, daß sie in stetiger und beschleunigter Bewegung zu ihrem Ende eilt.* So kommt auch die grausame Ironie zur Darstellung. Wallenstein greift nach den Sternen, und zugleich entgeht ihm, daß er schon dabei ist, abzustürzen. Wallenstein glaubt zu handeln, und er merkt nicht, daß mit ihm gehandelt wird. Schiller verbindet die Techniken der Verlangsamung und der Beschleunigung. Aus der langen, verwickelten Geschichte Wallensteins schneidet Schiller einige wenige Tage heraus, den Zeitabschnitt kurz vor seiner Ermordung. Es sind die verdichteten Augenblicke der noch aufgehaltenen Katastrophe. Das ist der Effekt der Verlangsamung, und der Eindruck der Beschleunigung ergibt sich, weil auf der schrägen Ebene alles ins Rutschen kommt und eilig dem Untergang zustrebt. Wallenstein stürzt in dem Augenblick, da er glaubt, mit seinem Verrat am Kaiser und mit seinem Übertritt zu den Schweden ein neues, womöglich das grandioseste Kapitel seines Wirkens aufgeschlagen zu haben. Wallenstein sieht sich an der Schwelle zum Triumph seines Willens zur Macht, und ist in Wirklichkeit dabei, sich sein Ende zu bereiten.

Wieviel bewirkt er selbst und wieviel bewirkt das Schicksal? Über diese Frage hatten Goethe und Schiller ausführlich korrespondiert und gesprochen. Sie hatten sich darauf geeinigt, daß die Dominanz des Schicksals das Eigentümliche der antiken griechischen Tragödie ausmacht. Das ›moderne‹ Theater demgegenüber ist individualistisch, hier spielen die Charaktere und ihr Zusammenprall die entscheidende Rolle. Es war Schillers Absicht, im Wallenstein eine Synthese aus Schicksal und Charakter zur Darstellung zu bringen. Der Charakter sollte stark sein, das war er seinen Ideen von Freiheit und Selbstbestimmung schuldig. Aber das Menschengeflecht sollte auch, als eine Art modernes Schicksal, seine maßgebliche Rolle spielen. Man könnte auch sagen: es sollte um die Freiheit eines großen Einzelnen gehen, der sich schließlich selbst, wenn auch unbeabsichtigt, den eigenen Untergang bereitet; und es sollte sich die anonyme Macht eines Handlungsgeflechtes zeigen, das aus vielen Akteuren besteht und das dem Einzelnen schließlich zum Schicksal wird. An Goethe schrieb er am 28. November 1796, die *Tragödien-Ökonomie* sei noch nicht realisiert, *das eigentliche Schicksal tut noch zu wenig, und der eigne Fehler des Helden noch zuviel zu seinem Unglück*. Dem Schicksal mußte also mehr Macht gegeben werden. Transzendentale Mächte sollten jedoch ausgeschlossen bleiben.

Doch da gab es den historisch verbürgten Glauben Wallensteins an die Schicksalsmacht der Gestirne. Sollte dieser Glaube im Drama eine Rolle spielen? Schiller war unschlüssig. Er hatte ein Buchstabenorakel in die Handlung eingeführt, was aber theatralisch unbefriedigend war. Er fragte Goethe um Rat. Sollte er den *astrologischen Glauben* als substantielles Motiv in das Stück einführen? Goethes berühmte Antwort in dieser Sache ist selbst eine Art Glaubensbekenntnis. Er schreibt: *Der astrologische Aberglaube ruht auf dem dunkeln Gefühl eines ungeheuren Weltganzen. Die Erfahrung spricht, daß die nächsten Gestirne einen entschiedenen Einfluß auf Witterung, Vegetation usw. haben man darf nur stufenweise immer aufwärts steigen und es läßt sich nicht sagen, wo diese Wirkung aufhört.*

Diese Antwort ist für Schiller eine wirkliche Entscheidungshilfe: dankbar greift er Goethes Formel vom ungeheuren Weltganzen auf, woran der astrologische Glaube rührt und worin er sein Recht hat. Allerdings paßt er diesen Glauben seinem eigenen säkularen Konzept an. Wallensteins Sternenglaube wird eindringlich vorgeführt, er ist durchaus kein blindes Motiv, sondern eines, das den Protagonisten charakterisiert, und ist doch nicht konstitutiv. Denn die Entscheidungen, die Wallenstein trifft, liegen in seinem Charakter, er hätte sie wohl auch ohne astrologische Rückversicherungen ebenso getroffen. Und doch verwendet er das astrologische Motiv nach dem Rat Goethes als Symbol der Verknüpfung menschlichen Handelns mit dem *ungeheuren Weltganzen*. Nur – und das ist entscheidend – zeigt sich für Schiller dieses *ungeheure Weltganze* weniger in einem kosmischen Zusammenhang. Daß die Tat sich vom Täter löst, daß sie sich ins Menschengeflecht verstrickt, dort unkontrollierbare Wirkungen zeitigt und so, auf dem Umweg über das *ungeheure Weltganze*, auf ihn zurückwirkt und ihn schließlich zerstört – das ist für Schiller das modern gefaßte tragische Motiv. Wallenstein hat mit dem Verrat gespielt, halb noch in seinem Herzen, halb schon in der Wirklichkeit. Und dann verwickelt ihn die Wirklichkeit so, daß er nicht mehr Herr seines Spieles ist.

Mag sein, daß Wallenstein es ahnt, aber er will es nicht wahrhaben. Und wenn er zögert, so deshalb, weil er sich die Illusion seiner Handlungsmöglichkeiten bewahren will. Hier, bei diesem Zögern, gelingt Schiller etwas, das Goethe bewunderte. Dieser Tatmensch Wallenstein wird zum Hamlet, denn auch er erweist sich, wie dieser, als ein Möglichkeitsmensch, der davor zurückscheut, auch nur eine seiner Möglichkeiten preiszugeben. Die Macht, an der er im Zögern festhält, ist die Fülle der Möglichkeiten vor der Entscheidung. Was ist aber die Wirklichkeit anderes als die Reduktion von Möglichkeiten? Sie zwingt dazu, den Reichtum der Möglichkeiten durch das Nadelöhr der Entscheidung zu ziehen – mit unabsehbaren Verlusten. Es ist die Wirklichkeit, die einen gefangennimmt und in die unabhängige Logik der Tatsachen verstrickt, deren man nicht mehr Herr bleibt. Wer wie Wallenstein seine Optionen bewahren will, scheut zurück vor der Unumkehrbarkeit des Handelns. In der Welt der Möglichkeiten gibt es ein Vor und Zurück, hier ist man noch nicht der irreversiblen Zeit ausgeliefert. Im Handeln und Entscheiden aber liefert man sich der Zeit aus und beraubt sich seiner Möglichkeiten, die nichts anderes sind als die Möglichkeit einer Freiheit von der Zeit. Wallenstein jedoch will in der Zeit wirken und über die Zeit herrschen, mit anderen Worten: er will beides zugleich sein, Machtmensch und Möglichkeitsmensch. Er will die Macht der Verwirklichung und er will jene Macht, die sich ihrer Optionen vergewissert. Es ist ein Geniestreich Schillers, den Tatmenschen Wallenstein in jenem Monolog, der dem berühmten Monolog Hamlets nachgebildet ist, das Geheimnis seiner Handlungshemmung aussprechen zu lassen. Der Wille zur Macht krümmt sich in sich selbst zurück und wird grüblerisch: *Wärs möglich? Könnt ich nicht mehr, wie ich wollte? / Nicht mehr zurück, wie mirs beliebt? Ich müßte / Die Tat vollbringen, weil ich sie gedacht ... In dem Gedanken bloß gefiel ich mir; / Die Freiheit reizte mich und das Vermögen. / Wars unrecht, an dem Gaukelbilde mich / Der königlichen Hoffnung zu ergötzen? / Blieb in der Brust mir nicht der Wille frei, / Und sah ich nicht den guten Weg zur Seite, / Der mir die Rückkehr offen stets bewahrte? / Wohin denn seh ich plötzlich mich geführt? / Bahnlos liegts hinter mir, und eine Mauer / Aus meinen eignen Werken baut sich auf, / Die mir die Umkehr türmend hemmt! – / ... In meiner Brust war meine Tat noch mein: / Einmal entlassen aus dem sichern Winkel / Des Herzens, ihrem mütterlichen Boden, / Hinausgegeben in des Lebens Fremde, / Gehört sie jenen tückschen Mächten an, / Die keines Menschen Kunst vertraulich macht.*

Mit jeder Entscheidung wird ein Zeitpfeil abgeschossen. Der Rückweg ist ausgeschlossen. Entscheidungen schaffen eine *Mauer aus meinen eigenen Werken,* sagt Wallenstein. Sie führen den eigenen Faden in die unabsehbare Textur des Wirklichen ein und verstrikken sich damit in des *Lebens Fremde.* Wer handelt, muß sich entfremden. Niemals wird er sich in seinen Taten vollkommen wiedererkennen und schon gar nicht in den ferneren Konsequenzen, die sich daraus ergeben.

Es ist gewiß auch eine Frucht der Freundschaft mit Goethe, daß Schiller im »Wallenstein« zum ersten Mal eine Frauenfigur wirklich gelingt. Thekla, Wallensteins Tochter, hat etwas von der liebenswürdigen und sanften Macht Klärchens und Gretchens. Wallenstein will Thekla politisch gewinnbringend verheiraten, die Liebe als Passion hat in seinem Weltbild keinen Platz. Thekla sieht die Dinge illusionsloser als ihr Geliebter, Max Piccolomini: Sie durchschaut das Spiel, bemerkt, daß man Maxens Verliebtheit nutzen will, um ihn fester an Wallenstein zu binden, und sie ahnt, daß man eine wirkliche Verbindung zwischen ihnen hintertreiben wird. In ihrem Monolog spricht sie es aus: *Das ist kein Schauplatz, wo die Hoffnung wohnt, / Nur dumpfes Kriegsgetöse rasselt hier, / Und selbst die Liebe, wie in Stahl gerüstet, / Zum Todeskampf gegürtet, tritt sie auf.* Auch die Liebe wird in diesem *Todeskampf* unterliegen, Thekla stirbt ebenso wie Max. Es erfüllt sich, was Thekla schon früher geahnt hat: *Das Herz ist gestorben, die Welt ist leer, / Und weiter gibt sie dem Wunsche nichts mehr.*

Die Spiele der Macht entleeren die Welt. Ein Mächtiger geht unter und reißt alle mit, die ihm anhängen. Es siegt dabei keine höhere Ordnung, kein höherer Zweck. Manche erschraken über diesen Abgrund von tragischem Nihilismus in diesem Stück. Auch Goethe, der bei dieser Gelegenheit in einem Brief an Schiller bekannte: *ich kann mir den Zustand Ihres Arbeitens recht gut denken. Ohne ein lebhaftes pathologisches Interesse ist es auch mir niemals gelungen irgend eine Tragische Situation zu bearbeiten und ich habe sie daher lieber vermieden als aufgesucht … Ich kenne mich zwar nicht selbst genug um zu wissen ob ich eine wahre Tragödie schreiben könnte, ich erschrecke aber bloß vor dem Unternehmen und bin beinahe überzeugt daß ich mich durch den bloßen Versuch zerstören könnte.* Er spricht die Vermutung aus, schon die Antike habe begriffen, daß das Entsetzen angesichts des ungeheuren Weltganzen nur im *ästhetischen Spiel* auszuhalten ist und daß darum die Kunst um so kunstvoller sein muß, je intensiver das Absurde und Gräßliche des Lebens empfunden wird. Daß aber auch umgekehrt eine Kultur, je entwickelter ihr künstlerischer Formsinn ist, um so mehr negativen Erfahrungsstoff in sich aufnehmen und verarbeiten kann. Dieser Gedanke von der absorbierenden Kraft des *ästhetischen Spiels* ist Goethes prompte Nutzanwendung von Schillers Spieltheorie. Goethes kürzeste Formel für das hier Gemeinte lautet: Stil macht das eigentlich Unerträgliche lebbar. Bei Nietzsche heißt es dann: wir haben die Kunst, damit wir nicht am Leben zugrunde gehen.

Wenn Form und Stil die Bedeutung eines Überlebensmittels haben können, dann ist es auch nicht verwunderlich, daß Goethe, als ihm Schiller aus dem »Wallenstein« vorlas, *die Güte der Form* rühmte, die es ihm erlaube, das Pathetische des Stoffs zu ertragen. Als Goethe, von Schillers »Wallenstein« angeregt, sich wieder einmal an seinem »Faust« zu schaffen macht, nimmt er sich einige in Prosa abgefaßte Partien vor: *Ich suche sie … gegenwärtig in Reime zu bringen,* schreibt er an Schiller, *da denn die Idee, wie durch einen Flor durchscheint, die unmittelbare Wirkung des ungeheuern Stoffes aber gedämpft wird.*

Mit dem »Wallenstein« hatte Schiller eine Welt ohne Trost grandios auf die Bühne gebracht. Bei der Arbeit wandelten ihn bisweilen düstere Stimmungen an, der *Stoff* bedrückt ihn manchmal, aber damit wird er schnell fertig, wenn sich die *ästhetische Geistesstimmung* einstellt, sobald ihm die künstlerische Form gelingt. Keine Erfahrung kann so niederdrückend sein, daß sie sich nicht doch durch eine gelungene Formung und Formulierung erleichtern ließe. Schiller jedenfalls ist mit dem Geleisteten außerordentlich zufrieden. *Es ist mir in meinem Leben nichts so gut gelungen,* schreibt er an Cotta, er freue sich, *die Kraft und das Feuer der Jugend mit der Ruhe und Klarheit des reiferen Alters gepaart zu haben.*

Noch ehe der »Wallenstein« auf der Bühne erschien, machte er als Gerücht die Runde. Intendanten und Theaterdirektoren fragten an, baten um das Aufführungsrecht. Besonders hartnäckig war Iffland in Berlin, Direktor des dortigen Nationaltheaters. Er wollte jeden Preis bezahlen. »Das Publikum« schreibt er, »verlangt mit Sehnsucht danach«. Für ein sehr gutes Honorar durfte Iffland nach den Weimarer Uraufführungen den »Wallenstein« herausbringen. Im letzten Moment aber mußte »Wallensteins Lager« zurückgezogen werden, da man, so hieß es, das Stück als Verunglimpfung des preußischen Militärstaates verstehen könnte.

In Weimar hatte der Bühnenerfolg begonnen. Dort wurde die ganze Trilogie an drei Abenden, am 15., 16. und 20. April 1799 gegeben. Die ganze Woche über ist »Wallenstein« das Hauptgesprächsthema. Der Herzog beglückwünscht Schiller in der Hofloge und äußert den Wunsch, Schiller möge ganz nach Weimar ziehen. Goethe gibt eine festliche Gesellschaft zu Ehren des Dichters. Von den Damen bekam Schiller immer wieder die Frage zu hören, was denn eigentlich aus der holden Thekla geworden sei, die nach dem Tode von Max Piccolomini sich mit den Worten verabschiedet: *Sein Geist ists, der mich ruft.* Als ihm diese Frage lästig wurde, verfertigte er ein witzig gemeintes, aber zumeist ernsthaft aufgefaßtes Gedicht: »Thekla. Eine Geisterstimme«. Um die fragenden Damen Weimars ein für alle mal zufrieden zu stellen, läßt er Thekla aus dem Jenseits sprechen, dort sei alles schön und gut. Max sei mit ihr vereint, und auch Wallenstein befinde sich wohl. Danke der Nachfrage.

Goethe hatte sich energisch und voll Hingabe um alle Details der Aufführung gekümmert, um die Kostüme, das Bühnenbild, die Besetzung; er hatte mit den Schauspielern die manchmal schwierig zu sprechenden Jamben eingeübt. Um ihnen den Sinn des ungewohnten erhabenen Tons des Stückes zu erläutern, hatte er eine Briefstelle Schillers zitiert, wo dieser ein Nachlassen des Publikumsinteresses an trivialen Stücken glaubt bemerken zu können und zu dem Schluß kommt, daß sein »Wallenstein« einen günstigen Moment treffen würde. *Unwahrscheinlich ist es nicht, daß das Publikum sich selbst nicht mehr sehen mag, es fühlt sich in gar zu schlechter Gesellschaft ... das lange Angaffen eines Alltagsgesichts muß endlich freilich auch ermüden.* Deshalb also der hohe Ton, die Jamben, welche die Schauspieler zu lernen haben, auch wenn es ihnen nicht bequem ist. Goethe gab in diesen Tagen den gestrengen Zuchtmeister.

Schiller, von den turbulenten und beifallsumrauschten Aufführungstagen in Weimar zurückgekehrt, ist so beschwingt, daß er sich sogleich an sein nächstes Projekt macht. An Goethe schreibt er: *Indessen habe ich ... den Prozeß der Maria Stuart zu studieren angefangen. Ein paar tragische Hauptmotive haben sich mir gleich dargeboten.* Er hat es so eilig, zum nächsten Werk zu kommen, weil es ihm gesundheitlich im Augenblick für seine Verhältnisse gut geht. Das war seine ständige Sorge, daß ihm ein Tag, der frei von Schmerzen und Schwäche ist, ungenutzt vorübergehen könnte. Die Arbeit am »Wallenstein« hatte sich auch so lange hingezogen, weil sie immer wieder unterbrochen wurde von Krankheitsanfällen: Magenkrämpfen, schlimmen Kopfschmerzen, Rheumatismus. Für einen guten Tag, äußerte er einmal zu Goethe, müsse er mit vier Krankheitstagen büßen. Das war sicher übertrieben, aber es stand gesundheitlich schlimm genug um ihn. Manchmal mußte er Goethe bitten, von einem Besuch Abstand zu nehmen. *Ich muß mich hüten,* schrieb er einmal, *mich an ästhetische Dinge auch nur zu erinnern.* Goethe unterließ dann den Besuch und schickte statt dessen einen Braten.

Es waren seine Krankheitsanfälle, die Schiller dazu zwangen, sich *zu isolieren.* Goethe nahm Rücksicht darauf, aber versuchte doch, den Freund immer wieder aus seiner Umfriedung herauszutreiben. Denn es konnte sein, daß Schiller über Wochen das Haus nicht verließ. Als Goethe sich eine neue Kutsche angeschafft hatte, holte er Schiller an schönen Sommertagen zu Ausfahrten ab. Schiller hatte Bedenken, ließ sich aber doch bisweilen von Goethe überrumpeln. Der hatte nämlich herausgefunden, daß man ganz einfach mit der Kutsche vor der Tür stehen muß, ohne umständliche Einladung, Absprache und Vorwarnung.

Die Stubenhockerei wurde natürlich auch Schiller selbst bisweilen zu viel. *Das ununterbrochene Gefängnisleben in meinen vier Wänden,* schrieb er am 13. Februar 1797 an Körner, *wird mir unerträglich, und in die Länge könnte ichs nicht mehr aushalten.* Er sieht sich nach einem Haus im Grünen um, fragt bei Goethe an, ob dessen Gartenhaus zu mieten sei. Goethe bietet es ihm sofort an, aber gibt zu bedenken, daß es nicht wintertauglich und für die inzwischen vierköpfige Familie wohl zu klein sei. Schiller findet schließlich oberhalb von Jena ein Gartenhaus, das er umbauen läßt. Dort verbringt er den Sommer 1797 und 1798, und dort kann man ihn beobachten, wie er eiligen Schrittes, die Hände auf dem Rücken, das Haus umrundet. Soviel Bewegung muß sein. Nur wenn Goethe zu Besuch ist, sind die Spazierwege länger.

Elftes Kapitel

Über das Epische und Dramatische. Nach Schillers Horen Goethes Propyläen. Antike und kein Ende. Der Sammler und die Seinigen. Ein Familienroman. Gruppenbild mit Schiller. Wieviel Wirklichkeit verträgt die Kunst? Die Lust am Schematisieren. Gegen den Dilettantismus. Fichtes Vertreibung aus Jena. Schillers Umzug nach Weimar.

Während Goethe bei der Arbeit am »Wallenstein« hilft, nimmt er zugleich Schillers Kunstverstand in Anspruch zur Klärung von poetischen Gattungsfragen, mit denen er sich zur Zeit beschäftigt. Was unterscheidet das Epos vom Drama? Welches sind die wichtigen Merkmale der Literaturgattung, und welches sind die jeweils geeigneten Stoffe?

Goethe hatte sich bisher eher intuitiv, aber nicht immer richtig entschieden, wie er selbstkritisch bemerkt. Den »Egmont« zum Beispiel wollte er gar nicht als ein richtiges Drama gelten lassen. Er sei episch angelegt, meinte er. Mit Schiller zusammen will er theoretische Klarheit gewinnen. Ihn leitet, wie auch Schiller, kein akademisches, sondern ein praktisches Interesse. *Eine reine Form,* schreibt er an Schiller am 30. Oktober 1797, *hilft und trägt, da eine unreine überall hindert und zerrt.* Die Arbeit am »Wilhelm Meister« habe ihm große Mühe bereitet, weil er sich über die Romanform nicht genügend im Klaren gewesen sei. Es kommt alles darauf an, sich nicht *im Gegenstand und in der Form* zu vergreifen.

Nach dem bürgerlichen Epos »Herrmann und Dorothea« plante Goethe ein Heldenepos, die »Achilleis«. Der kühne Anspruch: die Lücke zwischen der »Ilias« und der »Odyssee« sollte geschlossen werden. Doch es kamen ihm Zweifel. Fordert dieser Stoff, der Tod des

Achill, nicht doch eher die Form des Dramas? Diese Zweifel sind auch ein Grund, weshalb ihn die Gattungsfrage beschäftigte. Das Resultat der Gespräche mit Schiller ist der Aufsatz: »Über epische und dramatische Dichtung«, ein Text, den Goethe später (1826) unter seinem und Schillers Namen veröffentlichen wird, weil er die dort entwickelten Gedanken als Gemeinschaftswerk empfand. In der Regel war es Goethe, der zuerst einige Beobachtungen vortrug, die Schiller dann analysierte. Goethe sorgte für die Empirie, Schiller für die systematische Ordnung der Gesichtspunkte. Schiller verlegte sich auf Unterscheidungen, Trennungen; Goethe gab Hinweise auf Übereinstimmungen und Zusammenhänge. Geeinigt hatte man sich auf die Formel, der grundlegende Unterschied zwischen Epos und Drama sei, *daß der Epiker die Begebenheit als vollkommen vergangen vorträgt, und der Dramatiker sie als vollkommen gegenwärtig darstellt.* Der Epiker nimmt Abstand und erlaubt dem Publikum, seinerseits Abstand zu nehmen. Die epische Gelassenheit erlaubt Abschweifungen, Reflexionen, ein Vor und Zurück in der Zeit. Der Rezipient wird eher angeregt als gefesselt. Anders das Drama: hier sollen die Handlung und die Konflikte den Zuschauer in den Bann schlagen, bis zur Atemlosigkeit. Der Epiker läßt seinem Publikum Freiheit, der Dramatiker raubt sie ihm. Der Epiker nimmt die Einbildungskraft seiner Hörer/Leser in Anspruch, er wendet sich also an deren Selbsttätigkeit. Anders beim Drama – sofern es aufgeführt wird. Es nimmt den Zuschauer gefangen mit der Folge, daß man sich kaum *zum Nachdenken erheben* kann und daß die eigene *Phantasie … ganz zum Schweigen gebracht* wird.

Diesen gemeinsamen Überlegungen fügt Goethe einen Gedanken hinzu, der bei den Gesprächen offenbar noch nicht zur Sprache gekommen war, die Unterscheidung nämlich zwischen dem *Rhapsoden,* der sich an ein Publikum wendet, das ihm zuhört; und dem *Mimen,* dem man bei seinen Aktionen zusieht. Mit dieser Rückführung auf zwei Archetypen der Darstellung gibt Goethe wieder eine glänzende Probe seines aufs Konkrete gerichteten Denkens. Schiller nimmt diese Idee gerne auf und auch ihm fällt etwas ein. Er möchte, schreibt er, *noch ein zweites Hilfsmittel zur Anschaulichmachung* des Unterschieds zwischen Epos und Drama vorschlagen: *Die dramatische Handlung bewegt sich vor mir, um die epische bewege ich mich selbst.* Das ist nun wirklich die kürzeste Formel für die unterschiedliche Wirkungsweise von Epos und Drama – dieses fesselt, jenes läßt los. Der Poet muß also entscheiden, ob ein Stoff eher eine strenge zeitliche Sukzession fordert – oder ein reflektierendes Vor und Zurück in der Zeit. Im ersten Falle wird sich die Form des Dramas empfehlen, im zweiten die des Epos oder des Romans. Diese Unterscheidung paßt zu Schillers Begriffen des Naiven und des Sentimentalischen. Die epische Form neigt, indem sie Abstand schafft, zum Sentimentalischen, während das Drama als naiv erscheinen kann, weil es das Geschehen unmittelbar vergegenwärtigt. Schiller überlegt in diesem Zusammenhang, wie es sich eigentlich mit seinem Wallenstein verhält. Wallenstein will gewissermaßen die Freiheit des epischen Bewußtseins bewahren, er möchte Herr seiner Handlungen – und das heißt auch Herr der Zeit – bleiben, was allenfalls dem Erzähler, nicht aber dem Handelnden vergönnt ist. Ein Drama mit einem Helden also, der sich episch verhält. Episches und Dramatisches sind auch noch auf andere Weise im »Wallenstein« verbunden. Schiller bemerkt, daß er mit »Wallensteins Lager« eine Art episches Vorspiel zum eigentlichen Drama geschaffen hatte – einen Bilderbogen der Umstände, die zur Betrachtung einladen, ehe die dramatische Handlung den Zuschauer mitreißt. Es ist also, nach Schillers Definition, zunächst der Zuschauer, der sich gewissermaßen am Handlungsort umtut und bewegt, dann aber bewegt sich nur noch die Handlung vor ihm, und er *verliert alle Freiheit.*

Im Herbst 1797, als das Ende der »Horen« absehbar war, hatte Goethe den Plan gefaßt, ein neues Periodikum herauszugeben. Es sollte weniger eine Zeitschrift als eine Schriftenreihe werden, eine *Suite von kleinen Bändchen,* wie Schiller an Cotta schreibt. Der Verleger Cotta war nicht zuletzt durch Schillers Fürsprache gewonnen worden. Cotta ließ sich von der Aussicht locken, Goethes Werke, vor allem den »Faust«, in seinen Verlag zu bekommen – was ihm schließlich auch gelang. Im übrigen aber war das neue Periodikum ein Verlustgeschäft. Von den 1500 Exemplaren des ersten Bandes wurden nur 500 verkauft. Cotta hatte den Mißerfolg befürchtet, denn bei den »Propyläen«, so der Titel des neuen Organs, dominierte noch stärker als bei den »Horen« die belehrende und erzieherische Absicht. Das Publikum sollte in Kunstdingen für einen Winckelmannschen Klassizismus, für edle Einfalt und stille Größe, gewonnen werden. Heinrich Meyer, Goethes Kunstadlatus und eifrigster Mitarbeiter, war auf die Idee gekommen, die Zeitschrift so zu nennen wie den Eingangsbereich der Akropolis. Das war durchaus passend, denn die Zeitschrift sollte tatsächlich so etwas sein wie eine Vorhalle zum Allerheiligsten der großen Kunst.

Schiller hatte seine Mitarbeit zugesagt, aber fürs erste hielt er sich zurück. Der »Wallenstein« und der jährlich erscheinende »Musen-Almanach« beanspruchten seine ganze Arbeitskraft, erklärte er, auch sei er nicht kompetent genug auf dem Gebiet der bildenden Kunst, die bei den »Propyläen« im Mittelpunkt stehen sollte.

Mit den »Propyläen« wollte Goethe für sein Verständnis von *Naturwahrheit* und *Kunstwahrheit* werben.

Was die Naturwahrheit betrifft, so sollten die Maler und Plastiker von der Anatomie und der Farbenlehre lernen. Man muß sich an den natürlichen Objekten geschult haben, ehe man sie künstlerisch umformt. Man muß die Wirklichkeit kennen, ehe man sie idealisiert. Zu diesem Zweck wollte Goethe seine anatomischen und optischen Arbeiten in den »Propyläen« veröffentlichen. Da die wissenschaftliche Welt seine einschlägigen Arbeiten kaum zur Kenntnis nahm, sollte wenigstens das kunstinteressierte Publikum seinen Nutzen davon haben.

Was die Kunstwahrheit betrifft, so setzte er auf das Vorbild der Antike. Damals habe man begriffen, erklärt Goethe in seiner Winckelmann-Schrift, daß der Mensch als Naturwesen auf den Gipfel der Natur gestellt sei und daß es ihm obliege, *abermals einen Gipfel hervorzubringen ... Dazu steigert er sich, indem er sich mit allen Vollkommenheiten und Tugenden durchdringt, Wahl, Ordnung, Harmonie und Bedeutung aufruft, und sich endlich bis zur Produktion des Kunstwerkes erhebt, das neben seinen übrigen Taten und Werken einen glänzenden Platz einnimmt.* Kunstwahrheit ist gesteigerte, verwandelte Natur, also nicht nur nachgeahmte Natur.

Die noch erhaltenen antiken Kunstwerke, die Goethe in Italien kennengelernt hatte und die diesem Ideal der gesteigerten Natur entsprachen, sollten bekannt gemacht werden durch Beschreibungen, Abbildungen, Erläuterungen etc. Man dürfe nicht mehr warten, schreibt Goethe im programmatischen Einleitungstext der »Propyläen«, denn Napoleon, der *bewegende Genius,* drohe den *Kunstkörper* Italiens zu zerstören, indem er die dortigen Kunstschätze raubt. Man habe noch nicht begriffen, *was die Welt in diesem Augenblicke verliert, da so viele Teile von diesem großen und alten Ganzen abgerissen.* werden. Die »Propyläen« verkünden ein Kunstideal und stimmen zugleich eine Elegie aufs Verlorene an.

Die erste Nummer erschien im Oktober 1798, vier weitere im Januar, April, Juni und Dezember des folgenden Jahres. Die letzte Nummer kam wegen des schleppenden Absatzes erst ein Jahr später heraus. Daß Schiller so wenig beisteuerte und sich hauptsächlich auf die Rolle des Diskussionspartners beschränkte, enttäuschte Goethe. *Von Schillern,* schreibt er am 10. Mai 1799 an Meyer, *hoffe ich lieber gar nichts. Er ist herrlich, in so fern von Erfindungen und Durcharbeitung des Plans, von Aussichten nach allen Richtungen die Rede ist, und ich habe schon wieder diesmal, mit seiner Beihülfe, zwei bis drei wichtige Grundlagen gelegt; aber Beistand zu einem bestimmten Zwecke muß man von ihm nicht erwarten.*

Schillers Beihilfe, die Goethe in diesem Brief erwähnt, bezieht sich auf einen Beitrag, der Ende 1798 begonnen wurde und im Sommer 1799 unter dem Titel »Der Sammler und die Seinigen« erschien. Ein *kleines Familiengemälde in Briefen,* so charakterisiert Goethe diesen romanartigen Text, worin die *verschiedenen Richtungen welche Künstler und Liebhaber nehmen können* zum Thema gemacht werden. Mit Schiller hatte er die möglichen Einstellungen zur Kunst aufgelistet, die ganze Skala von den Liebhabern der Nachahmung bis zu den Exzentrikern der Erfindung, vom phantasielos Objektiven bis zum objektlos Phantastischen. Den gedanklichen Aufriß steuerte Schiller bei, die narrative Einkleidung, worin die verschiedenen Einstellungen jeweils durch bestimmte Charaktertypen repräsentiert werden, stammte von Goethe. Der Verleger war entzückt. Endlich keine trockene und lehrhafte Abhandlung, sondern ein kleiner unterhaltsamer Brief-Roman mit Witz und Anmut!

Ein Sammler erzählt in Briefen an die Herausgeber der »Propyläen«, so die Fiktion, wie der Vater, der Onkel und er selbst seine Bilder zusammengebracht haben. Dem Vater, dem Goethe Züge des eigenen Vaters gibt, kommt es auf naturgetreue Nachahmung an. Ein Maler wird engagiert, der Landschaften und Portraits liefert, die aber, verglichen mit dem Urbild, zu wünschen übrig lassen. Sie sind *harmonisch* und *geistreich,* aber nicht *natürlich,* französischer Geschmack eben. Glücklicherweise hat der Maler einen begabten Sohn, und der lieferte nun maßstabgerechte Portraits aller Verwandten samt Hausrat. Der junge Maler fertigt auch ein Portrait der Tochter des Hauses, so naturgetreu, daß es niemanden überrascht, als die jungen Leute schließlich übereinkommen, *mit einander zu leben und zu sterben.* Als aber die junge Frau wirklich stirbt, hört der Maler nicht auf, sie zu malen, nur so kann er ihren Verlust verschmerzen. Auch alle Gerätschaften, die an sie erinnern, malt er ab, ihr Gesangbuch, einen bestickten Beutel, einen Kelch. Soviel über die Trauerarbeiten eines Künstlers, dem Nachahmung alles bedeutet. Eine andere junge Frau im Hause, die Nichte der Verstorbenen, wächst inmitten der allzu zahlreichen Abbildungen des Wirklichen auf und wendet sich darum dem Phantastischen zu. *Was kann die arme Julie dafür daß etwas seltsames, geistreiches sie aufreizt, daß sie gern etwas wunderbares vorgestellt sieht und daß diese durch einanderziehenden und beweglichen Träume ... ihr Unterhaltung geben.*

Die Nachahmer und Phantasten bilden die Pole, dazwischen die Varietät der gemischten Charaktere: die *Skizzisten,* die immer nur entwerfen, ohne etwas fertig zu machen; die *Punktierer,* die sich aufs Detail kaprizieren und das Ganze aus den Augen verlieren, die *Schwebler* und *Nebler,* die *Schlängler* und *Undulisten,* die den Zierat, das Verspielte und Ahnungsvolle bevorzugen; dagegen die *Skelettisten* und *Rigoristen,* die das Wesentliche in der abgemagerten Abstraktion suchen. Schiller hatte diese Typenreihe mit entworfen, und da er sich zur Zeit besonders über die jungen Romantiker um die Zeitschrift »Athenäum« ärgerte, sorgte er dafür, daß auch diese Leute ihre eigene Rubrik bekamen: die *Imaginanten,* die der *Einbildungskraft etwas vorzuspielen suchen, ohne sich zu bekümmern in wie fern dem Anschauen genug geschieht.*

Unter dem Personal dieses kleinen Familienromans findet sich eine Figur, die von Ferne an Schiller denken läßt. Dieses verfremdete Portrait zeigt einen jüngeren Philosophen, der in der Schule Kants gelernt hat, *in sich selbst hineinzugehen,* um den eignen Geist *über seinen Operationen zu ertappen,* mit dem Ergebnis allerdings, daß er erst wieder mühsam lernen muß, die Wirklichkeit zu erkennen. Das gelingt ihm schließlich ganz gut, und so kommt er doch noch zu einem eindrucksvollen Auftritt: er darf den wahren Idealismus verteidigen gegen seine gefährlichen Feinde, den platten Naturalismus einerseits und die romantische Schwärmerei andererseits. Goethe versteckt im Portrait des jungen Philosophen ein kleines biographisches Detail aus der Geschichte der Freundschaft mit Schiller. So wie Lotte, als Patentochter der Frau von Stein, Schiller den Weg zu Goethe gebahnt hatte, so ist es in der Erzählung Julie, die den Onkel, das Pendant zu Goethe, dazu bringt, sich mit dem jungen Philosophen zu befreunden, obwohl ihm dieser zunächst auf die Nerven geht. Beidemale ist es also eine junge Frau, die den Freundschaftsbund der so unterschiedlichen Männer herbeiführt. Schiller, der die Anspielung bemerkt haben mochte, ist eigentümlich berührt, als er im Sommer 1799 das Werk in seiner Endfassung liest: Es müsse *auf jeden irgend empfänglichen Menschen wundersam wirken,* schreibt er am 20. Juni 1799 an Goethe.

Die Brieferzählung »Der Sammler und die Seinigen« war aus dem gemeinsamen Schematisieren hervorgegangen, damals eine Lieblingsbeschäftigung der beiden Freunde. Kaum ist der Text abgeschlossen, ist man schon wieder dabei, etwas zu schematisieren. Jetzt sammeln und ordnen sie die Gründe, weshalb der künstlerische Dilettantismus eine große Gefahr für die Kunst darstellt. Ja weshalb denn eigentlich? Sie sind überzeugt, daß für die Kunst gilt: das Gegenteil des Guten ist das Gutgemeinte. Davon aber gab es für ihren Geschmack zu viel. Tatsächlich kam am Ende des Jahrhunderts in adligen und bürgerlichen Kreisen die Laienkunst mächtig auf, in Weimar bei der Hofgesellschaft, in Jena beim Bürgertum. Überall wurde aquarelliert, wurden Scherenschnitte gefertigt, wurde gedichtet und gereimt, gesungen und musiziert. Besonders das Theater stand hoch im Kurs. Man wollte selbst auf der Bühne spielen, man wollte sich selbst spielen. Vergessen wir nicht: Goethes »Iphigenie« war zum ersten Mal aufgeführt worden vom Weimarer Liebhabertheater. Sogar der junge Herzog spielte mit. Seit Goethe Anfang der neunziger Jahre die Leitung des Theaters in Weimar übernahm, achtete er sehr auf Professionalität. Daß der Dilettantismus an die Kunst heranführen kann, wußte Goethe, er hatte es bei der Malerei, die auch er nur dilettantisch betrieb, selbst erfahren. Dilettantismus ist also hilfreich, aber nur dann, wenn er sich nicht mit der regelgerechten Kunst verwechselt.

Goethe verglich sich gerne mit einem Gärtner, der hegt und pflegt und Unkraut ausjätet. Anders Schiller. Als Berufsschriftsteller verteidigte er seine Standesehre. Goethe will die Dilettanten eher belehren, Schiller will sie zurückweisen, besonders wenn sie sich anmaßend als Kollegen aufspielen. In diesem Sinne waren für Schiller manche Romantiker eigentlich Dilettanten. *Der Dilettant wird nie den Gegenstand, immer nur sein Gefühl über den Gegenstand schildern,* lautet eine Ergänzung zum Schema in Schillers Handschrift, und weiter: *Alle dilettantischen Geburten ... werden einen pathologischen Charakter haben.* Es reicht für einen Künstler nicht aus, ein *interessantes Subjekt* zu sein oder sich dafür zu halten.

Goethe beabsichtigte, auch diesmal die schematisierte Ideensammlung narrativ umzusetzen. *Ich möchte ihr gar zu gern,* schreibt er am 22. Juni 1799 an Schiller, *auch eine poetische Form geben teils um sie allgemeiner, teils um sie gefälliger wirken zu machen. Denn wie Künstler, Unternehmer, Verkäufer und Käufer und Liebhaber jeder Kunst im Dilettantism ersoffen sind, das sehe ich erst jetzt mit Schrecken, da wir die Sache so sehr durchgedacht und dem Kinde einen Namen gegeben haben ... Wenn wir dereinst unsere Schleusen ziehen, so wird es die grimmigsten Händel setzen, ... worin sich die Pfuscherei so glücklich angesiedelt hat ... Es soll eine gewaltige Sündflut werden.*

Da blitzt wieder der polemische Übermut auf, die Streitlust wie bei den »Xenien« damals. Und wieder läßt Schiller sich davon anstecken. Grimmig antwortet er: *Da man einmal nicht viel hoffen kann zu bauen und zu pflanzen, so ist es doch etwas, wenn man auch nur überschwemmen und niederreißen kann. Das einzige Verhältnis gegen das Publikum, das einen nicht reuen kann, ist der Krieg.*

Es blieb am Ende beim Schema. Man hatte seinen Spaß gehabt, auch einige Klarheit gewonnen. Warum sollte man sich noch einmal mit dem Publikum anlegen? Ist der *Platzregen* vorbei, ist bald wieder alles im alten Geleise, schreibt Goethe. Die größere Öffentlichkeit, das zeigte die geringe Resonanz der »Propyläen«, war an Tadel und Belehrung nicht interessiert. Goethe und Schiller besannen sich wieder auf jene Formel, mit der sie seinerzeit den »Xenien«-Streit abgebrochen hatten: Besser ist das gute Beispiel des eigenen Werkes als das polemische Handgemenge. Wir sollten, schreibt Goethe am 20. Juli 1799, *in uns selbst ... verweilen um irgend ein leidliches Werk nach dem andern hervor zu bringen. Das übrige ist alles vom Übel.* Dazu kam, daß sich das Ende der »Propyläen« abzeichnete.

Auch das ließ die Lust an der Ausführung des Vorhabens schwinden, denn beim Abkanzeln darf die Kanzel nicht fehlen.

Von Politik war in dem »Dilettantismus«-Schema nicht die Rede. Sie spielte aber im Hintergrund doch eine Rolle. Anfang 1799 hatte der Herzog das Ersuchen des Professor Schütz und seiner Frau, in Jena ein Laientheater etablieren zu dürfen, schroff zurückgewiesen, und zwar aus politischen Gründen. Das Theater sollte an den Hof gebunden bleiben, und es sollte ihm keine freischaffende Konkurrenz erwachsen. Der Herzog witterte bei solchen Initiativen zur Stärkung der bürgerlichen Öffentlichkeit die Gefahr des Jakobinismus, besonders in diesem Augenblick, da der Atheismus-Streit um Fichte für allgemeine Unruhe in Jena sorgte.

Fichte hatte im Dezember 1798 in dem von ihm herausgegebenen »Philosophischen Journal« die Abhandlung des Kantianers Friedrich Karl Forberg über die »Entwicklung des Begriffs der Religion« erscheinen lassen, worin ausdrücklich der Gott der Offenbarung zurückgewiesen und die Religion allein auf die Ethik gegründet wurde. Obwohl Forberg nicht anders argumentierte als sein Lehrer Kant, hatte Fichte, Schlimmes befürchtend, der Veröffentlichung eine eigene kleine Abhandlung »Über den Grund unseres Glaubens an eine göttliche Weltregierung« vorangestellt, die den Vorwurf des Atheismus vorsorglich abwehren sollte. Darin wird der orthodoxe Glaube an einen Gott der Belohnung und Strafe als zutiefst irreligiös gebrandmarkt. Mit Gott läßt sich nicht rechnen, erklärte Fichte, er existiert nur in unseren unbedingten moralischen Entscheidungen. Diese Erklärungen machten alles noch schlimmer. Was die Angriffe vorsorglich abwehren sollte, geriet selbst zum Angriff. In Kursachsen erschien eine anonyme Schrift, die Fichte und Forberg des Atheismus bezichtigte. Auf diese Denunziation hin verbot die kursächsische Regierung die Verbreitung der Zeitschrift in ihrem Gebiet und forderte die »Erhalter« der Universität Jena, also auch Karl August auf, die Schrift zu konfiszieren und die Verfasser zu bestrafen, andernfalls den Landeskindern der Besuch des benachbarten Jena verboten werden müßte. Dem Herzog Karl August kam das sehr ungelegen, da er seinen Sohn, den Erbprinzen mit einer Zarentochter zu verheiraten gedachte und deshalb auf seinen makellosen Ruf als Anti-Revolutionär zu achten hatte. Auch sonst paßte ihm seit einiger Zeit die ganze Richtung in Jena nicht mehr. Fichte hielt er sowieso für einen Jakobiner reinsten Wassers, und es stieß ihm übel auf, daß Goethe sich für seine Berufung eingesetzt hatte und neuerdings mit diesen fragwürdigen Leuten an der Universität so häufig zusammen war. Er schrieb, zwar nicht an Goethe selbst, aber an dessen Ministerkollegen Voigt, der dies Donnerwetter weiterleiten sollte: »Über Goethen habe ich wohl zehn mal mich halb zu schanden geärgert, der ordentlich kindisch über das alberne kritische Wesen ist, und einen solchen Geschmack daran findet daß er den seinigen sehr darüber verdorben hat: er besieht dabei das Ding, und das ganze akademische Wesen mit einem solchen Leichtsinn, daß er alles das Gute, was er bei seinen häufigen Anwesenheiten zu Jena stiften könnte, unterlässet; er könnte leichter wie jemand wissen, was jene Schäckers lehren, uns davon avertieren, und ihnen selbst zuweilen einreden und sie durch Vermahnungen in der Ordnung halten; sie würden sich gewiß willig finden, denn mit aller ihrer Unendlichkeit ist es eine sehr eingeschränkte, an ihrem Platz und Einnahme hängende Raçe ...«

Goethe reagiert zunächst gelassen. *Serenissimi Strafrede ... ist gut gedacht und geschrieben,* schreibt er an Voigt und empfiehlt, man solle Fichtes Verteidigung abwarten. Der aber gibt nicht nach, sondern geht in die Offensive. Er bezichtigt seine Gegner der Heuchelei und nennt die eigene Moralreligion die eigentliche Religion für freie Menschen.

In Weimar will man die Angelegenheit eher geräuschlos erledigen, einen Verweis etwa und die Ermahnung, sich künftig vor dem allgemeinen Publikum vorsichtiger zu äußern. So dachte Goethe, aber auch der Herzog, der nun wirklich nicht fromm war. Religion erschien ihm nur nützlich für die Untertanen, die Gebildeten unter sich können denken, was sie wollen. Auf diese Unterscheidung zwischen esoterischer Kritik der Religion und exoterischer Anpassung will sich Fichte nicht einlassen, er tritt mit lutherischem Pathos auf: Hier stehe ich, ich kann nicht anders. Als er dann in einem Schreiben an Voigt droht, er werde bei einem Verweis um Demission nachsuchen und andere Kollegen würden ihm folgen, entscheidet man in Weimar, mit der Stimme Goethes, einen Verweis auszusprechen und demzufolge die Demission Fichtes anzunehmen. Die Sache hatte ein für Fichte blamables Nachspiel. Denn nun erklärte er, daß der Verweis, den er erhalten habe, nicht von der Art sei, die ihn zur Demission gezwungen haben würde, also bitte er darum, bleiben zu dürfen. In den Augen des Herzogs hatte sich Fichte damit als Großsprecher und Feigling entlarvt, er sah sich in seinem Urteil bestätigt, daß Fichte doch nur zu denen gehöre, die an ihrem Platz und ihren Einnahmen hängen. »Was ist das nicht für ein miserables Volk!« notiert Karl August an den Rand von Fichtes Brief, »die Sache behält wohl ihren Lauf, und adieu, Fichte!«

Goethe hatte der Entlassung Fichtes zugestimmt, aber wohl war ihm dabei nicht. An Schlosser schreibt er am 30. August 1799: *Was Fichten betrifft, so tut mirs immer leid, daß wir ihn verlieren mußten, und daß seine törige Anmaßung ihn aus einer Existenz hinauswarf, die er auf dem weiten Erdenrund ... nicht wieder finden wird ... Er ist gewiß einer der vorzüglichsten Köpfe; aber wie ich selbst fürchte für sich und die Welt verloren ...* Die schriftlichen Unterlagen in dieser Angelegenheit, soweit sie in seinem Besitz waren, hat Goethe später vernichtet.

In dem Briefwechsel zwischen Goethe und Schiller taucht die ganze Angelegenheit nur selten und nur am Rande auf. Es ist dann von der *bewußten Sache* die Rede, man hatte also darüber gesprochen, und wahrscheinlich hatte sich Schiller mit Goethe abgesprochen, als er am 26. Januar 1799 an Fichte schrieb, er habe aus Weimarer Hofkreisen erfahren, daß man ihm die F r e i h e i t i m S c h r e i b e n durchaus lassen wolle, *wenn man auch gewisse Dinge nicht auf dem Katheder gesagt wünsche.* Doch Fichte war zu diesem Zeitpunkt noch zu keinem taktischen Zugeständnis bereit, weshalb Schiller in dieser Sache nichts weiter unternahm. Als Fichte nach der Entlassung auch des Landes verwiesen wurde und beim Fürsten von Schwarzburg-Rudolstadt um Asyl nachsuchte, kommentierte das Schiller in einem Brief an Goethe vom 14. Juni 1799 mit den Worten: *Es ist doch unbegreiflich, wie bei diesem Freunde eine Unklugheit auf die andere folgt ... Dem Fürsten von Rudolstadt, der sich den Teufel um ihn bekümmert, zuzumuten, daß er ihm, durch Einräumung eines Quartiers öffentliche Protektion geben und ... sich bei allen anders denkenden Höfen kompromittieren soll.* Schiller, der selbst einmal vor einem Fürsten hatte fliehen müssen, kann sich inzwischen offenbar besser in einen Fürsten hineinversetzen als in einen Asylsuchenden. Zwar bedauerte er Fichtes Abgang, scheint aber mit dem Vorgehen der Regierung und auch dem Verhalten Goethes wohl doch einverstanden gewesen zu sein.

Mit Fichtes Abgang verstärkte sich bei Schiller das Gefühl, daß es um ihn herum leerer wurde. Zwar erreichte bei den jungen Romantikern im Hause Schlegel im Herbst 1799 die »Symphilosophie« und »Sympoesie« ihren Höhepunkt und es blühte dort das gesellige Leben. Daran aber nahm Schiller keinen Anteil. Diejenigen, die ihm wichtig waren, verschwanden aus Jena. Das gilt insbesondere für Wilhelm von Humboldt, der Jena verlassen hatte und zu einer großen Reise nach Paris und Spanien aufgebrochen war. In den letzten Jahren war vor allem er es gewesen, der neben Goethe freundschaftlich und regelmäßig im Hause Schillers verkehrte. Mit Humboldts Abschied von Jena sah sich Schiller noch mehr als zuvor auf die Freundschaft mit Goethe beschränkt, denn der andere Freund, Christian Gottfried Körner, lebte in Dresden, zu weit entfernt für regelmäßige Besuche. So war Goethe inzwischen nicht nur ein Freund für den geistigen, sondern auch für den alltäglichen Austausch geworden.

Im Frühjahr 1797 hatte Schiller erstmals wieder erwogen, nach Weimar zu ziehen, um dem Freund auch alltäglich näher zu sein. Zwei Jahre später, im Frühjahr 1799 kam für eine Übersiedlung nach Weimar noch ein zweites Motiv hinzu. Schiller, der mit »Wallenstein« triumphal ans Theater zurückgekehrt war, wollte am Ort des Theaters sein. In Weimar sollte die Serie seiner Stücke, die er nun im produktiven Überschwang plante, auf der Bühne erscheinen, mit Goethes Beistand. Und Goethe seinerseits konnte zur eigenen Entlastung beim Theater den Freund in der Nähe gut gebrauchen. Doch wollte Schiller Jena nicht ganz aufgeben. Das jüngst erworbene Gartenhaus sollte weiterhin im Sommer genutzt werden. Es war also, als Schiller nach Weimar zog, zunächst an zwei Wohnsitze gedacht. Weimar für die Theaterarbeit und Jena für das Philosophieren.

Goethe half bei der Quartiersuche in Weimar. Man fand eine Wohnung im Hause des Perückenmachers Müller. Charlotte von Kalb hatte sie zuvor bewohnt.

Die Wochen der Wohnungssuche waren überschattet von einer schweren Erkrankung Lottes. Das Nervenfieber war vielleicht eine Folge der schwierigen Geburt der Tochter Karoline Henriette. Am 23. Oktober verlor Lotte das Bewußtsein. Über mehrere Tage ein heftiges Delirium, krampfartige Anfälle, Erbrechen, hohes Fieber. Schiller verbringt ganze Nächte am Bett der Kranken. Der Arzt Hofrat Stark bereitete ihn auf das Schlimmste vor. Er mußte sich auf ihren Tod gefaßt machen, grauenhafter noch war für ihn der Gedanke, daß Lotte den Verstand verlieren könnte. Er war verzweifelt, voller Angst und von den Nachtwachen erschöpft. In dieser Situation bewährt sich Goethe als mitfühlender und hilfreicher Freund. *Unsere Zustände sind so innig verwebt,* schreibt er am 26. Oktober, *daß ich das, was Ihnen begegnet, an mir selbst fühle.* Lotte überwindet die Krise, das Fieber geht zurück, aber der dumpfe, halb besinnungslose Zustand hält noch an. Sie spricht keine Silbe. Goethe macht sich von seinen Verpflichtungen los und kommt nach Jena, wo er oft täglich mehrere Stunden bei Schiller verbringt, um dem Freund Gesellschaft zu leisten und ihn durch Gespräche über die Arbeit abzulenken. Langsam bessert sich Lottes Zustand. Allmählich nimmt sie wieder Anteil am Leben, beginnt wieder zu sprechen und sich zu erinnern. Am 21. November schreibt sie ihren ersten Brief nach der Krankheit. Für Schiller eine Art Wiedergeburt. Nun kann man auch wieder an den geplanten Umzug nach Weimar denken.

Im Dezember 1799 verläßt Schiller mit seiner Familie und mit einigen Gepäckwagen Jena. *Alle Erinnerungen an die letzten acht Wochen mögen in dem Jenaer Tal zurückbleiben, wir wollen hier ein neues, heiteres Leben anfangen.* Zurück bleibt aber auch Goethe, der noch ein paar Tage der Weimarischen *Sozietätswoge* fernbleiben möchte, die nun, wie er launig schreibt, gewiß bis an Schiller *heran spült.* Lotte findet mit der kleinen Tochter für die ersten Wochen Unterkunft bei Frau von Stein. Schiller wohnt mit dem Sohn und den Dienstboten in der neuen Wohnung und überwacht die Renovierung. Wenige Tage später kehrt auch Goethe nach Weimar zurück. Es beginnt die zweite Periode der Geschichte einer Freundschaft. Goethe und Schiller sind jetzt Nachbarn.

Zwölftes Kapitel

Die Weimarische Dramaturgie: Gegen das Unnatürliche und das Allzunatürliche. Das Geschmacksregime des Herzogs. Übersetzungsübungen: Goethes Voltaire, Schillers Shakespeare. Goethe der Freund und Vorgesetzte. Maria Stuart. Wieviel Religion und welche? Faust und Faustrecht.

Schiller, der in Jena ein eher zurückgezogenes Leben geführt hatte, wird in Weimar sogleich von einer *Sozietätswoge* erfaßt, so wie es Goethe ihm angekündigt hatte. Zwei Tage nach der Ankunft eine Einladung beim Herzog zu einem Gespräch unter vier Augen, an den nächsten Abenden große Gesellschaft bei der Herzogin und der Herzoginmutter. Fast täglich war Schiller mit Goethe zusammen, entweder bei sich zu Hause oder drüben am Frauenplan. Schauspieler machten ihre Antrittsbesuche, und man traf sich mit Herder, Wieland, Jean Paul und wer sonst noch zum geistigen Zirkel Weimars gehörte. Fast jeden Abend, vor oder nach den geselligen Ereignissen, wurde ins Theater gegangen. Bereits nach zwei Wochen klagt Schiller: *Die Unruhen und Zerstreuungen in den ersten Wochen meines Hierseins haben mich nicht zum Schreiben kommen lassen*, es gebe zu *viele müßige Leute hier, ... so ist ein Bedürfnis da, den Geist zu reizen; und so kommt denn natürlich die Reihe zuerst an Poesie und Kunst.*

Schnell wird klar, was Goethe und auch der Hof von Schiller erwarten: Neue Stücke, aber auch Mitwirkung bei der Tagesarbeit am Theater. Goethe hatte die Theaterleitung in den ersten Jahren, seit er sie 1791 übernahm, ohne sonderlichen Ehrgeiz betrieben. Er hatte vor allem das Gängige und Populäre auf die Bühne gebracht, Rühr- und Familienstücke von Kotzebue und Iffland, Ritterspiele, neuere französische Komödien. Von seinen eigenen Stücken waren es, mit Ausnahme des »Egmont«, der einmal ziemlich erfolglos aufgeführt worden war, nur die schnellfertigen und anspruchslosen revolutionskritischen Stücke »Der Groß-Cophta« und der »Bürgergeneral«, die auf der Bühne erschienen.

Goethe versprach sich von Schillers Umsiedlung nach Weimar Mithilfe bei der energischen Realisierung eines neuen Theaterstils. Worüber die beiden sich in den Jahren zuvor theoretisch verständigt hatten und womit die Aufführung des »Wallenstein« einen erfolgreichen Anfang gemacht hatte, nämlich das, was man die neue Weimarische Dramaturgie nennen könnte, sollte im renovierten Theaterhaus nachhaltig und mit Ausstrahlung auf andere deutsche Bühnen umgesetzt werden. Die kulturelle Erziehung der Nation sollte, nach den »Xenien« und nach den »Propyläen«, theaterpraktisch fortgesetzt werden.

Tatsächlich konnten Goethe und Schiller um 1800 auf keinem anderen Gebiet ihrer Tätigkeit eine so innige und produktive Übereinstimmung erzielen wie hier. Ihre Anschauungen, die dann für die praktische Theaterarbeit maßgebend wurden, basierten auf einigen gemeinsam entwickelten Grundsätzen.

Der erste Grundsatz: Auch für die Theaterkunst gilt, was Goethe in der Einleitung zu den »Propyläen« über den Maler schreibt, *daß er sich an die Natur halten, sie studieren, sie nachbilden, etwas, das ihren Erscheinungen ähnlich ist, hervorbringen solle.* Das Theater soll sich nach der Natur richten.

Doch soll, zweitens, die Orientierung an der Natur unter dem Formgesetz der Kunst stehen, die ihren besonderen Sinnzusammenhang bildet, ein Reich eigener Ordnung. *Naturwahrheit* also wird zur *Kunstwahrheit.* In der »Propyläen«-Einleitung formuliert Goethe diesen Grundsatz so: *Indem der Künstler irgend einen Gegenstand der Natur ergreift, so gehört dieser schon nicht mehr der Natur an, ja man kann sagen: daß der Künstler ihn in diesem Augenblicke erschaffe, indem er ihm das Bedeutende, Charakteristische, Interessante, abgewinnt, oder vielmehr erst den höhern Wert hineinlegt.* Das geschieht, so Schiller, durch das freie Spiel der *Einbildungskraft*. Kunstwahrheit ist also spielerisch gesteigerte Naturwahrheit. Schiller erläutert diesen Grundsatz der Steigerung im Prolog zu seinem »Wallenstein«. Das Stück, heißt es dort, soll geeignet sein, *den tiefen Grund der Menschheit aufzuregen*. Es mag sein, daß der historische Stoff das gar nicht unmittelbar hergibt. Wenn er dann doch in dieser höheren Bedeutsamkeit erglänzt, so ist es das Verdienst der künstlerischen Gestaltung.

Der dritte, die künstlerische Technik betreffende Grundsatz lautet: das Kunstwerk darf nicht seinen Kunstcharakter verleugnen. Das Ideal der Kunst ist nicht erreicht, wenn die Vögel nach den täuschend echt gemalten Trauben picken. Goethe und Schiller denken eher an eine Art Verfremdungstechnik. Die *selbstbewußte Illusion* soll bewahrt bleiben, schreibt Goethe, und bei Schiller heißt es in seinem Gedicht auf Goethes Bearbeitung von Voltaires »Mahomet«, die Tragödie kündige *nichts als eine Fabel an / Und weiß durch tiefe Wahrheit zu entzücken, / Die falsche stellt sich wahr, um zu berücken.*

Dieses trügerische Sich-wahr-Stellen nennen Goethe und Schiller *Naturalismus*. Ihn zu bekämpfen, betrachten sie als die vordringliche Aufgabe bei der Reinigung der Theaterkunst. Beim Versuch, den Vers auf der Bühne zu etablieren, meldet sich der Widerstand des Naturalismus in seiner schlichten Form: die Menschen, so lautet der Einwand, reden doch nicht so gekünstelt, man lasse sie reden wie im wirklichen Leben. Dagegen beharren Goethe und Schiller auf der durch Rhythmus und Reim gesteigerten Sprache gerade deshalb, weil sie die Künstlichkeit betont und die realistische Illusion aufhebt. In der Kunst erscheint das Gewöhnliche ungewöhnlich. Die ungewöhnliche Sprache des Verses zwingt zur Disziplin, die erst die Bedeutsamkeit hervortreibt. Als Schiller dabei ist, seinen »Wallenstein« zu versifizieren, schreibt er an Goethe: *Seitdem ich meine prosaische Sprache in eine poetische-rhythmische verwandle, befinde ich mich unter einer ganz andern Gerichtsbarkeit als vorher, selbst viele Motive, die in der prosaischen Ausführung recht gut am Platz zu stehen schienen, kann ich jetzt nicht mehr brauchen; sie waren bloß gut für den gewöhnlichen Hausverstand, dessen Organ die Prosa zu sein scheint ... Man sollte wirklich alles, was sich über das gemeine erheben muß, in Versen ... konzipieren, denn das Platte kommt nirgends so ins Licht, als wenn es in gebundener Schreibart ausgesprochen wird.* In seiner Antwort wendet Goethe Schillers Beobachtung ins Grundsätzliche. Der Publikumsgeschmack, erklärt er, fordert Prosa, ein wahrhaft *selbstständiges Werk* aber die gebundene Rede, und daraus folgt: *Auf alle Fälle sind wir genötigt unser Jahrhundert zu vergessen wenn wir nach unsrer Überzeugung arbeiten wollen.*

Der Vers dient der *Kunstwahrheit.* Er ist, gemessen am gewöhnlichen Leben, ebenso unnatürlich wie die sonstigen Elemente der Bühne, von den Kulissen bis zur Beleuchtung, von der Sprache bis zur zeitlich zusammengedrängten Handlung. Die Oper, schreibt Schiller, ist vielleicht die einzige Kunstform, die den Anti-Naturalismus populär gemacht hat. Denn man gerät dort weniger in Versuchung, das Bühnengeschehen unmittelbar an der Realität zu messen, und nur ein ausgemachter Banause wird sich darüber wundern, daß die Akteure umständlich singen statt ganz einfach miteinander zu reden: *In der Oper erläßt man wirklich jene servile Naturnachahmung,* und es sei zu überlegen, folgert Schiller, ob man das Theater nicht näher an die Oper heranrücken sollte. In der »Braut von Messina« wird Schiller das versuchen, mit hoher Kunst, aber verminderter Publikumswirkung. In diesem Schauspiel experimentiert Schiller mit der Einführung des antiken Chors. In der Vorrede zur Buchausgabe des Stückes erklärt er: *Die Einführung des Chors wäre der letzte, der entscheidende Schritt – und wenn derselbe auch nur dazu diente, dem Naturalism in der Kunst offen und ehrlich den Krieg zu erklären, so sollte er uns eine lebendige Mauer sein, die die Tragödie um sich herumzieht, um sich von der wirklichen Welt rein abzuschließen und sich ihren idealen Boden, ihre poetische Freiheit zu bewahren.*

Goethe bewunderte das Stück als gelungene Anverwandlung des antiken Theaters und zögerte nicht, es sogleich im Frühjahr 1803 auf die Bühne zu bringen. Ursprünglich wollte er es mit antiken

Masken aufführen lassen, kam aber davon ab, weil im Jahr zuvor bei der Aufführung von A. W. Schlegels Bearbeitung des »Ion« von Euripides das Maskenspiel auf der Bühne das Publikum befremdet hatte. Schillers »Braut von Messina« kam Goethes Idee eines Gesamtkunstwerkes, worin Musik und Tanz, metrische Sprache und rhythmische Bewegung sich zur Einheit fügten, recht nahe. Goethe verpflichtete das Sängerensemble der Hofbühne, das sonst nur in Operninszenierungen auftrat. Der Berliner Komponist Karl Friedrich Zelter, der in diesem Jahr in die Rolle eines engen Vertrauten hineinwuchs, sollte einige Chorpartien in Liedsätze übertragen, wurde aber nicht fertig damit, weil Goethe den Termin der Premiere vorgezogen hatte. Für Goethe war die »Braut von Messina« das Paradestück der neuen Weimarischen Dramaturgie, und es ist kein Zufall, daß in seinen »Regeln für Schauspieler« die meisten Textbeispiele für den hohen Ton diesem Stück entnommen sind.

Gemeinsam machten Goethe und Schiller Front gegen den *falsch verstandenen Konversationston* und gegen den *unrichtigen Begriff von Natürlichkeit*. Im Frühjahr 1800 erlebte Goethe bei einem Besuch in Leipzig einige Theateraufführungen und schildert sie Schiller so, als sei er ins Sündenbabel des bekämpften Naturalismus geraten. *Der Naturalism und ein loses, unüberdachtes Betragen, im Ganzen wie im Einzelnen, kann nicht weiter gehen. Von Kunst und Anstand keine Spur. Eine Wiener Dame sagte sehr treffend: die Schauspieler täten auch nicht im geringsten als wenn Zuschauer gegenwärtig wären. Bei der Rezitation und Deklamation der meisten bemerkt man nicht die geringste Absicht verstanden zu werden. Des Rückenwendens, nach dem Grunde Sprechens ist kein Ende, so gehts mit der sogenannten Natur fort.*

Diesem Unwesen sollte mit den »Regeln für Schauspieler« Einhalt geboten werden. *Der Schauspieler lasse kein Schnupftuch auf dem Theater sehen noch weniger schnaube er die Nase noch weniger spucke er aus, es ist schrecklich innerhalb eines Kunstproduktes an diese Natürlichkeiten erinnert zu werden.*

Wie vermeidet man die falsche *Natürlichkeit*? Am besten, indem man sich immer bewußt bleibt, daß es im Schauspiel keinen unbeobachteten Moment gibt. *Die Schauspieler sollen nicht aus mißverstandner Natürlichkeit unter einander spielen als wenn kein Dritter dabei wäre.* Das Theater ist ein eminent öffentlicher Ort, es gibt hier nicht, wie im wirklichen Leben, die vier Wände der Intimität, und man soll auf der Bühne auch nicht so tun als gäbe es diese vierte Wand, was noch Diderot gefordert hatte. Das Theater, so Goethe, darf nicht verhehlen, daß es sich stets an jenen ominösen Dritten wendet. Dieser ostentative Zug muß das ganze Spiel auf der Bühne durchdringen. Das Leben wird hier nicht ausgespäht wie durch ein Guckloch, sondern vorgeführt. Die Personen agieren und sprechen zwar miteinander, aber immer unter Zeugen. Sie lassen sich nicht gehen, sondern sie zeigen sich. Sie sind Repräsentanten. Für das gewöhnliche Leben wird auf dem Theater zu viel gesprochen und es sei geradezu unnatürlich, wie die Protagonisten dort *sich mit einer gewissen Breite herauslassen.* Das widerspricht zwar der Naturwahrheit, wird aber von der Kunstwahrheit gefordert. Die Bühne macht explizit, was im wirklichen Leben oft implizit bleibt. Solche Ausdrücklichkeit fordert jedenfalls die Weimarische Dramaturgie.

Naturalismus und mißverstandene Natürlichkeit ist die eine Gefahr der Kunst; die andere ist Unnatur. Jene hat zu wenig, diese zu viel Form. Als abschreckendes Beispiel von Unnatur galt für Goethe wie auch Schiller die klassische französische Tragödie, gegen die Lessing einst gekämpft hatte. Um so größer war Schillers Verwunderung, als Goethe kurz vor seinem Umzug nach Weimar mit der Übersetzung von Voltaires »Mahomet« begann, einem der Stücke, die als Muster der klassischen Tragödie galten. Am 30. Januar 1800 fand die Uraufführung statt, zum Geburtstag der Herzogin. Goethe bat Schiller, bei den Vorbereitungen mitzuwirken. Das war Schillers erste Arbeit in Weimar, die ihn zu seinem Ärger zunächst von seiner »Maria Stuart« abhält.

Goethe hatte sich nicht ganz freiwillig an die Übersetzung des Voltaire gemacht. Es war der Wunsch des Herzogs gewesen. Bisher hatte Goethe am Hoftheater frei schalten und walten können, aber jetzt wollte der Herzog dort auch einmal seinen Geschmack durchsetzen. Seit der Atheismus-Affäre um Fichte war er mit Goethes »Leichtsinn« in Fragen von Geist und Kultur nicht mehr ganz einverstanden, aus seiner Sicht macht Goethe den modernen Ideen, in der Philosophie und auf dem Theater, zuviel Zugeständnisse. Für den Herzog war das alles zu sehr ausgedacht, zu problematisch. Auf der Bühne liebte er nicht die gemischten Charaktere, sondern eindeutige Heroen, scharfe Kontraste zwischen Gut und Böse, Oben und Unten. Wallenstein zum Beispiel war für ihn ein zu gemischter und schwankender Charakter. An Goethe schrieb er: »Der Charakter des Helden, der meiner Meinung nach auch einer Verbesserung bedürfte, könnte gewiß ... ständiger gemacht werden.« Er bevorzugte das klassische französische Theater, das sich so gut für repräsentative Zwecke eignete. Mit Voltaires Theater konnte man ganz einfach Staat machen, und der Herzog, zur Zeit aus familiären Gründen an einer engen Bindung ans antirevolutionäre Rußland interessiert, wollte auch sonst die autokratischen Züge seiner Macht hervorkehren. Darüber hinaus paßte »Mahomet« auch thematisch gut in die politische Landschaft.

Voltaires Mohammed ist ein Aufsteiger und Betrüger, der bei seinen Anhängern einen schrecklichen Fanatismus auslöst. Dies Motiv ließ sich in Parallele setzen zu Napoleon, der auch wie ein Komet am Himmel der europäischen Politik aufgestiegen war, von Sieg zu Sieg eilte, und eine ganze Nation zu unvernünftigen Leidenschaften hinriß. Der Herzog in seiner Sympathie für die antinapoleonische Allianz mit Rußland war fasziniert von der Aussicht, durch die französische Tragödie indirekt das moderne französische Unwesen angeprangert zu sehen. Deshalb also sollte ihm Goethe das Stück bearbeiten, und er glaubte, solches von ihm fordern zu können, da Goethe ihm von der causa Fichte her noch etwas gutzumachen habe.

Goethe selbst erklärte unumwunden, daß es Dankbarkeit dem Herzog gegenüber gewesen war, die ihn zu dieser Arbeit bewogen hatte. An den Prinzen August von Gotha schrieb er am 3. Januar 1800: *Zu dem, vielleicht manchem sonderbar scheinenden Unternehmen, den Voltairischen Mahomet zu übersetzen, hat mich der Wunsch meines Fürsten gleichsam hingedrängt. Ich bin ihm so unendlich viel schuldig, indem ich ihm eine Existenz verdanke, ganz nach meinen Wünschen, ja über meine Wünsche, welches bei einer wunderlichen Natur wie die meinige nicht wenig sagen will, daß ich es für Pflicht hielt so gut ich konnte sein Verlangen zu erfüllen.*

Schiller gegenüber nannte er noch einen weiteren Grund. In *Ermangelung des Gefühls eigner Produktion* habe er sich an die Übersetzung Voltaires gemacht. Das schrieb er am 25. Juli 1800, als er Voltaires »Tancred« übersetzte, es galt aber schon für »Mahomet«. Die Arbeit daran muß ihm anfangs schwergefallen sein, denn sein Bild Mohammeds war dem von Voltaire ganz entgegengesetzt.

Für Goethe war Mohammed kein Betrüger, sondern ein großer, inspirierter Mensch, an dessen Beispiel sich ablesen läßt, daß eine starke Inspiration ansteckend wirken kann. Goethes Wertschätzung Mohammeds stand im Kontrast zu der im achtzehnten Jahrhundert noch weitgehend feindseligen Literatur über den Begründer des Islam, eine polemische Tradition, der auch Voltaires Stück zuzurechnen ist. In Deutschland waren es Aufklärer wie Leibniz, Lessing und später Herder, die für eine gerechtere Beurteilung der nichtchristlichen Religionen eintraten. Aber diese Stimmen konnten sich nicht durchsetzen. Bereits in den Jugendjahren hatte Goethe ein Preislied, »Mahomets Gesang«, gedichtet, das Mohammed als geistigen Führer der Menschheit in der Metapher des Stromes feiert, der von kleinsten Anfängen ins Riesenhafte wächst und sich endlich in den Ozean, das Symbol einer umfassenden Gottheit, ergießt. Mohammed – ein gottbeseelter Genius der Menschheit. Noch als Siebzigjähriger, zur Zeit des »West-Östlichen Divan«, wird Goethe öffentlich mit provozierendem Nachdruck bekennen, er trage sich mit dem Gedanken, *ehrfurchtsvoll jene heilige Nacht* zu *feiern, wo der Koran vollständig dem Propheten von obenher gebracht ward.* Es blieb für Goethe zeitlebens verlockend, sich in einen Propheten zu versetzen, vielleicht weil er sich selbst bisweilen auch für einen hielt. In den Paralipomena zum »West-Östlichen Divan« heißt es: *Wunder kann ich nicht tun sagt der Prophete, / Das größte Wunder ist daß ich bin.* Das kommt der eigenen Selbsteinschätzung ziemlich nahe. Selbstverständlich gab es auch kritische Distanz. Goethes weiche Naturfrömmigkeit stand der harten Gesetzesfrömmigkeit Mohammeds fern. Goethe war, wenn Religion überhaupt eine Rolle für ihn spielte, eher theosophisch als theonom gesinnt. Der mohammedanische *Religionspatriotismus* war ihm, wie jeder beschränkte Patriotismus, zuwider. Die Gefahren des Fanatismus sah auch er, und nur darin stimmte er mit Voltaires harscher Religionskritik überein.

Bei der Bearbeitung des »Mahomet« strich er die wortreiche Rhetorik zusammen. Auch milderte er einiges, und doch blieb Mohammed auch in der Übersetzung eine düstere Figur. Aber Mohammed ist bei Goethe nicht, wie bei Voltaire, ein abgefeimter Betrüger und Verbrecher, sondern ein Dämon, ein dunkles Genie also. Zwar erklärt er zynisch: *Laß uns der Erde Wahn getrost benutzen; / Ich fühle mich zu ihrem Herrn bestimmt,* doch hebt Goethe als sein eigentliches Motiv die Liebe zu Palmire hervor. Um sie zu gewinnen, reißt Mohammed ganze Völker ins Verderben: *Für alles tröstet mich die Liebe. Sie allein, / Sie ist mein Lohn, der Arbeit einz'ger Zweck.* Machtstreben und Religion interessieren Goethe weniger als eine leidenschaftliche Liebe, die, wie im Falle Mohammeds, auch über Leichen geht.

Bei der Übersetzung und Bearbeitung suchte Goethe Schillers Rat. Wie geht man mit den Alexandrinern um, dem Versmaß der klassischen französischen Tragödie, fragt Goethe. *Die Eigenschaft des Alexandriners,* schreibt Schiller, *sich in zwei gleiche Hälften zu trennen, und die Natur des Reims, aus zwei Alexandrinern ein Couplet zu machen, bestimmen nicht bloß die ganze Sprache, sie bestimmen auch den ganzen innern Geist dieser Stücke, die Charaktere, die Gesinnungen, das Betragen der Personen. Alles stellt sich dadurch unter die Regel des Gegensatzes ...*

Der Verstand wird ununterbrochen aufgefordert und jedes Gefühl jeder Gedanke in diese Form, wie in das Bette des Prokrustes gezwängt ... Ich fürchte also, wir werden in dieser Quelle wenig Neues für unsre deutsche Bühne schöpfen können, wenn es nicht etwa die bloßen Stoffe sind.

Goethe löst die Versform der Alexandriner auf und ersetzt sie durch den weniger starren Blankvers. Auch lockert er den gestelzten Dialog und versucht überhaupt, der Sprechweise der Personen eine gewisse Wärme und Geschmeidigkeit zu verleihen.

Am Ende war Goethe zufrieden mit seiner Arbeit, vor allem hielt er sie für nützlich in Bezug auf die Durchsetzung der Weimarischen Dramaturgie: *Die Notwendigkeit,* schrieb er in den »Propyläen«, *unser tragisches Theater, durch Versifikation, von dem Lustspiel und Drama zu entfernen wird immer mehr gefühlt werden.* Schiller, heißt es dort weiter, habe mit dem »Wallenstein« einen glänzenden Anfang gemacht. Darauf läßt sich aufbauen. Durch diese Bemühungen könne die *Scheue, welche so manchen ... bisher ergriff, wenn ihm etwas rhythmisches angeboten wurde, endlich radikal kuriert werden.* Die Schauspieler würden angehalten zu einem *wörtlichen Memorieren, zu einem gemessnen Vortrag, zu einer gehaltnen Aktion.*

Bei Hofe war man entzückt von Goethes Übersetzungswerk. Es wurde gefeiert wie keines seiner eigenen dramatischen Werke. Auf mehreren Soireen, zu denen fast der gesamte Hofadel eingeladen wird, las Goethe vor. So feierte der Adel die Wiederbelebung der klassischen französischen Kultursuprematie. Die beiden »Mahomet«-Lesungen im illustren Kreis hatten einen demonstrativen Charakter und konnten als Teil der höfischen Restauration gelten, wie Fichtes Entlassung kurz zuvor oder das Verbot der Jenaischen bürgerlichen Liebhaberbühne.

So glanzvoll war der Erfolg des Stückes auf der Bühne nicht. Das bürgerliche Publikum murrte. Jean Paul schrieb an Jacobi: »Der Voltairische-Goethische ›Mahomet‹ wurde hier gegeben und hat Herder und mich und andere durch alle Fehler der gallischen Bühne auf einmal ... erzürnt und gepeinigt. Mich erfaßte noch der Groll gegen die große Welt, die ewig der kalten und doch grausamen unpoetischen Zeremonialbühne der Gallier anhing und anhängt, weil er selber auf einer frappant ähnlichen agiert.«

Schiller, den Goethe um einen Prolog gebeten hatte, steuerte ein einleitendes Gedicht bei: »An Goethe als er den ›Mahomet‹ von Voltaire auf die Bühne brachte«. Es beginnt mit dem Hinweis auf das Paradox, daß ausgerechnet Goethe, *der uns von falschem Regelzwange / Zu Wahrheit und Natur zurückgeführt* auf den *zertrümmerten Altären / Der Aftermuse* sein neues Werk zelebriert. Dann werden noch einmal die Bannsprüche gegen diese *Aftermuse,* wo *Sklaven knien* und *Despoten walten* ausführlich wiederholt, um schließlich auf die Pointe zuzusteuern: Das französische Theater soll nicht *Muster* sein, aber es ist geeignet, die vom Naturalismus *entweihte Szene* zu reinigen. Der Mittelteil des Gedichtes ist diesem von Goethe und ihm gemeinsam geführten Kampf gegen den Naturalismus gewidmet. Die wahrhafte Bühne gleicht dem *acherontschen Kahn, / Nur Schatten und Idole kann er tragen, / Und drängt das rohe Leben sich heran, / So droht das leichte Fahrzeug umzuschlagen, / Das nur die flüchtgen Geister fassen kann. / Der Schein soll nie die Wirklichkeit erreichen, / Und siegt Natur, so muß die Kunst entweichen.* Damit findet sich Schiller mit Goethe wieder im selben Boot, dem der Weimarischen Dramaturgie. Goethe ist einigermaßen zufrieden, auch wenn er dies einleitende Gedicht wegen der scharfen Verurteilung der französischen Tragödie nicht bei der feierlichen Aufführung vor der Hofgesellschaft rezitieren lassen wollte.

Wie eine Antwort auf »Mahomet« wirkt Schillers im Januar 1800 begonnene Versübersetzung von Shakespeares »Macbeth«. Auf die klassizistische Unnatur Voltaires folgt die gesteigerte Natur Shakespeares. Goethe zeigt sich erfreut. *Auch wünschte ich,* schreibt er, *den Schluß Ihres Macbeths zu vernehmen und durch freundschaftliche Mitteilung an Lebenslust zu gewinnen.* Goethe lobt und hilft mit seinen besseren Englischkenntnissen aus. Andernorts denkt man nicht so günstig über Schillers Vorhaben. A. W. Schlegel spottet: »Nur wenig Englisch weiß ich zwar, / Und Shakespeare ist mir gar nicht klar«. Während Schlegels Shakespeare-Übersetzungen zunächst wirkungslos blieben, verdrängte Schillers Bearbeitung die Versionen sämtlicher Vorgänger. Die Uraufführung in Weimar findet am 14. Mai 1800 statt, mit unvergleichlich größerem Erfolg als »Mahomet«.

Im ersten Jahr nach Schillers Umzug nach Weimar nutzen die beiden ihre neue Nachbarschaft zu häufigen Besuchen. Noch intensiver nimmt man wechselseitig Anteil an den alltäglichen Sorgen und Vorkommnissen, ob nun das Dach bei Schiller schadhaft ist und Goethe als Leiter der Schloßbaukommission fachlichen Rat geben kann, ob Goethe seine neue Equipage mit Schiller einweihen möchte oder die Kinder gegen Blattern geimpft werden müssen, solche Angelegenheiten werden nun häufig besprochen. Als Goethe ein neues Teleskop bekommt, wird der Freund mit den Worten eingeladen: *Es war eine Zeit, wo man den Mond nur empfinden wollte jetzt will man ihn sehen.*

Die Freundschaft umfaßt auch das Alltägliche, um so stärker fällt auf, daß Goethe sich bisweilen überraschend amtlich gibt, als wäre Schiller am Theater angestellt und empfange eine Dienstanweisung. Da soll die »Iphigenie auf Tauris« von Gluck gegeben werden. Goethe ist zur Zeit in Jena und wäre gerne von der Leitung der Proben befreit. Er bittet Schiller, die Leitung zu übernehmen. Als Schiller auf seine mangelnde *Kompetenz* bei Musik und Oper hinweist, beharrt Goethe: Er müsse ihn *aber inständig ersuchen ... sich der Aufführung der Iphigenia anzunehmen.* Es kommt auch vor, daß Goethe eine Einladung schickt, die so formuliert ist: *Mögen Sie sich heute Abend wohl in dieser starken Kälte zu mir verfügen.*

Nicht allen Einladungen kommt Schiller nach, manchmal bittet er um einen Gegenbesuch, schildert seine Mühe beim Treppensteigen im Haus am Frauenplan. Schillers Krankheitsanfälle nehmen kein Ende. Mitte Februar laboriert er an einem Nervenfieber, das ihn vier Wochen arbeitsunfähig macht. Goethe besucht ihn häufig, bringt Heilkräuter und gute Ratschläge mit. Nach einiger Zeit kränkelt auch er. Als er mit starken Worten davon berichtet, antwortet Schiller mit zarter Ironie: *Ich bedaure Ihre Unpäßlichkeit.* Darauf Goethe: *Da ich mich einmal entschlossen habe krank zu sein, so … wünschte ich daß Sie wieder zu den Gesunden gehörten, damit ich mich bald Ihres Besuchs zu erfreuen hätte.*

Nach längerer Unterbrechung nimmt Schiller im Frühjahr 1799 die Arbeit an »Maria Stuart« wieder auf. Goethe vermittelt ihm Mitte Mai einen Aufenthalt auf Schloß Ettersburg, damit er dort ungestört arbeiten kann. Zunächst unternimmt Schiller ausgedehnte Waldspaziergänge, und als er sich endlich zum Schreiben niedergelassen hat, kommen die Besuche. Sogar der Herzog steht in der Tür und erkundigt sich nach dem Fortgang der Arbeit am Stück über die schottische Königin. Zunächst war er neugierig, nun ist er besorgt. Er schreibt an Goethe, ihm sei erzählt worden, daß in der Maria Stuart »eine förmliche Kommunion oder Abendmahl« auf der Bühne vorkomme. Das sei unanständig. Goethe möge doch dem Freund ins Gewissen reden. »So ein braver Mann er sonsten ist, so ist doch leider die göttliche Unverschämtheit oder die unverschämte Göttlichkeit, nach Schlegelscher Terminologie, dergestalt zum Tone geworden, daß man sich mancherlei poetische Auswüchse erwarten kann.«

Es war Herder gewesen, der zuerst gegen diese von ihm so genannte »Profanierung« protestiert hatte. Auf die Aufforderung des Herzogs hin, der hier jakobinischen Unrat witterte, mußte Goethe wieder einmal Schiller gegenüber amtlich werden. Zwei Tage vor der Uraufführung schreibt er ihm: *Der kühne Gedanke eine Kommunion aufs Theater zu bringen, ist schon ruchtbar geworden und ich werde veranlaßt Sie zu ersuchen diese Funktion zu umgehen. Ich darf jetzt bekennen daß es mir selbst dabei nicht wohl zu Mute war, nun da man schon zum voraus dagegen protestiert, ist es in doppelter Betrachtung nicht rätlich. Mögen Sie mir vielleicht den 5ten Akt mitteilen? und mich diesen Morgen nach 10 Uhr besuchen?* Wahrscheinlich strich Schiller die Abendmahlszene für die Weimarer Aufführung, in der Druckfassung aber blieb sie erhalten. Auch versuchte er, sie bei der Berliner Aufführung durchzusetzen. Doch auch dort mußte der Intendant Iffland vor der kirchlichen Obrigkeit kapitulieren. Ob diese Szene Goethe wirklich mißfallen hat, oder ob er nur dem Wink des Herzog folgte, weiß man nicht. Von einer anderen Szene aber, die ebenfalls Ärger erregte, weiß man, daß sie ihm nicht gefiel, denn er hatte sich drastisch darüber geäußert: es handelt sich um die Szene, in der die beiden Königinnen, Maria und Elisabeth, im heftigen Streit entbrennen. Er mißbillige es, äußerte er gesprächsweise zu Dritten, wenn zwei Königinnen wie *streitende Marktweiber oder Huren* aufeinander losgelassen würden.

Wie schon beim »Wallenstein« war bei »Maria Stuart« Goethe der erste Leser und bewährte sich erneut als umsichtiger Ratgeber. Goethe hatte nach dem »Wallenstein« zu einem historischen Sujet geraten, da Schiller doch auf diesem Felde ein unbestrittener Meister sei. Selbstverständlich hatte Goethe dabei auch den Spielplan seiner Bühne im Auge. Schiller aber erwog zunächst, einen *frei phantasierten* Stoff zu wählen, *denn Soldaten Helden und Herrscher habe ich vor jetzt herzlich satt.* Einen Monat später entschied er sich doch wieder für *Helden und Herrscher*, seine Wahl war auf Maria Stuart gefallen, ein altes Vorhaben aus der Zeit, als er am »Don Karlos« arbeitete. Goethe antwortete umgehend mit einer Büchersendung zum Thema. Als Schiller, anders als sonst, bereits nach wenigen Wochen den Beginn der Niederschrift meldete, gratulierte Goethe: *So wohl es getan ist seinen Plan im Ganzen gehörig zu überlegen, so hat doch die Ausführung, wenn sie mit der Erfindung gleichzeitig ist, so große Vorteile die nicht zu versäumen sind.*

Schiller berichtet nun regelmäßig aus seiner Werkstatt, Reflexionen und Beobachtungen bei der allmählichen Verfertigung des Werkes, wie immer taghell und klar. Einmal antwortet Goethe, fast eingeschüchtert: *Um nicht ganz müßig zu sein habe ich meine dunkle Kammer aufgeräumt.* Goethe sieht den Freund beschwingt bei seinem Stück vorankommen, und es verstärkt sich damit bei ihm das Gefühl, zur Zeit auf dem Trockenen zu sitzen. Er hofft, durch Anteilnahme an Schillers Arbeit das eigene Schiff wieder flottzubekommen.

Schiller kam so gut voran, weil er, wie er an Körner schreibt, am »Wallenstein« sein Handwerk gelernt habe. Die entscheidende konzeptionelle Idee war ihm früh gekommen, und er hatte sie sogleich Goethe mitgeteilt. Er wollte sich der *Euripidischen Methode* bedienen, das heißt, es schwebte ihm das analytische Drama vor, bei dem die Katastrophe bereits begonnen hat, wenn deren Vorgeschichte entfaltet wird. Er habe, schreibt er am 26. April 1799 an Goethe, einen Weg gefunden, *die Tragödie mit der Verurteilung anzufangen* und die Exposition zugleich als Wendepunkt zu gebrauchen. Offensichtlich reizte es Schiller, den sanften Frauen Goethes, den Klärchens und Gretchens, Frauen anderen Typs entgegenzustellen: die verführerische und tatkräftige Maria und die noch tatkräftigere Königin Elisabeth. Maria Stuart, Königin in Schottland, konnte legitime Ansprüche auch auf den englischen Thron erheben, was zur erbitterten Feindschaft mit Elisabeth, der englischen Königin, führen mußte. Marias Regierungszeit in Schottland hatte mit Skandal und Aufruhr geendet: sie soll ihren Liebhaber zum Mord an ihrem Ehemann angestiftet haben. Maria flüchtete sich nach England, wo man sie, auf Veranlassung Elisabeths verhaftete. Des Gattenmordes angeklagt, aber nicht verurteilt, blieb sie doch in Haft. Erst als man ihr eine Verschwörung gegen die englische Krone glaubte nachweisen zu können, wurde sie zum Tode verurteilt. Nach einigem Zögern unterzeichnete Elisabeth das Urteil, das daraufhin ungesäumt am 18. Februar 1587 vollstreckt wurde. Soweit die historische Vorlage. Die tragischen Motive, die sie bietet, sind Schiller sogleich deutlich. An Goethe schreibt er: *Ein paar tragische Hauptmotive haben sich mir gleich dargeboten und mir großen Glauben an diesen Stoff gegeben, der unstreitig sehr viel dankbare Seiten hat.* Maria wird von einer alten Schuld eingeholt und gleichzeitig für eine Verschwörung bestraft, eine Tat, die sie – nach Schillers Interpretation – nicht begangen hat. Elisabeth ist zwar im Recht, ihre Krone zu verteidigen, bedient sich dabei fragwürdiger Methoden, eine Folge davon ist, daß auch sie aus unlauteren Motiven, nämlich aus gekränkter Eitelkeit und Neid gegenüber der Konkurrentin handelt. Zwei gemischte Charaktere, die eine beginnt als Schuldige und läutert sich; die andere handelt zunächst untadelig und verstrickt sich dann in Schuld.

Schiller entschied sich nicht für einen bunten, dramatischen Bilderbogen über das Leben und Sterben der Maria Stuart, sondern beschränkt, ähnlich wie beim »Wallenstein«, kunstvoll die Stoffmassen durch die Konzentration auf die letzten Tage vor der Hinrichtung Marias. Die *Katastrophe* ist schon geschehen, der Schuldspruch ist gefällt, Maria ist zum Tode verurteilt; nur die Königin zögert noch, das Urteil zu unterschreiben und vollstrecken zu lassen. Maria ist schuldbewußt und empfindet Reue, was ihre Vergangenheit betrifft. Was aber die Gegenwart betrifft – die Anklage wegen Verschwörung –, so fühlt sie sich schuldlos. Noch ist sie nicht bereit, das ungerechte Urteil auf sich zu nehmen, um die andere Schuld zu sühnen; noch kämpft sie um ihr Leben. Jeder Schritt, den sie zu ihrer Rettung unternimmt, bringt sie ihrem Untergang näher. Das sei die *tragische Qualität* des Stoffes, schreibt Schiller am 18. Juni 1799 an Goethe, *daß man die Katastrophe gleich in den ersten Szenen sieht, und indem die Handlung des Stücks sich davon wegzubewegen scheint, ihr immer näher und näher geführt wird.* Es ist diese grausame Ironie des Schicksals, von der Schiller sich faszinieren läßt.

Beschleunigt wird der Untergang Marias durch das von Schiller erfundene persönliche Zusammentreffen der Königinnen, jene Szene, die Goethe mißbilligte. Meisterhaft verknüpft Schiller hier die persönlichen und die politischen Motive. Maria versteht es, ihren persönlichen Haß politisch zu kaschieren, indem sie die Legitimität Elisabeths bestreitet und sich so über ihre Gegenspielerin erhebt, nicht nur als Frau, sondern auch als die eigentlich rechtmäßige Königin. Ebenso verbirgt Elisabeth hinter der Staatsräson ihren Sexualneid gegenüber der als Frau erfolgreicheren Konkurrentin: *Ja, es ist aus, Lady Maria. Ihr verführt / Mir keinen mehr.* Das Politische und das Persönliche vermischen sich und verstärken die Dynamik der Verfeindung, die auf eine Katastrophe zutreibt. Doch wird Maria innerlich gewandelt in den Tod gehen. In der Begegnung mit Elisabeth ist ihr Haß ausgebrannt. Im Schatten des Todes wird Maria, die nun nicht mehr um ihr Leben kämpft, auf ganz neue Weise mit sich selbst bekannt. *Man löst sich nicht allmählich von dem Leben! / Mit e i n e m Mal, schnell augenblicklich muß / Der Tausch geschehen zwischen Zeitlichem / Und Ewigem, und Gott gewährte meiner Lady / In diesem Augenblick, der Erde Hoffnung / Zurückzustoßen mit entschlossner Seele, / Und glaubenvoll den Himmel zu ergreifen.* Der nahe Tod setzt in Maria Kräfte frei, die sie über Elisabeth moralisch triumphieren lassen.

Maria, deren Katholizität zuvor nur eine politische Größe war, entdeckt am Ende ihre religiösen Bindungen. Sie verlangt nach Beichte und Abendmahl. Es wird ihr gewährt – auf der Bühne. Das war die Szene, die Anstoß erregte. Die Theatralisierung des Sakralen zeigt, wie weit Schiller sich inzwischen von der institutionellen Religion gelöst hatte. Schiller war mit der Darstellung der katholischen Maria und des Abendmahles ebenso wenig fromm geworden wie Goethe, als er die »Bekenntnisse einer schönen Seele« in den »Wilhelm Meister« aufnahm. Beide wollen einen Akt innerer Freiheit und Gelöstheit zur Darstellung bringen, die sich in einer religiösen Form ausspricht. Indem Maria gläubigen Herzens ihre wirkliche Schuld auf sich nimmt, indem sie für eine Tat büßt, die sie nicht begangen hat, soll der Zuschauer darin den Triumph ihrer inneren Freiheit entdecken. Und darum wird auch das Abendmahl in ein Spiel überführt, worin ein anderer als der herkömmliche Sinn waltet: Zelebriert wird eben dieses Mysterium der Freiheit. Maria, von Leidenschaft befreit, wird still, ruhig und klar; sie gewinnt Gelassenheit, fast schon gelöste Heiterkeit. Auch sie wird endlich zur *schönen Seele.* Nur in einem solchen Medium ist Religion für Goethe wie auch für Schiller von Interesse.

Goethe und Schiller waren beide keine religiösen Menschen im Sinne einer kirchlichen Orthodoxie, weder einer protestantischen noch einer katholischen. Sie glaubten nicht an den Gott der Bibel, nicht an die erlösende Wirkung von Christi Opfertod, nicht an die Auferstehung des Leibes und der Seele, nicht an die göttliche Weltschöpfung und das endzeitliche Weltgericht, nicht an Himmel und Hölle, nicht an die von der Kirche gespendeten Sakramente. Religionen galten ihnen als Ausdrucksformen des schöpferischen Menschengeistes, ein unerschöpflicher Vorrat an Bildern und Motiven. Das war das Verbindende in Hinsicht auf Religion. Aber es gab auch Unterschiede.

Für Schiller war das Allerheiligste die Freiheit – *Der höchste Genuß aber ist die Freiheit des Gemütes in dem lebendigen Spiel aller seiner Kräfte*. Für Goethe aber war es die Allverbundenheit des Seins. Darum auch empfiehlt er für den »Wallenstein« das astrologische Motiv, weil jeder Glaube *leidlich und läßlich* sei, wenn er nur *auf dem dunkeln Gefühl eines ungeheuren Weltganzen* ruht. Von dieser Formel fühlt sich Schiller dann doch so getroffen, daß er umgehend antwortet: *Es ist eine rechte Gottesgabe um einen weisen und sorgfältigen Freund, das habe ich bei dieser Gelegenheit aufs neue erfahren.*

Immer wenn Goethe über mangelnde Produktivität oder verminderte Schaffenslust klagte und darüber, daß er von den vielfältigen amtlichen Aufgaben *umhergerissen* würde, antwortete Schiller mit seinem ceterum censeo, er möge sich doch wieder an seinen »Faust« machen. Das war schon so zu Beginn der Freundschaft, als er noch Hoffnung hatte, Auszüge in den »Horen« veröffentlichen zu können, etwa am 29. November 1794, als er schrieb, was er vom »Faust« kenne, wirke auf ihn wie der *Torso des Herkules* und verrate die *Fülle des Genies*. Damals hatte Goethe geantwortet: *Kann mich künftig etwas dazu vermögen so ist es gewiß Ihre Teilnahme,* und er hatte sogar einen Abdruck einiger inzwischen neu geschriebener Szenen in Aussicht gestellt, wozu es dann doch nicht kam. Anderthalb Jahre später, kurz vor Goethes Aufbruch zu seiner geplanten dritten Italienreise, die dann der politischen Wirren wegen in der Schweiz endete, hatte Goethe wieder einmal das *Faust-Paket* aufgeschnürt und den Freund um Rat gefragt, den dieser ihm auch am 23. Juni 1797 erteilte. Vielleicht schreckte gerade Schillers Hinweis auf das Philosophische den zögernden Goethe ab. Denn ehe er das Manuskript wieder verschnürte, erklärte er, es werde wohl immer *ein Fragment bleiben.* Im Frühjahr 1798 ließ er das Manuskript abschreiben und ordnete die fertigen Teile nach einem neuen Schema. Als Schiller sich für die Versifizierung des »Wallenstein« entschied, begann auch Goethe die Prosateile des »Faust« in Reime zu übertragen, da, wie er am 5. Mai 1798 an Schiller schreibt, *die Idee wie durch einen Flor durchscheint, die unmittelbare Wirkung des ungeheuern Stoffes aber gedämpft wird.* Danach ließ er das Manuskript wieder liegen, las aber eifrig Quellenwerke über Magie, Hexerei, Alchemie und einen »Sittenspiegel ausländischer Völker«. Das waren Vorbereitungen für die »Walpurgisnacht«. Im Frühjahr 1800, als Goethe wieder einmal über Verzettelung und fehlende poetische Stimmung klagt, wählt Schiller einen anderen Weg, um ihn zum »Faust« zurückzubringen. Er empfiehlt dem Verleger Cotta, er möge sich doch für die Verluste durch den schlechten Absatz der »Propyläen« schadlos halten, indem er sich die Rechte an Goethes »Faust« sichere. Allerdings müsse Goethe mit einem hohen Honorar gelockt werden. *Er rechnet freilich auf einen großen Profit, weil er weiß, daß man in Deutschland auf dieses Werk sehr gespannt ist. Sie können ihn, das bin ich überzeugt, durch glänzende Anerbietungen dahin bringen, dieses Werk in diesem Sommer auszuarbeiten.*

Cotta folgte dem Rat und bot ein hohes Honorar, wovon Goethe Schiller sogleich in Kenntnis setzte. *Ich habe,* schreibt er am 11. April 1800, *einen Brief von ihm über F a u s t, den Sie mir wahrscheinlich zugezogen haben. Wofür ich aber danken muß. Denn wirklich habe ich auf diese Veranlassung das Werk heute vorgenommen und durchdacht.* Es folgte eine Phase intensiver Arbeit am Stück, die im Januar 1801 mit der schweren Erkrankung Goethes zunächst abbricht, dann noch einmal zwei, drei Monate fortgeführt wurde, um dann für einige Jahre ganz zu stocken.

Zu Lebzeiten Schillers hat Goethe, trotz häufiger Bitten und Ermahnungen des Freundes, die Arbeit an »Faust« nicht mehr fortgesetzt. Eine unüberwindliche Scheu bemächtigte sich seiner, als ob er die Krankheit von 1801, die ihn in Todesnähe brachte, als Strafe empfunden hätte für das Herumirren auf dem *Dunst und Nebelweg,* wie er einmal Schiller gegenüber die Arbeit am Faust bezeichnete.

Im Sommer 1800 war Goethe noch auf gutem Wege. Er hatte einige Szenen der »Walpurgisnacht« ausgeführt und dann am »Helena«-Akt gearbeitet. Der paßte besser zu der »Propyläen«-Periode. Fast triumphierend berichtet er Schiller: *Meine Helena ist wirklich aufgetreten.* Es handelt sich um jene Szene aus dem zweiten Teil des »Faust«, die in die Welt des alten Sparta führt. Die von Paris geraubte Helena kehrt befreit aus Troja zurück. Ihr Gemahl Menelaos hat sie vorausgeschickt, den Palast wieder in Besitz zu nehmen. Doch in dem verlassenen Gemäuer findet sie nicht ihre Dienerinnen und Gehilfen, sondern nur Phorkyas, ein Wesen von entsetzlicher Häßlichkeit gleich dem Gorgonenhaupt oder der Medusa. Vorgesehen war, daß auch Faust auf der Suche nach der vollkommenen Schönheit diese Szenerie betreten würde. Doch so weit kommt Goethe noch nicht. Er bleibt bei der schrecklichen *Nachtgeburt* hängen. *Nun zieht mich aber das Schöne in der Lage meiner Heldin so sehr an,* schreibt er an Schiller, *daß es mich betrübt wenn ich es zunächst in eine Fratze verwandeln soll.* Er meint damit nicht nur die teuflische Sphäre der Phorkyas, hinter der sich Mephisto verbirgt, sondern überhaupt das Problem der Verbindung der beiden Sphären, der klassisch-antiken und der eigentlich faustischen, des Formvollendeten und des Formlosen der *Dunst- und Nebelwege.* Schiller, der bei Goethe schon wieder ein Zögern bemerkt, beeilt sich mit der Antwort, denn gleich am nächsten Tag schreibt er: *Lassen Sie sich aber ja nicht durch den Gedanken stören, wenn die schönen Gestalten und Situationen kommen, daß es schade sei, sie zu verbarbarisieren. Der Fall könnte Ihnen im 2ten Teil des Faust noch öfters vorkommen, und es möchte einmal für allemal gut sein, Ihr poetisches Gewissen darüber zum Schweigen zu bringen ... Es ist ein sehr bedeutender Vorteil, von dem Reinen mit Bewußtsein ins Unreinere zu gehen, anstatt von dem Unreinen einen Aufschwung zum Reinen zu suchen wie bei uns übrigen Barbaren der Fall ist. Sie müssen also in Ihrem Faust überall Ihr F a u s t r e c h t behaupten.*

Dieses Wortspiel gefiel Goethe so gut, daß er es später noch einige Male verwenden wird, besonders wenn ihm die Fragen nach der Fortsetzung des »Faust« lästig wurden. Ehe Goethe auch diese Arbeitsphase am »Faust« im Frühjahr 1801 abbrach, entwarf er noch eine »Abkündigung«, mit der er am Ende des Stückes seinem Faustrecht aufs Fragmentarische nachdrücklich Ausdruck zu geben gedachte: *Den besten Köpfen sei das Stück empfohlen! / Der Deutsche sitzt verständig zu Gericht. / Wir möchten's gerne wiederholen, / Allein der Beifall gibt allein Gewicht. / Vielleicht, daß sich was Bessres freilich fände. – / Des Menschen Leben ist ein ähnliches Gedicht: / Es hat wohl Anfang, hat ein Ende, / Allein ein Ganzes ist es nicht.*

Dreizehntes Kapitel

Goethe hat zu viel Welt, Schiller zu wenig. Romantische Affäre im Hause Schlegel. Das Dreieck Goethe, Schelling und Schiller. Schillers Johanna von Orleans und Goethes Natürliche Tochter. Der Ärger um Kotzebue. Mißstimmung zwischen Goethe und Schiller.

Als Goethe wieder einmal in umfängliche Geschäfte verwickelt ist – das neu erworbene Gut in Oberroßla muß saniert werden –, entfährt Schiller ein Stoßseufzer: *Es wird auch meiner Existenz einen ganz andern Schwung geben,* heißt es in seinem Brief an Goethe vom 24. Juli 1799, *wenn wir wieder beisammen sind, denn Sie wissen mich immer nach außen und in die Breite zu treiben, wenn ich allein bin, versinke ich in mich selbst.* Das ist eine der häufigen Klagen Schillers: Er habe zu wenig Welt, Goethe soll ihn zur Welt bringen. Umgekehrt Goethe. Seine ständige Klage: er fühle sich von den Ansprüchen der Welt *herumgezogen.* Da helfe nur: *die Mauer, die ich schon um meine Existenz gezogen habe, soll nun noch ein Paar Schuhe höher aufgeführt werden.*

Die auch krankheitsbedingte Zurückgezogenheit von Schillers Lebensführung bringt es mit sich, daß ihm manches, was um ihn herum geschieht, entgeht, und umgekehrt wird Goethe, manchmal auch gegen seinen Willen, darin verwickelt. Zum Beispiel die Querelen im Hause August Wilhelm Schlegels. Es ereignet sich dort um 1800 eine romantische Affäre besonderer Art, von der Schiller kaum Notiz nimmt.

Vom Zerwürfnis Schillers mit den Gebrüdern Schlegel war bereits die Rede. Was sich weiterhin unter jenen *forcierten Talenten* – wie Goethe diese erste Generation von Romantikern gern nannte – zutrug, findet so gut wie kein Echo in dem Briefwechsel zwischen

Goethe und Schiller, obwohl Goethe Anteil daran nahm. Da er wußte, wie allergisch Schiller auf den romantischen Kreis reagierte, ließ Goethe wenig darüber verlauten. Zuletzt hatte Schiller sich am 19. Juli 1799 über Friedrich Schlegels Roman »Lucinde« empört. Es sei ein *nebulistisches* Produkt, formlos und fragmentarisch; der Autor ersetze den Mangel an Poesie durch eine fatale Mischung aus *Witz* und *Liebe* und verwechsle Kühnheit mit *Frechheit*. Ein unerträgliches Produkt, was denn Goethe davon halte? Goethe hält sich bedeckt. Es mag eine *wunderliche Produktion* sein, antwortet er, *jedermann liests, jedermann schilt darauf und man erfährt nicht was eigentlich damit sei. Wenn mirs einmal in die Hände kommt will ichs auch ansehen.*

Goethe erzählte seinem Freund nichts davon, daß er sich bei der Zeitschrift »Athenäum«, die Schiller der *naseweisen* und *einseitigen Manier* wegen ablehnte, als Ratgeber betätigte. Im Herbst 1799, als sie noch alle vereint waren vor dem großen Zerwürfnis, die Schlegels, Novalis, Tieck, Schelling, Steffens, hatte man zu entscheiden, ob der wegen seiner katholisierenden und das Mittelalter verklärenden Tendenz provozierende Aufsatz von Novalis »Die Christenheit oder Europa« im »Athenäum« veröffentlicht werden sollte. Es gab darüber eine heftige Kontroverse, man konnte sich nicht entscheiden und rief Goethe als Schiedsrichter an. Dieser empfahl mit vorsichtiger Diplomatie, den Text nicht zu drucken, weil er der Öffentlichkeit Vorwände zur Verleumdung bieten könnte. Er gab auch zu bedenken, daß dem Herzog öffentlich bekundeter Atheismus ebenso zuwider sei wie extravagante Frömmelei, und als solche würde er diesen Aufsatz gewiß verstehen. Goethe wollte die Romantiker also vor einer Tollheit bewahren und sich selbst Ärger ersparen. Der Atheismus-Streit um Fichte war noch in lebhafter Erinnerung. Auch darüber findet sich nichts in Goethes Briefen an Schiller.

Ein halbes Jahr später waren die freundschaftlichen Bande dieses Kreises zerrissen. Karoline, die Frau August Wilhelms und ein Mittelpunkt des Kreises, verliebte sich in den zwölf Jahre jüngeren

Schelling. Es kam zu heftigen Spannungen. Auf der einen Seite Friedrich Schlegel und seine Lebensgefährtin Dorothea Veit, die Karoline ihrer dominierenden Rolle wegen inständig haßte. Sie zogen auch Novalis, Tieck und Schleiermacher zu sich hinüber. Auf der anderen Seite Schelling, Karoline und ihre Tochter aus erster Ehe, die sechzehnjährige umschwärmte Auguste, die auch ein wenig in Schelling verliebt war. Dazwischen August Wilhelm Schlegel, der nicht leidenschaftlich genug war, um eifersüchtig zu sein, und eher zu vermitteln versuchte. In Jena redete man darüber und sah sich in seinen Vorurteilen über die verrückten Leute im Hause Schlegel bestätigt. Die Geschichte wuchs sich vollends zum Skandal aus, als Karoline nach einer überstandenen schweren Krankheit mit Schelling und der Tochter im Mai 1800 zur Kur nach Bad Bocklet bei Kissingen aufbrach. Dort erkrankte Auguste und starb nach wenigen Tagen. In Jena zirkulierte das Gerücht, Schelling habe mit dilettantischen, naturphilosophisch inspirierten Heilversuchen Augustes Tod verursacht. Auch erzählte man sich, Karoline habe ihre Tochter mit Schelling verkuppeln wollen, um den so viel jüngeren Philosophen in ihrer Nähe zu behalten. Das war für Karoline zu viel. Sie brach zusammen und wagte es einstweilen nicht, nach Jena zurückzukehren. Karoline entzog sich auch dem Geliebten: »Als deine Mutter begrüß ich Dich«, schrieb sie ihm, »Du bist nun meines Kindes Bruder, ich gebe Dir diesen heiligen Segen«. Schelling versank in Depressionen, trug sich mit Selbstmordgedanken. Karoline, die sich nach Braunschweig zurückgezogen hatte, empfahl ihm, bei Goethe Hilfe zu suchen: »Er liebet Dich väterlich, ich liebe Dich mütterlich – was hast Du für wunderbare Eltern!«

Tatsächlich hatte sich zwischen Goethe und Schelling eine enge Verbindung ergeben. Es war Schiller gewesen, der 1796 den jüngeren Landsmann, als er ihn besuchte, mit Goethe bekanntmachte. Goethe war beeindruckt von dem kraftvollen, selbstbewußten jungen Mann. 1798 empfiehlt er ihn seinem Ministerkollegen Voigt mit den Worten: *Es ist ein sehr klarer, energischer und nach der neuesten*

Mode organisierter Kopf; dabei habe ich keine Spur einer Sansculotten-Tournure an ihm bemerken können, vielmehr scheint er in jedem Sinne mäßig und gebildet. Ich bin überzeugt, daß er uns Ehre machen und der Akademie nützlich sein würde. Schelling wurde an die Universität Jena berufen. Er war erst vierundzwanzig Jahre alt und bereits eine philosophische Berühmtheit. Seine Wirkung auf dem Katheder war gewaltig. Einer seiner Hörer, Heinrich Steffens, schildert ihn so: »Er hatte ein jugendliches Aussehen, aber in der Art, wie er erschien, etwas sehr Bestimmtes, ja Trotziges, breite Backenknochen, die Schläfen traten stark auseinander, die Stirn war hoch, das Gesicht energisch zusammengefaßt, die Nase etwas aufwärts geworfen, in den großen klaren Augen lag eine geistig gebietende Macht.«

Schelling galt als Schüler Fichtes, und man rechnete damit, daß er seinen Lehrer bald überflügeln würde. Fichtes Philosophie ließ Natur nur als Material für sittliche Tathandlungen, als Widerstand, eben als das große Nicht-Ich gelten. Schelling indes schickte sich an, eine Philosophie zu entwerfen, in der die Natur als schöpferische Kraft verstanden wurde. Der Geist ist bewußtlose Natur, und die Natur ist bewußtloser Geist, lautet einer der Kernsätze Schellings. Dieser Gedanke war Goethe sympathisch, und er besorgte sich sogleich Schellings jüngste Schriften, schnitt sie auf und las sogar darin.

Zunächst hielt er noch Abstand, wie so oft gegenüber den Philosophen. In einem Brief an Schiller resümiert er seine Eindrücke bei der Lektüre mit der Bemerkung, daß ihn weder die Naturphilosophen, *die von oben herunter,* noch die gewöhnlichen Naturforscher, *die von unten hinauf leiten wollen,* zufriedenstellen könnten. *Ich wenigstens finde mein Heil nur in der Anschauung, die in der Mitte steht.*

Doch bald verschwand diese Reserve. Er spürte bei Schelling etwas Verwandtes: ein Verlangen nach Anschaulichkeit und die Absicht, nicht nur mechanische Gesetze, sondern eine schöpferische Potenz in der Natur entdecken zu wollen. Schiller kam aus dem Staunen nicht heraus, als es offensichtlich wurde, daß Goethe sich immer inniger mit Schelling verband, und daß seine Äußerungen über ihn eine von Ironie kaum verhüllte Bewunderung erkennen ließen, etwa wenn Goethe schildert, wie er sich von Niethammer in Jena die Schellingsche Philosophie erklären läßt und ihn nur leicht ironisch in eine Reihe mit Kant und Fichte stellt: *Wir wollen das möglichste tun um mit diesem d r i t t e n W u n d e r in das neue Jahrhundert einzutreten.* Zur selben Zeit schreibt Goethe an Schelling: *Seitdem ich mich von der hergebrachten Art der Naturforschung losreißen und, wie eine Monade, auf mich selbst zurückgewiesen, in den geistigen Regionen der Wissenschaft umherschweben mußte, habe ich selten hier- oder dorthin einen Zug verspürt; zu Ihrer Lehre ist er entschieden. Ich wünsche eine völlige Vereinigung, die ich durch das Studium Ihrer Schriften, noch lieber durch Ihren persönlichen Umgang ... zu bewirken hoffe.*

Karoline hat also nicht ganz unrecht, wenn sie den verzagten Schelling mit den Worten aufzurichten versucht, Goethe »liebet Dich«. Wahrscheinlich war es nicht geradezu Liebe, aber doch Hochachtung verbunden mit starker persönlicher Sympathie für den jungen Philosophen, der sich zur Zeit in einer schweren Krise befand. Goethe jedenfalls hatte es nicht als ungehörig empfunden, als Karoline ihn deshalb um Hilfe bat: »Lassen Sie ihn einen hellen festen Blick auf sich tun. Sie werden durch jeden Wink auf ihn wirken, dann mag er noch so verschlossen und starr erscheinen, glauben Sie nur, sein ganzes Wesen öffnet sich innerlich vor Ihnen, wenn Sie sich zu ihm wenden ... Wenn ich einen Wunsch besonders aussprechen darf, so ist es der, daß Sie ihn um Weihnachten aus seiner Einsamkeit locken und in Ihre Nähe einladen.«

Und so geschieht es. Goethe holt Schelling von Jena aus mit seiner Equipage ab und bringt ihn am 26. Dezember 1800 nach Weimar, wo er bis zum 4. Januar als Gast im Haus am Frauenplan bleibt. Die Sylvesternacht verbrachte man zusammen mit Schiller bei ernsten Gesprächen.

Drei Tage später bricht bei Goethe die schwere Wundrose aus. Er verliert das Augenlicht, zeitweilig auch das Bewußtsein. Er schwebt in Lebensgefahr. Doch er überwindet die Krise, gegen Ende des Monats kann er wieder Besuche empfangen und Briefe schreiben. Zu denen, die neben Schiller ein erstes Lebenszeichen empfangen, gehört Schelling: *Leider war,* schreibt Goethe am 1. Februar an ihn, *als wir Abschied nahmen, die Krankheit schon mit ziemlicher Gewalt eingetreten und ich verlor bald darauf das Bewußtsein meines Zustandes. Auch fühlte ich schon sehr während Ihres Hierseins, daß mir der völlige Gebrauch meiner Geisteskräfte abgehe.*

Schiller, der die Annäherung zwischen Goethe und Schelling genau registriert, bedauert es jetzt, mit Schelling in den Jahren zuvor eigentlich nur Karten gespielt zu haben. Nun sucht er im März 1801 das Gespräch mit Schelling – aber es verläuft nicht zufriedenstellend. Schelling hatte, zu Schillers Überraschung, dem künstlerischen Schaffensprozeß zuviel Bewußtheit zugesprochen. *Ich fürchte aber,* schreibt Schiller an Goethe, *daß diese Herrn Idealisten ihrer Ideen wegen allzuwenig Notiz von der Erfahrung nehmen, und in der Erfahrung fängt auch der Dichter nur mit dem Bewußtlosen an, ja er hat sich glücklich zu schätzen, wenn er durch das klare Bewußtsein seiner Operationen nur soweit kommt, um die erste dunkle TotalIdee seines Werks in der vollendeten Arbeit ungeschwächt wieder zu finden.*

Diese Bemerkung zeigt, daß Schiller, weil er inzwischen wieder eng mit der künstlerischen Praxis verbunden ist, fast allergisch auf theoretische Höhenflüge – *diese Herren Idealisten!* – reagiert. Vielleicht ist auch eine gewisse Eifersucht auf Schellings Nähe zu Goethe im Spiel. Goethe antwortet, indem er Schillers These sogar noch zuspitzt: *Ich glaube daß alles was das Genie, als Genie, tut, unbewußt geschehe.* Doch vermeidet er sorgfältig, sich gegen Schelling in Stellung bringen zu lassen: *Dies ist mein Glaubensbekenntnis,* schreibt er, *welches übrigens keine weiteren Ansprüche macht.*

Auch sonst vermied es Goethe, sich in Gegensätze hineinziehen zu lassen, die nicht die seinen waren. Er zeigte sich unbeeindruckt von den Gerüchten und Streitigkeiten. Er pflegte seine Verbindung zu Schelling, zu Karoline, zu August Wilhelm Schlegel, auch zu

Friedrich Schlegel. Er erleichterte und beschleunigte den 1803 abgeschlossenen Scheidungsprozeß zwischen Karoline und August Wilhelm Schlegel. In diesem Jahr löste sich der romantische Kreis in Jena endgültig auf, an dem Goethe Anteil genommen und den Schiller zu ignorieren versucht hatte.

Im Jahr 1801 begann sich eine vorübergehende Entfremdung zwischen Goethe und Schiller bemerkbar zu machen. Es war nichts Dramatisches. Goethe war nach der überstandenen schweren Krankheit unruhig und geschwächt. Er hielt es nicht aus in Weimar, er brauchte andere Orte, andere Anregungen. Die Freundschaft mit Schiller war ihm nach wie vor wichtig, aber sie hatte unvermeidlich auch alltägliche, gewohnheitsmäßige Züge angenommen. Und nicht zu vergessen: Während Schiller eine höchst produktive Phase erlebte, kam Goethe mit seinen eigenen Arbeiten nicht recht voran. Er war nicht neidisch auf den Freund, aber der Kontrast zwischen Schillers Schwung und dem eigenen Zögern war auch nicht leicht zu ertragen. Kurz, man war im Jahr 1801 nicht so häufig zusammen wie sonst.

Goethe wurde immer wieder zu seinem Gut Oberroßla gerufen, wo es Schwierigkeiten mit dem Pächter gab. Schiller zog sich den März über nach Jena zurück, um in der Abgeschiedenheit seines Gartenhauses die »Johanna von Orleans« abzuschließen. Nach seiner Rückkehr brach Goethe bald zur Kur nach Bad Pyrmont auf. Dort und im benachbarten Göttingen blieb er fast drei Monate. Während dieser Zeit wurden nur wenige Briefe gewechselt. Das war bei Goethes Reise in die Schweiz vier Jahre zuvor noch ganz anders gewesen. Von Göttingen aus schreibt Goethe entschuldigend: *leider scheinen meine Akten auf dieser Reise nicht so anzuschwellen, wie auf der letzten nach der Schweiz damals war ich freilich im Falle meine Kräfte an der Welt zu versuchen jetzt will ich zufrieden sein wenn ich sie an ihr wieder herstelle.* Als Goethe dann nach Weimar zurückkehrte, war Schiller in Dresden bei seinem alten Freund Körner. Fast die Hälfte des Jahres 1801 waren die Freunde also getrennt. Und darum nahm Goethe diesmal auch nicht so intensiv Anteil an Schillers Arbeit am neuen Stück. Als Schiller ihm die »Johanna von Orleans« übersandt hatte, antwortete er mit staunender Bewunderung: *Es ist so ... gut und schön daß ich ihm nichts zu vergleichen weiß.*

Im Gespräch mit Schelling hatte Schiller den Begriff der *dunklen TotalIdee* beim Beginn der Arbeit an einem Werk geprägt. Welches diese *dunkle TotalIdee* war, die ihn zu dem Johanna-Stoff hingezogen hatte, ist nicht genau zu ermitteln. Vielleicht wußte es Schiller selbst nicht. Goethe gegenüber hat er sich jedenfalls nicht dazu geäußert. Nur so viel wird deutlich: dieser Stoff übte, mehr als bei allen Stükken zuvor, eine rätselhafte Anziehung auf ihn aus. Ein eigenartiger Magnetismus ist im Spiel. Schiller fühlt sich geradezu verzaubert von der legendären Geschichte um die Johanna von Orleans, jenem siebzehnjährigen lothringischen Bauernmädchen, das im Jahre 1429 während des Hundertjährigen Krieges zwischen England und Frankreich mit göttlichem Sendungsbewußtsein plötzlich im französischen Heerlager erschien, an der Spitze der Truppen von Sieg zu Sieg eilte, die Stadt Orleans befreite, die Engländer aus weiten Teilen des Landes vertrieb und den Dauphin zur Krönung nach Reims führte; die schließlich, vom König im Stich gelassen, mit einer kleinen Schar von Getreuen auf eigene Faust den Kampf fortsetzte, verwundet wurde, in englische Gefangenschaft geriet, wo man ihr den Hexenprozeß machte, der mit einer Verurteilung endete: Am 30. Mai 1431 wurde sie verbrannt.

Schiller hatte auch diesmal wieder historisch sorgfältig gearbeitet und die Prozeßakten und andere Quellenwerke zu Rate gezogen. Aber anders als die Quellen überliefern, wonach Johanna keinen einzigen Kämpfer getötet hat, macht Schiller sie zu einer sanften aber auch wilden Amazone, die von sich selbst sagt, *tödlich ists, der Jungfrau zu begegnen.* Für Goethe, der später auch Kleists »Penthesilea« nicht mochte, war das schon zu viel Theater der Grausamkeit.

Die zweite augenfällige Veränderung, die Schiller vornimmt, ist noch gravierender. Johanna wird nicht verbrannt, sondern zerreißt ihre Ketten und stürzt sich in die Schlacht, die durch ihr Eingreifen siegreich endet. Sie selbst aber wird verwundet und stirbt, die Vision des himmlischen Reiches vor Augen. Den Unterschied zwischen ihrer ersten Erwählung und dieser zweiten Erhöhung hat Schiller in einem Brief an Goethe vom 3. April 1801 so beschrieben: *Von meinem letzten Akt auguriere ich viel Gutes, er erklärt den Ersten, und so beißt sich die Schlange in den Schwanz. Weil meine Heldin darin auf sich allein steht, und im Unglücke von den Göttern deseriert ist, so zeigt sich ihre Selbstständigkeit und ihr Charakter-Anspruch.* Darauf aber kommt für Schiller alles an. Wodurch wird man innerlich frei? Durch den Glauben oder vermöge der eigenen Freiheit? Durch Gnade oder durch eigenes Verdienst? Schiller bringt eine Johanna auf die Bühne, die erst nach ihrem himmlischen Somnambulismus und nach ihrem Sturz in die gewöhnliche Menschlichkeit ihre wahre Größe beweist. Johanna wird zweimal über das Gewöhnliche hinausgehoben; zuerst durch eine heilige Obsession, einen Enthusiasmus von außen und von oben, und dann durch einen Enthusiasmus, der aus ihr selbst kommt. Diese doppelte Erhebung, einmal von außen und dann von innen, könnte die *dunkle TotalIdee* des Stückes gewesen sein.

In keinem seiner Stücke hat sich Schiller so sehr an Shakespeare angelehnt wie in diesem. Ein Bilderbogen mit schnellem Wechsel der Schauplätze, Lokalkolorit, unterschiedliche Sprechweisen, Massenszenen, Musik. Schiller selbst nannte dieses Schauspiel »romantisch«, wohl deshalb, weil damals alles als romantisch galt, was mit dem Wunderbaren oder mit dem Mittelalterlichen und Christlich-Katholischen zu tun hat. Dazu paßten auch die lyrisch-musikalischen Stilelemente, die das Stück einer Oper mit liedhaften Einlagen, Arien und Rezitativen annäherten. Gerade das gefiel Goethe außerordentlich gut. Sogar die Romantiker in Jena und Berlin, die soeben das Mittelalter und die katholische Welt für sich entdeckt hatten, glaubten einen Augenblick lang, Schiller habe sich auf ihre Seite geschlagen.

Den Herzog aber stieß gerade diese Nähe zum romantischen Sujet ab. Er hatte mit einer spöttischen »La Pucelle« im Stile Voltaires gerechnet. Außerdem – und das dürfte sein hauptsächliches Ärgernis gewesen sein – war die Schauspielerin Karoline Jagemann für die Hauptrolle vorgesehen, und er mußte befürchten, daß seine Mätresse als Jungfrau auf der Bühne unfreiwillig komisch wirken würde. So ließ er erklären, daß er die Aufführung des Stückes in Weimar nicht wünsche. Goethe hatte wieder einmal die unangenehme Aufgabe, das Interesse seines »Serenissimi« dem Freund gegenüber vertreten zu müssen. Auch wenn Schiller die Genugtuung hatte, daß andere Bühnen in Deutschland sich um das Stück rissen, war er doch enttäuscht über die Ablehnung in Weimar. Es blieb bei ihm eine Mißstimmung zurück. Und so traf es sich ganz gut, daß Goethe bald danach zur Kur abreiste.

Schiller nutzte Goethes Abwesenheit, um den alten Freund Körner, den er seit 1796 nicht mehr getroffen hatte, endlich wiederzusehen. Er hatte das Gefühl, diesen treuen Gefährten über der Freundschaft mit Goethe ein wenig vernachlässigt zu haben. Eine Gelegenheit also, um etwas gutzumachen. Schiller, der ursprünglich einen Besuch für das darauffolgende Jahr versprochen hatte, überlegte es sich anders und kündigte sein Kommen für Anfang August 1801 an. Körner ist hoch erfreut: »Der Gedanke, daß Du jetzt noch zu uns kommen willst, ist in Gold zu fassen«, schreibt er und kündigt an, daß er die Gäste im Gartenhaus am Weinberg bei Loschwitz, Nähe Dresden, unterbringen würde, Schillers Lieblingsort. Dort hatten die Freunde einst schöne Stunden verbracht, mit Wein und Gesang. Dort war es auch gewesen, wo Schiller die Ode »An die Freude« gedichtet hatte, *seid umschlungen Millionen! / Diesen Kuß der ganzen Welt!*

Nachdem man Anfang August noch ein Wiedersehen mit Wilhelm von Humboldt gefeiert hatte, der von seiner vierjährigen Auslandsreise zurückgekehrt war, brachen die Schillers, begleitet von der Schwägerin Karoline, nach Dresden auf. Das Haus im Weinberg war von Körner akkurat so hergerichtet worden, wie es Schiller vor Jahren verlassen hatte. Schiller fühlte sich im Körnerschen Freundeskreis sogleich wieder heimisch. Man schwelgte in Erinnerungen, und fragte ihn aus nach seinem Leben mit Goethe. Die Freundschaft mit Goethe, so wurde ihm nun bewußt, war eben nicht nur ein »glückliches« sondern auch ein öffentliches Ereignis, an dem man in der gebildeten Welt Anteil nahm, und er ahnte, daß sie Epoche machen würde. Körner, selbstbewußt und zugleich bescheiden, versicherte ihm, daß es für ihn nichts Kränkendes hätte, wenn ein Größerer ihm den Platz an Schillers Seite streitig machte. Das aber wollte Schiller nicht gelten lassen. Und so zankten sie sich freundschaftlich und sprachen dem Wein zu. Und wieder, wie damals, warf Schiller ein Glas hinter sich, um die neidischen Götter zu versöhnen.

Den Abschluß des sechswöchigen Zusammenseins mit Körner bildete der Besuch der Leipziger Uraufführung der »Johanna von Orleans« am 17. September 1801, ein Triumph, wie er ihn noch nie erlebt hatte. So war bisher in Deutschland noch kein Dichter gefeiert worden. Der berühmte Burgschauspieler Heinrich Anschütz erlebte als junger Student dieses denkwürdige Ereignis und hat es in seinen Lebenserinnerungen so geschildert: »In einem Freudentaumel strömte alt und jung nach dem Schauspielhause. Die Kräftigsten errangen sich die besten Plätze im Parterre, welches damals nur ein Stehplatz war, und gottlob, ich gehörte zu den Kräftigen und Glücklichen. Da tut sich die Tür einer Loge auf und eine lange schlanke Gestalt tritt an die Logenbrüstung. ›Er ist es, Schiller ist es!‹ durchläuft es die Räume, und wie ein Kornfeld, vom Winde bewegt, wogt die Masse, um den Angebeteten zu sehen … Kaum kann man sich von dem Anblick losreißen, um dem Vorspiel und dem ersten Akt der Tragödie zu folgen. Nun bricht das Heldenmädchen auf, um in Orleans das Siegeszeichen zu pflanzen, der Vorhang senkt sich, und ein bacchantischer Jubelruf stürmt durch das Haus. Das Orchester muß mit Trompeten und Pauken sekundieren, und nun erhebt sich die rührende Gestalt, um sich mit sichtbarer innerer Bewegung gegen den Zuschauerraum dankend zu verneigen. Von neuem rast der Jubel, und nur das Aufrollen des Vorhangs … macht dem Aufruhr ein Ende«. Es wird berichtet, daß damit der Aufruhr um Schiller noch keineswegs ein Ende fand. Auch draußen in der Stadt bildeten sich dort, wo Schiller sich zeigte, applaudierende Menschengruppen, und die Väter hoben ihre Kinder in die Höhe, um ihnen dieses dichtende Wundertier zu zeigen.

In diese Begeisterung mischten sich die ersten vaterländischen Gefühle, die wenig später in den antinapoleonischen Befreiungskriegen mächtig hervorbrachen. Man verstand die »Jungfrau von Orleans« nicht nur als romantisches Zauberspiel, sondern man vernahm darin auch eine politische Botschaft. Man sah in Jeanne d'Arc die militante Mystikerin der nationalen Wiedergeburt Frankreichs. Könnte man in Deutschland eine solche charismatische Führergestalt nicht auch ganz gut gebrauchen? Schiller hatte eine Politik der Erlösung auf die Bühne gezaubert. *Eine weiße Taube / Wird fliegen und mit Adlerskühnheit diese Geier / Anfallen, die das Vaterland zerreißen.* Johanna ist auch eine Schwester des Wilhelm Tell. Sie streitet für die *eingebornen Herrn*; sie will einen König auf den Thron setzen, der *die Leibeignen in die Freiheit führt / Der die Städte freudig stellt um seinen Thron.* Das politische Schicksal Frankreichs im fünfzehnten Jahrhundert erinnerte in manchem an die politische Situation in Deutschland. Frankreich war damals als Nation noch nicht wirklich geeint, es war zersplittert in Machtzentren und von englischer Fremdherrschaft bedrückt. Um Deutschland im Jahre 1801 stand es nicht besser. Nördlich der Mainlinie herrschte seit 1795 zwar Friede, Preußen und einige andere Länder, wie auch das Herzogtum Weimar, verhielten sich neutral und genossen eine gewisse Ruhe im aufgewühlten Europa. Im Süden aber herrschte Krieg. Die französischen Truppen fachten längst nicht mehr revolutionäre Begeisterung an, sondern verbreiteten Schrecken und plünderten die Länder aus. Schillers Eltern hatten das bitter erfahren müssen. Zweimal flohen sie vor den marodierenden Truppen. »Johanna von Orleans« wurde auch deshalb zu dem ungeheuren Bühnenerfolg, weil das Publikum auf einem französischen Schauplatz vaterländische Gefühle gegen die französische Vorherrschaft ausagieren konnte. Und über allem thronte die monumentale Gestalt Napoleons. Schiller schildert die märchenhafte Auserwählung und Erhöhung der »Jungfrau« in einem Moment, da Europa den Atem anhält beim kometenhaften Aufstieg Napoleons. Für das Publikum in Deutschland war Napoleon mehr als eine politische Realität, er wurde schon zu Lebzeiten ein Mythos. Nicht nur politische Leidenschaften löste er aus. Er rührte an den seelischen Kern der damaligen Welt. Das gilt für die Bewunderung, die ihm entgegengebracht wurde, und für den Haß, der ihm entgegenschlug. Die einen sahen in ihm die Verkörperung des Weltgeistes, die anderen einen Widergeist, eine Ausgeburt der Hölle. Aber jeder bekam eine lebendige Anschauung von einer Macht, die nicht durch Tradition und Herkommen geheiligt ist, sondern sich einem unbändigen charismatischen Willen zur Macht verdankt. *Wir wollen erwarten,* schreibt Goethe am 9. März 1802 an Schiller, *ob uns Bonapartes Persönlichkeit noch ferner mit dieser herrlichen und herrschenden Erscheinung erfreuen wird.* Später, im Gespräch mit Eckermann, wird er Napoleon einen *Aufklärer wider Willen* nennen, der durch seine *dämonische* Macht vieles an den Tag bringe, was sich sonst noch verborgen hält. Napoleon habe, erklärt er, *einen jeden aufmerksam auf sich gemacht.*

Das gilt auch für Schiller. Hätte er nicht den Aufstieg Napoleons erlebt, er wäre wohl nicht auf die Idee gekommen, die Machtergreifung eines inspirierten Bauernmädchens auf die Bühne zu bringen.

In dem Brief an Schiller, der auf *Bonapartes Persönlichkeit* anspielt, entwirft Goethe, angeregt durch die Lektüre eines historischen Werkes über Ludwig XVI., sein grandioses Bild der Revolution: *Im Ganzen ist es der ungeheure Anblick von Bächen und Strömen, die sich, nach Naturnotwendigkeit, von vielen Höhen und aus vielen Tälern, gegeneinander stürzen und endlich das Übersteigen eines großen Flusses und eine*

Überschwemmung veranlassen, in der zu Grunde geht wer sie vorgesehen hat so gut als der sie nicht ahndete. Man sieht in dieser ungeheuern Empirie nichts als Natur und nichts von dem was wir Philosophen so gern Freiheit nennen möchten.

Dies schreibt Goethe, als er, ohne Schiller etwas davon mitzuteilen, an einem Stück über eine ganz andere Heroin arbeitet: »Die natürliche Tochter«. Eine Trilogie war geplant. Es blieb dann doch bei dem ersten und einzigen Stück, das im Frühjahr 1802 schon fast fertig war, dann ein Jahr liegenblieb, Mitte März 1803 abgeschlossen wurde und am 2. April zum ersten Mal, noch unter dem Titel »Eugenie«, auf der Weimarer Bühne mit geringem Erfolg erschien.

Johanna wird von ihrer wundersamen Berufung und durch ihre inspirierte Selbstermächtigung emporgetragen an die Seite des Königs; Eugenie aber, die ebenfalls nach einem historischen Vorbild, der 1762 geborenen natürlichen Tochter des Prinzen von Bourbon-Conti, gestaltet ist, erleidet das umgekehrte Schicksal: sie stürzt sozial ab durch eine Kabale bei Hofe, in der sich die Korruption des Adels am Vorabend der Revolution zeigt. Als illegitime Tochter aus herzoglichem Hause wird sie um Anspruch und Rang gebracht und lernt, in der Version Goethes, den Verzicht. Sie wird vor die Entscheidung gestellt, entweder ihr Leben in unfruchtbarer Isolation und Verbitterung, doch im stolzen Bewußtsein der hohen Geburt zu verbringen, oder aber die ihr gebotene Hand eines bürgerlichen Mannes zu ergreifen und sich von ihm in der Verborgenheit als reinen Talisman bewahren zu lassen. Sie wählt das bürgerliche Incognito und wahrt so ihre eigentliche Würde und ihren Rang, rein innerlich zunächst, aber mit Strahlkraft nach außen, so daß Hoffnung besteht, es könnte dereinst auch eine neue äußere Ordnung aus dem innerlich geordneten Menschen entstehen. Bis dahin aber gilt es auszuhalten, sich zu bewahren und auf das Wunder zu warten, das von innen kommt. *Denn, wenn ein Wunder auf der Welt geschieht, geschieht's durch liebevolle, treue Herzen.* Das könnte man auch von Schillers Johanna sagen, aber aus dem *Wunder* ihres Herzens entspringt die Tat, der Aktivismus. Das ist Schillers Art. Goethes Eugenie aber läßt gewähren und hält still: *Ich sage dir das tiefste Schweigen zu.*

Zwar sind es auf den ersten Blick Intrigen und Machenschaften, die Eugenie schaden, doch hinter solchen politischen Erschütterungen verbirgt sich, wie Goethe im Brief an Schiller vom 9. März 1802 schrieb, eine Art soziale Naturkatastrophe: *das Übersteigen eines großen Flusses und eine Überschwemmung.* Dem Geschehen einen anderen Lauf geben zu wollen, bleibt aussichtslos. Aber Abschirmung ist vielleicht doch möglich. Die natürliche Tochter kann ihre gute Natur bewahren. Gut ist diese Natur aber nur, wenn sie in menschliche Form gebracht wird. Das Humane ist gesteigerte, geformte Natur. Und darum das feierliche Gleichmaß der hochstilisierten Verssprache und überhaupt die kunstvolle Organisation des Stükkes, das durchkomponierte Gewebe von Motiven und Symbolen, die dem Ganzen etwas Statuarisches geben, ein formaler Gegenentwurf zum Chaos der Revolution und Korruption.

Die »Natürliche Tochter« ist vollkommen aus dem Geist der antinaturalistischen Weimarischen Dramaturgie gearbeitet, die Goethe und Schiller in den Jahren zuvor entwickelt hatten. So wie Eugenie im Untergang der alten Ordnung ihr Bestes als Haltung bewahrt, so setzt, parallel dazu, die strenge Form dieses Dramas das an der Antike geschulte klassizistische Kunstideal gegen die *Schlammflut* (Goethe) des Banalen (die Kotzebue-Partei) und des exzentrisch Verwilderten (die romantische Partei). Warum aber hatte Goethe aus der Arbeit an dem Stück auch Schiller gegenüber, mit dem er sich doch in der Sache einig wissen konnte, ein solches Geheimnis gemacht? Ein Hinweis auf die mögliche Antwort findet sich im Stück, und zwar dort, wo der Gerichtsrat Eugenie erklärt: *Im Hause, wo der Gatte sicher waltet, / Da wohnt allein der Friede, den, vergebens, / Im Weiten, du, da draußen, suchen magst. / Unruh'ge Mißgunst, grimmige Verleumdung, / Verhallendes, parteiisches Bestreben, / Nicht wirken sie auf diesen heil'gen Kreis!*

Gewiß gehört Schiller nicht zu jener Welt der Mißgunst dort draußen, aber es kommt durch ihn, wie durch jeden Außenstehenden, eben doch etwas Äußeres in den *heil'gen Kreis,* und wenn es nur das gemeinsam verfolgte *parteiische Bestreben* ist. Der schöpferische Bezirk muß vollkommen abgeschirmt bleiben, auch gegenüber den sonstigen gemeinsamen Bestrebungen. Goethe schirmt das Stück sogar ab gegen jede Überlegung, es bühnengerechter einzurichten. Es ist ein Stück wie eine geschlossene Auster, ein *Talisman,* dessen Wunderkraft man nutzt, aber nicht zeigt. Schiller respektierte Goethes außerordentliche Zurückhaltung, und darum ist im Briefwechsel kaum davon die Rede. Nur in einem Brief an Humboldt äußert sich Schiller ausführlicher. Es sei nicht theatralisch, schreibt er, zuviel Rede und zu wenig Tat, *aber die hohe Symbolik, mit der er den Stoff behandelt hat, so daß alles Stoffartige vertilgt und alles nur Glied eines ideellen Ganzen ist, diese ist wirklich bewundernswert. Es ist ganz Kunst.*

Es leuchtet ein, daß der »Natürlichen Tochter«, die zuerst am 2. April 1803 unter dem Titel »Eugenie« aufgeführt wurde, kein Erfolg auf der Bühne vergönnt war. Man staunte über die Kunstfertigkeit und blieb dann weg. Madame de Staël, die ihren Besuch in Weimar verlängerte, um am 23. April 1803 einer Aufführung beizuwohnen, empfand nur einen »noble ennui«.

Die »Natürliche Tochter« hatte für Goethe die Bedeutung eines Asyls gegen die Turbulenzen der Geschichte und gegen *parteiische* Bestrebungen jeder Art. Und es war kein Zufall, daß Goethe dieses Stück gerade in dem Jahr schrieb, 1802, als das Parteiengezänk um ihn auf einen Höhepunkt gelangte. Es war August von Kotzebue, der es angefacht hatte.

August von Kotzebue war damals der erfolgreichste Theaterschriftsteller Deutschlands. Auch Goethe ließ seine Stücke häufig aufführen, weil sie beim Publikum so beliebt waren. Er selbst hielt wenig davon. Die Stücke galten ihm als Ausgeburten des platten Naturalismus, gegen den er und Schiller seit Jahren zu Felde zogen.

Kotzebue war soeben von einer abenteuerlichen Reise aus Rußland nach Weimar zurückgekehrt. Er war beim Grenzübertritt als Spion verhaftet und nach Westsibirien deportiert worden, wenig später wurde er auf Intervention des Zaren freigelassen und nach Sankt Petersburg beordert. Er wurde für das erlittene Unrecht mit einer Ehrenpension und einem Landgut entschädigt. Kotzebue war eben auch in Rußland ein populärer Autor. Nun also kehrte er als reicher Mann zurück. Es wurde viel über ihn geredet. A. W. Schlegel spottete: »Wir Verlassnen, wärst du hin, / Hätten's kläglichen Gewinn: / Shakespeare, Goethe, Schiller spielen / Mit unmenschlichen Gefühlen, / Und der Jamben harte Not, / Die wir hassen in den Tod. / Davon rettest uns nur du, / Kotzebue! Kotzebue!«

Kotzebue kaufte in Weimar ein Haus, und da er nicht zu Goethes Geselligkeiten geladen wurde, gründete er einen eigenen Kreis, der stark besucht wurde, da es bei ihm lockerer und unterhaltsamer zuging als bei Goethe, und auch die Tafel reichlicher gedeckt war. Goethe ärgerte sich über Kotzebues gesellschaftlichen Erfolg. Als er Kotzebues »Kleinstädter« aufführen ließ, strich er die Passagen, in denen er eine Verunglimpfung der von ihm protegierten Schlegels vermutete. Daraufhin entzog Kotzebau dem Weimarer Theater seine Stücke, was Böttiger zu der spöttischen Bemerkung veranlaßte, man müsse nun mit einer schrecklichen »Dürre und Hungersnot« am hiesigen Theater rechnen. Als Goethe die beiden erfolglosen Stücke von August Wilhelm Schlegel »Ion« (im Januar 1802) und »Alarcos« von Friedrich Schlegel (im Mai 1802) auf die Bühne brachte, vermutete man, er habe damit nur die antiromantisch eingestellte Kotzebue-Partei ärgern wollen. Bei der Aufführung des »Alarcos« kam es zum Skandal. Die Tragödie ging nämlich am Ende in Lachen unter. Goethe wandte sich von seinem erhöhten Sessel im Parkett um, funkelte ins Publikum und grollte: »Man lache nicht!« Für Goethe und die Seinen war es klar: es konnte sich hier nur um eine Verschwörung aus dem Umkreis Kotzebues handeln, der in dieser Zeit um die Gunst Schillers warb mit der durchsichtigen Absicht, einen Keil zwischen ihn und Goethe zu treiben.

Damals begann man, die beiden Großen miteinander zu vergleichen und die Frage zu erörtern, wer von den beiden Heroen des Geistes wohl der stärkere sei. Es bildeten sich Parteien für den einen oder den anderen. Schiller fühlte sich in dieser Rolle eher unbehaglich. Der Ruhm, auch wenn er ihn genoß, machte ihn verlegen. Der Schauspieler Anton Genast hatte sein Auftreten erlebt: »Alt und jung schwärmten noch weit mehr für ihn als für Goethe. Aber wie anders bewegte sich Schiller in der Gesellschaft Goethe gegenüber: Die bunte Menge beängstigte ihn förmlich, und Ehrenbezeigungen, die Goethe als etwas Selbstverständliches aufnahm, wurden ihm unheimlich und machten ihn schüchtern; darum suchte er die einsamen Wege auf, um den ewigen Begrüßungen zu entgehen; aber wenn es hieß: Schiller ist dahinaus gegangen, wählte man gewiß den Weg, wo man ihm begegnen mußte. Er ging gewöhnlich gebeugten Hauptes durch die Massen, jedem, der ihn grüßte, freundlich dankend. Wie ganz anders war Goethe unter diesem Publikum ... einhergeschritten, stolz wie ein König, mit hocherhobenem Haupte, dasselbe bei einem Gruß nur gnädig neigend.«

Den stolzen Goethe also, seinen Intimfeind, wollte Kotzebue mit Schillers Erhöhung treffen. Zu diesem Zweck plante er eine prunkvolle Feier zu Schillers Namenstag am 5. März 1802. Im festlich geschmückten Rathaussaal sollten Szenen aus Schillers Dramen dargestellt und das Lied von der Glocke rezitiert werden. Er selbst wollte zum Schluß als Meister Glockengießer auftreten, eine Glokkenform aus Pappe zerschlagen, darunter sollte die Büste Schillers zum Vorschein kommen, die von einem Jungfernreigen in weißen wallenden Gewändern umtanzt und anschließend mit Lorbeer bekränzt werden sollte. Die geplante Veranstaltung war in Weimar ein Stadtgespräch, noch ehe sie stattfand, und um so mehr, als sie dann nicht stattfand. Alles war sorgfältig eingeübt, da verweigerte am Vorabend des Festtags der Bibliotheksverwalter die Herausgabe der Schiller-Büste mit der Begründung, man habe noch nie eine Gipsbüste unbeschädigt von einem Fest zurückerhalten. Es kam noch schlimmer. Als die Handwerker im Festsaal die Bühne aufschlagen wollten, fanden sie das Rathaus verschlossen. Der Bürgermeister ließ erklären, daß bei so »tumultuarischem Beginnen sich niemand des zu befürchtenden Schadens verbürgen könne«. Es ging das Gerücht, Goethe hätte hier seine Hand im Spiel gehabt. Genau weiß man das bis heute nicht. Es könnte auch eine vorauseilende Beflissenheit des Bürgermeisters gewesen sein. Jedenfalls verließen einige der Damen, die beim Festakt hatten glänzen wollen, empört Goethes »Mittwochskränzchen«. Schiller war die ganze Angelegenheit sehr unangenehm, und er wollte sich, wie er Goethe gestand, an dem ominösen Tag krankmelden. Goethe selbst hatte sich rechtzeitig nach Jena abgesetzt, von wo aus er die Ereignisse mit einigem Humor verfolgte. Als alles vorbei war, schrieb ihm Schiller: *Der fünfte März ist mir glücklicher vorübergegangen als dem Cäsar der fünfzehente ... Hoffentlich werden Sie bei ihrer Zurückkunft die Gemüter besänftigt finden.*

Ganz besänftigt waren sie nicht. Es blieben da und dort Kränkungen, Neid, Feindseligkeiten und Schadenfreude zurück. Man achtete noch mehr als zuvor darauf, ob sich nicht doch ein Riß im Freundschaftsbund der Dioskuren zeigen würde. Dieser Stimmung eingedenk notiert Goethe in seinen »Tag- und Jahres-Heften« mit grimmiger Genugtuung: *Alles jedoch was ich mir mit Schillern ... vorgesetzt, ging unaufhaltsam seinen Gang.*

So ganz spurlos ging die Angelegenheit an den beiden doch auch nicht vorbei. Weil Kotzebue seine Stücke der Weimarer Bühne vorenthielt, mußte sich Goethe Sorgen ums publikumswirksame Repertoire machen. Das war der Hintergrund für einen ungewöhnlich schroffen Brief an Schiller. Nach der Auflistung der unbefriedigenden Einnahmen des Theaters rückt Goethe, der sich bei eigenen Stücken kaum um Theaterwirksamkeit kümmert, mit einer überraschenden Kritik an Schiller heraus: *Mein alter Wunsch, in Absicht auf die poetische Produktionen, ist mir auch hier wieder lebhaft geworden: daß es Ihnen möglich sein könnte, gleich anfangs konzentrierter zu arbeiten, damit*

Sie mehr Produktionen und, ich darf wohl sagen, theatralisch wirksamere lieferten.

Schiller ist konsterniert. Hat Goethe denn vergessen, welche Erfolge auch beim großen Publikum Schiller mit seinen Stücken gefeiert hat, zuletzt noch mit »Johanna von Orleans«? Schon am nächsten Tag antwortet Schiller: *Ich gebe ihnen vollkommen recht,* so beginnt er zunächst diplomatisch, *daß ich mich bei meinen Stücken auf das dramatischwirkende mehr konzentrieren sollte. Dieses ist überhaupt schon, ohne alle Rücksicht auf Theater und Publikum, eine poetische Forderung, aber auch nur insofern es eine solche ist, kann ich mich darum bemühen. Soll mir jemals ein gutes Theaterstück gelingen, so kann es nur auf poetischem Wege sein, denn eine Wirkung ad extra, wie sie zuweilen auch einem gemeinen Talent und einer bloßen Geschicklichkeit gelingt, kann ich mir nie zum Ziele machen, noch, wenn ich es auch wollte, erreichen. Es ist also hier nur von der höchsten Aufgabe selbst die Rede, und nur die erfüllte Kunst wird meine individuelle Tendenz ad intra überwinden können, wenn sie zu überwinden ist.*

Die wechselseitigen Besuche halten an, aber sie finden nicht mehr so häufig statt. Bei zwei wichtigen Lesungen aus der »Braut von Messina« ist Goethe nicht zugegen. Das eine Mal am 4. Februar 1803 eine hochoffizielle Gesellschaft beim Herzog von Meiningen, wo Schiller Goethe nicht hatte einladen lassen, das andere Mal eine Woche darauf bei der Herzogin in Weimar, wo Goethe ebenfalls fehlte. Wenig später lädt Schiller seinen angesammelten Unmut bei Wilhelm von Humboldt ab: *Es ist zu beklagen, daß Goethe sein Hinschlendern so überhand nehmen läßt und, weil er abwechselnd alles treibt, sich auf nichts energisch konzentriert. Er ist jetzt ordentlich zu einem Mönch geworden und lebt in einer bloßen Beschaulichkeit, die zwar keine abgezogene ist, aber doch nicht nach außen produktiv wirkt. Seit einem Vierteljahr hat er, ohne krank zu sein, das Haus, ja nicht einmal die Stube verlassen … Oft treibt es mich, mich in der Welt nach einem andern Wohnort und Wirkungskreis umzusehen; wenn es nur irgendwo leidlich wäre, ich ginge fort.*

Vierzehntes Kapitel

Schillers Theatererfolge. Verbotene Vivat-Rufe. Goethe tritt Schiller den Tell ab. Der konservative Revolutionär. Madame de Staël in Weimar. Das Angebot aus Berlin. Goethe hält Schiller in Weimar. Letzte Werke. Das Hochstaplermotiv. Demetrius und Rameaus Neffe. Schiller stirbt.

Wenn der übel gelaunte Goethe manchmal bei Schillers Stücken die Theaterwirksamkeit vermißt, so muß er sich durch dessen große Erfolge beim Publikum eines besseren belehren lassen. Auch die »Braut von Messina«, ein kunstvolles, aber sperriges Stück, wird bei den ersten Aufführungen immerhin respektiert. Der Sohn von Professor Schütz, dem mächtigen Herausgeber der »Allgemeinen Literaturzeitung« von Jena, bringt nach der Vorstellung am 19. März 1803 sogar ein Vivat auf Schiller aus. Das gehört sich nicht in Anwesenheit der herzoglichen Familie. Goethe wird vom Herzog angewiesen, den Übeltäter durch den Stadtkommandanten verwarnen zu lassen. Goethe verwarnte den Vater, den er nicht leiden konnte, gleich mit. Der ärgerte sich so sehr, daß er wenige Monate später das lukrative Angebot zur Fortführung der Zeitschrift im preußischen Halle annahm. Ein gravierender Verlust für Jena, den Goethe mit einer Neugründung der Zeitschrift unter leicht verändertem Namen (»Jenaer Literaturzeitung«) zu kompensieren versuchte.

Andernorts, beispielsweise in Berlin, wurden die zahlreichen Vivat-Rufe für die »Braut von Messina« nicht polizeilich geahndet. In Lauchstädt kam es am 3. Juli 1803 zu einer denkwürdigen Aufführung. Studenten aus Halle und Jena waren zahlreich angerückt. Schiller, der trotz eines schweren Rheumatismus-Anfalls die Reise nach Lauchstädt auf sich genommen hatte, wurde mit Jubel begrüßt. Dann brach während der Aufführung ein Sommergewitter los. Die

Blitze krachten und ein Wolkenbruch trommelte ohrenbetäubend auf das leichte Holzdach des Theaters. Man verstand kaum ein Wort und mußte die Handlung aus Gestik und Mimik erraten. In die Schlußszene, die den Schicksalsfatalismus beschwor, krachten die Donnerschläge. Das Publikum zog die Köpfe ein und schützte sich mit Umhängen, Jacken und Taschentüchern so gut es ging gegen die eindringenden Wassermassen. Schiller aber wurde auf die Bühne gerufen. Und als er dort stand, durchnäßt wie er war, hörte das Gewitter auf.

Das Stück war ebenso wenig gefällig wie der düstere Himmel, unter dem die Aufführung stattfand. Wenn es doch beklatscht wurde, bewies das nur, daß man sich von Schiller inzwischen einiges gefallen ließ, auch wenn es einem nicht gefiel. Henriette von Knebel schrieb an ihre Freundin: »Man sieht wohl, daß er für sich schreibt, und wenig an das Publikum denkt«. Goethe fand die Tragödie der beiden Brüder, die in dieselbe Frau verliebt sind, von der sie nicht wissen, daß sie ihre Schwester ist, und die zu Tode kommen, indem der eine den anderen erschlägt und anschließend Selbstmord begeht, Goethe also sagte von diesem Stück, es sei von grausamer Vollkommenheit. Ein Kompliment, aber auch das Eingeständnis, daß er es sich künftig nicht mehr zumuten wolle.

Nach diesem Stück, das dem Publikum wie eine strenge Medizin verabreicht wurde, stürzte sich Schiller in eine neue Arbeit. Jetzt zog er ein anderes Register und wollte beweisen, wie weit man es mit der Volkstümlichkeit treiben kann, ohne im geringsten beim Kunstwillen nachzugeben: *Wenn mir die Götter günstig sind,* schreibt er am 12. September 1803 an Körner, *das auszuführen was ich im Kopfe habe, so soll es ein mächtiges Ding werden und die Bühnen von Deutschland erschüttern.* Dieses *mächtige Ding* war der »Wilhelm Tell«. Den Stoff hatte er von Goethe.

So jedenfalls erzählt es Goethe später in den Gesprächen mit Eckermann. Die *herrliche und großartige Natur* um den Vierwaldstädter See habe ihn bei seiner Schweizreise 1797 so angesprochen, daß er sie in einem Gedicht darstellen wollte. Um dieser Landschaftsdarstellung noch mehr Reiz und Leben zu geben, habe er sie mit bedeutenden menschlichen Figuren bevölkern wollen. Und da sei ihm der Tell eingefallen. *Von allem diesen erzählte ich Schillern, in dessen Seele sich meine Landschaften und meine handelnden Figuren zu einem Drama bildeten. Und da ich andere Dinge zu tun hatte und die Ausführung meines Vorsatzes sich immer weiter verschob, so trat ich meinen Gegenstand Schillern völlig ab, der denn darauf sein bewundernswürdiges Gedicht schrieb.*

Der Vorgang, wie es zu diesem »Abtreten« kam, war etwas komplizierter. Schiller war nicht allein durch Goethe auf den Stoff gestoßen. In der zweiten Hälfte des achtzehnten Jahrhunderts waren bereits eine Reihe von Tell-Dramen erschienen. Das Thema war populär, auch durch Johannes von Müllers »Geschichte Schweizerischer Eidgenossenschaft«, ein Buch, nach dessen Lektüre Charlotte am 25. März 1789 ihrem Freund schrieb: »Die Geschichte freier Menschen ist gewiß doppelt interessant, weil sie mit mehr Wärme für ihre Verfassung streiten. Es ist so ein eigner Ton darin«. Schiller nahm die Anregung der Braut nicht auf. Er war noch mit seinen Helden des Flachlandes beschäftigt – er schrieb gerade an seiner niederländischen Geschichte – und mochte sich noch nicht auf das starke Geschlecht der Berge einlassen, dem er erstaunliche *Kraft*, aber nicht eigentlich menschliche *Größe* zubilligte. Einige Jahre bevor Goethe ihm über das Tell-Motiv schrieb, hatte Schiller also bereits die Idee geprüft, ob mit dem Stoff etwas zu machen sei. Er hatte sie verworfen. Charlottes Hinweis hatte nicht genügt. Ganz anders zündete, was Goethe ihm am 14. Oktober 1797 über das Tell-Motiv schrieb: *Was werden Sie nun aber sagen wenn ich Ihnen vertraue, daß ... sich auch ein poetischer Stoff hervorgetan hat, der mir viel Zutrauen einflößt. Ich bin fast überzeugt, daß die Fabel vom Tell sich werde episch behandeln lassen, und es würde dabei, wenn es mir, wie ich vorhabe, gelingt, der sonderbare Fall eintreten daß das Märchen durch die Poesie erst zu seiner vollkommenen Wahrheit gelangte.*

In dem Augenblick, da Goethe sich diesem Stoff nähert, erkennt Schiller die poetischen Möglichkeiten, die darin liegen. *Die Idee von dem Wilhelm Tell ist sehr glücklich,* antwortet Schiller am 30. Oktober 1797, *aus der bedeutenden Enge des gegebenen Stoffes wird da alles geistreiche Leben hervorgehen ... Zugleich öffnet sich aus diesem schönen Stoffe wieder ein Blick in eine gewisse Weite des Menschengeschlechts, wie zwischen hohen Bergen eine Durchsicht in freie Ferne sich auftut.*

Danach ist zwischen Goethe und Schiller eine Weile lang von »Tell« kaum die Rede. Einmal noch, im Sommer 1798, berichtet Goethe, daß er weiterhin über sein Tell-Epos nachdenke. Von da an war es kein Thema mehr. Um so merkwürdiger ist es, wie Schiller am 10. März 1802 dem Freund sein neues Arbeitsvorhaben mitteilt. Er schreibt: *Ein mächtiger Interesse als der Warbek* (mit diesem Theaterprojekt hatte er sich zuvor beschäftigt) *hat mich schon seit 6 Wochen beschäftigt und mit einer Kraft und Innigkeit angezogen, wie es mir lange nicht begegnet ist ... ich weiß, daß ich mich auf dem rechten Weg befinde.* Es ist hier der »Tell« gemeint, aber nicht genannt, und vor allem: Schiller arbeitet schon daran und Goethe weiß davon offenbar noch nichts und wird erst mit diesem Brief andeutungsweise damit bekannt gemacht. Wenn Goethe also den Stoff »abgetreten« haben sollte, dann jedenfalls zu einem Zeitpunkt, da Schiller ohne vorherige Absprache sich bereits für den »Tell« entschieden hatte.

Sechs Tage nach diesem Brief an Goethe erzählt Schiller dem Verleger Cotta noch eine andere Entstehungsgeschichte des »Tell«. Er habe, schreibt er am 16. März 1802, schon *so oft das falsche Gerücht hören müssen, als ob ich einen Wilhelm Tell bearbeitete, daß ich endlich auf diesen Gegenstand aufmerksam worden bin, und das Chronicon Helveticum von Tschudi studierte. Dies hat mich so sehr angezogen, daß ich nun in allem Ernst einen Wilhelm Tell zu bearbeiten gedenke, und das soll ein Schauspiel werden, womit wir Ehre einlegen wollen.*

Wie dem auch sei, Schiller hatte Feuer gefangen und Goethe hatte, wie er in den »Tag- und Jahres-Heften« schreibt, seinen epischen Tell *dem dramatischen Tell Schillers zu Liebe bei Seite gelegt.* Seit

Februar 1802 beschäftigt sich Schiller mit den Vorarbeiten, unterbricht sie für einige Monate, um die »Braut von Messina« fertigzustellen, kehrt im Frühjahr 1803 wieder zum »Tell« zurück und beginnt mit der endgültigen Niederschrift im August 1803. *Ich bin hier auch fleißig,* schreibt er am 9. November 1803 an Goethe, *weil ich mich durch gar nichts zerstreue und selbst keine Komödie besuche. Wenn ich in dieser Wärme bleibe, so kann ich doch gegen den März fertig werden.* Und wirklich geht die Arbeit zügig voran. Er lebt und webt in seinem Tell, schreibt er an Iffland. Am liebsten würde er in die Schweiz reisen, die originalen Schauplätze besuchen, verzichtet jedoch darauf aus gesundheitlichen Rücksichten und auch, weil er das Gefühl hat, daß seine Einbildungskraft und Goethes Reiseerzählung ihn hinreichend vertraut gemacht haben mit dem Genius loci.

Während dieser Arbeit am »Tell« stellt sich das innige Verhältnis zu Goethe wieder her. Man trifft sich so häufig wie ehedem. Goethe nimmt lebhaften Anteil an der Entstehung des Stückes, und Schiller sucht seinen Rat. Die Zusammenarbeit ist so eng wie einst beim »Wallenstein«. Schiller schickt den ersten Akt an Goethe, und der antwortet: *Das ist denn freilich kein erster Akt, sondern ein ganzes Stück und zwar ein fürtreffliches, wozu ich von Herzen Glück wünsche.* Was auch immer Goethe zu lesen bekommt, er findet es *alles Lobes und Preises wert.* Als einige Zeit ohne Nachricht von der Arbeit am Tell verstreicht, schreibt Goethe ungeduldig: *Ich wünsche zu hören daß die schweizer Helden sich gegen ihre Übel wacker gehalten haben.*

Während Schillers Drama über den Schweizer Freiheitshelden entsteht, ist die Schweiz dabei, ihre äußere und teilweise auch ihre innere Freiheit zu verlieren. Napoleon hatte 1799 das Land besetzt, den Staatsschatz in Bern geraubt, die alte Kantonalverfassung beseitigt und eine willfährige Regierung eingesetzt. In den Urkantonen, die schon in der Tell-Geschichte eine rühmliche Rolle gespielt hatten, war auch diesmal der Widerstand gegen die französische Herrschaft besonders hartnäckig. Der verletzte Stolz der Eidgenossenschaft fand Genugtuung in der Erinnerung an die heroische Geschichte der Befreiung von Habsburg und vom Reich. Und so konnte der Tell-Mythos wieder Popularität gewinnen, nicht nur in der Schweiz, sondern auch in Deutschland, wo sich der Freiheitswille gegen die französische Vorherrschaft ebenfalls zu rühren begann. Charakteristisch für diese Bewegung, die ein Jahrzehnt später in den antinapoleonischen Befreiungskriegen kulminieren wird, ist die Verbindung der Freiheitsidee mit bodenständigen Traditionen.

Revolutionär und zugleich konservativ ist auch Schillers Tell, und diesen Geist beschwören die berühmten Sätze bei der Rütli-Szene: *Nein, eine Grenze hat Tyrannenmacht, / Wenn der Gedrückte nirgends Recht kann finden, / Wenn unerträglich wird die Last – greift er / Hinauf getrosten Mutes in den Himmel / Und holt herunter seine ewgen Rechte, / Die droben hangen unveräußerlich / Und unzerbrechlich wie die Sterne selbst – / Der alte Urstand der Natur kehrt wieder.*

In dem zwei Jahre vor Beginn der Arbeit am »Tell« entstandenen Gedicht »Der Antritt des neuen Jahrhunderts« heißt es: *Ach umsonst auf allen Länderkarten / Spähst du nach dem seligen Gebiet, / Wo der Freiheit ewig grüner Garten, / Wo der Menschheit schöne Jugend blüht.* Bemerkenswert ist, daß sich Schiller inzwischen offenbar verabschiedet hat von der Vision eines neuen Menschen, der durch ästhetische Bildung freiheitsfähig geworden ist. Es geht auch anders. Indem er sich dem Tell-Mythos verschreibt, übernimmt er nicht nur von Goethe einen poetischen Stoff, er nähert sich auch dessen Realismus und dessen Abneigung gegen jede historische Projektemacherei an. Nicht in der Zukunft, sondern in der Vergangenheit entdeckt er revolutionäre Kräfte. Die Freiheit blüht und gedeiht in der Bergwelt des Wilhelm Tell. Vielleicht gibt es dort den *ewig grünen Garten* der Freiheit. Hier jedenfalls kann er zeigen, daß die wahre Revolution eine konservative ist; daß sie sich nicht der Suche nach einem neuen Menschen verdankt, sondern der Verteidigung des alten, wohlgeratenen; daß Großes entsteht, wenn das Bewährte sich wehrt gegen eine schlechte Neuerung. Tell verteidigt eine alte Freiheit, die ihm eine neue Tyrannei rauben will. Er ist ein bodenständiger Selbsthelfer und ein Beispiel dafür, daß Herkunft Zukunft haben kann.

Schillers Drama ist zyklisch angelegt. Eine bodenständige freie Gemeinschaft wehrt sich gegen eine äußere Tyrannei, und im Kampf begründet sie ihren Bund neu, der zuvor naturwüchsig war. Der neu geschlossene und bekräftigte Bund ist das Ergebnis einer historischen Tat. Die Naturgeschichte der Freiheit verwandelt sich in Politik. Die Gemeinschaft, aus ihrer naturnahen Idylle aufgestört, wird in die Geschichte hineingerissen, wo sie die Tyrannen bekämpft und besiegt, bevor sie am Ende, um einige Erfahrungen reicher, in die Idylle des Anfangs zurückkehrt. Ein zirkulärer Vorgang: er führt aus der naturnahen Ruhe in die tumultuarische Geschichte und wieder zurück. Wer handelt? Gewiß das »Volk«, aber vor allem handelt Tell, der dazugehört und sich doch abseits hält. In dieser abseitigen und zugleich herausgehobenen Rolle vermag er umso besser den Geist des Volkes zu verkörpern. *Der Starke ist am mächtigsten allein,* mit diesen Worten begründet Tell seine Weigerung, am Rütli-Bund teilzunehmen. Wenn er den Tyrannen tötet, handelt er zunächst einmal als Selbsthelfer. Ohne Mandat und in eigener Verantwortung. Doch löst er gerade dadurch die kollektive Befreiungstat aus. Der Selbsthelfer bewahrt die Politik davor, allzu politisch zu werden und sich in strategischem Kalkül zu verzetteln und zu verspäten.

Die zyklische Bewegung der Eidgenossen, von der Idylle in die Geschichte und wieder zurück, wiederholt sich bei Tell. Auch er kehrt nach seiner Tat, diesem grauenhaften Ausflug in die Geschichte, heim in die Idylle. Es brennt zwar noch dasselbe Herdfeuer, Frau und Kinder erwarten den Vater, die patriarchalische Welt ist erhalten geblieben, doch Tell ist nicht mehr derselbe. Er hat durch den Tyrannenmord seine Unschuld verloren. Für Schiller kommt alles darauf an, von Tell jeden Schatten zu entfernen. Deshalb führt er in der letzten Szene als dunkle Kontrastfigur den Kaisermörder Parricida ein. Es handelt sich eigentlich um den Herzog

Johann von Schwaben, der 1308 seinen Onkel König Albrecht I. ermordete. Ihm gegenüber kann Tell als Lichtgestalt auftreten und die Reinheit seiner Motive rechtfertigen, so als müßten doch noch Zweifel ausgeräumt werden. Tell zu Parricida: *Unglücklicher! / Darfst du der Ehrsucht blutge Schuld vermengen / Mit der gerechten Notwehr eines Vaters? / Hast du der Kinder liebes Haupt verteidigt? / Des Herdes Heiligtum beschützt? das Schrecklichste, / Das Letzte von den Deinen abgewehrt? / zum Himmel heb ich meine reinen Hände, / Verfluche dich und deine Tat – Gerächt / Hab ich die heilige Natur, die du / Geschändet – Nichts teil ich mit dir – Gemordet / Hast du, ich hab mein Teuerstes verteidigt.*

In dieser Gegenüberstellung reinigt sich Tell vollends von jedem Verdacht niederer Motive. Tell darf sich zeigen als ein Tyrannenmörder in der republikanischen Tradition eines Brutus und zugleich als ein Heiliger Georg, der den Drachen besiegt. Und außerdem ist er in seiner *edlen Simplizität* auch ein ›edler Wilder‹ – diesmal nicht aus der Südsee, wo ihn der europäische Rousseauismus vermutete, sondern aus den Schweizer Bergen; ein ›edler Wilder‹, der unbeabsichtigt zum konservativen Revolutionär wird. Es sollten keine Zweifel an der *schlichten Manneswürde* des Protagonisten zurückbleiben. Bei Goethe allerdings blieben sie zurück. Gesprächsweise äußerte er später, daß er es *unschicklich* fände, wenn ein Mörder den anderen einen Mörder schelte. Wahrscheinlich hatte Goethe sich seinen »Tell« um einiges widersprüchlicher und dunkler vorgestellt. Aber so, wie er ihn dann am 17. März 1804 auf der Weimarer Bühne erscheinen sah, war er doch auch sehr zufrieden mit ihm. Er war stolz, daß in Weimar die Uraufführung stattfand und nicht in Berlin, das sich heftig darum beworben hatte.

Goethe gönnte dem Freund den großen Erfolg, aber er stimmte bei dieser Gelegenheit wieder seine Klage an über seine Verstrikkung in die Welt, die ihn von den besseren Werken abziehe. Zur Zeit ist es die mühsame Neugründung der »Jenaer Allgemeinen Literaturzeitung«, mit der er sich abplagt. *Glück zu allem,* schreibt er am 13. Dezember 1803 an Schiller, *was Ihre Einsamkeit hervorbringt, nach eignem Wünschen und Wollen! Ich rudre in fremdem Element herum, ja, ich möchte sagen daß ich nur drin patsche, mit Verlust nach außen und ohne die mindeste Befriedigung von innen oder nach innen. Da wir denn aber, wie ich nun immer deutlicher von Polygnot und Homer lerne, die Hölle eigentlich hier oben vorzustellen haben, so mag denn das auch für ein Leben gelten.*

Diese Mißstimmung war noch durch ein anderes Ereignis veranlaßt. Der Besuch der Madame de Staël war angekündigt, und der Herzog hatte Goethe, der zur Zeit der »JALZ« wegen in Jena weilte, nach Weimar zurückgerufen, um der großen Dame die Honneurs zu machen.

Am 14. Dezember 1803 war Germaine de Staël mit ihrem Gefolge in dem verschneiten Städtchen, das seinen Winterschlaf hielt, angekommen. Sie war tief bewegt, denn sie hatte unterwegs einiges gesehen und erlebt, was ihrer Vorstellung vom romantischen Deutschland entsprach. Da waren die Täler in Thüringen, in denen kleine mittelalterliche Städte kauerten, wo junge Männer unter frostbeschlagenen, gelbleuchtenden Fenstern Weihnachtslieder sangen in schwarzen Mänteln, die scharf vom Schnee abstachen. Die seelenvolle deutsche Volksmusik hatte es ihr angetan. In Gotha erwarb sie eine Mundharmonika und übte einen ganzen Tag lang. Bei erster Gelegenheit in Weimar kramte sie ihr Instrument hervor und spielte darauf zum Erstaunen der Hofgesellschaft. Es machte einen wunderlichen Eindruck, wie sie da mit hochgewickeltem Turban auf dem Kopf, mit dem tief ausgeschnittenen Kleid und dem schweren Schmuckgehänge auf der Mundharmonika blies. Madame überraschte Weimar mit solcher raffinierten Natürlichkeit, aber vor allem mit ihrer außerordentlichen Beredtheit. *Man muß sich ganz in ein Gehörorgan verwandeln um ihr folgen zu können,* berichtet Schiller, dem zuerst die Aufgabe zugefallen war, ihr gegenüber das geistige Weimar zu repräsentieren, da Goethe noch zögerte, von Jena herüberzukommen.

»Die verkörperte Intelligenz wird zu den Waffen gerufen, um mich zu empfangen«, berichtete Germaine ihrem Vater vom Tag der Ankunft. Sie fand, daß ihr das zustand. Als berühmte Tochter eines berühmten Vaters, des letzten französischen Finanzministers vor der Revolution, Necker, spielte sie wie ihr Intimfeind Napoleon, der sie durch einen persönlichen Machtspruch aus Paris verbannte, auf der großen europäischen Bühne, eine große Dame der Gesellschaft und der Literatur. Die korpulente und auch sonst raumgreifende Dame, eine Botschafterin der eleganten französischen Geistigkeit, nahm für mehrere Wochen ganz Weimar in Beschlag, weil sie hier mit Recht die heimliche Hauptstadt der deutschen Kultur vermutete. Sie schätzte ebenso wie ihr Antipode Napoleon Goethes »Werther« und wollte den Autor kennenlernen. Auch Schiller war ihr ein Begriff. Sie sprach kaum deutsch, das hielt sie auch nicht für nötig, weil jeder ihr gegenüber seine Französischkenntnisse hervorkramte. Sie sprühte Geist, und wenn sie etwas fragte, zog sie es oft vor, selbst die Antwort zu geben.

Madame de Staël war von Schillers äußerer Erscheinung, vom Auftreten dieses hochgewachsenen, entschlossen wirkenden Mannes beeindruckt. Sie hielt ihn zuerst für einen General. Und wirklich bewährte sich Schiller als tüchtiger Streiter, als er ihr gegenüber mit einer scharfsinnigen Kritik des klassischen französischen Dramas herausrückte. Sie ließ sich das gesagt sein, aber bat sich doch aus, beim Gala-Dinner einige Hauptszenen aus Racines »Phädra« rezitieren zu dürfen. »Ist das nicht schön?«, fragte sie dann Schiller, und der streckte die Waffen und antwortete in seinem schwäbelnden Französisch: »Es ist schön, Madame!« Jetzt hatte er keine Ruhe mehr vor ihr. Ihre *raisonnierende, und dabei völlig unpoetische Natur* ging ihm auf die Nerven. An Goethe schreibt er am 21. Dezember 1803: *Ihr schöner Verstand erhebt sich zu einem genialischen Vermögen. Sie will alles erklären, einsehen, ausmessen, sie statuiert nichts dunkles, unzugängliches, und wohin sie nicht mit ihrer Fackel leuchten kann, da ist nichts für sie vorhanden. Darum hat sie eine horrible Scheu vor der Idealphilosophie, welche nach ihrer Meinung zur Mystik, und zum Aberglauben führt, und das ist die Stickluft wo sie umkommt. Für das was wir Poesie nennen ist kein Sinn in ihr.*

Während Schiller das geistige Weimar repräsentierte, machte sich Goethe rar. Er blieb noch eine Weile in Jena. Am Weihnachtsabend endlich empfing er die Madame am Frauenplan. Germaine hatte sich den Werther-Autor ein wenig anders vorgestellt, vielleicht so wie den jungen feurigen Chateaubriand, und trifft nun, wie sie schreibt, auf einen untersetzten Mann »mit nicht besonders auffallender Physiognomie, der sich wie ein Mann von Welt benehmen möchte, ohne daß es ihm ganz gelingt«. Außerdem, bemerkt sie, schläft er mit seiner Haushälterin. Das alles spricht nicht für ihn. Im Gespräch kreuzen die beiden die Klinge. Wenn sie in einem Stück Goethes einen Verstoß gegen den Geschmack kritisiert, antwortet er: *Das Publikum wird sich daran gewöhnen*, wenn sie die Selbstmorde anspricht, die der »Werther« ausgelöst haben soll, antwortet er. *Wenn ich etwas tue, was mir richtig erscheint, kümmere ich mich nicht um die Folgen.* Als sie die deutsche Verskunst zu holprig fand, verglich Goethe den französischen Alexandriner mit einem Bandwurm. So stritt man sich, durchaus mit gegenseitigem Respekt. Sie war häufig bei Goethe zu Besuch, der allerdings darauf achtete, daß bei dieser Gelegenheit auch Schiller anwesend war. Was die Madame an Goethe und Schiller zunächst verwunderte und was sie dann doch auch bewunderte, war der herrische Gestus der beiden gegenüber dem Publikum. In Frankreich, sagte sie, erzieht das Publikum seine Autoren, in Deutschland ist es offenbar umgekehrt.

Madame de Staël war faszinierend, aber auch anstrengend, und man war schließlich froh, als sie Anfang März 1804 wieder abreiste. Schiller am 5. März 1804 an Goethe: *auch ist mir nach der Abreise unsrer Freundin nicht anders zu Mut, als wenn ich eine große Krankheit ausgestanden.* Madame ihrerseits hatte gefunden, was sie suchte: Beifall und neue Ideen, aber, so gestand sie ihrem Vater, so »richtige Freude« wollte doch nicht aufkommen. »Liebe oder Paris oder Macht

– das wäre eine Freude. Ich brauche eines dieser drei Dinge, das meinem Herzen, meinem Geist oder meiner Energie ein Ansporn wäre. Alles andere macht mir nur ein metaphysisches Vergnügen.«

Während Madame de Staëls Besuch in Weimar starb Herder, am 18. Dezember 1803. Zu Herder hatte Schiller einst in Verehrung emporgeblickt. In Gesprächen ließ er seine Erinnerung schweifen, wie er von ihm gehört hatte in der Hohen Karlsschule bei Abels Vortrag über das »Genie«; wie er dann dem hochberühmten Mann im Park in Weimar erstmals begegnet war und Herder davon gesprochen hatte, daß man im Augenblick der Produktion ein ganz anderer sei als im alltäglichen Leben. Schiller hatte die *schmelzende Schönheit* des Herderschen Stils immer geschätzt, und er hatte viel gelernt insbesondere von den »Ideen zur Philosophie der Geschichte der Menschheit«.

Im Briefwechsel zwischen Goethe und Schiller ist von Herders Tod mit keinem Wort die Rede. Das hatte wohl seinen Grund darin, daß es wenige Monate vor dem Tod einen unwiderruflichen Bruch gegeben hatte zwischen Goethe und Herder, dem Jugendfreund und Gefährten vieler Jahre. Goethes Beziehung zu Herder war in den letzten Jahren schwierig geworden. Da gab es Herders Ärger mit dem Herzog, der nicht die versprochene Unterstützung für die Ausbildung der Söhne bereitstellte. In diesen Konflikt wurde Goethe in seiner amtlichen Eigenschaft hineingezogen. Da gab es Herders Arbeitsüberlastung in seinen Ämtern. Herder fand, daß Goethe, der ihn nach Weimar geholt hatte, ihn davor hätte bewahren müssen. Da gab es Herders grimmige Verachtung der neueren Literatur gegenüber. Daß Goethe sich mit den Romantikern einließ, konnte Herder gar nicht verstehen und machte es ihm zum Vorwurf. Da gab es nicht zuletzt auch die Eifersucht auf Schiller, der, wie es ihm vorkam, den eigentlich ihm zustehenden Platz an der Seite Goethes einnahm. Es war also einiges zusammengekommen, was eine Entfremdung verursachen konnte. Goethe hatte in den letzten Jahren die auch krankheitsbedingte Reizbarkeit Herders freundschaftlich-gelassen ertragen. Er hatte ihn zu Geselligkeiten immer eingeladen, besonders wenn sie offizieller und repräsentativer Natur waren. Herder war sehr auf Ehre und Anerkennung bedacht. Goethes Werke liebte er über alles. Zuletzt hatte er sich lobend über die »Natürliche Tochter« ausgelassen und den Unverstand beim Publikum scharf kritisiert. Dankbar lud ihn Goethe am 18. Mai 1803 zu einem intimen Freundschaftsgespräch ein wie in alten Zeiten. Da aber muß etwas Schlimmes geschehen sein. In Goethes autobiographischer Skizze über Herder ist nur in Andeutung davon die Rede. Herder habe, heißt es dort, einen *höchst widerwärtigen Trumpf* gezogen, *wodurch das Ganze ... vernichtet ward ... ich sah ihn an, erwiderte nichts und die vielen Jahre unseres Zusammenseins erschreckten mich ... auf das fürchterlichste.* Was Herder gesagt hatte, war wahrscheinlich das folgende: »Deine ›Natürliche Tochter‹ gefällt mir viel besser, als Dein natürlicher Sohn!« Das war der endgültige Bruch mit Herder. Goethe schrieb zwar: *Ich habe ihn nicht wieder gesehen.* Einmal noch trafen sie sich an der Tafel Anna Amalias, wobei sie einander ignorierten, so weit das in diesem Kreis möglich war. Das Schicksal des alten Freundes aber ließ Goethe nicht los. Erst nach Herders Tod wurde ihm deutlich, wie stark die Veränderungen waren, die sich schon zuvor an ihm vollzogen hatten. Herder sei in den letzten Jahren krank gewesen an Körper und Geist. *Hätte er länger gelebt,* äußerte Goethe in einem Gespräch, *er wäre noch – verrückt! – worden.* Das Thema Herder also war für Goethe einstweilen noch tabu. Deshalb taucht es auch nicht im Briefwechsel mit Schiller auf.

Am 25. April 1804 trifft Madame de Staël auf der Rückreise von Berlin zu dem zweiten Besuch in Weimar ein. In Ihrer Begleitung befindet sich August Wilhelm Schlegel, den sie für 10 000 Taler im Jahr als Berater in literarischen Angelegenheiten in ihren Troß aufgenommen hat. Diesen unangenehmen Besuch nimmt Schiller zum Anlaß, binnen achtundvierzig Stunden seinen lange gehegten Plan einer Reise nach Berlin in die Tat umzusetzen.

In frühen Jahren, als er die »Räuber« herausgebracht hatte, wollte er nach Berlin, um gegen eine verstümmelte Aufführung zu protestieren und dort irgendwie sein Glück zu machen. »Kabale und Liebe« und andere Stücke waren später mit großem Erfolg in Berlin gegeben worden, das war auch wieder ein Grund, dorthin zu reisen. In der großen Stadt Berlin – sie zählte damals 200 000 Einwohner – konnte Schiller durchaus als Großschriftsteller gelten. Nun endlich bricht er auf in die Stadt seiner größten Triumphe, begleitet von Charlotte und den zwei Söhnen. Über seine Motive schreibt er nach der Rückkehr: *Ich habe ein Bedürfnis gefühlt, mich in einer fremden und größeren Stadt zu bewegen. Einmal ist es ja meine Bestimmung, für eine größere Welt zu schreiben, meine dramatischen Arbeiten sollen auf sie wirken, und ich sehe mich hier in so engen kleinen Verhältnissen, daß es ein Wunder ist, wie ich nur einigermaßen etwas leisten kann, das für die größere Welt ist.*

Schon der erste Empfang am 30. April, an den Toren Potsdams, war bemerkenswert. Der wachhabende Leutnant, als er Schiller erkannte, begann sogleich ein Gespräch über dessen Gedichte, von denen er einige auswendig hersagen konnte. Es war über Mitternacht, und man mußte die Rezitation erst abwarten, ehe man starr vor Kälte weiterfahren durfte. Fast jeden Abend, wenn er nicht wegen Krankheitsanfällen zu Hause bleiben mußte, besuchte Schiller das Theater. Ihm zu Ehren wurden »Die Räuber«, die »Braut von Messina«, die »Jungfrau von Orleans« und »Wallensteins Tod« gegeben. Die örtlichen Zeitungen führten Buch über Schillers Unternehmungen in der Stadt. Er wurde zum Frühstück bei der Königsfamilie geladen und zum Essen bei Prinz Louis Ferdinand. Dort geschah es, daß er dem Wein so tüchtig zusprach, daß er nur mit fremder Hilfe den Heimweg zum Hotel schaffte. Karikaturzeichnungen dieser Szene zirkulierten. Schiller wird in den literarischen Salons herumgereicht. Nur bei Rahel Varnhagen, die Goethe über alles stellt, wird Schiller nicht eingeladen, kein Wunder, denn dort hat die Romantik inzwischen ihr Hauptquartier aufgeschlagen. Schiller besucht auch Fichte, der von Jena nach Berlin gezogen ist, wo er Privatvorlesungen hält. Die einstige Verstimmung ist fast vergessen. Schiller hat sich seitdem bei einigen Gelegenheiten als hilfreich erwiesen, zum Beispiel hat er dem Philosophen geholfen, Geld einzutreiben, das ihm der Käufer seines Hauses schuldete.

An einem der Empfänge bei Hofe wurde Schiller ein bemerkenswertes Angebot gemacht. Er solle für 3000 Taler – vom Herzog bezog er 400 Taler – nach Berlin kommen. Auch eine Hofequipage wird ihm angeboten. Schiller fühlt sich geschmeichelt, er kennt jetzt seinen Marktwert, aber er zögert. Wenn er auch bisweilen mit der engen Welt Weimars hadert, so hängt er doch auch an ihr. Und er möchte in Goethes Nähe bleiben, denn man hatte ja, zuletzt beim »Tell«, wieder zur engen und fruchtbaren Zusammenarbeit zurückgefunden. Schiller berät sich mit Goethe über das Angebot. Goethe ermuntert ihn, Bleibeverhandlungen mit dem Herzog zu führen, um ein höheres Gehalt zu erwirken. Als Schiller, so wie es Goethe ihm empfiehlt, dem Herzog gegenüber andeutet, er könne dem Wohl der Familie zuliebe das Berliner Angebot eigentlich kaum ausschlagen, es sei denn der Herzog erhöhe sein Gehalt von 400 Taler auf 1000 Taler, gewährt der Herzog die Gehaltserhöhung, empfiehlt aber, dies nicht an die große Glocke zu hängen, sondern mit Berlin um eine Pension weiter zu verhandeln. Er solle den Berlinern einen zeitweiligen Aufenthalt anbieten und sich den gut bezahlen lassen, im übrigen aber in Weimar bleiben. Es wäre doch zu schön, schreibt der Herzog an Voigt, wenn man im Falle Schillers »die Berliner um eine tüchtige Pension prellen könne«. Schiller machte den Berlinern das vom Herzog vorgeschlagene Angebot, auf das man sich aber dort nicht einläßt. Schillers letzten Brief in dieser Angelegenheit versieht Beyme, der Chef des preußischen Zivilkabinetts, mit dem Vermerk »Ad acta bis sich Gelegenheit findet«. Sie wird sich nicht mehr finden.

Goethe hatte auch sonst einiges getan, um Schiller in Weimar zu halten. Er hatte dem Herzog vorgeschlagen, Schiller in den erblichen Reichsadel erheben zu lassen. So geschah es im Herbst 1802.

Schiller selbst hatte sich nicht sonderlich darum bemüht, weil eine Standeserhöhung auch mit höheren Aufwendungen verbunden war. Aber seiner Frau zuliebe, die auch wieder offiziell bei Hofe zugelassen sein wollte, ließ er sich doch gerne darauf ein. *Lolo ist jetzt recht in ihrem Element,* schreibt Schiller an Humboldt, *da sie mit ihrer Schleppe am Hof herumschwänzelt.* Der Herzog verfolgte mit der Auszeichnung auch noch den Zweck, einen anderen zu düpieren. Herder hatte hinter dem Rücken des Herzogs beim bairischen Kurfürsten einen Adelstitel erworben, und das erboste den Herzog so sehr, daß er den Herderschen Titel bei Hofe nicht anerkannte. Um Herder zu ärgern, sollte Schiller einen »unwidersprechlichen« Adelsbrief erhalten. Herder verbitterte dies in seinen letzten Lebensmonaten. Schiller nahm die Angelegenheit mit einigem Humor. Dem Geheimrat Voigt, der die Verhandlungen mit dem Wiener Hof diplomatisch geschickt geführt hatte, schrieb Schiller: *Es ist freilich keine kleine Aufgabe, aus meinem Lebenslaufe etwas herauszubringen, was sich zu einem Verdienst um Kaiser und Reich qualifizierte, und Sie haben es vortrefflich gemacht, sich zuletzt an dem Ast der deutschen Sprache festzuhalten.* Goethe aber nahm die Sache von der ernsten Seite. Rang, Titel, Formen waren ihm wichtig. Sogar in den Tagebüchern firmiert Schiller von nun an als »Hofrat von Schiller«. Goethe sah es gerne, wenn Schiller gelobt und gefeiert wurde. Er war ihm gegenüber ohne Neid und seine Loyalität war groß.

Allerdings verteidigte er Schiller auch dann, wenn es vielleicht nicht nötig gewesen wäre. Der Satiriker Falk erzählt die Geschichte, wie er 1804 des Landes verwiesen wurde, und zwar auf Goethes Initiative hin. Falk hatte für ein Puppenspiel, das im Weimarer Rathaus aufgeführt werden sollte, eine Parodie auf Schillers Reiterlied aus »Wallensteins Lager« gedichtet. Darin werden statt der Soldaten die Schauspieler gefeiert mit den Worten: »Auf, auf, Kameraden, aufs Brett, aufs Brett, / In die Welt, aufs Theater gezogen: / Als Akteur, da ist der Mensch noch was wert: / Da wird noch die Freiheit gewogen: / Da tritt kein Andrer für ihn ein: / Der Souffleur nur bläst aus dem Loch ihm ein.« Diese Verse, so Falk, erbosten Goethe derart, daß er auf der Ausweisung des Missetäters bestand. Schiller durfte ganz einfach nicht verspottet werden.

Nach der Rückkehr aus Berlin macht sich Schiller, zwar noch erschöpft von der Reise aber auch beflügelt, sogleich wieder ans Werk. Die endgültige Entscheidung für ein neues Projekt ist noch nicht gefallen, er nimmt sich alte Entwürfe vor. Auffällig ist, daß in dem Maße, wie er sich dem Ende seines Lebens nähert, seine Pläne immer kühner werden. Sie bekommen einen Zug ins Ungeheure. Als wollte er, im stolzen Bewußtsein seiner Gestaltungskraft beweisen, daß ihn keine Stoffmassen einschüchtern können, daß er das Ungeheure des Lebens in die geprägte Form zwingen kann. Da gab es die »Seestücke«, in denen sich, wie er notiert, *Europa, Indien, Handel, Seefahrten, Schiff und Land, Wildheit und Kultur, Kunst und Natur darstellen läßt.* Da gab es ein anderes Projekt, das den Arbeitstitel trug »Die Polizei«. Hier ist es der *große drängende Menschenozean,* dessen Geheimnis ihn anzieht. Es sollte in die Abgründe und Labyrinthe der großen Stadt geblickt werden aus der Perspektive eines Polizeibüros, wo der legendäre Polizeichef Ludwig XIV., d'Argenson, residiert. *Der Mensch,* heißt es in einem Entwurf, *wird von dem Polizeichef immer als eine wilde Tiergattung angesehen und ebenso behandelt.*

Schließlich entscheidet sich Schiller statt für die überseeische Ferne oder den Menschenozean für eine andere Unabsehbarkeit: die ungeheure Weite des östlichen Raums und die Geschichte des falschen Zaren »Demetrius«. Spätestens mit dem »Demetrius« wird klar, daß Schiller sich mit seinem Gesamtwerk auch einem Unternehmen des Raumgewinns verschrieben hatte. Mit »Fiesko« war er in Italien, mit »Don Karlos« in Spanien, mit »Maria Stuart« in England, mit der »Jungfrau von Orleans« in Frankreich, mit »Wallenstein« in Böhmen, mit »Tell« in der Schweiz, mit der »Turandot«-Bearbeitung in China, und hätte Schiller seine »Seestücke« realisiert, würde fast die gesamte überseeische Welt einbezogen worden sein. Sein Verlangen nach Weltbemächtigung hat diese Länder und

Geschichten ans Licht gezogen. Schillers Werk gleicht einer Erdumrundung. Und nun also »Demetrius«, diesmal der riesige Raum Eurasiens. Aber was ihn eigentlich fasziniert bei diesem letzten, nicht mehr vollendeten Werk, ist das Motiv der Macht des Glaubens an sich selbst. Schiller hat es so formuliert: *Ein großes, ungeheures Ziel des Strebens, der Schritt vom Nichts zum Throne und zur unumschränkten Gewalt ... Der Effekt des Glaubens an sich selbst und des Glaubens anderer. Demetrius hält sich für den Zar, und dadurch wird ers.* Das gilt für die Zeit, da der Glaube an sich selbst Demetrius emporträgt. Was aber wenn der Glaube an sich selbst schwindet, der falsche Demetrius aber seine Rolle weiterspielt? Dann wird er zum Hochstapler. Im Falle des Demetrius, zum gewalttätigen Hochstapler.

Was fasziniert Schiller an der Gestalt des Hochstaplers? Es ist dasselbe, was Thomas Mann, ebenfalls in seinen letzten Lebensjahren, den unvollendeten Roman über den Hochstapler Felix Krull schreiben läßt: die heikle Verbindung zwischen Künstlertum und Hochstapelei. Ist nicht auch der Künstler ein Gaukler, der den Schein an die Stelle des Seins setzt, der den Leuten etwas vormacht? Zwar unterhält Demetrius keine direkte Verbindung zur künstlerischen Sphäre, aber als jemand, der vor den anderen einen Zaren darstellt, der er nicht ist, gehört er doch, wie die Künstler, zu der großen Familie der Illusionisten, die nur solange, wie sie an sich selbst glauben, auch imstande sind, die anderen zu verzaubern. Das ist Schillers Selbstbekenntnis als Künstler in seinem letzten Stück über den Hochstapler Demetrius, den falschen Zaren. Der Dichter kann den magischen Zirkel seines Werkes nur schließen, wenn er trotz seines kühlen und reflektierten Artistentums vom eigenen Werk in den Bann geschlagen wird. Der Zauberer muß ein Stück weit auch sich selbst verzaubern können.

Es ist eigenartig, daß während Schiller in den letzten Wochen vor seinem Tod an seinem »Demetrius« schreibt, Goethe an einem verwandten Thema arbeitet. Er übersetzt Diderots geniale Dialogerzählung »Rameaus Neffe«. Rameaus Neffe durchlebt wie Demetrius das Auf und Ab vom Glauben an sich selbst und vom Absturz in den Selbstzweifel. Auch Rameaus Neffe, ein Schnorrer, ein geistreicher Kopf, ein Zyniker, ein Schwärmer, macht den Leuten etwas vor. Er ist auch ein Hochstapler aus der Familie der Illusionisten. Er ist dies vor allem als ein Komponist, der an seinem Talent zweifelt und darüber fast wahnsinnig wird. *Und so war, so bin ich voller Verdruß mittelmäßig zu sein.* Er gaukelt dem Publikum der Boulevards etwas vor, seine Pantomime zum Beispiel ist so eindringlich, daß man die Musik, die sie darstellt, zu hören glaubt. Die Welt, erklärt er, will betrogen sein. Man muß sein Geschäft, diese Verwechslung von Schein und Sein, nur gut verstehen. Die Erzählung war, als Goethe sie übersetzte, in Frankreich noch nicht erschienen. Man wußte dort gar nicht, daß sie überhaupt existierte. So kam es zu dem seltenen Fall, daß eine Übersetzung früher erschien als das Original. Und es war Schiller, der Goethe für die Übersetzung gewann.

Schillers Schwager, Wilhelm von Wolzogen, der sich im Frühjahr 1804 in diplomatischer Mission in Sankt Petersburg aufhielt, hatte dort ein noch unveröffentlichtes Manuskript Diderots im Besitz des ehemaligen Sturm-und-Drang-Dichters und jetzigen russischen Generals Klinger gefunden. Schiller hatte das Manuskript zur Einsicht bekommen, er machte den Verleger Göschen neugierig und gewann für die Übersetzung Goethe, der die Dialogerzählung ein *Juwel* nannte. Die Übersetzung von »Rameaus Neffe« und Goethes Anmerkungen dazu sind das letzte Thema in dem Gespräch der Freunde, das mit dem »Glücklichen Ereignis« vom Sommer 1794 begann und mit Schillers Tod endet.

Die Krankheitsanfälle Schillers waren in den letzten Monaten immer heftiger geworden. Vielleicht gerade deshalb deckte Goethe den Freund mit Arbeit ein. Er gibt ihm nicht nur den Diderot zur Korrektur, sondern bittet ihn auch, ein Konvolut aus seiner »Farbenlehre« zu studieren und sein Urteil darüber abzugeben. Goethe handelte auch dem Freund gegenüber nach dem Grundsatz, es dürfe der Tod keine Macht über das Leben haben, solange es noch währt. Leben aber ist Tätigsein. Und doch ahnte Goethe, daß er den Freund bald verlieren werde. Heinrich Voß, der Sohn des Homer-Übersetzers, der auch bei Goethe ein und aus ging, erzählt darüber die folgende kleine Geschichte: »Am Morgen des letzten Neujahrstages, den Schiller erlebte, schreibt Goethe ihm ein Gratulationsbillet. Als er es aber durchliest, findet er zu seinem Schrecken, daß er darin unwillkürlich geschrieben hatte ›Der letzte Neujahrstag‹, statt ›erneute‹ oder ›wiedergekehrte‹ oder dergleichen. Voll Schrecken zerreißt er's und beginnt ein neues. Als er an die ominöse Zeile kommt, kann er sich wiederum nur mit Mühe zurückhalten, etwas vom ›letzten‹ Neujahrstage zu schreiben. So drängt ihn die Ahnung! – Denselben Tag besucht er die Frau von Stein, erzählt ihr, was ihm begegnet sei, und äußert, es ahne ihm, daß entweder Er oder Schiller in diesem Jahr scheiden werde.«

Am 8. Februar 1805 erkrankt Goethe schwer. Es ist eine Gesichtsrose, die auf die Augen schlägt. Als Schiller davon hört, weint er und erleidet wenige Tage später einen heftigen Fieberanfall, von dem er sich im April zunächst ganz gut erholt. Er sitzt dem Maler Tischbein für ein Portrait und kauft ein Pferd auf Anraten des Arztes, der ihm Bewegung verschreibt. Schiller freut sich auf den ersten Ausritt in den beginnenden Frühling. Goethe hatte ihm aufmunternd geschrieben: *Übrigens geht es mir gut, solange ich täglich reite.*

Goethe und Schiller treffen sich zum letzten Mal am 1. Mai auf dem Weg ins Theater. Man wechselt nur wenige Worte, dann kehrt Goethe wieder um, er fühlt sich schlecht. Schiller muß sich noch neun Tage quälen. Auch Goethe ist krank. Im letzten Brief vom 27. April 1805 schickt er eine schematische Übersicht zur »Farbenlehre« und Anmerkungen zu »Rameaus Neffe«. Schiller liest darin. Noch ein paar Tage, und dann stirbt er, am Abend des 9. Mai.

Kaum eine Stunde später ist die Todesnachricht im Haus am Frauenplan. Meyer empfängt sie zuerst und hat nicht den Mut, sie an Goethe weiterzugeben. Ohne Abschied geht er weg. Goethe ist beunruhigt, er merkt, daß man ihm etwas verheimlicht, aber vielleicht möchte er das auch. ›Ich merke es‹, sagt er, ›Schiller muß sehr krank sein‹. Christiane, die Bescheid weiß, murmelt nur etwas von einer langen Ohnmacht Schillers. Nachts stellt sie sich schlafend, um Goethe nicht zu beunruhigen. Am Morgen, so erzählt Voß, fragt er sie: »›Nicht wahr, Schiller war gestern Abend sehr krank‹. Der Nachdruck, den er auf das ›sehr‹ legt, wirkt so heftig auf Jene, daß sie sich länger nicht halten kann. Statt ihm zu antworten, fängt sie laut an zu schluchzen. ›Er ist tot?‹ fragt Goethe mit Festigkeit. ›Sie haben es selbst ausgesprochen!‹ antwortet sie. ›Er ist tot!‹ wiederholt Goethe noch einmal und bedeckt sich die Augen mit den Händen.«

Der Beerdigung Schillers am 11. Mai bleibt Goethe fern. Er ist krank, und er kann den Tod nicht leiden. An Zelter schreibt er drei Wochen später: *Ich dachte mich selbst zu verlieren, und verliere nun einen Freund und in demselben die Hälfte meines Daseins.*

Epilog
oder
Schillers zweite Karriere im Geiste Goethes

Nach Schillers Tod verbarg sich Goethe für einige Zeit in seinem Haus. Er wollte niemanden sehen. Nur die Hausgenossen und einige wenige Getreue hatten Zutritt. Kaum betrat er den vorderen Teil der Wohnung, fast immer hielt er sich in den hinteren Räumen auf, in seinem Schlafraum und in der angrenzenden Arbeitskammer. Sein erstes Vorhaben war eine Art Zeremonie des Abschieds: Er wollte Schillers »Demetrius«-Fragment vollenden. Er hatte mit dem Freunde den Plan des Stückes durchgesprochen, es stand ihm, wie er in den »Tag- und Jahres-Heften« schreibt, *lebendig* vor Augen. Er traute sich zu, *dem Tode zu Trutz*, Schillers *Gedanken, Ansichten und Absichten bis ins Einzelne zu bewahren* und der Nachwelt zu überliefern, damit der herausragende Platz, den Schiller auf dem deutschen Theater eingenommen hatte, *nicht ganz verwaist* bleiben möge.

Goethe macht sich an die Arbeit, doch er scheitert. Über die Gründe gibt er keine genaue Rechenschaft. Rätselhaft und dunkel bleibt, was er annähernd zwanzig Jahre später darüber in den »Tag- und Jahres-Heften« festhält: *Sein Verlust schien mir ersetzt, indem ich sein Dasein fortsetzte ... Nun aber setzten sich der Ausführung mancherlei Hindernisse entgegen, mit einiger Besonnenheit und Klugheit vielleicht zu beseitigen, die ich aber durch leidenschaftlichen Sturm und Verworrenheit nur noch vermehrte; eigensinnig und übereilt gab ich den Vorsatz auf, und ich darf noch jetzt nicht an den Zustand denken, in welchen ich mich versetzt fühlte. Nun war mir Schiller eigentlich erst entrissen, sein Umgang erst versagt. Meiner künstlerischen Einbildungskraft war verboten sich mit dem Katafalk zu beschäftigen ...; sie wendete sich nun und folgte dem Leichnam in die Gruft, die ihn gepränglos eingeschlossen hatte. Nun fing er mir erst an zu verwesen; unleidlicher Schmerz ergriff mich ... Meine Tagebücher melden nichts von jener Zeit; die weißen Blätter deuten auf den hohlen Zustand.*

Diese dunklen Bemerkungen haben später Anlaß gegeben zu wilden Spekulationen, bis hin zu dem zuerst von Mathilde Ludendorff in die Welt gesetzten und noch heute da und dort kolportierten Gerücht, Goethe, der Freimaurer, sei Mitwisser gewesen bei der angeblich von der Loge befohlenen Ermordung Schillers. Danach sollte, wird behauptet, Schiller als Gegner der Freimaurerei beseitigt werden. Diese Ausgeburt der Verschwörungsphantasie, die Schiller als Repräsentanten des germanischen Rechtsempfindens gegen den westlichen Demokratismus in Stellung bringt und zum Opfer jüdisch-freimaurerischen Machinationen erklärt, verdient keinen weiteren Kommentar.

Aus den dunklen Bemerkungen Goethes in den »Tag- und Jahres-Heften« geht nur soviel hervor: Noch zwei Jahrzehnte später konnte sich Goethe sein Scheitern beim »Demetrius« nicht verzeihen. Zu gerne hätte er dem verstorbenen Freund den letzten Liebesdienst einer Vollendung des Stückes geleistet. Er vermochte es nicht. Auch das geplante dramatisierte Chorwerk zur Totenfeier an Schillers Geburtstag am 10. November 1805 gedieh nicht über Entwürfe und Schemata hinaus. Zum Abschluß brachte er lediglich den »Epilog zu Schillers Glocke«, den er für die Gedenkfeier in Lauchstädt verfaßte, bei der die letzten Akte der »Maria Stuart« und danach eine szenische Lesung der »Glocke« aufgeführt wurden. Der »Epilog«, den Goethe später noch einige Male verändern und erweitern wird, vereint den hohen Ton mit der Sprache persönlicher Ergriffenheit. Hochpathetisch sind die Zeilen: *Indessen schritt sein Geist gewaltig fort / Ins Ewige des Wahren, Guten, Schönen, / Und hinter ihm, in wesenlosem Scheine, / Lag, was uns Alle bändigt, das Gemeine.* Ergreifend und von liebevollem Angedenken inspiriert ist Goethes Bild von Schillers ansteckendem Enthusiasmus: *Nun glühte seine Wange rot und röter / Von jener Jugend, die uns nie verfliegt, / Von je-*

nem Mut, der, früher oder später, / Den Widerstand der stumpfen Welt besiegt. Dieser Epilog wurde bei der Feier am 10. August 1805 von der Schauspielerin Amalia Wolff gesprochen, die später erzählte, wie Goethe während der Probe sie bei einem besonders treffenden Wort unterbrach, ihren Arm ergriff, sich die Augen bedeckte und ausrief, *Ich kann, ich kann den Menschen nicht vergessen!*

Allmählich kehrt Goethe wieder in sein gewöhnliches Leben zurück, er geht aus dem Haus, empfängt auch wieder Besuche, aber er beobachtet sich dabei, wie er immer häufiger sein Verhältnis zu anderen an dem zu Schiller mißt. Das gilt bereits für den ersten Besucher nach Schillers Tod, für den sonst hochgeschätzten Altphilologen Friedrich August Wolf. Die Differenz mit ihm artete ins Bedrückende und Lähmende aus, sie fördert nicht, notiert Goethe. Mit Schiller sei das eine ganz andere Sache gewesen. Da sei alles förderlich gewesen, gerade auch die Differenzen. *Schillers ideeller Tendenz,* heißt es in den »Tag- und Jahres-Heften«, *konnte sich meine reelle gar wohl nähern, und weil beide vereinzelt doch nicht zu ihrem Ziel gelangen, so traten beide zuletzt in einem lebendigen Sinne zusammen.*

Goethe befürchtet nach Schillers Tod ein Nachlassen seiner poetischen Kräfte. Diese Stimmung hält zum Glück nicht lange an. Im Jahr darauf wird er den ersten Teil des »Faust« zum Abschluß bringen, auch im Andenken an Schiller, der ihn in dieser Sache immerzu gedrängt hatte. Auch nahm er sich noch einmal den »Tell« vor. Dem *dramatischen* Tell des Freundes, dem er einst den Stoff abgetreten hatte, sollte ein *epischer* zur Seite gestellt werden. Auch dies sollte im Gedenken an den Freund geschehen. Doch die Wirren des Jahres 1806 – die Schlacht von Jena, die Plünderung Weimars, der Zusammenbruch Preußens, die Angst um den Fortbestand des Herzogtums – ließen es nicht dazu kommen.

Im Winter 1807/08 verliebte sich Goethe in Minna Herzlieb, die Pflegetochter des Verlegers Frommann in Jena. Im Wettstreit mit Zacharias Werner, der auch um Minna warb, dichtete er Sonette auf das junge Mädchen. Bemerkenswert ist, wie Goethe im Rückblick auch für diese amouröse Verwicklung das Andenken Schillers ins Spiel bringt. In den nicht veröffentlichten Passagen der »Tag- und Jahres-Hefte« heißt es: *Es war das erste Mal seit Schillers Tode, daß ich ruhig gesellige Freuden in Jena genoß; die Freundlichkeit der Gegenwärtigen erregte die Sehnsucht nach dem Abgeschiedenen und der aufs neue empfundene Verlust forderte Ersatz. Gewohnheit, Neigung, Freundschaft steigerten sich zu Liebe und Leidenschaft, die, wie alles Absolute, was in die bedingte Welt tritt, vielen verderblich zu werden drohte.*

Diese Tändelei, die den Verlust Schillers kompensieren sollte, dauerte nur einen Winter. Nachhaltiger war eine andere Auswirkung von Schillers Tod. Im Gefühl, daß mit dem Tod des Freundes eine Lebensepoche zu Ende gegangen sei, beginnt Goethe, sein Leben historisch zu sehen. *Seit der großen Lücke, die durch Schillers Tod in mein Dasein gefallen ist,* schreibt er am 4. April 1806 an den seit der Italienreise ihm befreundeten Maler Philipp Hackert, *bin ich lebhafter auf das Andenken der Vergangenheit hingewiesen, und empfinde gewissermaßen leidenschaftlich, welche Pflicht es ist, das was für ewig verschwunden scheint, in der Erinnerung aufzubewahren.* Die autobiographische Periode von Goethes Schaffen deutet sich an. Goethe bittet Philipp Hackert in dem zitierten Brief ausdrücklich um eine *Selbstbiographie* vor allem der italienischen Jahre, die er für seine eigene Autobiographie zu nutzen beabsichtigt. Die Arbeit an »Dichtung und Wahrheit« beginnt 1809, nachdem der Tod der Mutter eine weitere Lücke in sein Leben gerissen hatte und er bei der Plünderung Weimars erleben mußte, wie knapp sein eigenes Haus einer Zerstörung und damit womöglich der Vernichtung der darin verwahrten Manuskripte und Dokumente entging. Die drastisch vor Augen geführte Gefährdung der Überlieferung in Zeiten, da *die Welt in allen Ecken und Enden* brannte und Europa eine *andere Gestalt* anzunehmen begann, zusammen mit dem Zäsurerlebnis in der Folge von Schillers Tod bewogen Goethe also, sein autobiographisches Werk in Angriff zu nehmen. Die Arbeit daran wird ihn bis an sein Lebensende begleiten. Nach dem Erscheinen der ersten drei Bände von »Dichtung und

Wahrheit« (1811, 1813 und 1814), welche die Frankfurter Jahre behandeln, redigiert er die »Tag- und Jahres-Hefte«, die der späteren Lebensepoche gewidmet sind.

Während dieser Arbeit nimmt er im Mai 1823 die Sichtung und Ordnung des Briefwechsels mit Schiller in Angriff. Zu dieser Zeit macht er Eckermann gegenüber die Äußerung: *Ich muß ... diese späteren Jahre mehr als Annalen behandeln; es kann darin weniger mein Leben als meine Tätigkeit zur Erscheinung kommen. Überhaupt ist die bedeutendste Epoche eines Individuums die der Entwickelung, welche sich in meinem Fall mit den ausführlichen Bänden von Wahrheit und Dichtung abschließt. Später beginnt der Konflikt mit der Welt, und dieser hat nur insofern Interesse als etwas dabei herauskommt.* Wenn ihm so viel daran gelegen ist, den Briefwechsel mit Schiller zu veröffentlichen, so sicherlich deshalb, weil er ihn als ein Dokument jener *Tätigkeit* ansieht, bei der besonders viel *herausgekommen* ist.

Im Sommer 1824 hatte Goethe die editorische Arbeit am Briefwechsel fast abgeschlossen. Die Briefe waren gesammelt, gesichtet, geordnet, einige Namen verschlüsselt und einige wenige Auslassungen vorgenommen. Mit Vorfreude erwartet er das baldige Erscheinen der Korrespondenz. *Tritt sie hervor,* schreibt er am 24. August 1824 an Zelter, *so wird sie dem Einsichtigen den Begriff von einem Zustande geben und von Verhältnissen die so leicht nicht wiederkommen.* Und einige Monate später, noch emphatischer: *Es wird eine große Gabe sein, die den Deutschen, ja ich darf wohl sagen den Menschen geboten wird. Zwei Freunde der Art, die sich immer wechselseitig steigern indem sie sich augenblicklich expektorieren. Mir ist es dabei wunderlich zu Mute, denn ich erfahre was ich einmal war.* Doch es dauert noch eine Weile, bis der Briefwechsel erscheinen kann. Es gibt schwierige Verhandlungen mit Schillers Erben, die angemessen beteiligt sein wollen am finanziellen Ertrag der Ausgabe. Goethe hatte das faire Angebot einer Halbierung des Erlöses gemacht, wobei er die eigene editorische Arbeit nicht in Rechnung stellte. Sie galt ihm selbstverständlich als Freundschaftsdienst. Nach langwierigen Verhandlungen konnte die

Ausgabe 1828 und 1829 in sechs Oktavbänden bei Cotta endlich erscheinen.

Bei der jüngeren intellektuellen Generation, die das Ende der mit den Namen Goethe und Schiller verbundenen Kunstperiode erwartete, hat die Edition zunächst wenig Erfolg. Börne beispielsweise sieht Goethe und Schiller in ihren Briefen auf dem »ausgetretenen Wege der Selbstsucht« wandeln, gefangen in ihren ästhetischen Interessen und gleichgültig gegen die politischen Erfordernisse des Tages. Schiller, schreibt Börne, habe sich zu seinem Nachteil Goethe leider untergeordnet. Grabbe vermutet, daß Goethe die Briefe nur veröffentlicht habe, um sich vor großem Publikum noch einmal von der Sonne der Schillerschen Huldigungen bescheinen zu lassen. Wie Börne steht auch Grabbe eher auf der Seite Schillers, den er für den bedeutenderen Dichter hält und deshalb »die ewige Caresse« bedauert, »welche Schiller dem Herrn von Goethe, abgesehen von allen Standesverhältnissen, wegen seines überlegenen Genies glaubt machen zu müssen«.

Der inzwischen fast vergessene August Wilhelm Schlegel hatte andere Gründe für seinen Ärger. Ihn erzürnte, daß Goethe die kritischen und auch boshaften Äußerungen Schillers über ihn und seinen Bruder nicht getilgt hatte. In einem Brief an Ludwig Tieck, den Freund aus romantischen Tagen, gibt er sich überlegen spöttisch: »Oft habe ich gelacht, oft großes Erbarmen mit beiden gehabt, besonders aber mit dem kranken Uhu Schiller«. In Wirklichkeit ist ihm nicht zum Spotten zumute: »Daß er nicht bloß auf Friedrich, sondern auch auf mich einen so unversöhnlichen Haß geworfen hatte, war mir doch einigermaßen neu«. Tief gekränkt will er die respektvollen Briefe, die er von Schiller und Goethe erhalten hatte, veröffentlichen, um die Doppelzüngigkeit der beiden zu dokumentieren. Das unterläßt er schließlich und behilft sich wieder mit Spott. Er läßt unter Freunden und Bekannten Verse kursieren wie die folgenden: »Nie sah man, zu der Welt Gedeihen, / Sich edle Geister so kasteien. / Laß, Publikum, dich's nicht verdrießen! / Du mußt die Qual nun mitgenießen.« Als Goethe von Schlegels Ärger und seinen Invektiven Kenntnis erhält, bemerkt er am 20. Oktober 1831 zu Zelter, Schiller sei mit Recht gegen die Brüder Schlegel erbost gewesen: *Daß August Schlegel so lange lebt, um jene Mißhelligkeiten wieder zur Sprache zu bringen, muß man ihm gönnen. Der Neid, so viele wirksamere Talente auftauchen zu sehen, und der Verdruß, als junger Ehemann so schlecht bestanden zu haben, können unmöglich das Innere dieses guten Mannes ins Wohlwollen gelangen lassen.* Als der Briefwechsel mit Zelter zwei Jahre nach Goethes Tod veröffentlicht wurde, mußte der arme August Wilhelm Schlegel auch noch diese verletzenden Bemerkungen lesen.

Doch auch bei den Freunden und Bewunderern der »Dioskuren« gab es Irritationen, sofern auch sie sich in den Briefen der beiden bisweilen recht ungünstig dargestellt fanden. Alexander von Humboldt zum Beispiel war gekränkt, als er lesen mußte, daß sein Beitrag zu den »Horen« von Schiller verächtlich unter das *Zeug* subsumiert worden war, mit dem man beim Publikum keinen Eindruck machen könne.

Die Resonanz beim Publikum war also gemischt. Die Epoche, der Goethe und Schiller ihren Stempel aufgedrückt hatten, war untergegangen, aber noch nicht so ferngerückt, daß sie wieder als etwas Kostbares hätte erscheinen können. Es dominierten polemische Abgrenzung oder leicht gelangweilte Heldenverehrung. Goethe sah sich in seinen anfänglich hohen Erwartungen enttäuscht und schrieb resigniert an Zelter: *Eigentlich für solche alte Käuze, wie du bist, hab ich, mein Teuerster, die Schillerische Korrespondenz schon gegenwärtig drucken lassen.* Es mußte einige Zeit vergehen, bis die Bedeutung des Vergangenen wieder entdeckt werden konnte und der Briefwechsel so aufgenommen wurde, wie es sich Goethe gewünscht hatte – als eine Gabe, *die den Deutschen, ja ich darf wohl sagen den Menschen geboten wird.*

In dem Jahr 1823, also zum Zeitpunkt, als Goethe die Edition des Briefwechsels in Angriff nahm, begann auch die Zusammenarbeit mit Eckermann. Da Goethe sich nun wieder in die alten Briefe vertiefte, wurde häufig und ausführlich über Schiller gesprochen. In diesen Gesprächen zeichnet sich deutlich die zweite Karriere Schillers im Geiste Goethes ab.

Am 18. Januar 1825 abends sitzen Goethe, Riemer und Eckermann beisammen. Vor Goethe liegt das Briefkonvolut. Er liest den beiden daraus vor. Unterbricht die Lektüre, gießt seinen Gästen Wein ein, läßt ein kleines Abendgericht auftragen, rührt aber selbst keinen Bissen an und schwelgt in Erinnerungen. »Das Andenken Schillers«, schreibt Eckermann, »war ihm so lebendig, daß die Gespräche … nur ihm gewidmet waren.«

Schillers Persönlichkeit, erzählt er, zeigte sich schon in seinem Äußeren. Er schildert den hohen Wuchs, die markanten Gesichtszüge, den Gang, die Bewegungen, die stolz und großartig gewesen seien. Die Augen aber hätten sanft geblickt. Wie sein äußeres sei auch sein geistiges Profil gewesen: herrisch und zugleich zart. Sogar einen *Sinn für die Grausamkeit* bescheinigt er ihm. Das langwierige Motivieren sei seine Sache nicht gewesen, das Jähe, Abrupte, Plötzliche habe ihn angezogen. Für die *stille Entwickelung aus dem Innern* sei er zu ungeduldig gewesen. Sein Talent, sagt Goethe, *war mehr desultorisch.* Die Kraft des Entscheidens gehört zur Freiheit, die für Schiller ein und alles war. Schiller habe es, erklärt Goethe, weit mit dieser Idee der Freiheit getrieben, bis zum Raubbau an seinen physischen Kräften, *ich möchte fast sagen, daß diese Idee ihn getötet hat.* Aber auch das gehört zur Wahrheit: Gerade mit dieser Energie und Rücksichtslosigkeit war Schiller ein *wunderlicher großer Mensch. Alle acht Tage war er ein Anderer und ein Vollendeterer; jedesmal wenn ich ihn wiedersah, erschien er mir vorgeschritten in Belesenheit, Gelehrsamkeit und Urteil.* Und wie schön und klar seine Briefe waren. *Seinen letzten Brief,* sagt Goethe, *bewahre ich als ein Heiligtum unter meinen Schätzen.* Er steht auf, holt den Brief und liest ihn Eckermann vor.

Immer wieder kommt Goethe aufs Schillers *Größe* zu sprechen: *Schiller mochte sich stellen, wie er wollte, er konnte gar nichts machen, was nicht immer bei weitem größer herauskam als das Beste dieser Neueren; ja wenn Schiller sich die Nägel beschnitt, war er größer als diese Herren.* So äußerte er sich 1827. Zwei Jahre später ist Schiller in Goethes Erinnerungen noch einmal gewachsen: *Schiller erscheint ... im absoluten Besitz seiner erhabenen Natur; er ist so groß am Teetisch, wie er es im Staatsrat gewesen sein würde. Nichts geniert ihn, nichts engt ihn ein, nichts zieht den Flug seiner Gedanken herab; was in ihm von großen Ansichten lebt, geht immer frei heraus ohne Rücksicht und ohne Bedenken. Das war ein rechter Mensch, und so sollte man auch sein! – Wir Andern dagegen fühlen uns immer bedingt ... durch tausend Rücksichten paralysiert, kommen wir nicht dazu, was etwa Großes in unserer Natur sein möchte, frei auszulassen. Wir sind die Sklaven der Gegenstände.*

Die Gewalt des Schillerschen Formwillens hat auch Schaden angerichtet. Goethe kann davon ein Lied singen. Er kommt auf Schillers Umarbeitung des »Egmont« zu sprechen. Schiller habe recht gewaltsam nach seinen vorgefaßten Ideen eingegriffen. Es konnte also schon vorkommen, daß Schiller, der kein *Sklave der Gegenstände* war, bisweilen die *hinlängliche Achtung vor dem Gegenstande* aus dem Auge verlor. Goethe aber wußte sich gut zu behaupten, das läßt er bei diesen Elogen auf Schillers Größe immerhin durchblicken. Er legt Eckermann gegenüber Wert auf die Feststellung, daß er den »Egmont« wieder in seiner ursprünglichen Fassung habe aufführen lassen.

Es wird um diese Zeit gewesen sein, da Schiller im Geiste Goethes zu solcher Größe emporwuchs, daß Goethe im »Faust II« den Freund im Bilde des Herkules verherrlichte. *Von Herkules willst nichts erwähnen?* fragt Faust den Chiron in der Klassischen Walpurgisnacht, und der antwortet: *O weh! errege nicht mein Sehnen ... / Da sah ich mir vor Augen stehn / Was alle Menschen göttlich preisen. // So war er ein geborner König.* Faust stimmt ein: *So sehr auch Bildner auf ihn pochen, / So herrlich kam er nie zur Schau.* Goethe mochte sich daran erinnert haben, daß Schiller einst ein großes Gedicht geplant hatte über Herkules, der auf den Olymp vordringt, sich mit Hebe verbindet und so das Göttliche an das Menschliche bindet. Davon hatte Schiller Wilhelm von Humboldt in einem Brief erzählt, den auch Goethe zu lesen bekam. Dort heißt es: *Denken Sie sich aber den Genuß, lieber Freund, in einer poetischen Darstellung alles Sterbliche ausgelöscht, lauter Licht, lauter Freiheit, lauter Vermögen – keinen Schatten, keine Schranke, nichts von dem allen mehr zu sehen. – Mir schwindelt ordentlich, wenn ich an diese Aufgabe – wenn ich an die Möglichkeit ihrer Auflösung denke.* An diese Schillersche Himmelfahrt wird Goethe gedacht haben, als er das Herkules-Portrait seines Freundes entwarf.

In den letzten Jahren seines Lebens ging Goethe vollends dazu über, das Bild Schillers zu verklären. Nicht nur seinen letzten Brief, alles, was an ihn erinnerte, bewahrte er *als Heiligtum* auf. Als die Schwiegertochter Ottilie einmal erklärte, sie langweile sich bei der Lektüre Schillers, wandte er sich ab und erwiderte: *Ihr seid alle viel zu armselig und irdisch für ihn.* In einem seiner letzten Briefe an Zelter sprach Goethe von der *Christus-Tendenz,* die Schiller eingeboren gewesen sei. *Er berührte nichts Gemeines ohne es zu veredeln.*

Bleiben wir auf dem Boden, dann gilt von der Freundschaft mit Schiller, was Goethe einmal so formulierte: *Ein Glück für mich war es ..., daß ich Schillern hatte. Denn so verschieden unsere beiderseitigen Naturen auch waren, so gingen doch unsere Richtungen auf Eins, welches denn unser Verhältnis so innig machte, daß im Grunde Keiner ohne den Andern leben konnte.*

Zur Nachgeschichte der Freundschaft gehört die bizarre Episode um Schillers Schädel, die Albrecht Schöne 2002 genau rekonstruiert hat. Es handelte sich dabei allerdings um einen Schädel, der doch nicht der Schillersche war, wie wir inzwischen aufgrund einer DNA-Analyse wissen.

Schiller war am 11. Mai 1805 um Mitternacht auf dem Friedhof von Weimar beigesetzt worden im sogenannten Kassettengewölbe, einer Ruhestätte für die Angehörigen der höheren Stände, die kein Familiengrab besaßen. Einundzwanzig Jahre später benötigte man Raum im Gewölbe für neue Beisetzungen. Die Grabstätte wurde geöffnet. Bei dieser Gelegenheit sollten die Gebeine Schillers gesichert werden. Man durchwühlte am 15. März 1826 ein Chaos von Moder und Fäulnis, ohne Gewißheit zu erlangen, welches die Überreste Schillers seien. Weimars Bürgermeister Karl Leberecht Schwabe setzte auf eigene Faust mit Schillers Totenmaske als Orientierung die Suche fort und glaubte fündig geworden zu sein. Der größte Schädel, der mußte es sein! Da noch nicht entschieden war, was mit den übrigen Gebeinen geschehen sollte, behielt Schwabe den Schädel bei sich zu Hause. Von nun an war das Schillers Schädel. Es war der Wunsch des Herzogs, daß der Schädel nunmehr seinen Platz in der Herzoglichen Bibliothek unter der berühmten Schillerbüste von Dannecker finden sollte. In einem feierlichen Akt wurde er am 17. September 1826 dorthin verbracht. Goethe war nicht zugegen, er fühlte sich, wie immer bei solchen Gelegenheiten, »angegriffen«. Die von ihm verfaßte kurze Ansprache hielt an seiner Stelle der Sohn August, der pflichtschuldig erklärte, daß Schillers Tod »einen Riß in das Leben meines Vaters brachte«. Eine Woche später, am 24. September 1826, läßt sich Goethe den Schädel in sein Haus bringen und in seiner Bibliothek deponieren. Er bleibt dort fast ein Jahr. Am 29. August 1827 möchte König Ludwig von Bayern bei einem Besuch in Weimar den Schädel besehen, weshalb Goethe ihn schleunigst wieder in die herzogliche Bibliothek zurückschaffen läßt. Am 16. Dezember 1827 überführt man den Schädel (samt einigen Gebeinen) in die Fürstliche Begräbnisstätte.

Goethe hatte also ein Jahr lang Schillers Schädel (bzw. was er dafür hielt) in seiner unmittelbaren Nähe verwahrt. Er zeigte ihn nur wenigen Auserwählten. Wilhelm von Humboldt befand sich darunter, der seiner Frau schreibt, Goethe habe bei dieser Gelegenheit von seinem eigenen Tode mit eindrucksvoller Ruhe und Gelassenheit gesprochen.

Zu diesem Zeitpunkt, da Goethe Schillers Schädel in seine Bibliothek bringen ließ, entstand das titellose Stanzen-Gedicht, dem

Eckermann als Herausgeber des Nachlasses, sich auf ein Gespräch mit Goethe berufend, die Überschrift »Bei Betrachtung von Schillers Schädel« gab. Es beginnt mit der Schilderung des Durcheinanders der Schädel und Knochen im *ernsten Beinhaus*. Hier liegt beisammen, was sich einst womöglich gehaßt und geschlagen hat. Sind die Gebeine und Schädel ans Tageslicht gebracht, kann niemand *die dürre Schale lieben, / Welch herrlich edlen Kern sie auch bewahrte*. Es beginnt also mit einer melancholischen Betrachtung. Dann aber erfolgt ein jäher Umschwung. Der Betrachter nämlich fühlt sich ganz besonders angesprochen von einem dieser toten Reste. Es ist als würde ihm ein *heiliger Sinn* hier etwas offenbaren wollen. *Als ich in Mitten solcher starren Menge / Unschätzbar herrlich ein Gebild gewahrte, / Daß in des Raumes Moderkält und Enge / Ich frei und wärmefühlend mich erquickte / Als ob ein Lebensquell dem Tod entspränge. / Wie mich geheimnisvoll die Form entzückte!* Es ist nicht von einem Schädel die Rede. Der Ausdruck wird sorgfältig vermieden. Und doch deutet alles auf ihn hin: *Geheim Gefäß! Orakelsprüche spendend, / Wie bin ich wert dich in der Hand zu halten? / Dich höchsten Schatz aus Moder fromm entwendend*. Wie man an einer Muschel glaubt das Meer rauschen zu hören, so fühlt sich der Betrachter beim Anblick dieses *Gebildes* oder *Gefäßes,* dieses einen Schädels also, an ein anderes Meer entrückt. Es ist jenes *Meer*, das *flutend strömt gesteigerte Gestalten*. Die ganze Naturgeschichte mit ihren unendlichen Metamorphosen und Gestaltenreihen dämmert dem Meditierenden empor. Wie ans Ufer dieser großen Geschichte gespült, liegt nun dieser Schädel vor ihm. Es ist dieser eine, es ist der Schillersche, dem er, ihn in der Hand bergend und wägend, die Botschaft abgewinnt: *Was kann der Mensch im Leben mehr gewinnen / Als daß sich Gott-Natur ihm offenbare / Wie sie das Feste läßt zu Geist verrinnen / Wie sie das Geisterzeugte fest bewahre.*

Gott-Natur lebt und webt im Lichte der Sonne. Und wenn sich auch das *Feste* auflöst und *verrinnt*, so bleibt das *Geisterzeugte* fest bewahrt. Das Geisterzeugte aber ist für Goethe nichts anderes als jene zweite Natur, zu der sich die erste Natur aufgipfelt in einem Menschen, der im Vollbesitz seiner schöpferischen Möglichkeiten lebt, denn, wie Goethe in seiner Winckelmann-Schrift im Todesjahr Schillers schrieb, *indem der Mensch auf den Gipfel der Natur gestellt ist, so sieht er sich wieder als eine ganze Natur an, die in sich abermals einen Gipfel hervorzubringen hat.* Für Goethe war Schiller inzwischen ein solches Gipfel-Ereignis geworden.

In dem Gedicht hat Goethe nicht lange vor dem eigenen Tod den verstorbenen Freund unter die Sternbilder seiner Naturtheologie versetzt.

Bibliographie

Quellen

Goethe MA Johann Wolfgang Goethe: Sämtliche Werke nach Epochen seines Schaffens. Münchner Ausgabe (21 in 33 Bänden). Hg. von Karl Richter unter Mitarbeit von Herbert G. Göpfert, Norbert Miller, Gerhard Sauder und Edith Zehm. München, Wien 1985–1998

Goethe WA Goethes Werke (143 Bände in 4 Abteilungen). Hg. im Auftrage der Großherzogin Sophie von Sachsen. Weimarer Ausgabe. Weimar 1887–1919

Schiller Friedrich Schiller: Sämtliche Werke (Fünf Bände). Hg. von Peter-André Alt, Albert Meier und Wolfgang Riedel. München, Wien 2004

Schiller NA Schillers Werke. Nationalausgabe. Hg. Julius Petersen, Lieselotte Blumenthal, Benno von Wiese, Norbert Oellers. Weimar 1943 ff.

Schiller DKV Friedrich Schiller: Werke und Briefe (Zwölf Bände). Frankfurt a. M. 1988–2002

Goethe Briefe Johann Wolfgang von Goethe: Briefe (Vier Bände). Hg. von Karl Robert Mandelkow unter Mitarbeit von Bodo Morawe. München ³1988

Briefe an Goethe Briefe an Goethe (Zwei Bände). Hg. von Karl Robert Mandelkow. München ³1988

Goethe DKV II Johann Wolfgang Goethe: Briefe, Tagebücher und Gespräche (Zwölf Bände). Frankfurt a. M. 1991–1999

Schiller Briefe Friedrich Schiller: Briefe. Hg. von Gerhard Fricke. München 1955

Schiller/Körner Briefwechsel zwischen Schiller und Körner (Vier Bände). Hg. von Ludwig Geiger. Stuttgart, Berlin 1892

Schiller/Lotte Briefwechsel zwischen Schiller und Lotte 1788–1805 (Drei Bände). Hg. von Wilhelm Fielitz. Stuttgart, Berlin ⁵1905

Schiller/Humboldt Der Briefwechsel zwischen Friedrich Schiller und Wilhelm von Humboldt. Hg. von Siegfried Seidel (Zwei Bände). Berlin 1962

Die Horen Eine Monatsschrift herausgegeben von Schiller. Tübingen 1795 ff. Nachdruck Weimar 2000

Petersen Schillers Gespräche. Berichte seiner Zeitgenossen über ihn. Hg. von Julius Petersen. Leipzig 1911

Biedermann, Goethe Goethes Gespräche. Biedermannsche Ausgabe (Fünf Bände). Hg. von Wolfgang Herwig. Zürich 1965–1987

Biedermann, Schiller Schillers Gespräche. Hg. von Freiherr von Biedermann. München 1961

Bode Goethe in vertraulichen Briefen seiner Zeitgenossen. Zusammengestellt von Wilhelm Bode (Drei Bände). Berlin 1979

Borcherdt Schiller und die Romantik. Briefe und Dokumente. Hg. von Hans Heinrich Borcherdt. Stuttgart 1948

Böttiger Karl August Böttiger: Literarische Zustände und Zeitgenossen. Begegnungen und Gespräche im klassischen Weimar. Hg. von Klaus Gerlach und René Sternke. Berlin 1998

Zitierte Literatur

Abel Jacob Friedrich Abel: Rede über das Genie. Marbach o. J.

Alt Peter-André Alt: Schiller. Leben – Werk – Zeit (Zwei Bände). München 2000

Berger Karl Berger: Schiller. Sein Leben und sein Werk (Zwei Bände). München 1924

Boyle Nicholas Boyle: Goethe. Der Dichter in seiner Zeit (Zwei Bände). München 1999

Brentano Bernard von Brentano: August Wilhelm Schlegel. Geschichte eines romantischen Geistes. Frankfurt a. M. 1986

Buchwald Reinhard Buchwald: Schiller (Zwei Bände). Wiesbaden 1956

Damm Sigrid Damm: Christiane und Goethe. Eine Recherche. Frankfurt a. M. 1998

Engelhardt Michael v. Engelhardt: Der plutonische Faust. Eine motivgeschichtliche Studie zur Arbeit am Mythos in der Faust-Tradition. Frankfurt a. M. 1992

Herold Jean Christopher Herold: Madame de Staël. Dichterin und Geliebte. München 1982

Hölderlin Friedrich Hölderlin: Sämtliche Werke und Briefe (Drei Bände). Hg. von Michael Knaupp. München 1992/93

Humboldt, Werke Wilhelm von Humboldt: Werke (Fünf Bände). Hg. von Andreas Flitner und Klaus Giel. Darmstadt 1979

Kant Immanuel Kant: Werke (Zwölf Bände). Hg. von Wilhelm Weischedel. Wiesbaden 1957

Kleßmann Caroline. Das Leben der Caroline Michaelis-Böhmer-Schlegel-Schelling 1763–1809. Hg. von Eckart Kleßmann. München 1979

Klopstock Friedrich Gottlieb Klopstock: Ausgewählte Werke (Zwei Bände). Hg. von Karl August Schleiden. Nachwort Friedrich Georg Jünger. München Wien [4]1981

Leppmann Wolfgang Leppmann Goethe und die Deutschen Stuttgart 1962. Vom Nachruhm eines Dichters. Stuttgart 1962

Michaelis Rolf Michaelis: Die Horen. Geschichte einer Zeitschrift. Supplementband zum Nachdruck der Zeitschrift. Weimar 2000

Montaigne Montaigne: Essais. Übersetzung Hans Stilett. Frankfurt a. M. 1998
Moritz Karl Philipp Moritz: Werke in zwei Bänden. Hg. von Heide Hollmer und Albert Meier. Frankfurt a. M. 1999
Novalis Novalis. Werke, Tagebücher und Briefe Friedrich von Hardenbergs (Drei Bände). Hg. von Hans-Joachim Mähl und Richard Samuel. Kommentar von Hans Jürgen Balmes. München 1978–1987
Prügeley Die ästhetische Prügeley. Streitschriften der antiromantischen Bewegung. Hg. von Rainer Schmitz. Göttingen 1992
Schiller-Handbuch Helmut Koopmann (Hg.): Schiller-Handbuch. Stuttgart 1998
Schlegel, Dichtungen und Aufsätze Friedrich Schlegel: Dichtungen und Aufsätze. Hg. von Wolfdietrich Rasch. München
Schlegel, Kritische Schriften Friedrich Schlegel: Kritische Schriften. Hg. von Wolfdietrich Rasch. München 1964
Schöne Albrecht Schöne: Schillers Schädel. München 2002
Schulz Gerhard Schulz: Die deutsche Literatur zwischen Französischer Revolution und Restauration. München 1983
Streicher Andreas Streicher: Schillers Flucht. Stuttgart 1959
Wagner Karheinz Wagner: Herzog Karl Eugen von Württemberg. Modernisierer zwischen Absolutismus und Aufklärung. München 2001

Sonstige Literatur

Goethe und die Romantik. Briefe mit Erläuterungen. Hg. von Carl Schüddekopf und Oskar Walzel. Zwei Bände. Weimar 1898 (Reprint Leipzig 1984)
Goethes Ehe in Briefen. Der Briefwechsel zwischen Goethe und Christiane Vulpius 1792–1816. Hg. Hans Gerhard Gräf. Frankfurt a. M. 1989
Mit Goethe auf Reisen. Schilderungen, Berichte, Beobachtungen 1770–1831. Hg. von Jost Perfahl. München 1993
Willst du staunen, Flegel? Anekdoten von Goethe. Gesammelt und herausgegeben von Thomas Wieke. Berlin 1999
Goethe und die Religion. Aus seinen Werken, Briefen, Tagebüchern und Gesprächen zusammengestellt von Hans-Joachim Simm. Frankfurt a. M. 2000
Goethe, unser Zeitgenosse. Hg. von Siegfried Unseld. Frankfurt a. M. 1998
Goethe über die Deutschen. Hg. von Hans-J. Weitz. Frankfurt a. M. 1982
Goethe aus der Nähe. Texte von Zeitgenossen, ausgewählt und kommentiert von Eckart Kleßmann. Darmstadt 1995
J. F. Reichardt – J. W. Goethe Briefwechsel. Herausgegeben und kommentiert von Volkmar Braunbehrens, Gabriele Busch-Salmen, Walter Salmen. Weimar 2002
Treffliche Wirkungen. Anekdoten von und über Goethe. Hg. von Anita und Walter Dietze. Zwei Bände. München 1987
Wilfried Barner u. a. (Hgg.): Unser Commercium. Goethes und Schillers Literaturpolitik. Stuttgart 1984

Pierre Bertaux: Gar schöne Spiele spiel' ich mit dir! Zu Goethes Spieltrieb. Frankfurt a. M. 1986

Effi Biedrzynski: Goethes Weimar. Das Lexikon der Personen und Schauplätze. Zürich 1993

Michael Bienert: Schiller in Berlin oder Das rege Leben einer großen Stadt. Marbach 2004

Hans Blumenberg: Goethe zum Beispiel. Frankfurt a. M. 1999

Wilhelm Bode: Goethes Schweizer Reisen. Leipzig 1922

Wilhelm Bode: Der weimarische Musenhof. Berlin 1920

Michael Böhler: Die Freundschaft von Schiller und Goethe als literatursoziologisches Paradigma. In: Internationales Archiv für Sozialgeschichte der deutschen Literatur 5 (1980)

Jürgen Bolten: Friedrich Schiller. Poesie, Reflexion und gesellschaftliche Selbstdeutung. München 1985

Dieter Borchmeyer: Goethe. Der Zeitbürger. München 1999

Georg Brandes: Goethe. Berlin 1922

Helmut Brandt (Hg.): Friedrich Schiller – Angebot und Diskurs: Zugänge, Dichtung, Zeitgenossenschaft. Berlin, Weimar 1987

Walter H. Bruford: Die gesellschaftlichen Grundlagen der Goethezeit. Frankfurt a. M.–Berlin–Wien 1975 (1936)

Christa Bürger: Goethes Eros. Frankfurt a. M. 2009

E. M. Butler: Deutsche im Banne Griechenlands. Berlin 1948

Ernst Cassirer: Goethe und die geschichtliche Welt. Hamburg 1995

Karl Otto Conrady: Goethe. Leben und Werk. Düsseldorf 2006

Götz-Lothar Darsow: Friedrich Schiller. Stuttgart 2000

Jörg Drews: Sichtung und Klarheit. Kritische Streifzüge durch die Goethe-Ausgaben und die Goethe-Literatur der letzten fünfzehn Jahre. München 1999

K. R. Eissler: Goethe. Eine psychoanalytische Studie. Zwei Bände. Frankfurt a. M. 1986

Henning Fikentscher: Zur Ermordung Friedrich Schillers. Der heutige Stand der Forschung über Friedrich Schillers sterbliche Reste und die Ursachen seines Todes. Viöl/Nordfriesland 2000

Kuno Fischer: Schiller als Philosoph. Heidelberg 1891

Richard Friedenthal: Goethe. Sein Leben und seine Zeit. München 1963

Goethe-Handbuch in vier Bänden. Hg. von Bernd Witte u. a. Stuttgart–Weimar 2004

Melitta Gerhard: Wahrheit und Dichtung in der Überlieferung des Zusammentreffens von Goethe und Schiller im Jahr 1794. In: Jahrbuch des Freien Deutschen Hochstifts 1974

Ilse Graham: »Zweiheit im Einklang«. Der Briefwechsel zwischen Schiller und Goethe. In: Goethe-Jahrbuch 95 (1978)

Herman Grimm. Goethe. Vorlesungen. Zwei Bände. Winterbach 1989 (1876)

Klaus Günzel: »Viele Gäste wünsch ich heut' Mir zu meinem Tische!« Goethes Besucher im Haus am Frauenplan. Weimar 1999

Friedrich Gundolf: Goethe. Berlin 1930
Karl S. Guthke: Schillers Dramen. Idealismus und Skepsis. Tübingen, Basel 1994
Jürgen Habermas: Exkurs zu Schillers Briefen über die ästhetische Erziehung des Menschen. In: Der philosophische Diskurs der Moderne. Zwölf Vorlesungen. Frankfurt a. M. 1988
Dieter Henrich: Der Begriff der Schönheit in Schillers Ästhetik. In: Zeitschrift für philosophische Forschung II (1957)
Hermann Hettner: Literaturgeschichte der Goethezeit. Hg. von Johannes Anderegg. München 1970 (1876)
Walter Hinderer: Von der Idee des Menschen. Über Friedrich Schiller. Würzburg 1998
Matthis Jolles: Dichtkunst und Lebenskunst: Studien zum Problem der Sprache bei Friedrich Schiller. Bonn 1980
Ulrich Karthaus: Friedrich Schiller. In: Karl Corino (Hg.): Genie und Geld. Vom Auskommen deutscher Schriftsteller. Nördlingen 1987
Dirk Kemper: Ineffabile. Goethe und die Individualitätsproblematik der Moderne. München 2004
Hansjoachim Kiene: Schillers Lotte. Portrait einer Frau in ihrer Welt. Frankfurt a. M. 1996
Heinz Kindermann: Das Goethebild des 20.Jahrhunderts. Darmstadt 1962
Jochen Klauß: Weimar. Stadt der Dichter, Denker und Mäzene. Zürich 1999
Hans-Jörg Knobloch / Helmut Koopmann (Hgg.) Schiller heute. Tübingen 1996
Helmut Koopmann: Goethe und Frau von Stein. Geschichte einer Liebe. München 2003
H. A. Korff: Geist der Goethezeit. Vier Bände. Darmstadt 1966
Ekkehart Krippendorf: Politik gegen den Zeitgeist. Frankfurt a. M. 1999
Jutta Lindner: Schillers Dramen. Bauprinzip und Wirkungsstrategie. Bonn 1989
Georg Lukacs: Goethe und seine Zeit. Berlin 1950
Carl W. H. Freiherr von Lyncker: Ich diente am Weimarer Hof. Aufzeichnungen aus der Goethezeit. Weimar 1997
Golo Mann: Schiller als Historiker. In: Jahrbuch der Deutschen Schillergesellschaft 20 (1976)
Thomas Mann: Versuch über Schiller. Frankfurt a. M. 1955
Herbert Marcuse: Die ästhetische Dimension. In: Triebstruktur und Gesellschaft. Frankfurt a. M. 1995
Hans Mayer: Das unglückliche Bewußtsein. Zur deutschen Literaturgeschichte von Lessing bis Heine. Frankfurt a. M. 1986
Hans Mayer: Goethe. Hg. von Inge Jens. Frankfurt a. M. 1999
Hans Mayer: Versuch über Schiller. Frankfurt a. M. 1987
Peter Merseburger: Mythos Weimar. Zwischen Geist und Macht. Stuttgart 1998
Richard M. Meyer: Goethe. Berlin 1913
Norbert Miller: Der Wanderer. Goethe in Italien. München 2002
P. J. Möbius: Über das Pathologische bei Goethe. (1898) Mit einem Essay von Bernd Nitzschke. Nachdruck München o. J.

Burkhard Müller: Der König hat geweint. Schiller und das Drama der Weltgeschichte. Springe 2004
Norbert Oellers: Friedrich Schiller. Zur Modernität eines Klassikers. Hg. von Michael Hofmann. Frankfurt a. M. 1996
Norbert Oellers, Robert Steegers: Treffpunkt Weimar. Literatur und Leben zur Zeit Goethes. Stuttgart 1999
Manfred Osten: »Alles veloziferisch«. Goethes Entdeckung der Langsamkeit. Frankfurt a. M. 2003
Heinrich Pleticha (Hg.) Das klassische Weimar. Texte und Zeugnisse. München 1983
Walter Rehm: Griechentum und Goethezeit. Geschichte eines Glaubens. Leipzig 1936
Wolfgang Riedel: Die Anthropologie des jungen Schiller. Zur Ideengeschichte des jungen Schiller und der ›Philosophischen Briefe‹. Würzburg 1988
Wolfgang Rothe: Goethe, der Pazifist. Zwischen Kriegsfurcht und Friedenshoffnung. Göttingen 1998
Rüdiger Safranski: Romantik. Eine deutsche Affäre. München 2007
Rüdiger Safranski: Schiller oder Die Erfindung des Deutschen Idealismus. München 2004
Rüdiger Safranski (Hg.): Schiller als Philosoph. Eine Anthologie. Ausgewählt und mit einem Essay versehen. Berlin 2005
Alfred Schmidt: Goethes herrlich leuchtende Natur. München 1984
Gerhard Schulz: Exotik der Gefühle. Goethe und seine Deutschen. München 1998
Georg Simmel: Goethe. Leipzig 1923
Albrecht Schöne: Götterzeichen –Liebeszauber – Satanskult. Neue Einblicke in alte Goethetexte. München 1993
Karlheinz Schulz: Goethe. Eine Biographie in 16 Kapiteln. Stuttgart 1999
Gustav Seibt: Goethe und Napoleon. Eine historische Begegnung. München 2008
Friedrich Sengle: Das Genie und sein Fürst. Die Geschichte der Lebensgemeinschaft Goethes mit dem Herzog Carl August. Stuttgart 1993
Friedrich Sengle: Die ›Xenien‹ Goethes und Schillers als Teilstück der frühen antibürgerlichen Bewegung. In: Internationales Archiv für Sozialgeschichte der deutschen Literatur 8 (1983)
Eduard Spranger: Goethe. Seine Geistige Welt. Tübingen 1967
Emil Staiger: Goethe. Drei Bände. Zürich–Freiburg i. Br. 1957
Emil Staiger: Friedrich Schiller. Zürich 1967
Gerhard Storz: Der Dichter Friedrich Schiller. Stuttgart 1959
Peter Szondi; Das Naive ist das Sentimentalische. Zur Begriffsdialektik in Schillers Abhandlungen. In: ders.: Schriften Bd. 2. Frankfurt a. M. 1978
Gerd Ueding: Klassik und Romantik. Deutsche Literatur im Zeitalter der Französischen Revolution 1789–1815. München 1987
Gert Ueding: Friedrich Schiller. München 1990
Wolfgang H. Veil: Schillers Krankheit. Eine Studie über das Krankheitsgeschehen in Schillers Leben und über den natürlichen Todesausgang. Naumburg 1945

Benno von Wiese: Schiller. Stuttgart 1959
W. Daniel Wilson: Das Goethe-Tabu. Protest und Menschenrechte im klassischen Weimar. München 1999
Leopold Ziegler: Zwei Goethereden und ein Gespräch. Leipzig 1932
Theodore Ziolkowski: Vorboten der Moderne. Eine Kulturgeschichte der Frühromantik. Stuttgart 2006
Theodore Ziolkowski: Das Wunderjahr in Jena. Stuttgart 1998

Danksagung

Seit meinem »Nietzsche« im Jahre 2000 hat Kristian Wachinger im Carl Hanser-Verlag meine Bücher kompetent und einfühlsam lektoriert und begleitet. Ich danke ihm für die hervorragende Zusammenarbeit.

Anmerkungen

Prolog

11 *Steckenpferd der Romanschreiber:* Kant VIII, 609. – *Sammlung billetmäßiger Lappalien:* Goethe MA 8.2, 106.

12 *eine Verwandlung des Goldes in Blei:* Goethe MA 8.2, 119. – *stolze Prüde:* Schiller/Körner 2, 16. – *dem Vortrefflichen gegenüber:* Goethe MA 8.1, 187. – *Sie haben mir eine zweite Jugend verschafft:* Goethe MA 8.1, 487.

13 *zwei Seelen miteinander verschmelzen:* Montaigne, 101. – *Wenn wir immer vorsichtig genug wären:* Goethe DKV II, 4, 629 f. – *Neigung, ja sogar Liebe hilft alles nichts zur Freundschaft:* Goethe MA 8.2, 52.

14 *auf wechselseitige Perfektibilität gebautes Verhältnis:* Goethe MA 8.1, 376. – *in wiefern andere mich wohl erkennen möchten:* Goethe MA 12, 307. – *Jeder neue Gegenstand … schließt ein neues Organ in uns auf:* Goethe MA 12, 306. – *Es kommt mir oft wunderlich vor:* Goethe MA 8.1, 116.

15 *seiner Natur nach nicht begriffen werden kann:* Goethe MA 8.1, 376. – *Fahren Sie fort:* Goethe MA 8.1, 201. – *Der reiche Wechsel Ihrer Phantasie:* Goethe MA 8.1, 419. – *Ich dachte, mich selbst zu verlieren:* Goethe MA 20.1, 98. – *Indessen seh ich mich … in einiger Controvers mit Ihnen:* Goethe MA 8.1, 1001 f.

Erstes Kapitel

17 *Goethe hat einen Adlerblick:* Bode 1, 250.

18 *Andre Zeiten andre Sorgen:* 7. August 1779, Goethe WA III 1, 93 f. – *statt der all belebenden Wärme:* Biedermann, Goethe 1, 238. – *Vogel:* Goethe Briefe 1, 321. – *So ziehen wir an Höfen herum:* Goethe Briefe 1, 291.

19 *Lichtputze, die glimmt und stinkt:* Wagner, 219. – *Gott, dachte ich:* Bode 1, 249. – *laut spricht mein Herz:* Bode 1, 250.

20 *Goethe war überhaupt unser Gott:* Biedermann, Schiller, 29.

21 *in der Tat einem Ritter so unentbehrlich:* Leppmann, 31.

22 *ein Geniegelag gehalten:* Böttiger, 75. – *unanständiges Betragen mit Fluchen:* Goethe Briefe 1, 645.

23 *Der Herzog wird:* Goethe Briefe 1, 649. – *Verschonen Sie uns ins Künftige:* Goethe Briefe 1, 215. – *in den endlosen Räumen:* Schiller V, 736. – *Nicht in den Ozean:* Klopstock I, 85. – *Abgott der Jugend:* Schiller V, 736.

24 *Sklave von Klopstock:* Conz: Einiges über Schiller in d. Zeit f. d. eleg. Welt. Ja-

nuar 1823, 3, 20. – *Die Würde des Gegenstandes:* Goethe MA 16, 430. – *Hier sitz ich:* Goethe MA 1.1, 231. – *Er wetteiferte:* Zum Schäkespears Tag, Goethe MA 1.2, 414. – *der Kunst die Regel gibt:* Kant 10, 405.

25 *Das Genie spielt mit kühnen, großen Gedanken:* Abel, 39. – *Schiller war ganz Ohr:* Biedermann, Schiller, 33. – *Ich war noch nicht fähig:* Schiller V, 713.

26 *nichts so Natur als Schäkespears Menschen:* Goethe MA 1.2, 413.

27 *Man kann zum Vorteile:* Goethe MA 1.2, 205f. – *Wenn ich das Wimmeln:* Goethe MA 1.2, 199. – *Schauplatz ... Abgrund des ewig offnen Grabs:* Goethe MA 1.2, 239. – *Stirb und Werde:* Selige Sehnsucht, Goethe MA 11.1.2, 21. – *ewig wiederkäuendes Ungeheur:* Goethe MA 1.2, 240.

28 *Dahero glaube ich:* Buchwald 1, 249. – *durchdringendsten Geistererkenner:* Schiller I, 485. – *die Seele:* Schiller I, 484. – *Als man die Brust öffnete:* Schiller V, 241f.

29 *Wehen des Alliebenden:* Goethe MA 1.2, 199. – *Ein kühner Angriff des Materialismus:* Schiller V, 344. – *der Mensch entstehet aus Morast:* Schiller I, 577. – *Abgrund des ewig offenen Grabs:* Goethe MA 1.2, 239.

30 *Kette von Kräften:* Schiller V, 254. – *gegen den Geist immerwärts fort:* Schiller V, 254f. – *Die Seele hat einen tätigen Einfluß:* Schiller V, 266. – *Mittelkraft:* Schiller V, 253ff.

31 *Ich habe gefunden:* Goethe Briefe 1, 435f. – *Einem Gelehrten von Profession:* Goethe Briefe 1, 475.

32 *Die Aufmerksamkeit:* Schiller V, 267. – *Die Erfahrung beweist:* Schiller V, 254. – *brütet Kolosse und Extremitäten aus:* Schiller I, 504.

33 *Mutterleib gekrochen ... Bürde von Häßlichkeit:* Schiller I, 500. – *Ich will alles um mich her ausrotten:* Schiller I, 502. – *Menschen überhüpft:* Schiller 1, 627.

34 *Wir wollen ein Buch machen:* Biedermann, Schiller, 48.

35 *Heilig und feierlich:* Schiller I, 754.

36 *Es ist wie mit der Liebe:* Goethe Briefe 1, 265. – *Wie spielte er:* Biedermann, Schiller, 37.

37 *eigentlich doch niemand so deklamieren könne wie er:* Streicher, 124.

Zweites Kapitel

39 *Sonst war meine Seele:* Goethe Briefe 1, 250.

40 *Warum sind Despoten da:* Schiller I, 957. – *Haben wir je einen teutschen Shakespeare zu erwarten:* Schiller DKV 2, 950. – *Alle Charaktere sind zu aufgeklärt:* Schiller DKV 2, 923. – *Irrenhause:* Schiller DKV 2, 965f. – *ich glaube, wenn Deutschland ...:* Schiller Briefe 25.

41 *zu einem Spitzbuben wills Grütz:* Schiller I, 538.

42 *Die Qual erlahme an meinem Stolz:* Schiller I, 592. – *ein Schiffbrüchiger:* Schiller Briefe, 35. – *keine Bedürfnisse ängstigen mich mehr:* Schiller Briefe, 35. – *Ich muß Ihnen gestehen, daß ich ihn gewissermaßen:* Schiller Briefe, 47.

43 *werde ich nie vergessen:* Schiller Briefe, 525. – *Marter:* Schiller Briefe, 76. – *Zu einer Zeit:* Schiller/Körner 1, 21.

44 *daß die Natur:* Schiller/Körner 1, 27. – *Gewissen Menschen hat die Natur die langweilige Umzäunung der Mode niedergerissen:* Schiller/Körner 1, 26. – *Deine Zauber binden wieder:* Schiller I, 133. – *Es ist mit der Ferne:* Schiller/Körner 4, 321.

45 *Hier will das Drama gar nicht fort:* Goethe Briefe 1, 264.

46 *wie die Großen mit den Menschen:* Goethe Briefe 1, 249. – *in preußischen Staaten kein laut Wort hervorgebracht:* Goethe Briefe 1, 253. – *Dieser Herr Goethe:* Goethe Briefe 1, 665. – *Wirklich wollte man behaupten:* Schulz, 174. – *Und wenn ich denke ich sitze:* Goethe Briefe 1, 320.

47 *Wieviel wohler wäre mirs:* Goethe Briefe 1, 397. – *die Poesie in Wirklichkeit verwandeln:* Goethe MA 16, 622. – *Dabei war ... meine Intention:* Goethe Briefe 1, 425.

48 *wer sich mit der Administration abgibt:* Goethe Briefe 1, 514. – *Ich gehe allerlei Mängel zu verbessern:* Goethe Briefe 1, 518. – *d 3 Sept früh 3 Uhr stahl ich mich:* Goethe MA 3.1, 10. – *es ist nicht allein der Kunstsinn:* Goethe Briefe 2, 33. – *wenn die französchen Einflüsse*: Goethe Briefe 2, 48. – *Das verfluchte zweite Küssen:* Goethe MA 15, 159.

49 *Übrigens gefallen mir die Vicentiner:* Goethe MA 3.1, 81. – *Wie ich aber auch fühle:* Goethe MA 3.1, 82. – *Die Künstler haben sich die Folter gegeben:* Goethe MA 15, 49. – *Hier ist kein geharnischter Mann auf den Knien:* Goethe MA 3.1, 61.

50 *nur da vom Schicksal verwahrlost:* Goethe Briefe 2, 29. – *für sich bestehendes Ganze:* Moritz 2, 967.

51 *Ich darf wohl sagen:* Goethe Briefe 2, 85. – *Weimarischen Götter und Götzendiener:* Schiller/Körner 1, 85.

52 *Gedränge kleiner und immer kleinerer Kreaturen:* Schiller/Körner 1, 87. – *neben ihr auf dem Sofa zu schlafen:* Schiller/Körner 1, 130. – *ein großer Schriftsteller:* Schiller/Körner 1, 91. – *mit Leidenschaft:* Schiller/Körner 1, 89. – *Herder gibt ihm:* Schiller/Körner 1, 110:

53 *Überhaupt ging er mit mir um:* Schiller/Körner 1, 89. – *Goethens Geist:* Schiller/Körner 1, 108. – *die nähere Bekanntschaft:* Schiller/Körner 1, 93. – *Ich habe mich selbst:* Schiller/Körner 1, 138. – *Wir fraßen herzhaft:* Schiller/Körner 1, 134. – *Mein Leben geht jetzt:* Schiller/Körner 1, 171.

54 *Armes Weimar:* Schiller/Körner 1, 173. – *der manches für mich trägt:* Goethe Briefe 2, 56. – *Sorgen Sie ferner:* Goethe Briefe 2, 56. – *unzerstörlicher Schatz:* Goethe Briefe 2, 54. – *Ich Wandrer:* Goethe DKV II, 3, 221.

55 *Ich bin schon zu alt:* Goethe MA 15, 518f. – *Wilhelmiade:* Goethe Briefe 2, 81.– *Leb ich nur:* Goethe MA 3.1, 275.

56 *Ihren freundlichen, herzlichen Brief:* Goethe Briefe 2, 84. – *wie ein Feenpalast in der Wüste dastand:* Goethe MA 15, 653. – *Verbergen – des gegenwärtigen Zustands:* Boyle 1, 617.

57 *An einem trüben Novembertage:* Petersen 1911, 141.

58 *Wenn ich ganz versteinert bin:* Berger 1, 555.

59 *ich habe meine Empfindungen durch Verteilung geschwächt:* Schiller/Körner 1, 271. – *Es ist mehr Menschenliebe:* Schiller/Lotte 1, 125. – *Ich werde in Ihren schönen Gegenden:* Schiller/Lotte 1, 38.

60 *wohltätige Bank:* Schiller/Körner 1, 180. – *Willst Du Dich selbst zum Handlanger:* Schiller/Körner 1, 183.

61 *Da ihr noch die schöne Welt regiertet:* Schiller I, 163. – *Da die Götter menschlicher noch waren:* Schiller I, 169. – *seelenlos ein Feuerball sich dreht:* Schiller I, 163. – *Alle jene Blüten sind gefallen:* Schiller I, 172f.

62 *Näher war der Schöpfer dem Vergnügen:* Schiller I, 165. – *Wohin tret ich:* Schiller I, 166. – *Wie haben Sie denn heute Nacht:* Schiller/Lotte 1, 44.

63 *Ich hoffe, Sie haben:* Schiller/Lotte 1, 51. – *wie dem Orest in Goethens Iphigenia:* Schiller/Lotte 1, 44. – *Die ›Iphigenia‹ hat mir wieder:* Schiller Briefe, 170. – *Geist der Sentenzen...:* Schiller V, 943. – *Zwang selbst zu einer neuen Quelle des Schönen:* Schiller V, 943.

64 *Salto mortale in eine Opernwelt:* Schiller V, 942. – *unnachahmlich schön und wahr:* Schiller V, 941. – *eine Rezension meines Egmonts:* Goethe MA 3.1, 849. – *Goethe ist so unglücklich nicht hier:* Bode 1, 355. – *Aus Italien, dem formreichen:* Goethe MA 12, 69.

65 *Gerne will ich alles hören:* Goethe, Briefe 2, 95. – *Sie ist verstimmt:* Bode 2, 358. – *Im ganzen ... unrecht:* Bode 1, 358.

66 *Erotio:* Goethe, Briefe 2, 124. – *Aber ich habe des Nachts:* Goethe MA 3.2, 46.

67 *wenige Sterbliche haben mich so interessiert:* Schiller Briefe, 170. – *freilich war die Gesellschaft zu groß:* Schiller/Körner 1, 254. – *kraftvolles, aber unreifes Talent:* Goethe MA 12, 86.

68 *Sein erster Anblick:* Schiller/Körner 1, 253f. – *ich zweifle, ob wir einander je sehr nahe rücken werden:* Schiller/Körner 1, 255. – *als dritten Mann:* Schiller/Körner 1, 272. – *daß kein Funke poetisches Drama darinnen sei:* Bode 1, 379.

69 *aus ihm nehmen:* Schiller/Lotte 1, 157. – *übertölpelt:* Schiller/Körner 1, 295. – *Soviel muß ich Dir doch sagen:* Schiller/Körner 1, 295. – *besonders da diese Akquisition ohne Aufwand zu machen ist:* Goethe, Briefe 2, 106.

70 *In dieser neuen Lage:* Schiller/Lotte 1, 166. – *wie wenig Gelehrsamkeit bei mir vorauszusetzen ist:* Schiller/Körner, 288. – *wem Gott ein Amt gibt:* Schiller/Lotte 1, 166. – *Diese Professur soll der Teufel holen:* Schiller/Körner 2, 9.

71 *Öfters um Goethe zu sein:* Schiller/Körner 2, 16. – *Mischung von Haß und Liebe:* Schiller/Körner 2, 16. – *Ich muß lachen:* Schiller/Körner 2, 37. – *Dieser Mensch, dieser Goethe:* Schiller/Körner 2, 37.

72 *dem Vortrefflichen gegenüber:* Goethe MA 8.1, 187. – *Ich muß ganz Künstler sein:* Schiller/Körner 2, 39. – *trübe Augenblicke:* Schiller/Lotte 1, 172.

73 *Wenn ich auf einer wüsten Insel:* Schiller/Lotte 1, 211.

74 *daß er ihr sein Kind alle Tage vor der Nase herumtragen lasse:* Damm, 134. – *ich gehe diesmal ungern von Hause:* Goethe, Briefe 2, 122.

75 *nur nicht mit ceremonie:* Boyle 2, 446.

Viertes Kapitel

77 *Urteilen der Selbstsucht ... führt das Individuum unvermerkt in die Gattung hinüber:* Schiller IV, 765.

78 *Ein edles Verlangen muß in uns entglühen:* Schiller IV, 767.

79 *Wer Sinn und Lust für die große Menschenwelt hat:* Schiller/Lotte 1, 133. – *der freigebige Augenblick:* Schiller V, 580.

80 *Daß die Französische Revolution auch für mich eine Revolution war:* Goethe Briefe 2, 121. – *dieses schrecklichste aller Ereignisse:* Goethe MA 12, 308. – *Du weißt aber wenn die Blattläuse auf den Rosenzweigen sitzen:* Goethe Briefe 1, 395. – *weder am Tode der aristokratischen noch demokratischen Sünder:* Goethe Briefe 2, 150. – *Sie hat sich überzeugt:* Goethe MA 19, 493.

82 *Zuschlagen muß die Masse:* Goethe MA 9, 137. – *Unser Anteil an öffentlichen Angelegenheiten ist meist nur Philisterei:* Goethe MA 17, 860. – *Der Mensch ist zu einer beschränkten Lage geboren:* Goethe MA 5, 408.

83 *Höchstes Glück der Erdenkinder:* Goethe MA 11.1.2, 76. – *Widersacher kommen nicht in Betracht:* Goethe MA 12, 307. – *Das sind ja lauter Negationen des Lebens:* Biedermann, Goethe III/2, 289.

84 *so bedeutend klingende Aufgabe ... schließt ein neues Organ in uns auf:* Goethe MA 12, 306. – *Indes attachiere ich mich täglich mehr an diese Wissenschaften:* Goethe Briefe 2, 139.

85 *Die ästhetischen Freuden halten uns aufrecht:* Boyle 2, 249. – *Von hier und heute geht eine neue Epoche der Weltgeschichte aus:* Goethe MA 14, 385. – *wo man sich die Angst zu übertäuben jeder Vernichtung aussetzte:* Goethe MA 14, 538. – *Das Elend, das wir ausgestanden haben:* Boyle 2, 174.

86 *wie von einem bösen Traum zu erwachen:* Goethe DKV II 3, 647. – *Mein herumschweifendes Leben:* Goethe DKV II 3, 695.

87 *diesem großen drängenden Menschenozean:* Schiller/Lotte 1, 133. – *Ist eine Geschichte ... kann sie an die Gattung angeschlossen werden:* Schiller/Körner 2, 90f. – *zum erstenmal als eine zusammenhängende Staatengesellschaft erkannt:* Schiller IV, 367.

88 *Ich sehe nicht ein:* Schiller/Körner 2, 156.

89 *Bild des Gekreuzigten:* Boyle 2, 123. – *Ach! wenn ich nur Schillern nenne:* Novalis 1, 509ff. – *Mir ist, als ob ich diese Beschwerden behalten müsste:* Schiller/Körner 2, 175.

91 *Zu dem Bürger Dekrete:* Goethe DKV II 4, 509. – *Über die Natur des Schönen ist mir viel Licht aufgegangen:* Schiller/Körner 2, 265.

92 *Freiheitähnlichkeit:* Schiller V, 400. – *große Idee der Selbstbestimmung:* Schiller/Körner 3, 22. – *worunter das eine ganz Form ist:* Schiller V, 416. – *Wann sagt man wohl:* Schiller V, 420f. – *In dieser ästhetischen Welt:* Schiller V, 421.

93 *jedes Naturwesen ein freier Bürger:* Schiller V, 421. – *Eine schöne Seele nennt man es:* Schiller V, 468.

94 *Bei der Würde also führt sich der Geist in dem Körper als Herrscher auf:* Schiller V, 477. – *Gewisse harte Stellen sogar:* Goethe MA 12, 86.

95 *Günstling der Natur:* Schiller V, 457.

Fünftes Kapitel

97 *Ich für meine Person:* Schiller/Körner 3, 87. – *daß ich immer von 3 Tagen 2 verliere:* Schiller/Körner 3, 79.

98 *was ich teils lebte, teils zu leben wünschte:* Goethe Briefe 2, 187f.

99 *Einladung zur Mitarbeit an den Horen:* Schiller V, 868.

100 *Bundeslade, die niemand habe anrühren dürfen:* Bode 2, 47f. – *Unser Journal soll ein Epoche machendes Werk sein:* Schiller/Körner 3, 123. – *was mit Geschmack und philosophischem Geist behandelt werden kann:* Schiller V, 867.

100–101 *unreine Parteigeist ... wieder zu vereinigen:* Schiller V, 870f. – *Ein Mann wie Goethe:* Schiller Briefe, 324.

102 *Beiliegendes Blatt enthält den Wunsch:* Goethe MA , 8.1, 11. – *Es scheint nach und nach:* Goethe Briefe 2, 148.

103 *Man kann sich keinen isoliertern Menschen denken:* Goethe MA 14, 468. – *Da meine Sachen nicht so kurrent sind:* Goethe Briefe 2,141.

104 *Das Publikum ist mir jetzt alles:* Schiller V, 856. – *daß die Welt sehr leicht zu befriedigen ist:* Goethe MA 5, 573.

105 *Von seinem Benehmen mit seinen Verlegern:* Schiller/Humboldt 1, 110. – *und ich wünsche:* Goethe DKV II, 4, 771f.

106 *Ich werde mit Freuden und von ganzem Herzen ... in einen lebhaften Gang bringen:* Goethe MA 8.1, 11f. – *Überhaupt läßt es sich zu einer auserlesenen Societät an:* Schiller/Körner, 3, 126. – *Noch muß ich sagen:* Goethe Briefe 2, 179. – *glückliche Ereignis:* Goethe MA 12, 86ff.

107 *Wir gingen zufällig beide zugleich heraus:* Goethe MA 12, 88f.

108 *Wir hatten vor sechs Wochen:* Schiller/Körner, 3, 133.

109 *mannigfaltiger freier Gebrauch aller seiner Glieder:* Goethe 4.2, 187. – *Unsere nähere Berührung:* Schiller/Körner 3, 137. – *Erhalten Sie mir ein freundschaftliches Andenken:* Goethe MA 8.1, 12.

110 *die Summe meiner Existenz ziehen:* Goethe MA 8.1, 16.

111 *Wie groß der Vorteil:* Goethe MA 8.1, 17. – *Beim ersten Anblicke zwar scheint es:* Goethe MA 8.1, 13ff. – *daß Personen gleichsam die Hälften voneinander ausmachen:* Goethe MA 14, 581. – *Anspruch machen ... bekannt zu werden:* Goethe MA 8.1, 16f. – *Weil mein Gedankenkreis kleiner ist:* Goethe MA 8.1, 19. – *Empfindung gesetzgebend zu machen:* Goethe MA 8.1, 19.

112 *Dieser Mensch, dieser Goethe:* Schiller/Körner 2, 37. – *schwebe zwischen dem technischen Kopf und dem Genie ... ein schönes Los:* Goethe MA 8.1, 19.

113 *Vor dieser Arbeit ist mir ordentlich angst und bange:* Schiller/Körner 3, 134. – *Das günstige Zusammentreffen:* Goethe MA 8.1, 487.

114 *physischen zu untergraben*: Goethe MA 8.1, 19. – *energische Schönheit:* Schiller V, 620. – *Eine große und allgemeine Geistesrevolution*: Goethe MA 8.1, 19f. – *denn leider nötigen mich meine Krämpfe:* Goethe MA 8.1, 21f.

115 *zwar schlüpfrig und nicht sehr dezent:* Schiller/Lotte 3, 86. – *Vor einigen Tagen:* Schiller/Lotte 3, 85 – *Nichts geniert ihn:* Goethe MA 19, 252.

116 *Es wird mir Zeit kosten:* Goethe MA 8.1, 25 – *Wir wissen nun:* Goethe MA 8.1, 26.

Sechstes Kapitel

117 *um ihn damit zu ruinieren:* Schiller/Humboldt 1, 87. – *Die ersten gedruckten Bogen sind schon in meinen Händen:* Goethe MA 8.1, 17.

118 *Die Schrift ist schon so lange geschrieben:* Goethe MA 8.1, 17. – *manches Federstriches:* Goethe Briefe 2, 176. – *Im Garten diktiert an Meister:* Goethe DKV II, 2, 83. – *Es macht mir eine gute Stunde:* Goethe Briefe 1, 405. – *zurückgeblieben ... keinen Genuß:* Goethe Briefe 1, 427.

119 *freiwillig kommt:* Goethe Briefe 1, 511. – *über mich selbst und andre, über Welt und Geschichte viel nachzudenken:* Goethe MA 15, 494. – *man muß sich mit Gewalt an etwas heften:* Goethe Briefe 2, 174. – *Es ist unter* ... *die obligateste und in mehr als Einem Sinn die schwerste:* Goethe Briefe 2, 217. – *Seinen Roman will er mir bandweise mitteilen:* Schiller/Körner 3, 142.

120 *ein Egoist in ungewöhnlichem Grade:* Schiller/Körner 2, 16. – *Alles was an und in mir ist:* Goethe MA 8.1, 17. – *Wie verwahrt sich aber der Künstler vor den Verderbnissen seiner Zeit:* Schiller V, 594. – *poetischen Produktion:* Schiller/Körner 3, 137. – *Vor dieser Arbeit ist mir ordentlich angst und bange:* Schiller/Körner 3, 134.

121 *Ich leugne nicht, daß ich sehr davon befriedigt bin:* Schiller/Körner 3, 162. – *daß mich die Einbildungskraft ... verlassen werde:* Schiller/Körner 3, 138. *Brücke zu der poetischen Produktion:* Schiller/Körner 3, 137. – *endlich kommt das erste Buch von Wilhelm Schüler:* Goethe MA 8.1, 45 – *Mit wahrer Herzenslust ... Ursache habe:* Goethe MA 8.1, 46f. – *Gefühl geistiger und leiblicher Gesundheit ... eine Karikatur gegen ihn:* Goethe MA 8.1, 55f.

122 *Nachtwandler:* Goethe Briefe 3, 266.

123 *Die Kunst trennt und entzweiet ihn:* Schiller V, 718. – *Die Ideen strömen mir nicht ... und leichter Humor:* Schiller/Körner 2, 27. – *ist nur da ganz Mensch, wo er spielt:* Schiller V, 618. – *gestärkt und gefördert:* Goethe MA 8.1, 37.

124 *der Vater suchte es ihm besser ... einzurichten:* Goethe 5, 570. – *ein Mensch oder irgend eine Begebenheit des Lebens ... bewegtesten Lebens:* Goethe MA 5, 190. – *das Schicksal spielt:* Goethe MA 5, 555.

125 *Also mit diesen würdigen Zeichen und Worten spielt man nur?:* Goethe MA 5, 549. – *daß wer sich nur selbst spielen kann, kein Schauspieler ist:* Goethe MA 5, 552. – *Durch den guten Mut ... zu erquicken und zu erheben:* Goethe MA 8.1, 60. – *Ihr*

eigenes Feuer an dem Sie Sich wärmen: Goethe MA 8.1, 61. – *Mein geliebter mein verehrter Freund:* Goethe MA 8.1, 191. – *um den einzigen Fall auszudrucken:* Goethe MA 8.1, 201. – *Man kann jetzt:* Goethe MA 5, 670.

126 *Ihr Meister ... ist Ihnen unglaublich gelungen:* Briefe an Goethe 1, 199. – *unerträgliche longuers:* Schiller/Humboldt 1, 248. – *altfränkische Erzählweise:* Schiller/Humboldt 1, 128. – *Noch habe ich keinen Leser gefunden:* Bode 2, 26. – *Übrigens sind seine Frauen drin alle von unschicklichem Betragen:* Bode 2, 79. – *diese ganze Wirtschaft ist mir verhaßt:* Bode 2, 96. – *ein gewisser unsauberer Geist:* Briefe an Goethe 1, 187f. – *durch die schonungslose Wahrheit Ihrer Naturgemälde beleidigt:* Goethe MA 8.1, 67.

127 *mit einer ordentlichen Trunkenheit:* Goethe MA 8.1, 85. – *als sich mit der freien und weiten Idee des Ganzen verträgt:* Goethe MA 8.1, 86. – *theoretisch-praktischen Gewäsch:* Goethe MA 8.1, 87. – *ganz unvermutet:* Goethe MA 8.1, 70. – *Gib acht auf das Glaubensbekenntnis einer schönen Seele:* Bode 2, 52. – *Ich kann noch nicht meinen Verdruß verbeißen:* Bode 2, 145.

128 *den Meister feierlich verbrannt habe:* Goethe MA 8.1, 222. – *es kann weniger als irgend ein andres ... Subjekts:* Goethe MA 8.1, 71. – *Hält man sich an den eigentümlichen Charakterzug des Christentums:* Goethe MA 8.1, 98f.

129 *kürzer fassen, hingegen einige Hauptideen mehr ausbreiten:* Goethe MA 8.1, 98. – *da ich dergleichen anmutige Situationen schon kenne:* Goethe MA 8.1, 115. – *mir Sie so in die Welt hinein geworfen zu denken:* Goethe MA 8.1, 116.

130 *Man weiß in solchen Fällen nicht:* Goethe MA 8.1, 126f. – *die Forderungen sind ... ungeheuer:* Goethe MA 8.1, 132. – *Wie rührt es mich:* Goethe MA 8.1, 191. – *daß ich die Vollendung dieses Produkts erlebte:* Goethe MA 8.1, 187. – *Dunkelheit:* Goethe MA 8.1, 17.

131 *mich mit meinem eigenen Werke bekannt zu machen:* Goethe MA 8.1, 201. – *Wie lebhaft habe ich bei dieser Gelegenheit erfahren:* Goethe MA 8.1, 187. – *seinen Haß auf Goethe:* Schiller/Körner 2, 16. – *Gegen große Vorzüge eines Andern:* Goethe MA 9, 439.

132 *Er predigte das Evangelium der Freiheit:* Goethe MA 12, 97. – *Dunkelheit und Zaudern:* Goethe MA 8.1, 17.

133 *Tiefe bei ruhiger Fläche:* Goethe MA 8.1, 183f. – *die Wahrheit, das schöne Leben:* Goethe MA 8.1, 187. – *Inferiorität:* Goethe MA 8.1, 198. – *Ja sie verdient diesen Ehrennamen:* Goethe MA 5, 608.

134 Das *Wunderbare darin wird ausdrücklich als Poesie und Schwärmerei behandelt:* Novalis 2, 801. – *Wallfahrt nach dem Adelsdiplom:* Novalis 2, 807. – *Wenn ich das Ziel:* Goethe MA 8.1, 206.

135 *eine gewisse Kondeszendenz gegen die schwache Seite des Publikums:* Goethe MA 8.1, 204. – *Die gesunde und schöne Natur braucht keine Moral:* Goethe MA 8.1, 213.

136 *Materien quaestionis ... hinein zu treiben:* Goethe MA 8.1, 214. – *dieser Goethe ist mir einmal im Wege:* Schiller/Körner 2, 37. – *Ich bitte Sie nicht abzulassen ... zwischen meine eigne Erscheinung stellen:* Goethe MA 8.1, 208.

137 *mit einigen kecken Pinselstrichen:* Goethe MA 8.1, 209f. – *Du kommst mir vor wie Saul:* Goethe MA 5, 610.

139 *Unser Journal soll ein Epoche machendes Werk sein:* Schiller/Körner 3, 123. – *hat meine Erwartung keinesfalls befriedigt:* Schiller/Körner 3, 154. – *daß der Leser zu wenig auf einmal zu übersehen bekommt:* Goethe MA 8.1, 40.

140 *andern wehe zu tun:* Goethe MA 4.1, 441. – *alle gehangen zu sehen:* Goethe MA 4.1, 444. – *im Namen der gemeinsten Höflichkeit:* Goethe MA 4.1, 448. – *ich schlurfte es auf einen Zug hinunter ... so fort leben:* Goethe MA 8.1, 33 f.

141 *gesellige Bildung:* Goethe MA 4.1, 448. – *Edler Freund, du wünschest:* Goethe MA 4.1, 660 f. – *Keuschheit in politischen Urteilen:* Goethe MA 8.1, 40. – *Reich des Spiels und des Scheins:* Schiller V, 667. – *nach ihr bilden und richten:* Goethe MA 4.1, 452.

142 *Ihre Geschichte wenigstens mit einiger Zierlichkeit vortragen:* Goethe MA 4.1, 454. – *an nichts und an alles erinnert werden:* Goethe MA 4.1, 518. – *Das Märchen hat uns recht unterhalten, und es gefällt gewiß allgemein:* Goethe MA 8.1, 112 – *daß es nichts sage, keine Bedeutung habe, nicht witzig sei:* Schiller/Humboldt 1, 249. – *nicht eher heraus zu geben gedenke:* Goethe MA 4.1, 1048. – *Eine geregelte Einbildungskraft:* Goethe MA 4.1, 1049.

143 *besonders finde ich den strittigen Punkt sehr glücklich ins Reine gebracht:* Goethe MA 8.1, 40. – *Alles beginnt der Deutsche mit Feierlichkeit:* Goethe MA 4.1, 806. – *In der Allgem. Lit-Zeitung ist kürzlich:* Michaelis, 50.

144 *exquisitesten Sachen:* Schiller/Körner 3, 158. – *Das wenige, was ich noch zuweilen schreibe:* Michaelis, 6. – *Resultate der Wissenschaft:* Schiller V, 871.

145 *lichtvolle:* Schiller V, 577. – *schlechterdings eine neue Epoche:* Schiller/Humboldt 1, 61 f.

146 *Sie haben also das absolute Ich in großer Verlegenheit gesehen:* Goethe DKV II, 4, 65. – *Die Welt ist ihm nur ein Ball:* Goethe MA 8.1, 36. – *größten spekulativen Kopf in diesem Jahrhundert:* Schiller Briefe, 319.

147 *mit Freund Fichte ist die reichste Quelle von Absurditäten versiegt:* Goethe MA 8.1, 77. – *Der Weg Fichtes geht an einem Abgrund hin:* Schiller Briefe, 309. *Durch Ihren Aufsatz:* Borcherdt, 210. – *Das kann sie nicht:* Borcherdt, 216.

148 *Maxime der gesunden Vernunft zu adoptieren:* Borcherdt, 225. – *Er ist viel zu fremd in dem philosophischen Gebiet:* Borcherdt, 223. – *Er enthält nichts das ich nicht verstünde:* Goethe Briefe 2, 177. – *mein System so bündig und klar dargelegt:* Boyle 2, 260. – *wenn Sie mich endlich mit den Philosophen versöhnen:* Goethe Briefe 2, 178.

149 *Ist es der Gegenstand oder bist du es:* Goethe MA 17, 827. – *Oßmanstädter Ich:* Goethe MA 8.1, 92. – *der Verstand entweder gegen diese Resultate gleichgültiger wird, oder auf einem leichtern Weg dazu gelangen kann:* Schiller DKV 12, 35.

150 *ein Werk, das den Denker anstrengt:* Schiller V, 679. – *Rein zuerst sei das Haus:* Goethe MA 4.1, 783.

151 *die Nachwelt wird uns als Zeitgenossen zu Nachbarn machen:* Borcherdt, 224. – *nicht das Paket aufzuschnüren das ihn gefangen hält:* Goethe MA 8.1, 42. – *zwar schlüpfrig und nicht sehr dezent:* Schiller/Lotte 3, 86.

152 *Ich wünschte daß Sie sie nicht aus Händen gäben:* Goethe MA 8.1, 34. – *echten kör-*

nigten Dichtergeist ... aufgeopfert werden mußten: Goethe MA 8.1, 36. – *Nahet sich einer:* Goethe MA 3.2, 81. – *Schon fällt dein wollenes Kleidchen:* Goethe MA 3.2, 78f.

153 *Nirgend legt man das Haupt ruhig dem Weib in den Schoß:* Goethe MA 3.2, 80. – *zerstümmeltes Ansehn ... Schamhaftigkeit, die von einem Journal gefordert wird:* Goethe MA 8.1, 75f. – *Schamhaftigkeit:* Goethe MA 8.1, 76. – *Ein Heft, das Aller Bewunderung auf sich ziehen wird:* Michaelis, 41. – *Was ich unterdessen von dem Centaur erfahren, klang noch ganz gut:* Goethe MA 8.1, 93. – *vielleicht in einem zu freien Tone geschrieben:* Bode 2, 34.

154 *Grad von Humanität:* Goethe MA 3.2, 450. – *Ich habe für diese Art Gedichte keinen Sinn:* Goethe MA 3.2, 451. – *die einzelnen Gelegenheiten erzählt:* Schiller/Humboldt 1, 177. – *Alle ehrbaren Frauen sind empört über die bordellmäßige Nacktheit:* Bode 2, 41. – *Die Horen wurden bald zu Huren:* Michaelis, 46.

155 *ein Häufchen idiosynkratischer Schriftsteller:* Schiller-Handbuch, 755. – *Seine Kritik sieht noch zu sehr an Dir hinauf:* Schiller/Körner 2, 154. – *Ward Kraft und Genius Dir angeboren:* Borcherdt, 324. – *unbescheidenen kalten Witzling:* Borcherdt, 327. – *ganz außerordentlich gefällt:* Borcherdt, 328.

156 *die Neugier zu spannen:* Borcherdt, 329. – *Anarchie ... die Mutter einer wohltätigen Revolution:* Schlegel, Schriften, 127. – *Schiller hat mir wirklich Aufschlüsse gegeben:* Borcherdt, 388.

157 *diese naseweise, entscheidende und einseitige Manier:* Goethe MA 8.1, 600. – *durch Schlegels »Lucinde« den Kopf so taumelig gemacht:* Goethe MA 8.1, 722f. – *Wenn mir's einmal in die Hände kommt:* Goethe MA 8.1, 724.

158 *Es hat mir Vergnügen gemacht:* Schiller DKV 12, 281.

159 *Wiederhersteller der Poesie in Deutschland:* Goethe und die Romantik 1, XXVII. – *Wenn wir mit Schiller übel umgehen:* Borcherdt, 497. – *Überhaupt trat Goethe auf eine sehr liebenswürdige Weise vermittelnd ein:* Borcherdt, 452. – *Das Schlegelsche Ingrediens in seiner ganzen Individualität:* Goethe MA 8.1, 600f. – *Wer Goethes Meister gehörig charakterisierte:* Schlegel, Kritische Schriften, 23.

160 *rechte Brennessel:* Goethe und die Romantik 1, XXXI. – *Es sind mir daher unnennbare Vorteile entstanden:* Goethe MA 19, 145. – *bei so viel schönen Gaben unglückliche Menschen:* Goethe MA 20.2, 1558.

161 *weiblichen Zeitalter:* Goethe MA 8.1, 467. – *Wir werden ... Platz dafür:* Goethe MA 8.1, 505.

Achtes Kapitel

163 *daß er jetzt besser gelaunt ist als jemals:* Boyle 2, 324.

164 *einmal wieder an mein Herz drücken:* Goethes Ehe in Briefen, 125. – *in den Uterus der Alma mater:* Boyle 2, 327.

165 *Er trug gewöhnlich einen grauen Überrock:* Berger II, 374.

166 *Ich bitte bloß um die leidige Freiheit, bei Ihnen krank sein zu dürfen:* Goethe MA 8.1, 22.

167 *nicht ruhig genug … seine elenden häuslichen Verhältnisse:* Schiller/Körner 4, 155. – *Daß Goethe seine Verhältnisse drücken müssen, begreife ich recht wohl:* Schiller/Körner 4, 155. – *die Jungfer Vulpius:* Damm, 209.

168 *Ich habe mit Schiller an Einem Tisch gesessen*: Goethes Ehe in Briefen, 439. – *Das hat mir sehr gefallen:* Goethes Ehe in Briefen, 443. – *Aus Weimar ist die Oberforstmeister Stein und ihre Mutter hier:* Schiller/Lotte 3, 163. – *Mit den Äugelchen geht es, merk ich, ein wenig stark:* Goethes Ehe in Briefen, 441.

169 *Er suchte nie nach einem bedeutenden Stoff der Unterredung:* Humboldt, Werke II, 361.

170 *mit einer liebevollen Teilnahme:* Goethe MA 8.1, 173. – *Den Einfall, auf alle Zeitschriften Epigramme … zu machen:* Goethe MA 8.1, 141. – *Schmierer zu Leipzig und Halle:* Schiller NA 28, 90.

171f. *hohen Grad der Kultur … klassische Werke vorbereiten:* Goethe MA 4.2, 16f.

172 *Der Künstler ist zwar der Sohn seiner Zeit*: Schiller V, 593. – *Wesen der Dinge:* Goethe MA 3.2, 188.

173 *Unter demselben Blau, über dem nämlichen Grün:* Schiller I, 234. – *Es gibt nichts Roheres:* Schiller DKV 12, 773.

174 *öffentliches Urteil nennt:* Schiller DKV 12, 33. – *Schlagt ihn tot, den Hund:* Goethe MA 1.1, 224. – *dann soll es auch heißen nulla dies sine Epigrammata:* Goethe MA 8.1, 145. – *Für das nächste Jahr sollst Du Dein blaues Wunder sehen*: Schiller/Körner 3, 224. – *Eine angenehme und zum Teil genialische Impudenz und Gottlosigkeit:* Schiller/Humboldt 2, 20. – *dieser stolzen Prüden ein Kind machen:* Schiller/Körner 2, 16.

175 *Das Kind, welches Goethe und ich miteinander erzeugen:* Schiller/Körner 3, 229. – *Unsere Reihen störst du gern:* Goethe MA 4.1, 799.

176 *Dichter und Liebende schenken sich selbst:* Goethe MA 4.1, 777. – *Welche Verehrung verdient der Weltschöpfer:* Goethe MA 4.1, 778. – *Schade daß die Natur nur einen Menschen aus dir schuf:* Goethe MA 4.1, 778. – *Der Dämon wechselt bei dir mit dem Schwein ab:* Goethe MA 4.1, 709. – *Gern erlassen wir dir moralische Delikatesse:* Goethe MA 4.1, 803. – *Etwas wünscht' ich zu sehn:* Goethe MA 4.1, 813. – *Seine Schüler hörten nun auf, zu sehn und zu schließen:* Goethe MA 4.1, 796.

177 *Meine Ufer sind arm, doch höret die leisere Welle:* Goethe MA 4.1, 788. – *Im Hexameter steigt des Springquells flüssige Säule:* Schiller 1, 252 – *Im Hexameter zieht der ästhetische Dudelsack Wind ein:* Goethe MA 4.1, 1131. – *In Weimar und in Jena macht man Hexameter wie der:* Goethe MA 4.1, 1131.

178 *Wenn ich aber aufrichtig sein soll:* Goethe MA 8.1, 283. – *den bösen Geist gegen uns in Tätigkeit erhalten:* Goethe MA 8.1, 284. – *Nach dem tollen Wagestück mit den Xenien:* Goethe MA 8.1, 271.

179 *ein wunderlicher großer Mensch*: Goethe MA 19, 130f. – *daß die Vorstellung möglich:* Goethe Briefe 2, 220. – *grausam verfahren:* Goethe MA 11.2, 164.

180 *Eine schöne Landschaft umgibt mich:* Goethe MA 8.1, 342. – *über Stoff und Behandlung dieser Dichtungsart selbst aufzuklären:* Goethe Briefe 2, 284. – *Trinke Mut des reinen Lebens:* Goethe MA 4.1, 864.

181 *Wer wagt es, Rittersmann oder Knapp:* Schiller I, 368. – *es wallet und siedet und brau-*

set und zischt: Schiller I, 369. – *vielleicht bei der Natur erhalten:* Goethe MA 8.1, 431. – *er wirft ihr den Handschuh ins Gesicht:* Schiller I, 377. – *Er stand auf seines Daches Zinnen:* Schiller I, 343. – *Hier wendet sich der Gast mit Grausen:* Schiller I, 346.

182 *ganz ins Natürliche gespielt:* Goethe MA 8.1, 398. – *Ich hatte sie alle schon seit vielen Jahren im Kopf:* Goethe MA 19, 653. – *Keimt ein Glaube neu:* Goethe MA 4.1, 866.

183 *Wenn der Funke sprüht:* Goethe MA 4.1, 871. – *Und der alten Götter bunt Gewimmel:* Goethe MA 4.1, 867. – *Alle jenen Blüten sind gefallen:* Schiller I, 167f. – *Über nichts sind die Meinungen geteilter als über Goethes ›Braut von Korinth‹:* Bode 2, 116. – *Balladenstudium:* Goethe MA 8.1, 360. – *daß wir uns jetzt im Balladenwesen und Unwesen herumtreiben:* Goethe Briefe 2, 285.

Neuntes Kapitel

185 *bloß großer und würdiger Kunstwerke befleißigen:* Goethe Briefe 2, 244. – *Während wir andern mühselig sammeln und prüfen müssen:* Schiller DKV 12, 300.

186 *Und die Sonne Homers, siehe! sie lächelt auch uns:* Schiller I, 234. – *Schon lange war ich geneigt:* Goethe Briefe 2, 252. – *Mit Leichtigkeit und Behagen:* Goethe MA 14, 49.

187 *Ich habe ... das reine Menschliche der Existenz:* Goethe Briefe 2, 247. – *So scheint dem endlich gelandeten Schiffer ... Besitztum:* Goethe MA 4.1, 629.

188 *mit Mannesgefühl:* Goethe MA 4.1, 617.

189 *Das sentimentale Phänomen in Ihnen befremdet mich gar nicht:* Goethe MA 8.1, 411. – *bei der spekulativen Tendenz des Kreises in dem ich lebe:* Goethe Briefe 2, 260. – *Das Werk wird einen glänzenden Absatz haben:* Goethe MA 8.1, 306f.

190 *den Deutschen einmal ihren Willen getan:* Goethe MA 8.1, 485. – *Noch niemals bin ich von einer solchen Ungewißheit hin und her gezerrt worden:* Goethe Briefe 2, 273. – *Es ist jetzt eine ergiebige Zeit:* Goethe MA 8.1, 361. – *Sie werden mir aber auch darin beipflichten:* Schiller DKV 12, 300f.

191 *Nebelwege ... zu deuten:* Goethe MA 8.1, 359f. – *Sie mögen sich wenden wie Sie wollen:* Goethe MA 8.1, 361. – *in das handelnde Leben geführt werden:* Goethe MA 8.1, 363. – *wie eine große Schwammfamilie, aus der Erde wachsen:* Goethe MA 8.1, 369.

192 *Faust ist die Zeit zurückgelegt worden:* Goethe MA 8.1, 370. – *Von Ihnen dependier' ich:* Hölderlin II, 655.

193 *Er hat recht viel Genialisches:* Schiller Briefe, 330. – *Aber man findet:* Hölderlin II, 588. – *Es ist sonderbar:* Hölderlin II, 589f.

194 *Nehmen Sie, ich bitte Sie:* Schiller an Höld. – *von Ihnen dependier' ich unüberwindlich:* Hölderlin II, 655. – *habe ich kein reines Urteil:* Goethe MA 8.1, 364. – *Frei empfängt mich die Wiese:* Schiller I, 229. – *Bäche stürzten hier nicht in melodischem Fall vom Gebirge:* Hölderlin III, 94. – *gute Ingredienzchen:* Goethe MA 8.1, 365.

195 *ein ganz einfaches idyllisches Faktum ... worauf doch am Ende alles ankommt:* Goethe

MA 8.1, 365. – *ich fand in den Gedichten viel von meiner eigenen sonstigen Gestalt:* Goethe MA 8.1, 366. – *Ich will Ihnen nur auch gestehen:* Goethe MA 8.1, 367.

196 *Briefe verbrannt:* Goethe DKV II, 4, 364. – *Teilnehmung wieder entgegen sehen:* Goethe MA 8.1, 375. – *Ich kann nie von Ihnen gehen:* Goethe MA 8.1, 376. – *Es graut mir schon:* Goethe MA 8.1, 381.

197 *ohne die genauste Beobachtung:* Goethe MA 8.1, 384. – *millionfachen Hydra der Empirie:* Goethe MA 8.1, 393. – *Ich habe mir daher Akten gemacht:* Goethe MA 8.1, 398f. – *die Rubrik dieser ungeheuern Felsen:* Goethe MA 8.1, 423.

198 *der Stoff inkommodiert mich nicht:* Goethe MA 8.1, 433.

199 *eminente Fälle:* Goethe MA 8.1, 391. – *Nur eins muß ich dabei noch erinnern:* Goethe MA 8.1, 411f. – *Taumel von Erwerben und Verzehren:* Goethe MA 8.1, 384. – *jede Straße, Brücke, jedes Schiff, ein Pflug:* Goethe MA 8.1, 412.

200 *erinnert man sich mit viel Liebe und Freunde:* Goethe MA 8.1, 408. – *Was hätte ich vor 16 Jahren darum gegeben:* Goethe MA 8.1, 412. – *Für uns beide, glaub ich, war es ein Vorteil, daß wir später und gebildeter zusammentrafen:* Goethe MA 8.1, 424.

201 *Bemerkung eines gewissen stieren Blicks der Schweizer:* Goethe WA III 2, 143. – *Auf dem Rückweg begegnete ich den Kranich:* Goethe DKV II, 4, 430. – *ich fühlte ein wundersames Verlangen jene Erfahrungen zu wiederholen:* Goethe MA 8.1, 432f. – *War doch gestern dein Haupt noch so braun wie die Locke der Lieben:* Goethe MA 8.1, 437.

202 *Wir nahten uns nun nach und nach dem Gipfel:* Goethe WA III 2, 174 – *An einem sehr regnichten Morgen:* Goethe MA 8.1, 432. – *viel Zutrauen einflößt ... nach Hause lockt*: Goethe MA 8.1, 434f. – *Enge des gegebenen Stoffes ... eine Durchsicht in freie Fernen sich auftut:* Goethe MA 8.1, 442.

203 *bald wieder mit ihnen vereinigt zu sein:* Goethe MA 8.1, 443.

Zehntes Kapitel

205 *poetischer Lump:* Schiller/Körner 3, 247. – *Das schöne Verhältnis, das unter uns ist:* Goethe MA 8.1, 187.

206 *daß ich über mich selbst hinausgegangen bin:* Goethe MA 8.1, 486. – *Das günstige Zusammentreffen unserer beiden Naturen:* Goethe MA 8.1, 487.

207 *Nur die Philosophie kann das Philosophieren unschädlich machen:* Goethe MA 8.1, 214. – *Bedürfnis ... und zu halten:* Goethe MA 8.1, 213.

209 *Bei mir ist die Empfindung anfangs ohne bestimmten und klaren Gegenstand:* Goethe MA 8.1, 167. – *Zwar habe ich den Wallenstein vorgenommen:* Goethe MA 8.1, 261. – *Je mehr ich meine Ideen über die Form des Stücks rektifiziere:* Goethe MA 8.1, 269. – *höchsten Grade ungeschmeidig ... vor die Phantasie bringen kann*: Schiller/Körner 3, 283 – *fast nichts zu erwarten:* Schiller/Körner 3, 284. – *wo die Herzen so vieler Hunderte:* Schiller I, 754.

211 *Sein Lager nur erkläret sein Verbrechen:* Schiller II, 273.

212 *Es ist der Geist, der sich den Körper baut:* Schiller II, 472. – *die Handlung gleich von Anfang:* Goethe MA 8.1, 429.

213 *das eigentliche Schicksal tut noch zu wenig:* Goethe MA 8.1, 278,
214 *Der astrologische Aberglaube ruht auf dem dunkeln Gefühl:* Goethe MA 8.1, 655.
215 *Wärs möglich? Könnt ich nicht mehr, wie ich wollte:* Schiller II, 414f.
216 *ist kein Schauplatz, wo die Hoffnung wohnt:* Schiller II, 377. – *Das Herz ist gestorben, die Welt ist leer:* Schiller II, 373.
217 *ich kann mir den Zustand Ihres Arbeitens recht gut denken:* Goethe MA 8.1, 462. – *die Güte der Form:* Schiller/Körner 4, 78. – *gegenwärtig in Reime zu bringen:* Goethe MA 8.1, 570.
218 *Es ist mir in meinem Leben nichts so gut gelungen:* Schiller DKV 12, 360. – *Das Publikum verlangt mit Sehnsucht danach:* Schiller DKV 4, 653. – *Sein Geist ists, der mich ruft:* Schiller II, 520.
219 *Unwahrscheinlich ist es nicht:* Goethe MA 8.1, 616. – *den Prozeß der Maria Stuart zu studieren angefangen:* Goethe MA 8.1, 691.
220 *mich an ästhetische Dinge auch nur zu erinnern:* Goethe MA 8.1, 557. – *isolieren:* Goethe MA 8.1, 313. – *Das ununterbrochene Gefängnisleben in meinen vier Wänden:* Schiller/Körner 4, 9.

Elftes Kapitel

221 *hilft und trägt ... in der Form:* Goethe MA 8.1, 444.
222 *daß der Epiker die Begebenheit als vollkommen vergangen vorträgt:* Goethe MA 4.2, 126. – *Nachdenken ... zum Schweigen gebracht:* Goethe MA 4.2, 128.
223 *noch ein zweites Hilfsmittel ... ich mich selbst:* Goethe MA 8.1, 473. – *verliert alle Freiheit:* Goethe MA 8.1, 473. – *Suite von kleinen Bändchen:* Boyle 2, 746.
225 *abermals einen Gipfel hervorzubringen:* Goethe MA 6.2, 355. – *was die Welt in diesem Augenblicke verliert:* Goethe MA 6.2, 26. – *Von Schillern hoffe ich lieber gar nichts:* Goethe DKV II, 4, 672. – *Familiengemälde in Briefen:* Goethe DKV II, 4, 616.
226 *mit einander zu leben und zu sterben:* Goethe MA 6.2, 82. – *Was kann die arme Julie dafür:* Goethe MA 6.2, 86. – *der Einbildungskraft etwas vorzuspielen:* Goethe MA 6.2, 123. – *in sich selbst hineinzugehen ... zu ertappen:* Goethe MA 6.2, 79.
228 *auf jeden irgend empfänglichen Menschen wundersam:* Goethe MA 8.1, 708.
229 *Ich möchte ihr gar zu gerne auch eine poetische Form geben:* Goethe MA 8.1, 710. – *Da man einmal nicht viel hoffen kann zu bauen und zu pflanzen:* Goethe MA 8.1, 711f. – *Das übrige ist alles vom Übel:* Goethe MA 8.1, 724.
231 *Über Goethen habe ich wohl zehn mal mich halb zu schanden geärgert:* Goethe MA 6.2, 1300. – *gut gedacht und geschrieben:* Goethe MA 6.2, 923.
232 *Was ist das nicht für ein miserables Volk:* Boyle 2, 774. – *Was Fichten betrifft:* Goethe Briefe 2, 393. – *bewußte Sache:* Goethe MA 8.1, 677. – *Freiheit im Schreiben:* Schiller DKV 12, 443.
233 *Es ist doch unbegreiflich:* Goethe MA 8.1, 703f.
234 *Unsere Zustände sind so innig verwebt:* Goethe MA 8.1, 763.
235 *Alle Erinnerungen an die letzten acht Wochen:* Schiller/Lotte, 101. – *Sozietätswoge ... heran spült:* Goethe MA 8.1, 770.

237 *Die Unruhen und Zerstreuungen in den ersten Wochen meines Hierseins:* Schiller/Körner 4, 122.

238 *an die Natur halten, sie studieren, sie nachbilden:* Goethe MA 6.2, 13. – *Indem der Künstler irgend einen Gegenstand der Natur ergreift:* Goethe MA 6.2, 17.

239 *Einbildungskraft:* Schiller II, 817. – *den tiefen Grund der Menschheit aufzuregen:* Schiller II, 271. – *selbstbewußte Illusion:* Goethe MA 3.2, 173. – *nichts als eine Fabel:* Schiller I, 212. – *Seitdem ich meine prosaische Sprache in eine poetische-rhythmische verwandle;* Goethe MA 8.1, 449 f.

240 *Auf alle Fälle sind wir genötigt unser Jahrhundert zu vergessen:* Goethe MA 8.1, 452. – *In der Oper erläßt man wirklich jene servile Naturnachahmung:* Goethe MA 8.1, 478. – *Die Einführung des Chors wäre der letzte, der entscheidende Schritt:* Schiller II, 819.

241 *falsch verstandener Konversationston ... unrichtiger Begriff von Natürlichkeit:* Goethe MA 6.2, 694. – *Der Naturalism und ein loses, unüberdachtes Betragen:* Goethe MA 8.1, 796. – *Der Schauspieler lasse kein Schnupftuch auf dem Theater sehen ... kein Dritter dabei wäre:* Goethe MA 6.2, 704.

242 *sich mit einer gewissen Breite herauslassen:* Goethe MA 8.1, 609.

243 *Der Charakter des Helden:* Briefe an Goethe 1, 325.

244 *zu dem, vielleicht manchem sonderbar scheinenden Unternehmen, den Voltairischen Mahomet zu übersetzen:* Goethe Briefe 2, 404. – In *Ermangelung des Gefühls eigner Produktion:* Goethe MA 8.1, 802. – *wo der Koran vollständig dem Propheten von obenher gebracht ward:* Goethe MA 11.1.2, 215.

245 *Wunder kann ich nicht tun sagt der Prophete:* Goethe WA I, 6, 476. – *Laß uns der Erde Wahn getrost benutzen ... der Arbeit einz'ger Zweck:* Goethe MA 6.1, 142V. – *Die Eigenschaft des Alexandriners:* Goethe MA 8.1, 755 f.

246 *Die Notwendigkeit ... zu einer gehaltenen Aktion*: Goethe MA 6.2, 692. – *Der Voltairische-Goethische ›Mahomet‹:* Goethe MA 6.1, 923.

247 *der uns von falschem Regelzwange:* Schiller I, 211 f. – *Auch wünschte ich den Schluß Ihres Macbeth zu vernehmen:* Goethe MA 8.1, 789.

248 *Es war eine Zeit, wo man den Mond nur empfinden wollte: jetzt will man ihn sehen:* Goethe MA 8.1, 794. – *inständig ersuchen:* Goethe MA 8.1, 830. – *Mögen Sie sich heute Abend:* Goethe MA 8.1, 788.

249 *Ich bedaure Ihre Unpäßlichkeit:* Goethe MA 8.1, 790. – *Da ich mich einmal entschlossen habe krank zu sein:* Goethe MA 8.1, 791. – *eine förmliche Kommunion oder Abendmahl ... erwarten kann:* Briefe an Goethe 1, 349. – *Der kühne Gedanke eine Kommunion aufs Theater zu bringen:* Goethe MA 8.1, 799.

250 *denn Soldaten Helden und Herrscher habe ich vor jetzt herzlich satt:* Goethe MA 8.1, 688. – *So wohl es getan ist seinen Plan im Ganzen gehörig zu überlegen:* Goethe MA 8.1, 699. – *Um nicht ganz müßig zu sein habe ich meine dunkle Kammer aufgeräumt:* Goethe MA 8.1, 707.

251 *die Tragödie mit der Verurteilung anzufangen:* Goethe MA 8.1, 691. – *Ein paar tragische Hauptmotive haben sich mir gleich dargeboten:* Goethe MA 8.1, 691.

252 *daß man die Katastrophe gleich in den ersten Szenen sieht:* Goethe MA 8.1, 705. – *Ja es ist aus, Lady Maria. Ihr verführt / Mir keinen mehr:* Schiller II, 627.

253 *Man löst sich nicht allmählich von dem Leben:* Schiller II, 663.

254 *Der höchste Genuß aber ist die Freiheit des Gemütes:* Schiller II, 816. – *leidlich und läßlich:* Goethe MA 8.1, 655. – *Es ist eine rechte Gottesgabe um einen weisen und sorgfältigen Freund:* Goethe MA 8.1, 656. – *Torso des Herkules:* Goethe MA 8.1, 41. – *Kann mich künftig etwas dazu vermögen, so ist es gewiß Ihre Teilnahme:* Goethe MA 8.1, 42.

255 *ein Fragment bleiben:* Goethe MA 8.1, 364. – *die Idee wie durch einen Flor durchscheint:* Goethe MA 8.1, 570. – *Er rechnet freilich auf einen großen Profit:* Goethe DKV II, 5, 31. – *Ich habe einen Brief von ihm über Faust:* Goethe MA 8.1, 795.

256 *Dunst und Nebelweg:* Goethe MA 8.1, 360. – *Meine Helena ist wirklich aufgetreten.* Goethe MA 8.1, 812. – *Nun zieht mich aber das Schöne in der Lage meiner Heldin so sehr an:* Goethe MA 8.1, 812. – *Lassen Sie sich aber ja nicht durch den Gedanken stören:* Goethe MA 8.1, 812f.

257 *Den besten Köpfen sei das Stück empfohlen:* Goethe MA 6.1, 1050.

Dreizehntes Kapitel

259 *Es wird auch meiner Existenz einen ganz anderen Schwung geben:* Goethe MA 8.1, 724. – *die Mauer, die ich schon um meine Existenz gezogen habe:* Goethe MA 8.1, 727.

260 *nebulistisches:* Goethe MA 8.1, 722. – *jedermann liests, jedermann schilt darauf:* Goethe MA 8.1, 724. – *naseweise … und einseitige Manier:* Goethe MA 8.1, 600.

261 *Als deine Mutter begrüß ich Dich:* Kleßmann, Karoline, 233. – *Er liebet Dich väterlich:* Kleßmann, Karoline, 229. – *ein sehr klarer, energischer und nach der neuesten Mode organisierter Kopf:* Goethe Briefe 2, 349.

262 *Er hatte ein jugendliches Aussehen:* Brentano, 89. – *von oben herunter … in der Mitte steht:* Goethe MA 8.1, 588f.

263 *Wir wollen das möglichste tun:* Goethe MA 8.1, 817. – *Seitdem ich mich von der hergebrachten Art der Naturforschung losreißen:* Goethe Briefe 2, 408. – *Lassen Sie ihn einen hellen festen Blick auf sich tun:* Briefe an Goethe 1, 353. (26. 11. 1800)

264 *Leider war die Krankheit schon mit ziemlicher Gewalt eingetreten:* Goethe DKV II, 5, 118. – *daß diese Herrn Idealisten ihrer Ideen wegen allzuwenig Notiz von der Erfahrung nehmen:* Goethe MA 8.1, 851f. – *Ich glaube … keine weiteren Ansprüche macht:* Goethe MA 8.1, 854.

265 *leider scheinen meine Akten auf dieser Reise nicht so anzuschwellen:* Goethe MA 8.1, 861.

266 *daß ich ihm nichts zu vergleichen weiß:* Goethe MA 8.1, 857. – *tödlich ists, der Jungfrau zu begegnen:* Schiller II, 741.

267 *Von meinem letzten Akt auguriere ich viel Gutes:* Goethe MA 8.1, 855f.

268 *Der Gedanke, daß Du jetzt noch zu uns kommen willst, ist in Gold zu fassen:* Schiller/Körner 4, 178. – *seid umschlungen Millionen:* Schiller I, 133.

269 *In einem Freudentaumel strömte alt und jung nach dem Schauspielhause:* Buchwald 2, 414.

270 *Eine weiße Taube wird fliegen:* Schiller II, 698. – *eingebornen Herrn … um seinen Thron:* Schiller II, 699.

271 *Wir wollen erwarten:* Goethe MA 8.1, 888. – *Im Ganzen ist es der ungeheure Anblick von Bächen und Strömen:* Goethe MA 8.1, 887 f.

272 *Denn wenn ein Wunder auf der Welt geschieht:* Goethe MA 6.1, 323.

273 *Ich sage dir das tiefste Schweigen zu:* Goethe MA 6.1, 325. – *das Übersteigen eines großen Flusses:* Goethe MA 8.1, 887. – *Im Hause, wo der Gatte sicher waltet:* Goethe MA 6.1, 303 f.

274 *aber die hohe Symbolik:* Schiller/Humboldt 2, 248.

275 *Wir Verlassnen, wärst du hin:* Prügeley, 63. – *Dürre und Hungersnot:* Prügeley, 318.

276 *Alt und jung schwärmten noch weit mehr für ihn als für Goethe:* Biedermann, Schiller, 324.

277 *tumultuarischem Beginnen:* Berger 2, 588. – *Der fünfte März ist mir glücklicher vorübergegangen als dem Cäsar der fünfzehente:* Goethe MA 8.1, 888. – *Alles jedoch was ich mir mit Schillern:* Goethe MA 14, 89. – *Mein alter Wunsch:* Goethe MA 8.1, 909.

278 *Ich gebe ihnen vollkommen recht:* Goethe MA 8.1, 913. – *Es ist zu beklagen:* Schiller/Humboldt 2, 230 f.

Vierzehntes Kapitel

280 *Wenn mir die Götter günstig sind:* Schiller/Körner 4, 264.

281 *Von allem diesen erzählte ich Schillern:* Goethe MA 19, 570. – *Die Geschichte freier Menschen ist gewiß doppelt interessant:* Schiller/Lotte 1, 227. – *Kraft, Größe:* Schiller/Lotte 1, 231. – *Was werden Sie nun aber sagen:* Goethe MA 8.1, 434.

282 *Die Idee von dem Wilhelm Tell ist sehr glücklich:* Goethe MA 8.1, 442. – *Ein mächtiger Interesse hat mich schon seit 6 Wochen beschäftigt:* Goethe MA 8.1, 888. – *so oft das falsche Gerücht hören müssen:* Schiller DKV 12, 605 f. – *dem dramatischen Tell Schillers zu Liebe bei Seite gelegt:* Goethe MA 14, 166.

283 *Ich bin hier auch fleißig:* Goethe MA 8.1, 948. – *Das ist denn freilich kein erster Akt:* Goethe MA 8.1, 962. – *alles Lobes und Preises wert:* Goethe MA 8.1, 967. – *Ich wünsche zu hören:* Goethe MA 8.1, 968.

284 *Nein, eine Grenze hat Tyrannenmacht:* Schiller II, 959. – *Ach umsonst auf allen Länderkarten:* Schiller I, 459.

285 *Der Starke ist am mächtigsten allein:* Schiller II, 932.

286 *Unglücklicher:* Schiller II, 1025. – *Glück zu allem, was Ihre Einsamkeit hervorbringt:* Goethe MA 8.1, 955.

287 *Man muß sich ganz in ein Gehörorgan verwandeln:* Goethe MA 8.1, 957.

288 *raisonnierende und dabei völlig unpoetische Natur:* Goethe MA 8.1, 595. – *Ihr schöner Verstand erhebt sich zu einem genialischen Vermögen:* Goethe MA 8.1, 957.

289 *mit nicht besonders auffallender Physiognomie:* Herold, 262. – *Das Publikum wird sich ... kümmere ich mich nicht um die Folgen:* Herold, 263. – *als wenn ich eine große Krankheit ausgestanden:* Goethe MA 8.1, 975. – *Liebe oder Paris oder Macht:* Herold, 265.

291 *höchst widerwärtigen Trumpf:* Goethe MA 14, 568. – *Deine ›Natürliche Tochter‹ gefällt mir viel besser, als Dein natürlicher Sohn:* Goethe MA 14, 834. – *Ich habe ihn nicht wieder gesehen:* Goethe WA I, 36, 256. – *er wäre noch verrückt worden:* Goethe DKV II, 5, 538.

292 *Ich habe ein Bedürfnis gefühlt:* Schiller DKV 12, 706. – *die Berliner um eine tüchtige Pension prellen könne:* Goethe DKV II, 5, 493.

294 *Lolo ist jetzt recht in ihrem Element:* Schiller/Humboldt, 229. – *Auf, auf, Kameraden, aufs Brett, aufs Brett:* Goethe DKV II, 5, 967.

295 *Europa, Indien, Handel, Seefahrten, Schiff und Land:* Schiller III, 259. – *Der Mensch wird von dem Polizeichef immer als eine wilde Tiergattung angesehen:* Schiller III, 192.

296 *Ein großes ungeheures Ziel des Strebens:* Schiller III, 98.

297 *Und so war, so bin ich voller Verdruß:* Goethe MA 7, 579.

298 *Am Morgen des letzten Neujahrstages:* Goethe DKV II, 5, 536. – *Übrigens geht es mir gut:* Goethe MA 8.1, 1001.

299 *Nicht wahr, Schiller war gestern Abend sehr krank:* Goethe DKV II, 5, 571. – *Ich dachte, mich selbst zu verlieren:* Goethe MA 20.1, 98.

Epilog

301 *dem Tode zu Trutz:* Goethe MA 14, 130. – *Sein Verlust schien mir ersetzt:* Goethe MA 14, 130f.

302 *Indessen schritt sein Geist gewaltig fort ... Widerstand der stumpfen Welt besiegt:* Goethe MA 6.1, 91.

303 *Ich kann, ich kann den Menschen nicht vergessen:* Goethe 6.1, 904. – *Schillers ideeller Tendenz:* Goethe MA 14, 132. – *dramatischen ... epischer:* Goethe MA 14, 166.

304 *Es war das erste Mal seit Schillers Tode:* Goethe MA 14, 677f. – *Seit der großen Lücke, die durch Schillers Tod in mein Dasein gefallen ist:* Goethe Briefe 3, 20. – *die Welt in allen Ecken und Enden ... andere Gestalt:* Goethe MA 14, 164. – *Ich muß ... diese späteren Jahre mehr als Annalen behandeln:* Goethe MA 19, 75.

305 *Tritt sie hervor:* Goethe MA 20.1, 813. – *Es wird eine große Gabe sein:* Goethe MA 20.1, 818.

306 *ausgetretenen Wege der Selbstsucht:* Goethe MA 8.2, 127. – *die ewige Caresse:* Goethe MA 8.2, 110. – *Oft habe ich gelacht ... einigermaßen neu:* Goethe MA 8.2, 117. – *Nie sah man, zu der Welt Gedeihen:* Goethe MA 8.2, 79.

307 *Daß August Schlegel so lange lebt:* Goethe MA 20.2, 1559. – *Zeug:* Goethe MA 8.1, 156. – *Eigentlich für solche alte Käuze:* Goethe MA 8.2, 60. – *als Gabe, die den Deutschen ... geboten wird:* Goethe MA 20.1, 818.

308 *Das Andenken Schillers war ihm so lebendig:* Goethe MA 19, 139f. – *Sinn für die Grausamkeit ... mehr desultorisch:* Goethe MA 19, 130. – *ich möchte fast sagen, daß*

diese Idee ihn getötet hat: Goethe MA 19, 196. – *wunderlicher großer Mensch:* Goethe MA 19, 131. – *Schiller mochte sich stellen, wie er wollte*: Goethe MA 19, 188.

309 *Schiller erscheint … im absoluten Besitz seiner erhabenen Natur*: Goethe MA 19, 252. – *hinlängliche Achtung vor dem Gegenstande*: Goethe MA 19, 290. – *Von Herkules willst nichts erwähnen? … So herrlich kam er nie zur Schau:* Goethe MA 18.1, 197.

310 *Denken Sie sich aber den Genuß:* Schiller/Humboldt I, 243. – *Er berührte nichts Gemeines ohne es zu veredeln:* Goethe MA 20.2, 1395. – *Ein Glück für mich war es:* Goethe MA 19, 586.

311 *einen Riß in das Leben meines Vaters:* Schöne, 19.

312 *im ernsten Beinhaus … das Geisterzeugte fest bewahre:* Goethe MA 13.1, 189.

313 *indem der Mensch auf den Gipfel der Natur gestellt ist:* Goethe MA 6.2, 355.

Personenregister